MARCIAL PONS HISTORIA
CONSEJO EDITORIAL

Antonio M. Bernal
Pablo Fernández Albaladejo
Eloy Fernández Clemente
Juan Pablo Fusi
José Luis García Delgado
Santos Juliá
Ramón Parada
Carlos Pascual del Pino
Manuel Pérez Ledesma
Juan Pimentel
Borja de Riquer
Pedro Ruiz Torres
Ramón Villares

ESPAÑA AL REVÉS
Los mitos del pensamiento progresista (1790-1840)

JESÚS TORRECILLA

ESPAÑA AL REVÉS
Los mitos del pensamiento progresista (1790-1840)

Marcial Pons Historia
2016

Una primera versión de algunas partes de este libro ha aparecido previamente en las siguientes publicaciones, reimprimiéndose aquí con su autorización: «Moriscos y liberales: la idealización de los vencidos», *The Colorado Review of Hispanic Studies,* 4 (otoño, 2006), pp. 111-126; «Tradiciones inventadas: el liberalismo de *Lanuza*», *Mester,* 37 (2008), pp. 63-80; «Los liberales y el pueblo en los escritos autobiográficos de José Somoza», *Studi Ispanici,* XXXVI (2011), pp. 125-137; «La felicidad y la fuerza: el romanticismo de Larra», *Studi Ispanici,* 38 (2013), pp. 139-152, y «Los tesoros escondidos de Al Andalus y la España alternativa de Blanco White», en *El otro colonialismo: España en el norte de África,* Vervuert, 2015.

Primera edición, febrero de 2016
Segunda edición, noviembre de 2016

Quedan rigurosamente prohibidas, sin la autorización escrita de los titulares del «Copyright», bajo las sanciones establecidas en las leyes, la reproducción total o parcial de esta obra por cualquier medio o procedimiento, comprendidos la reprografía y el tratamiento informático, y la distribución de ejemplares de ella mediante alquiler o préstamo públicos.

Cualquier forma de reproducción, distribución, comunicación pública o transformación de esta obra solo puede ser realizada con la autorización de sus titulares, salvo excepción prevista por la ley. Diríjase a CEDRO (Centro Español de Derechos Reprográficos, www.cedro.org) si necesita fotocopiar o escanear algún fragmento de esta obra.

© Jesús Torrecilla
© Marcial Pons, Ediciones de Historia, S. A.
San Sotero, 6 - 28037 Madrid
☎ 91 304 33 03
edicioneshistoria@marcialpons.es
ISBN: 978-84-16662-08-1
Depósito legal: M. 37.682-2016
Diseño de la cubierta: Manuel Estrada. Diseño Gráfico
Fotocomposición: Milésima Artes Gráficas
Impresión: Elecé, Industria Gráfica, S. L.
Madrid, 2016

ÍNDICE

	Pág.
INTRODUCCIÓN. EL PASADO COMO FUTURO: LA INVENCIÓN DE UNA ESPAÑA ALTERNATIVA	9
CAPÍTULO 1. LA CONFLICTIVA RELACIÓN DE LOS LIBERALES CON EL PUEBLO	55
CAPÍTULO 2. EL MITO DE LOS COMUNEROS Y DE LOS FUEROS MEDIEVALES...	101
CAPÍTULO 3. EL MITO DE AL-ANDALUS	155
CAPÍTULO 4. EXTRANJEROS EN SU PATRIA: BLANCO WHITE Y LARRA	207
CONCLUSIONES	255
BIBLIOGRAFÍA	269
ÍNDICE ONOMÁSTICO	295

Introducción
EL PASADO COMO FUTURO: LA INVENCIÓN DE UNA ESPAÑA ALTERNATIVA

El pensamiento progresista español posee peculiaridades que no pueden entenderse desconectadas del entorno histórico en el que se gestó. Su implantación no fue fácil. En una sociedad en la que las fuerzas conservadoras pretendían monopolizar el sentido de lo español, con el apoyo decisivo de la Iglesia católica, los ilustrados del siglo XVIII confrontaron la hostilidad del clero y se vieron obligados a desmentir la acusación de afrancesados que les aplicaban sus enemigos. Pero será en el contexto de la Guerra de la Independencia contra Napoleón cuando este calificativo adquirirá una especial gravedad. El dirigente corso justificó la invasión argumentando que pretendía ayudar a los españoles a construir un país dinámico y moderno, y logró con sus medidas reformadoras atraerse el apoyo de una buena parte de las élites cultas. Otro grupo de progresistas, sin embargo, aun compartiendo esa manera de pensar, advirtieron el peligro que implicaba colaborar con el enemigo y emplearon todos los medios a su alcance para repeler la agresión. Poco le importó a Fernando VII ese detalle, a su parecer irrelevante. Cuando en 1814 regresó a España, hizo suyas las tesis más reaccionarias y, sin preocuparse por establecer diferencias entre afrancesados y liberales, a pesar de que los últimos habían luchado en su nombre, empleó idéntico celo en perseguirlos a todos.

En ese entorno turbulento, caracterizado por guerras civiles, cárceles y exilios, se forjan las líneas maestras del pensamiento progresista español[1]. Confrontados con la acusación de que sus ideas procedían de Francia, los liberales debieron sacudirse ese estigma y ensayaron diversas estrategias para arraigar su proyecto en la tradición nacional[2]. Promovieron una nueva interpretación de la historia y una nueva mitología, que, más que explicar lo que España había sido en el pasado, reflejaba su proyecto de futuro[3]. También, por las adversas condiciones en que vivía el país, abocado a una creciente polarización interna, el carácter de los mitos que crearon implicó una inversión radical de los existentes hasta ese momento. Frente a la España del Altar y el Trono, tutelada por Castilla y articulada en torno a la empresa de la Reconquista y a la idea del Imperio, elaboraron tres mitos alternativos que adquirirán una importancia decisiva en las décadas siguientes y cuyo relieve, puede decirse, que se extiende hasta hoy. Los comuneros y los fueros medievales simbolizaban una idea pactada de la monarquía (una especie de monarquía constitucional *avant la lettre*) que, según los liberales, había estado ampliamente extendida durante la Edad Media, sobre todo en el reino de Aragón, y que era una forma de gobierno genuinamente española. Comuneros y fueros medievales representaban asimismo, y ésta es la segunda dimensión del mito, el respeto a un diversidad regional intrínseca que las dinastías extranjeras de los Austrias y los Borbones, con el apoyo decisivo de Castilla, habían intentado erradicar. Por otra parte, al-Andalus, el enemigo por antonomasia de España, tal y como pregonaba insistentemente el discurso oficial, pasó a simbolizar un espacio ideal de convivencia negociada, un modelo de sociedad culta y tolerante

---

[1] En 1971 publicó Javier HERRERO un excelente libro, *Los orígenes del pensamiento reaccionario español*, en el que rastreaba el origen extranjero de algunas de las principales ideas manejadas por los conservadores. Llegaba a la conclusión de que lo que se denomina tradición española «ni es tradición ni es española» (p. 22). Mi estudio parte de un propósito similar: indagar el origen de los principales componentes que configuran el discurso progresista para enraizarlo en la historia.

[2] En su ya clásica obra sobre el tema, afirmaba Miguel ARTOLA que el afrancesamiento ideológico era mayor entre los liberales que entre los propios afrancesados, a pesar de que estos últimos colaboraron con los invasores, asegurando que los liberales habían «sufrido una mayor influencia del espíritu francés» (1976, p. 24).

[3] Ronald SUNY considera que las naciones fundamentan su legitimidad en memorias de hechos pasados que se organizan en narraciones coherentes. Y concluye: «Whatever actually happened is far less important than how it is remembered» (2001, p. 864).

que implicaba una imagen invertida del país fanático y excluyente que había existido hasta esos momentos. De manera paradójica, la realidad contra la que se había articulado la idea de la Reconquista, como mito fundacional por excelencia de la nación, comienza ahora a representar una España alternativa que, en opinión de los liberales, nunca debió desaparecer. Una España, por cierto, que era significativamente similar a la que ellos pretendían construir[4].

Antes de pasar adelante debo advertir, aunque tal vez no sea necesario hacerlo, que no me propongo escribir un libro de historia en la acepción convencional del término, sino analizar en qué contexto, y como reacción a qué circunstancias, se gestaron los principales mitos del pensamiento progresista español. Para ello prestaré atención a estudios considerados históricos, pero también, y sobre todo, a obras de carácter ficticio. Los mitos, para ser eficaces, deben apelar a las emociones del receptor, algo en cierto modo fuera del alcance de la árida exposición historiográfica. Aunque no deja de ser cierto, como advertía Hayden White, que la línea divisoria entre historia y ficción es en ocasiones tan borrosa que resulta difícil de delimitar[5]. Ciertos libros que se publicaron en su día como históricos, y que fueron leídos y analizados como tales, sabemos ahora que deberían inscribirse en el apartado de las obras de entretenimiento. Pero la relación entre historia y literatura es un tema demasiado complejo como para abordarlo en unos cuantos párrafos apresurados. El lector atento observará que indagar la naturaleza de esa relación constituye uno de los objetivos esenciales del libro.

Como señalaba más arriba, a lo largo del siglo XVIII el enfrentamiento entre tradición y modernidad sufrió en España la interferencia decisiva de un factor que condicionó el proceso y que podríamos denominar «extraño» a la dinámica de renova-

---

[4] La relación de los mitos con la verdad objetiva (o, por decirlo de otro modo, con los hechos históricos demostrables) «is less relevant than the purpose and intention they serve» (KAMEN, 2008, p. X). Lo importante no es saber si son o no ciertos, sino si son o no eficaces.

[5] En *Metahistory* desmiente WHITE a los que creen que la diferencia «between "history" and "fiction" resides in the fact that the historian "finds" his stories, whereas the fiction writer "invents" his» (1987, p. 6). Por el contrario, esta creencia «obscures the extent to which "invention" also plays a part in the historian's operations. The same event can serve as a different kind of element of many different historical stories» (*ibid.*, pp. 6-7).

ción interna de cualquier sociedad. Me refiero al convencimiento, reiterado una y otra vez por numerosos autores (conservadores sobre todo, pero también progresistas), de que las ideas avanzadas venían de fuera y sólo habían conseguido implantarse en el país gracias al amparo oficial. No significa esto afirmar que el caso de España fuera único en el entorno europeo, ni mucho menos defender que el carácter de la nación se funda en supuestas esencias eternas. En los siglos XVIII y XIX había otros muchos países que se encontraban en una situación parecida y para los que la idea de modernidad estaba igualmente asociada con una realidad extranjera. Me interesa constatar el hecho simplemente para advertir que no podemos comprender la realidad española aplicándole pautas que han sido concebidas para explicar sociedades que se hallaban en esos momentos en circunstancias históricas muy diferentes. En la España del siglo XVIII, consciente de su marginalidad, la oposición temporal entre tradición y renovación tiende a interpretarse como un enfrentamiento espacial, en el que el concepto de modernidad se asocia con las modas venidas del otro lado de los Pirineos[6]. El hecho aparece reflejado en numerosos autores. Basta repasar los escritos de Feijoo, Cadalso, Forner, Jovellanos, Ramón de la Cruz, Capmany, Erauso y Zavaleta, Iza Zamácola y Vicente García de la Huerta, por mencionar algunos de los más relevantes. La modernización de la sociedad española, que los ilustrados consideraban indispensable para sacar el país de su atonía, encontró, así, obstáculos adicionales que dificultaron enormemente su implantación. Porque el proyecto no sólo tuvo que confrontar la lógica hostilidad de las fuerzas conservadoras, sino que se vio obligado a neutralizar la poderosa oposición de un nacionalismo defensivo cada vez más suspicaz con el influjo francés[7]. El fenómeno que Ortega y Gasset

---

[6] No puedo estar de acuerdo con los que, como Gonzalo ANES, consideran que a finales del siglo XVIII no había «diferencias esenciales entre España y los países más prósperos de Europa» (1997, p. 240). La evidencia de los textos prueba que los españoles de la época tenían una conciencia de marginalidad (o, por ponerlo en otros términos, de debilidad) muy acentuada con relación a países como Francia e Inglaterra.

[7] Los conceptos de nación y patria se construyen en determinadas circunstancias y obedeciendo a los intereses de ciertos grupos. En ello coincide la mayoría de los estudiosos. Los interesados en el tema del nacionalismo pueden consultar, entre otros, los estudios de Ernest GELLNER, Liah GREENFELD, Benedict ANDERSON, Anthony D. SMITH (1991), Hugh SETON-WATSON, Bruce LINCOLN, Gopal BALAKRISHNAN, Eric HOBSBAWM,

denominó «aplebeyamiento de la aristocracia», que afectó a algunos de sus representantes más destacados (1983, VII, p. 524), evidencia la exasperación que experimentaron ciertos miembros de esa clase frente a lo que consideraban una inaceptable invasión de las modas venidas de fuera[8].

La virulencia de la reacción defensiva motivó la aparición de una nueva imagen de lo español, muy alejada de la tradicional, caracterizada por la localización de lo auténtico y genuino en las clases bajas y en los grupos marginales. El prestigio con que aparecía investido todo lo francés, por identificarse con el gusto prevalente en la Corte y con el poderío político-cultural de un país hegemónico, motivó que una parte de la aristocracia procediera instintivamente a imitarlo. Pero algunos miembros de las clases altas reaccionaron asimismo contra lo que consideraban una imposición humillante y comenzaron a copiar los hábitos de aquellos grupos que, por situarse en la periferia de la sociedad, estaban supuestamente inmunes a ese tipo de «contaminación»[9]. Según ellos, mientras las élites cultas se dejaban arrastrar por una corriente extranjerizante que ponía en peligro los fundamentos mismos de la identidad nacional, las clases bajas y los grupos marginales habían sido los únicos capaces de conservar el carácter español en toda su pureza. Cuanto más alejados de la Corte y de las clases altas se encontraran, mejor; cuanto más ignorantes e incultos, más auténticos. Frente al refinamiento y la sofisticación de lo francés, esa reacción creó una imagen nueva de lo español, que el Romanticismo se encargaría de divulgar más tarde por toda Europa (si

---

Ann-Marie THIESSE y Margarita DÍAZ-ANDREU. Para el caso español, véanse las obras de Julio CARO BAROJA (1970), José Antonio MARAVALL (1963), Inman FOX, Juan P. FUSI (1997) José ÁLVAREZ JUNCO (2000), Henry KAMEN, Ricardo GARCÍA CÁRCEL (2011), Juan S. PÉREZ GARZÓN y Sebastian BALFOUR y Alejandro QUIROGA. La bibliografía es extensísima.

[8] CARO BAROJA, refiriéndose exclusivamente a una de las manifestaciones del fenómeno, aunque su observación podría generalizarse a otros aspectos, afirma que es «en tiempos de reyes y gobiernos taurófobos cuando el toreo de a pie tiene su progreso mayor» (1969, p. 252). Para un análisis detallado del tema, véase TORRECILLA (2004).

[9] La reacción tiene un indudable componente nacionalista. Bruce KING considera que el nacionalismo en general «aims at group solidarity, cultural purity and dignity, a typicality in the lower orders (worker or peasant) and rejection of cosmopolitan upper classes, intellectuals and others likely to be influenced by foreign ideas» (1980, p. 42). Véase también THIESSE (1999, p. 21).

bien proporcionándole un sentido diferente), y que estaba asociada con la espontaneidad y la franqueza, el primitivismo, la pasión, los gitanos, el flamenco y las corridas de toros[10].

Pero si bien es cierto que la importancia creciente del pensamiento ilustrado despertó fuertes tensiones internas en la sociedad española del siglo XVIII, no puede decirse que provocara una escisión radical en el imaginario colectivo de la nación. Lo que no quiere decir que no existiera. El resultado de la Guerra de Sucesión, con la derrota de los austracistas y la supresión de los fueros catalanes, había dejado en los territorios de la antigua corona de Aragón profundas heridas que, como tendría ocasión de comprobarse más tarde, distaban mucho de estar cicatrizadas. Sin embargo, en este libro no me propongo estudiar el pensamiento austracista, ni el de los comuneros (o el fuerista en general), sino analizar el uso que de él harán los progresistas españoles de finales del siglo XVIII y principios del XIX para construir una mitología nacional nueva. Soy consciente de que existe una prolongada polémica sobre la presunta modernidad del austracismo y el fuerismo, pero no es mi intención participar en ella. Dejo al lector la responsabilidad de decidir (si es que eso fuera posible) lo que esos estudios tienen de históricos y lo que tienen de contribución a la formación de los mitos aquí estudiados.

Si nos atenemos a las manifestaciones escritas, es posible afirmar que el pensamiento ilustrado del siglo XVIII no causó una ruptura decisiva con la mitología heredada del XVII o con la forma oficial de interpretar la historia. De hecho, podría mantenerse que los ilustrados reivindicaron los mitos fundacionales del país con mayor fervor aún que los conservadores, probablemente porque se sintieron obligados a neutralizar la acusación de falta de patriotis-

---

[10] La aparición del nuevo estereotipo puede documentarse en autores contemporáneos, como HUMBOLDT (1998, p. 180), CADALSO (1981, carta VII), JOVELLANOS (1975) y Ramón DE LA CRUZ (*El deseo*). El duque de ALMODÓVAR fija su aparición en torno a 1730 (1781, pp. 264-265), y BLANCO WHITE afirma en «El Alcázar de Sevilla» que su generalización no se produjo hasta principios del siglo XIX. En este último relato, nos informa el narrador que conoció en su juventud a «un excelente hombre, verdadero modelo de los caballeros de Sevilla, en época en que empezaban a afinarse los modales de los españoles, y poco antes de que se generalizase la franqueza moderna, tan opuesta a la gravedad y pausada urbanidad de nuestros antepasados» (1971, p. 299).

mo que les hacían sus enemigos. Jovellanos escribió *La muerte de Munuza,* una tragedia neoclásica en la que Pelayo luchaba contra los invasores extranjeros en defensa de la patria en peligro, en la línea de lo que habían hecho anteriormente (o de lo que harán por esos años) autores como Nicolás Fernández de Moratín, José Cadalso, López de Ayala, Gálvez de Cabrera, Valladares de Sotomayor o Manuel José Quintana[11]. Incluso cuando abordan temas estrechamente relacionados con la nueva mitología que elaborarán los liberales pocos años más tarde, lo hacen desde una perspectiva tradicional. García Malo, por ejemplo, publicó en 1788 la tragedia titulada *Doña María Pacheco, mujer de Padilla,* pero, a pesar del talante ilustrado del autor, que le llevó a trabar amistad con Manuel Quintana y a ocupar posiciones de poder en la Junta Central tras la invasión napoleónica, su interpretación de los hechos implicaba una inequívoca defensa del absolutismo y una clara condena de los dirigentes comuneros. La mujer de Padilla no representa aquí la noble aspiración del pueblo castellano a preservar sus libertades amenazadas por las inaceptables intrigas de una dinastía extranjera, sino la rebelión injustificada de un personaje ambicioso contra un poder legítimamente establecido. Por eso es tratada de manera tan negativa. Al final, cuando se ve perdida, ofrece su colaboración a los franceses y, contra lo que conocemos que sucedió históricamente, muere asesinada por el pueblo.

La actitud patriótica de los ilustrados durante el siglo XVIII implica una aceptación de los mitos tradicionales españoles y, por tanto, un deseo de disputar a los conservadores la posesión del espacio común, pero sin renunciar al factor aglutinante de una herencia compartida. No hay que olvidar que a mediados de siglo aparecieron los primeros intentos conservadores de excluir a los progresistas de la identidad nacional. En el *Discurso crítico* de Erauso y Zavaleta, volumen colectivo que salió a la luz en 1750, el presbítero Euse-

---

[11] Los temas de Guzmán el Bueno, Numancia, Pelayo y Sancho García implican una temática similar de resistencia al invasor extranjero. René ANDIOC ya observó que los mismos autores de aquella época se encargaron de resaltar el paralelismo: por ejemplo, en el *Guzmán el Bueno* de Moratín, advierte el protagonista al rey moro «"que otra *Numancia/ Verá en Tarifa,* a quien rendir pretende",/ y afirma más lejos: *"restaurador nuevo/* Me llaman, y creen todos en tal lance/ Deberme tanto a mí como a *Pelayo"*» (1987, p. 385).

bio Quintana equiparaba veladamente a los afrancesados con los judíos, evidenciando que existía una corriente conservadora que se proponía expulsar a sus rivales del espacio imaginario español. Alejandro Aguado, otro de los colaboradores del volumen, aseguraba, asimismo, que no todos los nacidos en España eran españoles, ya que algunos de los que por ley natural debían salir en su defensa se comportaban como sus peores enemigos (Aguado, 1750, s. p.). En cuanto a las obras de ficción, el ejemplo más representativo de esa tendencia a negar a los ilustrados su condición de españoles se encuentra en la *Raquel* de García de la Huerta, una tragedia en la que, como señalara ya hace tiempo René Andioc, no es casual que el autor ponga en boca de la protagonista un discurso de ideas ilustradas. Si tenemos en cuenta que Raquel se caracteriza como una extranjera que pretende dominar el país en beneficio del pueblo hebreo, el mensaje implícito de la obra es evidente: los ilustrados, como sucediera antes con los judíos, amenazan con destruir los fundamentos de la identidad española (entendida como algo inmutable, asociada con los conceptos de religión católica y monarquía absoluta) y deben, por tanto, ser tratados como lo habían sido aquéllos. Pero el intento de presentar a los ilustrados como extranjeros y enemigos de la nación no acarreó de momento mayores consecuencias. El hecho de que García de la Huerta sufriera varios años de destierro en Orán, posesión española del norte de África en la que la obra tuvo que representarse por primera vez, prueba que el discurso intransigente de los conservadores no gozaba por ese tiempo del favor de los que ejercían el poder.

La realidad, sin embargo, cambiará bruscamente tras los acontecimientos revolucionarios que tuvieron lugar en Francia durante la última década del siglo XVIII. Como consecuencia de las expectativas y temores que esos hechos causaron en toda Europa, se percibirá en España la aparición de un discurso de ideas más radicales por parte de ciertos escritores liberales, pero también el recrudecimiento de las medidas represivas adoptadas por el gobierno. Numerosos españoles de ideas avanzadas se trasladaron a la nación vecina para participar en los acontecimientos revolucionarios y, enardecidos por el aire de libertad que allí se respiraba, intentaron crear una situación similar al otro lado de los Pirineos. En diciembre de 1792, por mencionar sólo el ejemplo más conocido, Marchena se dirigió al entonces ministro Lebrun y le habló de las ventajas de invadir

España, ofreciéndose a colaborar en la empresa. Para preparar el terreno, pensaba que sería conveniente convencer previamente a los españoles de las ventajas de convocar las antiguas Cortes medievales, un poco en la línea de lo que se había hecho en Francia, para que el proyecto revolucionario se disfrazara con una máscara de legalidad. Así, discurriría Marchena, podría interpretarse como una vuelta al pasado lo que, analizado en profundidad, implicaba una decidida voluntad rupturista. Además, la estrategia permitiría impregnar el proyecto de un tinte patriótico, caracterizando la eliminación del absolutismo como la recuperación de unas esencias nacionales largamente olvidadas. El objetivo, por tanto, era eliminar las reticencias que podía causar en el pueblo la idea de una ruptura revolucionaria de efectos impredecibles, pero también dejar sin razones a los que identificaban el nuevo espíritu con Francia.

Unos meses antes, y con esa misma finalidad, había escrito Marchena un manifiesto revolucionario que, a pesar de la atenta vigilancia de las autoridades españolas, no tardó en difundirse al otro lado de los Pirineos. «A la nación española» incitaba al pueblo a rebelarse contra los excesos del despotismo, para que, libre la nación del espíritu religioso que la había esclavizado, recuperara sus glorias pasadas. El texto del escritor sevillano posee una extraordinaria importancia, ya que en él se esbozan por primera vez dos de los mitos fundacionales del pensamiento progresista español: la necesidad de recuperar los fueros medievales que habían contribuido a limitar el poder de los soberanos en los antiguos reinos peninsulares (sobre todo en la corona de Aragón) y la idealización como héroes populares de los comuneros castellanos que se rebelaron contra Carlos V. El nombre de Padilla, que tanta resonancia alcanzará durante el denominado Trienio Liberal, aparece mencionado por primera vez aquí en un contexto revolucionario. Pero, curiosamente, aunque el único nombre que se cita en el texto sea el del héroe castellano, el modelo que se propone rescatar no es el de la Castilla medieval, sino el de las antiguas Cortes de Aragón, que «eran el mejor modelo de un gobierno justamente contrapesado» (1985, p. 163).

El folleto de Marchena revela con claridad la doble dimensión del mito comunero y explica las razones de su éxito. Porque no sólo representa la lucha por la libertad de un pueblo oprimido por gobiernos despóticos, sino también la defensa de los fueros específicos de cada antiguo reino peninsular. De hecho, las implicaciones de esta anfibología son tan dispares que deberíamos hablar con propiedad de dos mitos distintos.

Con el primer significado aparece en la oda «A Juan de Padilla» de Manuel Quintana, en la que el poeta clama contra los efectos de la tiranía y alaba con verbo exaltado la figura idealizada del héroe castellano. Pretende que los españoles imiten su ejemplo, sacudan las cadenas que los oprimen y se unan al movimiento popular que hace temblar las antiguas instituciones por toda Europa. Los comuneros del poema de Quintana de 1797 son, más que nada, una especie de precursores, *avant la lettre,* de los revolucionarios franceses de esa época. La defensa de la libertad que efectuaron a principios del siglo XVI se frustró entonces, por diversas razones, pero podía acometerse con éxito ahora que habían cambiado las circunstancias históricas del momento. La composición está tan imbuida de las ideas de Marchena y Condorcet que, si se demostrara que Quintana no había leído los manifiestos de ambos autores, deberíamos convenir en que las coincidencias son sorprendentes. En este primer tratamiento literario del mito, el escritor madrileño prueba estar fascinado por las ideas de la Revolución Francesa y, a fin de cuentas, propone imitar su ejemplo para acabar con el despotismo.

Pero esa dimensión del mito será modificada una década más tarde, precisamente para desmentir una asociación con lo francés que la invasión napoleónica tiñó de connotaciones peligrosas. En el ambiente de confrontación bélica que vivió el país tras los acontecimientos de 1808, el mito, si quería ser efectivo, debía responder a las nuevas circunstancias y modificarse radicalmente. Necesitaba imbuirse de un componente xenófobo que también había existido en la rebelión comunera del siglo XVI, como sabían los familiarizados con el tema, pero que Marchena y Quintana, salvo una breve alusión de este último al comienzo de su oda, habían decidido pasar por alto. A partir de la invasión napoleónica, sin embargo, Padilla aparecerá en los escritos de los autores liberales no sólo como un héroe revolucionario que había luchado infatigablemente contra los abusos del despotismo (o, en las versiones más moderadas del mito, como un defensor del pacto constitucional frente a las arbitrariedades de la monarquía absoluta), sino también, y tal vez sobre todo, como un nuevo Pelayo que se había levantado en defensa de la patria contra la brutal agresión de un tirano extranjero[12]. Carlos V y los Austrias, en general, adquieren así un sentido que no habían poseído hasta entonces y que, en esas circunstancias, implicaba identificar su figura con la de Napoleón. La equiparación se hace explícita en escritores como Canga Argüelles, Martínez Marina y José María Blanco White.

La asociación de Padilla con Pelayo obedecía al deseo de dotar a la figura del dirigente comunero de un sentido nacionalista, pero se proponía asimismo redefinir el sentido de Covadonga. Si en la versión tradicional del mito, la batalla que inició la Reconquista estaba cargada de connotaciones religiosas (en un contexto en que la identidad española se caracterizaba como exclusivamente cristiana), ahora, al finalizar la guerra contra los franceses, cuando el enfrentamiento entre conservadores y progresistas se consideraba inevitable, los liberales no podían dejar que sus enemigos acapararan un elemento de tanta trascendencia. Porque de lo que se trataba, en el fondo, no era de replantearse el sentido de la Reconquista, sino de interpretar el carácter de la Guerra de la Independencia: de decidir si el pueblo que se había levantado contra Napoleón lo había hecho en defensa de sus antiguas libertades amenazadas o, por el contrario, para mantener las tradicionales estructuras de poder.

No hay que olvidar que numerosos panfletos de corte patriótico publicados durante la guerra habían recurrido a la comparación de la invasión napoleónica con la musulmana, sugiriendo que se trataba en ambos casos de un enfrentamiento similar. Los liberales se veían obligados, si no querían dejar el mito en manos de sus rivales, a modificar el significado de la figura de Pelayo. Con este fin, algunos de ellos interpretarán la batalla de Covadonga, no como un levantamiento en defensa de la religión amenazada, sino como el comienzo de una nueva etapa histórica en la que se instauró una forma pactada de poder. Así, Bartolomé Gallardo afirma en 1814 en *La abeja madrileña,* poco antes del regreso de Fernando VII, que en Covadonga y Sobrarbe «empezó por primera vez el pacto social de los españoles; pues las leyes de Castilla y Vizcaya, con los fueros

---

[12] La comparación de la invasión francesa con la musulmana es uno de los temas más repetidos en las proclamas patrióticas contra Napoleón. Véase DELGADO (1979).

de la Navarra y Aragón, componían una Constitución tan sabia y perfecta, cual vemos y admiramos en la promulgada en Cádiz a 19 de marzo de 1812» (p. 383).

Esta profunda revisión del mito buscaba imponer una nueva interpretación de la historia que permitiera arraigar las ideas progresistas en la tradición nacional[13]. Según Gallardo, los monarcas de los distintos reinos habían respetado «religiosamente los fueros de la nación, hasta que un rey extranjero (Carlos I) consumó lo que había proyectado su abuelo» (*ibid.*, p. 384). El temperamento absolutista del nuevo rey, continuaba el autor extremeño, no tardó en chocar con los antiguos usos peninsulares, y la «desgraciada batalla de Villalar, perdida por las Comunidades de Castilla en 23 de abril de 1521, forjó nuestras cadenas» (*ibid.*). En esta nueva interpretación del mito, la monarquía constitucional apadrinada por los liberales hundía sus raíces en el inicio de la Reconquista y se convertía, de hecho, en uno de los pilares de la identidad nacional. La España defendida por los conservadores, en cambio, estructurada alrededor de la idea de monarquía absoluta, no tenía nada de autóctona, ya que había sido importada a principios del siglo XVI por una dinastía extranjera y sólo consiguió imponerse mediante la violencia. El amor de los españoles por la libertad únicamente comenzó a debilitarse cuando las dinastías de los Austrias y de los Borbones accedieron al trono, introduciendo una forma de poder extraña al ser nacional. La alusión a Sobrarbe por parte de Gallardo tampoco es gratuita, ya que implica una reinterpretación del mito fundacional de la Reconquista que cuestiona la definición de la identidad española sobre bases exclusivamente castellano-leonesas.

---

[13] Nos encontramos frente a lo que Eric HOBSBAWM denomina «tradiciones inventadas», que define como «responses to novel situations which take the form of reference to old situations» (1983, p. 2). Sobre la creación de un pasado mítico para legitimar un proyecto de futuro, véanse Patrick GEARY; George BOND y Angela GILLIAM; Martin BERNAL; Margarita DÍAZ-ANDREU; Ernest GELLNER; Marc FERRO; Bruce LINCOLN; Ronald SUNY, y Anthony SMITH (1996). BOND y GILLIAM consideran que historiadores y antropólogos desempeñan un papel esencial en la construcción del pasado y esa construcción «is an expression and a source of power» (1994, p. 1). Recientemente, para superar el conflicto causado por la creación de tradiciones incompatibles entre sí por parte de ciertas autonomías españolas, propone RIVIÈRE que deberíamos someter la aplicación del conocimiento histórico «a una profunda revisión: la del *sentido* que le damos y la del *uso* que estamos haciendo de la historia» (2000, p. 219).

También en *La viuda de Padilla* de Martínez de la Rosa, representada por primera vez en 1812, puede observarse un afán similar por enraizar la ideología liberal en los mitos fundacionales de la nación. El autor asocia el comportamiento de la protagonista con el de los gloriosos héroes de Numancia y Covadonga, en una versión de los hechos que contrasta marcadamente con la ofrecida dos décadas antes por García Malo. Si en la tragedia de este último, el comportamiento de la viuda de Padilla reflejaba las pasiones innobles de un personaje que se rebelaba por ambición personal contra la autoridad legítima del rey y, al verse perdida, no dudaba en colaborar con los franceses, en la versión del autor granadino, María Pacheco encarna la heroica lucha por las libertades castellanas contra el comportamiento tiránico de un monarca extranjero. El hecho de que *La viuda* se escribiera y se representara por primera vez en Cádiz, la ciudad sitiada por los franceses en la que en aquellos momentos se debatía la primera Constitución liberal española, tiende a reforzar los paralelismos. Los comuneros se opusieron a la invasión de un poder extranjero, del mismo modo que lo hicieran antes los héroes de Numancia y Covadonga y al igual que lo estaban haciendo ahora los patriotas liberales refugiados en Cádiz.

Pero el mito de los fueros medievales y de los comuneros (puesto que ambos comparten la misma referencialidad) posee, asimismo, una segunda dimensión a la que hasta ahora sólo he aludido de pasada. No sólo representa la imagen de una España medieval de corte constitucionalista, basada en un pacto de gobierno en el que los fueros definían con precisión los límites del poder real, sino también la de una España plural que tanto los Austrias como los Borbones habían pretendido en vano erradicar. La derrota de los comuneros pasa así a simbolizar el primer eslabón en una tendencia centralizadora que se completará más tarde con la derogación de los fueros aragoneses por Felipe II y la pérdida de las libertades catalanas bajo Felipe V. Esta segunda dimensión del mito se opone al centralismo uniformador de las dinastías «extranjeras» que habían gobernado el país desde principios del siglo XVI, pero también a la pretensión de Castilla de monopolizar el concepto de lo español. No deja de ser paradójico que, aunque el mito estuviera asociado con la figura de un héroe intrínsecamente castellano, que se idealizaba con caracteres casi hagiográficos, implicara una actitud muy crítica respecto al papel histórico de Castilla. No sólo porque ese reino había colaborado con los Austrias y los Borbones en un proyecto centralizador que se revelaría desastroso para el país, traicionando los antiguos ideales de su constitución original, sino porque los tradicionales órganos de gobierno castellanos poseían, según esta interpretación, una índole menos democrática que los de los reinos vecinos. La mayoría de los autores liberales insisten en preferir las instituciones de Aragón, especialmente las de Cataluña, como la manifestación más perfecta del antiguo «constitucionalismo español», y, por tanto, como el modelo ideal a seguir.

El papel central de Aragón en la creación de la nueva identidad española exigía, además, cuestionar la primacía de Castilla-León en la configuración del mito fundacional del país. Desde fecha muy temprana, autores como Argüelles, Gallardo, Blanco White, Juan Antonio Llorente y Jaime Villanueva insisten en señalar que, si bien la Reconquista se inició con la batalla de Covadonga en la parte occidental de la Península, existió también un segundo foco en los Pirineos, que no sólo surgió simultáneamente y con total independencia del primero, sino que se rigió por leyes más sabias y democráticas que las del reino asturiano [14]. Blanco White llega incluso a afirmar que, de haber existido otras circunstancias históricas en la Península Ibérica, la evolución natural del reino de Aragón le habría llevado a la creación de una monarquía constitucional del tipo inglés. Se produce así entre los liberales un desplazamiento significativo del centro de gravedad español, de la Castilla de corte autoritario que, tras la derrota de los comuneros, había colaborado con reyes extranjeros en la configuración de un país absolutista y centralizado, hacia los antiguos territorios de la corona de Aragón. Será en esos territorios, más que en Castilla, en los que asentará su legitimidad la nueva España democrática. Puesto que el abso-

---

[14] BLANCO WHITE escribe en 1810 en *El Español* que, aunque «el nombre de Castilla ocupa el primer lugar en la historia general de España [...] Ni las victorias de los españoles contra sus antiguos opresores los árabes empezaron en ella, ni los reyes de León, que luego tomaron su apellido, fueron los solos que declararon la guerra a la morisma. Con corta diferencia de tiempo se vieron aparecer las reliquias de los godos que se habían acogido a las montañas de Navarra y de Aragón acosando a sus enemigos con no menos esfuerzo que los sucesores de Pelayo, y con no menos favor de la fortuna. Pero siendo iguales a sus demás paisanos en las armas, sin duda les excedieron en el amor a la libertad civil, y en conocer los medios de conservarla» (1810-1814, p. 228).

lutismo y la centralización constituían las bases del país que ellos combatían, constitucionalismo y descentralización (o respeto a la pluralidad) se convertirán en dos de los pilares básicos del pensamiento progresista español.

En este contexto es hasta cierto punto lógico que el pensamiento liberal de principios del siglo XIX enlazara con el austracismo del siglo XVIII. Y digo hasta cierto punto, ya que la asociación sólo se explica por factores coyunturales, en un momento histórico en el que el absolutismo y la centralización, por identificarse con la dinastía reinante, se consideraban dos caras de la misma moneda. Evidentemente no existía ninguna razón de peso para que la defensa de los fueros medievales se hiciera desde posiciones progresistas[15]. Más bien todo lo contrario. De hecho, durante todo el siglo XVIII la mayoría de los ilustrados españoles defendió activamente la política uniformadora de los Borbones. Por otra parte, la consideración del carlismo como un movimiento reaccionario a lo largo del siglo XIX prueba que el fuerismo no se asociaba por lo general con actitudes modernas. Cuando los liberales de principios de siglo reivindican en sus escritos el fuerismo (del que el austracismo puede considerarse una manifestación), lo integran en un sistema de valores nuevo y modifican radicalmente su significado.

El uso que hizo Martínez Marina de las ideas del austracista aragonés Juan Amor de Soria así lo confirma. Soria fue consejero del archiduque Carlos y se vio obligado a exiliarse en Viena tras la Guerra de Sucesión. En *Enfermedad chrónica,* obra escrita en 1741, pero que no consiguió ver la luz hasta fecha muy reciente, repasa los principales acontecimientos de la historia de España y achaca la decadencia del país a la gradual supresión de los fueros medievales por parte de los Austrias y los Borbones. Según Amor de Soria, esos fueros representaban la naturaleza genuina de la nación y en ellos se asentaba su vitalidad, por lo que su desaparición paralizó las energías de los antiguos reinos peninsulares y ocasionó su progresivo debilitamiento. La derrota de Villalar inició un lamentable proceso de centralización que se completaría, más adelante, con el ajusti-

---

[15] De hecho, en Francia sucedió lo contrario: los jacobinos progresistas defendieron la centralización y los girondinos conservadores abogaron por mantener las «libertades locales» (NÚÑEZ SEIXAS, 1999, p. 22).

ciamiento de Lanuza y la pérdida de las libertades catalanas bajo Felipe V. Juan Amor de Soria menciona a Padilla y a los comuneros para poner de manifiesto que la esencia de la nación española se basaba en el respeto a la pluralidad. Pero cuando Martínez Marina cita a Amor de Soria en su *Teoría de las Cortes,* integra su pensamiento en una axiología diferente y desvirtúa su sentido. Como bien observó Ernest Lluch, lo que le preocupaba a Martínez Marina no era resaltar la naturaleza plural de la España antigua, sino poner de manifiesto el primitivo carácter democrático de la nación.

Otros autores, sin embargo, sobre todo de la antigua corona de Aragón, interpretarían de manera novedosa la figura de los comuneros castellanos, filtrando, si se me permite expresarlo así, las ideas de Amor de Soria por el constitucionalismo de Martínez Marina. La derrota en la Guerra de Sucesión y la supresión de los fueros dejó en esos territorios una memoria traumática que se mantuvo larvada a lo largo del siglo XVIII, especialmente en Cataluña. No es de extrañar, por tanto, que un siglo más tarde, la identificación del movimiento comunero con la pérdida de las «libertades medievales» motivara que ciertos precursores del nacionalismo catalán contribuyeran destacadamente a difundir el mito. Pero en su caso lo hacen para proponer la necesidad de respetar la antigua pluralidad española, ya que, aunque se centran en exaltar la figura de un héroe específicamente castellano, les sirve para criticar las bases de un país uniforme y centralizado. Antonio Puigblanch, exiliado liberal en Londres que en opinión de Víctor Balaguer fue el primero en revitalizar el idioma catalán en el siglo XIX, escribió en esa lengua un poema, *Les Comunitats de Castella,* que se considera un temprano precursor de la *Renaixença*. El mismo Víctor Balaguer, autor de la primera historia de Cataluña y uno de los principales impulsores del renacimiento cultural del principado, publicó en 1847 una obra teatral titulada *Juan de Padilla,* hoy casi olvidada, en la que caracteriza en términos muy positivos la figura del héroe castellano. El mito comunero les sirvió a estos autores para reivindicar la idea de una España democrática, pero también heterogénea, plural, opuesta al centralismo castellano y en la que se respetaba la singularidad de los distintos reinos que la constituían.

Creo necesario insistir en la necesidad de diferenciar este desarrollo del que emplea la imagen de los comuneros para reivindicar el carácter democrático de la España primitiva. Ambos se entremezclan y parecerían confundirse, como tendremos la oportunidad de comprobar más adelante, pero por cuestiones metodológicas deberíamos separarlos con claridad. En el primer caso, los héroes castellanos representan el primer paso en un proceso paulatino hacia el absolutismo que ocasionará la supresión de las libertades en todo el país. Los autores que utilizan el mito de esta manera manifiestan poseer un sentido unitario de la nación: lo que se proponen es rescatar las libertades primitivas de *toda* España, por más que consideren que esas libertades estuvieran mejor definidas en los fueros de Aragón y se hubieran mantenido allí por más tiempo. Desplazan el centro de gravedad de Castilla a Aragón y Cataluña, pero manifiestan estar más preocupados por el concepto de democracia que por el de identidad. En el segundo caso, en cambio, los comuneros representan sobre todo la pérdida de una pluralidad primitiva (aunque también asociada con un proyecto democrático) que, por el bien de la nación, debería recuperarse de nuevo.

La diferencia se observa claramente si comparamos el uso que hacen Puigblanch y Balaguer de los comuneros con la interpretación que efectúa el duque de Rivas de la pérdida de los fueros aragoneses. La tragedia *Lanuza* fue escrita por este último en 1822, durante los turbulentos años del Trienio Liberal, lo que explicaría que las ideas que en ella aparecen estén condicionadas por la participación del autor en los acontecimientos revolucionarios del momento. En una clara referencia a las circunstancias por las que atravesaba la sociedad de su época, Rivas interpreta la invasión de Aragón por parte de las tropas de Felipe II como una guerra civil entre españoles de distintos bandos, unos partidarios de limitar el poder real a través de un pacto constitucional y otros defensores del absolutismo. Si lo comparamos con *La viuda de Padilla* de Martínez de la Rosa, aquí el mito, aun siendo fundamentalmente el mismo, no sirve para escenificar la lucha del pueblo español contra un invasor extranjero, sino para evidenciar la existencia en España de un conflicto interno entre dos formas opuestas de entender el poder. Castilla y Aragón representan dos dimensiones de lo español. Los soldados castellanos que invaden Aragón para imponer la voluntad del rey se ven obligados a confrontar la resistencia de un pueblo que lucha en defensa de sus ancestrales libertades. Unas libertades que tienen mucho más que ver con el bagaje intelectual de los liberales del siglo XIX que con la realidad histórica del XVII.

Lanuza se caracteriza como un nuevo Pelayo dispuesto a salvar la patria de los peligros que la amenazan, pero sus enemigos en este caso no son extranjeros, sino españoles. El conflicto se desplaza al interior y, en este contexto, la corona de Aragón representa los valores progresistas de una España primitiva de corte constitucional, frente al centralismo extranjerizante de Castilla. Pero la oposición, como se ve, alcanza a la totalidad de España. No se defienden los fueros de Aragón por ser diferentes, sino en cuanto representantes de una España más auténtica.

El mito comunero, en la doble dimensión que vengo analizando, se fraguó en el período histórico que se extiende desde la Revolución Francesa hasta la muerte de Fernando VII y tomó cuerpo a través de infinitas proclamas, discursos, artículos de periódico, poesías, novelas y obras de teatro. En la segunda mitad del siglo perdió parte de su fuerza, pero si queremos probar el carácter central de que siguió disfrutando en el pensamiento progresista español, sólo tenemos que repasar algunos de los principales símbolos adoptados más tarde por la Segunda República. El morado de la bandera representa el color por el que teóricamente lucharon los comuneros, aunque parece estar comprobado que la suposición es falsa, y el *Himno de Riego* honra la memoria del carismático líder que desempeñó un papel decisivo en el Trienio Liberal y que, junto con otros compañeros de ideología radical, fundó la sociedad secreta denominada «Hijos de Padilla». Evidentemente, los liberales de principios del siglo XIX, aunque fracasaran en su intento de crear una sociedad acorde con sus principios, lograron en gran parte el objetivo final que se proponían: configurar una nueva mitología española, opuesta a la tradicional, que neutralizara la agresiva apropiación del país por parte de las fuerzas conservadoras.

Para lograrlo, no sólo redefinieron el sentido de algunos de los principales mitos españoles, como Pelayo y la Reconquista, sino que alteraron las bases mismas en que se asentaba la identidad del país. Plantearon el levantamiento comunero contra Carlos V como una rebelión nacional contra un monarca extranjero y, al hacerlo, privaron de legitimidad a la España construida por él y sus sucesores. Además, para completar la actitud revisionista, cuestionaron el centro de gravedad sobre el que se asentaba la identidad del país, proponiendo que la versión más auténtica del país no residía en la corona de Castilla, sino en los territorios de la antigua corona de Aragón. En esta nueva interpretación de la historia, es la parte oriental de la Península la que representa la España más genuina, una España asociada con el país constitucionalista (y plural, insistirán algunos en puntualizar) que los liberales defendían. Paradójicamente, los dirigentes progresistas, a pesar de idealizar a los comuneros castellanos, no asentaron su proyecto nacional sobre la identidad de Castilla, sino que lo hicieron en buena medida contra sus intereses. O contra su imagen. El reino que había servido al propósito absolutista y centralizador de los Austrias y los Borbones no podía sacudirse fácilmente al estigma que eso suponía. La mitología elaborada por los liberales implicaba una reacción contra los mitos de la España oficial y necesitaba distanciarse de todo lo asociado con ella. Sus mitos son contramitos. Por eso producen a veces la impresión de que su interpretación de la identidad española es una imagen invertida de la que en esos momentos existía.

El mito de la Reconquista, por su papel crucial en la construcción de la identidad nacional, mereció desde fecha muy temprana una atención preferente. Los forjadores de la nueva mitología no podían dejar en manos de la Iglesia católica y de las fuerzas conservadoras un factor que entorpecía tan poderosamente el logro de sus objetivos. Por eso, como hemos visto, surgieron desde muy temprano teorías que pretendían disputar a Covadonga el inicio exclusivo de la empresa, afirmando que se formó por esas mismas fechas en los Pirineos un segundo foco de resistencia, similar en importancia al primero, pero que, además, poseía la ventaja añadida de que produjo monarquías profundamente democráticas. De hecho, cuando Fernando VII regresó a la Península y los liberales empezaron a sospechar que se aproximaban tiempos difíciles para sus ideas, ciertos autores pretendieron hacer extensiva a Pelayo esa interpretación proto-liberal de la lucha contra los musulmanes. Según mencioné, Bartolomé José Gallardo asociaba Covadonga y Sobrarbe con los fueros de Aragón y Navarra, presentándolos como antecedentes de una Constitución liberal que se definía como intrínsecamente española. Pero si Sobrarbe era para la mayoría de los españoles un nombre carente de sentido, y que podía, por tanto, interpretarse a voluntad, con Pelayo y Covadonga no sucedía lo mismo. El héroe asturiano y su épica victoria contra los musulmanes habían recibido durante siglos una atención preferente por parte de historiadores y literatos. Se habían escrito sobre él numerosísimas obras de todo tipo: crónicas, poesías, discursos, ensayos, novelas, obras de teatro... Y, de hecho, se seguían escribiendo. Pensemos en Quintana, en Zavala y Zamora, en el duque de Rivas, en Miguel Agustín Príncipe, en Espronceda, en Trueba, en Hartzenbusch, en Zorrilla. Su condición de iniciador de la Reconquista, factor fundamental en la configuración de la identidad española, estaba firmemente arraigada en el imaginario colectivo y despertaba asociaciones difíciles de borrar.

Los liberales debían reconocer, por consiguiente, que la religión católica, por las especiales circunstancias históricas que había vivido la Península Ibérica durante la Edad Media, ocupaba una posición central en la gestación de la nación española. En un país que se había forjado luchando contra los musulmanes, y cuya identidad se definió desde el principio usando parámetros religiosos, como advertirá más tarde Américo Castro, era hasta cierto punto lógico que la Iglesia católica ocupara un puesto preferente y disfrutara de un arraigado prestigio entre la mayoría de la población[16]. Ése era precisamente el problema. Porque la Iglesia empleaba su enorme ascendiente para mantener las antiguas estructuras de poder y oponerse a cualquier intento de renovación del país, por necesario que fuera.

El enfrentamiento de los progresistas con la Iglesia se hizo más evidente cuando los clérigos pretendieron monopolizar la victoria contra Napoleón, y, aprovechándose del fanatismo de una parte importante del pueblo, exaltaron contra los liberales los ánimos de las masas. En la misma línea, Fernando VII dictó nada más volver una serie de medidas para defender la «sana doctrina» de la Iglesia católica, declarando que de la armonía entre el Altar y el Trono dependía la futura felicidad del reino[17]. Justo cuando creían haber

---

[16] En el prólogo a *La realidad histórica de España,* afirma Américo CASTRO que un pueblo «se constituye al singularizarse y afirmarse frente a otros» (1973, p. 23). En la Península Ibérica esto significó que los que terminaron acaparando el sentido de lo español se caracterizaron esencialmente como cristianos. Desde muy pronto, la filiación religiosa sirvió «para delimitar la figura nacional y gentilicia de todo un pueblo [...]. Lo cual era simple calco de la situación ofrecida por el enemigo llamado "sarraceno" por la Crónica, con el sentido de "musulmán", y no de "sirio"» (*ibid.,* p. 24).

[17] Con ese decreto decidió BLANCO WHITE poner fin a *El Español.* En el artículo titulado «Conclusión de esta obra» afirma que se había resistido a dejarse dominar por el pesimismo, pero la lectura del impreso en la *Gaceta de Madrid* del 4 de junio de 1814

ganado la guerra, los liberales se vieron de repente perseguidos por aquellos mismos que poco antes consideraban sus aliados. Muchos pasaron largas temporadas en las cárceles, en compañía de criminales y delincuentes comunes. Otros, para evitar la violenta represión que se desencadenó en su contra, se vieron obligados a abandonar precipitadamente el país. En ese ambiente de persecuciones, cárceles y exilios, los liberales comenzaron a identificarse con todos aquellos grupos que habían sido víctimas de la intolerancia de la España oficial. Su enemigo común era ese país tradicionalista, rígido y fanático, en el que los grupos reaccionarios monopolizaban el sentido de la identidad colectiva e imponían su visión monolítica sobre el sentido de lo español, expulsando fuera de sus fronteras a todos los que no pensaban como ellos. Era necesario minar su poder. Pero el fundamento en que se asentaba era muy sólido, como bien se encargó de demostrar la triunfal acogida popular que recibió el rey a su regreso de Francia.

Durante toda la contienda, los liberales habían podido mantener la ilusión de que las masas que se alzaron contra los franceses lo habían hecho en defensa de sus ancestrales libertades amenazadas. Aunque los hechos parecieran probar lo contrario, como algunas mentes lúcidas se encargaron de advertir, la mayoría de los progresistas insistió en presentar la contienda como un enfrentamiento entre las fuerzas del absolutismo y la tiranía, personificadas en Napoleón, y la voluntad democrática de un pueblo amante de su libertad y empeñado en defender sus derechos. El sentido de la propuesta se complementaba con la referencia a un grupo de legisladores (los diputados en Cádiz), que se encargaba de fijar un texto constitucional que garantizara la libertad futura de la nación.

Pero esta interpretación de los hechos, cuestionada obviamente por los conservadores, sufrió su primera prueba de fuego cuando Napoleón permitió el regreso a España de Fernando VII. Con el rey en suelo español, podía por fin dirimirse, más allá de elucubraciones teóricas, si tenían razón los que suponían que el pueblo había luchado contra los franceses en defensa del absolutismo y de la Iglesia católica, o, por el contrario, los que afirmaban que lo había

---

«puso fin a mis dudas, como debe ponerlo a esta obra, mejor que ningunas razones mías» (1810-1814, VIII, p. 308).

hecho en defensa de sus antiguas libertades. Y el dictado de la calle no pudo ser más explícito. La amargura que experimentaron los liberales al constatar que la Iglesia católica controlaba la voluntad del pueblo, y lo usaba además para legitimar la injusta represión de que eran objeto, ha quedado documentada en numerosos escritos coetáneos. Basta repasar la obra de Blanco White y Bartolomé José Gallardo, de Quintana, Puigblanch, el duque de Rivas, Mora, el conde de Toreno, Estanislao de Kostka Vayo y Joaquín Lorenzo Villanueva. Pero, ante esa angustiosa realidad, que los condenaba al silencio o al exilio, cuando no a los presidios del norte de África, donde algunos de ellos morirían, no podían simplemente reconocer que se habían equivocado. Si querían evitar que la situación se perpetuara, tenían que hacer algo para remediarlo.

Ciertos liberales como Alcalá Galiano, Quintana y Mesonero Romanos, resentidos por la falta de apoyo popular, procedieron a establecer una diferencia entre pueblo y populacho. En su opinión, la masa ignorante no podía encarnar la voluntad general de la nación, ya que, por su torpeza y su falta de luces, se dejaba manipular fácilmente por demagogos sin escrúpulos. El pueblo en sentido estricto lo constituían solamente las clases medias y acomodadas, las personas con cierto nivel de educación que, al confrontar los problemas de gobierno y de convivencia, los analizaban racionalmente y tomaban decisiones inteligentes. En definitiva, el pueblo comenzó a ser para ellos la parte del país que leía y pensaba. Pero este planteamiento no dejaba de ser paradójico en autores que, a fin de cuentas, fundaban sus proyectos de renovación en el concepto de soberanía popular. Si querían dejar sin argumentos a sus enemigos, que decían legitimar su poder precisamente por el apoyo que recibían de las masas, era indispensable cambiar los hábitos mentales de ese mismo «populacho» que se dejaba arrastrar por las soflamas de los púlpitos. Y para lograr un cambio tan radical, si se excluía la posibilidad de fanatizarlo en sentido contrario (que tentó sin duda a algunos liberales, como evidencian los sucesos anticlericales de 1834), era necesario proceder a educarlo. Con este fin, para inculcar en los artesanos y jornaleros los nuevos principios democráticos, se establecieron escuelas populares durante el Trienio Liberal en determinados barrios obreros. Pero el tiempo que se mantuvieron los progresistas en control de la situación fue muy breve para que el procedimiento pudiera ser efectivo.

La invasión francesa de 1823 volvió a demostrar a los liberales, si es que hubiera sido necesario, que la Iglesia católica y los grupos reaccionarios no estaban dispuestos a dejarse arrebatar fácilmente el poder. Les demostró, asimismo, que, en el enfrentamiento interno que se vivía en esos momentos en España, los conservadores contaban con el apoyo de la mayor parte de la población. Porque la diferencia entre lo acontecido durante la invasión napoleónica y lo sucedido ahora, a pesar de que las circunstancias parecían ser iguales, no pudo resultar más humillante para los liberales. El mismo pueblo que apenas diez años antes había luchado tenazmente contra los franceses, disputándoles palmo a palmo el terreno y causándoles una continua sangría de hombres y recursos, recibió ahora a los invasores con una apatía vergonzosa, cuando no con indudables muestras de entusiasmo. Las conclusiones que se deducían no invitaban al optimismo. La evidencia parecía probar, en efecto, que los conservadores tenían razón, que el levantamiento contra Napoleón se había producido por instigación del clero y que sólo gracias al prestigio de que gozaba ese poderoso estamento había conseguido movilizarse una parte importante de la población[18]. Estanislao de Kostka Vayo refleja muy bien la amargura que experimentaron los liberales a finales del Trienio, cuando, en su *Historia de la vida y reinado de Fernando VII,* afirma que las mismas masas que, según pretendían algunos, se habían levantado contra Napoleón en defensa de sus libertades, «las veremos más adelante no una vez sola, sino distintas, alzarse con las armas en la mano para combatir a favor de la tiranía» (1842, I, p. 285). Y trata a continuación de explicarse el hecho, lamentando que mal podía luchar en defensa de la Constitución un pueblo cuya mayoría, seducida por los frailes, «odiaba las formas representativas» (1842, II, p. 92). Alcalá Galiano, Quintana y Blanco White, entre otros muchos, llegarán a conclusiones similares. Indudablemente la gran mayoría del pueblo español, ignorante y fanatizado, no se identificaba con los planes de los liberales. Más bien todo lo contrario. La transformación del país

---

[18] Un periódico publicado en Sevilla, *El Defensor del Rey,* advertía en 1823 a los andaluces que «la presente guerra no es como la que defendisteis desde 1808 a 1814. Aquella era justa y Santa, esta injusta e irreligiosa. Los que la fomentan no aspiran a otra cosa que a la destrucción de los Tronos y de los Altares» (p. 16).

exigía, por tanto, erradicar ciertas formas de pensar que favorecían a los conservadores y que se habían mantenido por siglos.

La tarea no era fácil, como bien tuvieron oportunidad de comprobar aquellos que lo intentaron. Gran parte de la carrera periodística de Larra se orientó a modificar los hábitos de los españoles, a eliminar prácticas arraigadas y a conseguir que la mayoría del pueblo adquiriera ideas más en sintonía con las de los países modernos. Descartando un breve intento fallido de participar en política, buscando sin duda acceder a formas de acción más eficaces, la manera en que lo intentó fue a través de la prensa y el teatro. Un buen número de sus artículos se estructuran en torno a un narrador inteligente y activo, *alter ego* del autor, que recorre incansable los ambientes de Madrid, desde los despachos oficiales hasta los cafés y las fiestas populares, para observar directamente los problemas y proponer soluciones. A veces se hace acompañar de personajes extranjeros que contribuyen con sus reacciones a denunciar el carácter absurdo de lo que observan. El objetivo de Larra es obligar a sus lectores a reconocer que el país necesita cambiar. Una y otra vez insiste en ello. Pero con el transcurrir de los años puede rastrearse la aparición de un creciente pesimismo que parece abatir su ánimo y tiñe de amargura sus planteamientos. El narrador activo de los primeros artículos, diligente y optimista, que critica incansablemente los problemas que le salen al paso, con la esperanza de que es posible solucionarlos, transmite en sus composiciones finales una impresión muy distinta. «La Nochebuena de 1836», artículo publicado poco antes de suicidarse, expresa el convencimiento de que la tarea que se ha propuesto está irremediablemente condenada al fracaso. En el enfrentamiento entre el narrador inteligente y activo y el pueblo embrutecido y apático, es este último el que logra imponer su voluntad. La inercia que lo domina es demasiado fuerte como para ser vencida.

El pesimismo de Larra refleja muy bien la decepción de todos aquellos liberales que, empeñados en modernizar el país, constataron con amargura que el pueblo español era refractario a sus ideas. La conciencia de fracaso que experimenta el escritor madrileño es la misma que manifiestan autores como Gallardo, Quintana, Argüelles, Vayo, Alcalá Galiano, Joaquín Lorenzo Villanueva, Puigblanch y Martínez de la Rosa. Al igual que Larra, todos ellos se sintieron extranjeros en un país que, aunque fuera el suyo, se mantenía anclado en un sistema de valores que no compartían. Todos ellos tuvieron que sufrir, asimismo, el ataque de unas autoridades retrógradas que, con la colaboración o la apatía del pueblo, intentaron negarles su condición de españoles. Sin embargo, como puede observarse, el problema tenía dos caras, ya que, si bien es indudable que las fuerzas conservadoras pretendían monopolizar la identidad nacional, también es cierto que los liberales se sentían más identificados con los valores y las ideas de otros países que con los que percibían a su alrededor. Que ellos lo negaran es hasta cierto punto lógico, ya que necesitaban defenderse de los ataques de sus enemigos, pero que nosotros lo hagamos no tiene sentido. Ahí están sus escritos para probarlo.

Ahora bien, que se sintieran fascinados por las ideas extranjeras no quiere decir que carecieran de patriotismo. Todo lo contrario. Si se proponían imitar el modelo de las sociedades fuertes era precisamente porque lo consideraban un paso necesario para paliar los males del país. En «Vuelva usted mañana» afirma Larra que las naciones que están rezagadas, si quieren superar su postración, no tienen más remedio que seguir el modelo de las que marchan delante de ellas (1960, I, p. 138). Y Blanco White, recurriendo a una imagen similar, propone que, al igual que los artistas comienzan su carrera imitando a los grandes maestros que les han precedido e intentando asimilar sus enseñanzas, así «las naciones que se hallan atrasadas deben empezar por el estudio de lo que otras han hecho y adelantado» (1823-1825, I, p. 120). Esta percepción del problema, que habría podido suscribir la mayoría de los liberales coetáneos, no implicaba una actitud servil frente a la modernidad europea, sino la conciencia de una necesidad. Y es que, por la asociación que estos autores percibían entre progreso y adquisición de fuerzas, consideraban la modernización un proceso necesario para sacar al país de su atonía. Reconocer modelos no implicaba una voluntad de plagio, sino un deseo de apropiación[19]. Precisamente en el mo-

---

[19] Ángel DEL RÍO ya observó el fenómeno. En un artículo publicado en 1948 afirmaba que, desde el siglo XVIII, todos los movimientos literarios españoles se han basado en un recurrente deseo de apropiación: «La influencia extranjera, el europeísmo, es asimilado, y rebota al fin en una conciencia más profunda de los valores nacionales y en una vuelta a la tradición artística nacional; no como simple imitación, sino tratando de integrarlos con los nuevos valores, ideas y formas estilísticas adquiridas en contacto

vimiento de ida y vuelta que ese deseo provoca, entre los modelos extranjeros y la tradición española, se fundan algunos de los logros más originales de la cultura española de los últimos siglos.

Pero, obviamente, los conservadores no estaban interesados en airear el patriotismo de sus enemigos. Aprovechando la oportunidad que les brindó la invasión napoleónica, acusaron a los liberales de ateos y revolucionarios, y, equiparándolos a los odiados franceses, intentaron monopolizar el sentido de lo español. Un escrito aparecido con ocasión del regreso de Fernando VII revela con claridad la estrategia. El autor de *Lucindo al Rey nuestro señor,* un panfleto publicado en 1814 en Sevilla, advierte al monarca de que, aunque los españoles habían logrado expulsar finalmente de su territorio al ejército invasor francés, no les estaba permitido relajarse, ya que la guerra no podía considerarse aún concluida. Les quedaba por librar una última batalla, en su opinión más peligrosa que las anteriores, ya que no se trataba ahora de combatir a invasores extranjeros, «sino a enemigos domésticos, a traidores, que intentan por todos los medios imaginables asesinar a V.M., destruir su trono, acabar con la religión sacrosanta de Jesucristo» (1814, p. 1). Ante la grave amenaza que esta actitud implica, avisa el autor: «¡Cuántas veces he anunciado a la nación que los llamados liberales eran tan franceses como Napoleón!» (*ibid.,* p. 2). La represión que se desencadenará contra ellos poco después se basará en ese convencimiento. Si eran franceses, debían ser expulsados del territorio nacional como lo había sido antes el ejército napoleónico. Unos llenarán las cárceles o serán enviados a los presidios del norte de África. Otros, para evitar males mayores, se verán obligados a exiliarse. Y todo con la colaboración entusiasta, o al menos con la apatía, de la inmensa mayoría del pueblo español.

Ante la gravedad de la situación, viendo cuestionada su condición de españoles, y todo por defender ideas que consideraban necesarias para solucionar los males del país, los liberales comenzarán a pensar que el problema de España estaba imbricado en su misma esencia, en la forma en que se había configurado la nación a lo largo de la Edad Media. Ya vimos anteriormente, a propósito de

---

con otras culturas» (1989, p. 230). Lo que Del Río afirma de la literatura puede hacerse extensivo a todas las áreas de la actividad social.

la creación del mito de los comuneros y de los fueros medievales, que la interpretación del pasado se convierte en un campo de batalla que refleja las luchas del presente. Ahora, escribiendo desde el exilio, los liberales radicalizarán sus posiciones.

El primer cuestionamiento radical de la versión oficial sobre la Edad Media vino de José Antonio Conde, un arabista castellano que durante la ocupación napoleónica colaboró con el gobierno de José Bonaparte y, una vez expulsados los franceses, se vio obligado a exiliarse. En 1820, pocos meses después de morir en la indigencia, apareció su *Historia de la dominación de los árabes en España*, una obra en la que analiza la presencia musulmana en la Península Ibérica, pero no a partir de las tradicionales fuentes usadas por los historiadores españoles, sino sirviéndose de las crónicas y documentos árabes. El objetivo que se propone, según confiesa en el prólogo, es contar la historia desde la otra ladera (si se me permite emplear la expresión acuñada por Márquez Villanueva), adoptando el punto de vista de los tradicionales enemigos de España para denunciar la versión impuesta por los vencedores. Significativamente, teniendo en cuenta las circunstancias personales en que escribe el libro, comienza el prólogo con un amargo lamento sobre las injusticias que deben sufrir los vencidos: «Parece fatalidad de las cosas humanas —dice— que los más importantes acaecimientos de los pueblos, mudanzas de los imperios, revoluciones y trastornos de las más famosas dinastías hayan de pasar a la posteridad por las sospechosas relaciones del partido vencedor» (1820-1821, I, p. III). En el caso de España, esa interpretación parcial de los hechos ha dado lugar a que los musulmanes, a pesar de ser un pueblo admirable que consiguió crear en la Península una civilización floreciente, hayan pasado a las historias oficiales como ignorantes, crueles y fanáticos. Por eso, para desmentir una interpretación sin duda tendenciosa y, en definitiva, hacer justicia a sus logros, ha emprendido la composición de este libro. En él traduce fielmente los textos de las crónicas musulmanas, hasta el punto de que, con la salvedad del idioma, el lector podrá pensar que está escrito por un historiador árabe (*ibid.*, I, p. XVII). La percepción de los hechos que ofrece viene a ser «como el reverso de nuestra historia» (*ibid.*), por lo que le advierte al lector español que probablemente su lectura le sorprenderá.

La originalidad del libro de Conde no reside en el elogio apasionado que hace de la civilización musulmana, ni siquiera en la reivindicación de su importancia en la configuración de la identidad española. Eso ya lo habían hecho antes otros muchos autores españoles del siglo XVIII, como Martín Sarmiento, José Antonio Banqueri, Asso del Río, Gaviria y León, Juan Andrés, José Carbonell, Mariano Pizzi, Juan Pablo Forner o Patricio de la Torre. Pero en todos ellos quedaba claro que lo que se proponían a fin de cuentas era efectuar una encendida apología de España, reivindicando el decisivo papel desempeñado por «nuestros árabes» (y, por tanto, por los españoles) en el camino europeo hacia la Ilustración[20]. Frente a esta reivindicación interesada de los musulmanes españoles, que no implicaba una ruptura de las señas de identidad colectivas de la nación, la originalidad y la importancia del planteamiento de Conde reside en que se propone exaltar la civilización musulmana en sus propios términos, desde su propia singularidad, adoptando su punto de vista e identificándose con sus valores. Lo que le interesa no es hacer una apología de España, sino solventar una injusticia histórica, denunciar la verdad oficial y ofrecer la percepción de los hechos desde el otro bando en disputa. Y lo hace, precisamente, por tratarse de un pueblo vencido, en cuanto víctima silenciada de un grupo que, tras lograr la victoria, había tergiversado gravemente en su favor la interpretación de los hechos.

Por ello, si queremos encontrar un precedente del libro de Conde, no debemos buscarlo en las apologías ilustradas del siglo XVIII, sino en la literatura filomorisca del XVI. La *Historia* de Conde enlaza con *La verdadera historia del rey Don Rodrigo* de Miguel de Luna, obra supuestamente traducida, según advierte el título, de la compuesta en árabe por «el sabio alcaide Abulcacim Tarif Abentarique, de nación árabe, y natural de la Arabia Pétrea». No quiero decir con ello que la obra de Conde sea pura invención, como sí sabemos que lo fue la de Luna, sino que en las dos alienta un idéntico deseo de denunciar la versión oficial de la historia, ofreciendo una interpretación alternativa que refleje el punto de vista de los vencidos. En el caso de Luna, autor morisco que también colaboró en el famoso fraude de los denominados «libros plúmbeos» del Sacromonte, los investigadores coinciden en señalar que nos encontramos frente a

---

[20] Para una exposición detallada del tema, véase TORRECILLA (2008, pp. 127-154).

un intento de dignificar la comunidad a la que pertenecía, denunciar los ataques de que era objeto y favorecer su integración en la sociedad española[21]. En un momento en que el término morisco se hallaba cargado de connotaciones negativas, identificándose con la pobreza y la ignorancia de un pueblo menospreciado, el autor se remonta al ejemplo del pasado para probar que no siempre fue así. Hubo una época, advierte, en que los musulmanes dominaron la mayor parte de la Península Ibérica y ejercieron el poder de manera ejemplar. Los jefes musulmanes que conquistaron el país en el siglo VIII se preocuparon por garantizar la seguridad de todos los que estaban bajo su control, incluidos los cristianos, y otorgaron los puestos de responsabilidad a la gente más inteligente y capaz, sin tener en cuenta cuestiones de sangre. Es evidente el propósito que guía a Luna de reivindicar el buen nombre de un pueblo que se encontraba en horas bajas, así como también lo es su deseo de criticar, aunque sea veladamente, las prácticas discriminatorias vigentes en la España de su tiempo.

La *Historia* de Conde se inscribe en esta misma línea, aunque con otra intención. Conde, por supuesto, no era morisco y a principios del siglo XIX no existía en España una comunidad musulmana a la que integrar. Sin embargo, si tenemos en cuenta las circunstancias por las que pasó el autor tras la derrota napoleónica, obligado a salir del país y a vivir sus últimos años en la indigencia, es difícil no percibir en su reivindicación de los musulmanes una referencia a su propia situación. Porque debemos recordar, además, que la comparación de los liberales con los franceses, y de éstos con los musulmanes, era muy frecuente en la sociedad española de la época. Expulsado por la España del Altar y el Trono de la sociedad que pertenecía, como lo habían sido antes los moriscos, Conde em-

---

[21] MÁRQUEZ VILLANUEVA ya observó que *La verdadera historia* de Luna «se proponía oponer al mito goticista un contramito que habría que llamar *mudéjar*» (1991, p. 31). Sobre este particular, véanse también CARO BAROJA (2003, p. 186), RODRÍGUEZ MEDIANO (2006, p. 247), BERNABÉ PONS (2009, p. 84) y LÓPEZ BARALT (2009, p. 16). Las *Guerras civiles de Granada* de Pérez de Hita, autor también de probable origen morisco, debe verse como la culminación de este propósito integrador, «al mostrar en sus grandezas y en sus mezquindades a los moros y a los cristianos en pie de igualdad» (BERNABÉ PONS, 2009, p. 101). PÉREZ DE HITA recurre, asimismo, a la estrategia de suponer que su obra fue escrita originalmente en árabe por un «moro cronista» que, tras la conquista de Granada,"se fue a vivir a tierras de Tremecén" (1999, p. 291).

prende la defensa de éstos como si se tratara de su propia causa. Si los constitucionalistas de Cádiz habían rescatado la imagen de los comuneros para arraigar en la tradición medieval sus ideas revolucionarias, Conde y los otros exiliados volverán la vista a los moriscos con un propósito similar. El desarraigo al que los condenaba la España oficial, obligándoles a buscar fortuna en tierras extrañas, les lleva, no ya a reivindicar una tradición democrática perdida tras la llegada al país de una dinastía extranjera (como había sucedido con el mito de los comuneros), o a la propuesta de que existía una España alternativa (la de la corona de Aragón) más valiosa que la tutelada por Castilla. Lo que defenderán ahora, de manera aún más radical, es que la España futura que ellos imaginaban hundía sus raíces precisamente en el universo mental del odiado enemigo contra el que el país actual, según la versión oficial, se había configurado. No se trataba de modificar la valoración de los distintos reinos cristianos que participaron en la empresa de reconquista frente al invasor musulmán, sino de cuestionar la naturaleza misma de ese hecho fundacional. ¿Se trató de un enfrentamiento contra invasores extranjeros o de una guerra civil? La exclusión a que les condenaba la España oficial lleva a los liberales, no sólo a rechazar en bloque todo lo que esa España representaba, sino a tomar partido por sus adversarios. O a proyectar sobre ellos sus ideas. De ese modo, al analizar la Edad Media, convierten esa época en una copia de la realidad de su tiempo.

El libro de Conde encontró el terreno abonado entre sus compañeros liberales, sobre todo cuando, tras el fracaso del Trienio y la intervención de la Santa Alianza, muchos de ellos se vieron obligados a abandonar de nuevo el país. El planteamiento del autor de la *Historia* les resultó atractivo porque les permitió atacar el mito fundacional de la España oficial, ese país fanático e intolerante que depuraba periódicamente de su ser a todos los que disentían de su credo, negándoles incluso su condición de españoles. Confrontados con la realidad de una sociedad violenta y clerical, gobernada por grupos reaccionarios que, además, disfrutaban de un amplio apoyo entre el pueblo, los liberales empezaron a cuestionarse las bases mismas en que se sustentaba el país.

En 1823 publicó Blanco White un artículo, «Opresión del entendimiento en España», en el que aseguraba que la guerra de varios siglos contra los musulmanes había condicionado el carácter intransigente y fanático de los españoles, añadiendo, en clara referencia a la situación del siglo XIX, que desde fecha muy temprana «se valieron los primeros inquisidores de esta ocasión para confundir con moros y judíos a todos cuantos se atrevían a dudar cualquier punto de sus doctrinas y sistemas» (1823-1825, I, p. 108). Dos años más tarde, también durante su exilio en Londres, publicará Pablo de Mendíbil un artículo en el que, tras referirse a la «guerra de religión» que durante ocho siglos mantuvieron los españoles contra los musulmanes, concluye que sus mismas virtudes debieron, en ese contexto, hacerlos fanáticos e intolerantes (1826, VI, p. 62). Pero si la tendencia al fanatismo tenía una explicación histórica, e incluso podía considerarse que había sido necesaria en otro tiempo, ahora estaba ocasionando la ruina de la nación y debía extirparse de raíz (*ibid.*). Como bien puede observarse, no se trataba ya de que los españoles hubieran perdido su original talante democrático por la llegada de dinastías extranjeras y, condicionados por intereses extraños, hubieran tomado un desvío equivocado a principios del siglo XVI. Eso era lo que proponían los creadores del mito de los comuneros y de los fueros medievales. Pero lo que plantean ahora autores como Blanco White y Mendíbil (y no es casual que se trate de dos exiliados) es que el problema estaba localizado en la misma médula de la nación, en la forma en que se había configurado el país a lo largo de la Edad Media. Otros exiliados, según veremos, reiterarán esta idea.

El rechazo de la España oficial les lleva a identificarse con todos aquellos grupos que habían sido víctimas del autoritarismo y la intolerancia de sus dirigentes: con los comuneros y los aragoneses que murieron en defensa de sus fueros, según vimos más arriba, así como con los catalanes que perdieron sus libertades tras la Guerra de Sucesión, pero también con los indígenas americanos oprimidos por brutales conquistadores sin escrúpulos, o con los judíos y musulmanes expulsados por negarse a renunciar a su credo[22]. Excluidos de la

---

[22] El 23 de mayo de 1820, a raíz de los desmanes que se producen contra la Constitución en diversas ciudades españolas, escribe *El Constitucional* que las víctimas inmoladas «al furor supersticioso y fanático de los enemigos de las luces» debían añadirse a «los nueve millones, setecientos diez y ocho mil y ochocientas personas degolladas, quemadas, ahorcadas y asesinadas por causas semejantes» en América por los con-

identidad española por los que pretendían monopolizar en exclusiva el espacio nacional, como si fueran sus únicos y legítimos propietarios, proponen a su vez que la España más auténtica era precisamente la de aquellos grupos que habían sido amputados del tronco común por defender sus creencias, la de los perseguidos, exiliados y ajusticiados en nombre de una verdad que no era la suya. Además, al identificarse con esos grupos, proyectan sobre ellos sus ideas, como si el ser víctimas de una misma intolerancia estableciera entre ellos una comunidad de pensamiento. El rechazo de la España oficial en términos absolutos, tal y como se había configurado desde sus orígenes, les lleva a replantearse la verdad de sus mitos y a sustituirlos por otros radicalmente opuestos. La nueva mitología no se propone legitimar los privilegios de los vencedores, sino hacer justicia a los vencidos. En esa labor fundacional (puesto que de eso se trataba, de crear una identidad nacional nueva), es lógico que ocupara un lugar central la negación del mito de la Reconquista. A la radicalización de la España conservadora, respondieron ellos con una actitud opuesta, pero en cierta medida similar. Excluidos del espacio nacional, los liberales comenzaron a pensar que el problema esencial de España residía en sus mismos orígenes, en la exaltación de la lucha contra los musulmanes como una empresa gloriosa y mesiánica, en la conceptuación de la denominada Reconquista como la piedra angular sobre la que se asentaban los cimientos de la nación.

Diversos exiliados se replantearán el mito de la Reconquista a partir de la lectura del libro de Conde. Pablo de Mendíbil, como acabo de mencionar, escribió en *Ocios de españoles emigrados* un largo artículo sobre la España musulmana en el que reproduce casi al pie de la letra las ideas del arabista castellano. Comienza con un párrafo calcado del inicial de Conde, lamentando la doble humillación que deben soportar los vencidos, y procede luego a enfatizar de manera vehemente los grandes logros de un pueblo que había logrado extender su civilización por medio mundo[23]. La adopción

---

quistadores españoles (p. 3). La exageración de las cifras evidencia la adopción de un punto de vista hostil a la España oficial, claramente relacionado con la leyenda negra.

[23] La pasión que pone en defender a los árabes le lleva en ocasiones a ser claramente partidista. Así, justifica que Hixem prohibiera a los cristianos usar su lengua, ya que no habría adoptado esa medida, «que parece tan violenta a primera vista, si los súbditos a quienes se imponía no estuviesen en disposición de cumplirla sin grande

del punto de vista musulmán no sólo le hace cantar las glorias de los tradicionales enemigos del país, sino que le lleva a identificarse con ellos. Los árabes, según Mendíbil, lejos de ser enemigos de los españoles, como se les ha intentado hacer creer erróneamente, deben considerarse sus más ilustres antepasados. Coherente con ese planteamiento, incluso él, que había nacido en el País Vasco, no duda en denominarlos sus abuelos (1825, p. 299).

También en esa línea, y en el mismo año de 1825, escribió Blanco White un nuevo artículo en *Variedades* en el que, reseñando el libro de Conde, procedía a parafrasear su pensamiento de manera elogiosa. Afirma el escritor sevillano que se trataba de una obra utilísima para todos aquellos interesados en conocer la Edad Media peninsular, ya que ofrecía el punto de vista de los musulmanes y completaba la información suministrada por fuentes cristianas (1823-1825, II, p. 44). La impresión que le causó el libro puede constatarse en muchas otras referencias que aparecen a lo largo de su obra. En unos apuntes históricos sobre el reino de Aragón de 1823, haciéndose eco de las teorías de Conde, propone que los musulmanes peninsulares eran tan españoles como los cristianos (*ibid.*, I, p. 138), y en «El Alcázar de Sevilla», narración publicada en 1825, coincide con Mendíbil en considerar que, si los españoles querían recuperar la originalidad perdida, debían reavivar la rama oriental de su tradición y el sincretismo de su cultura antigua (1971b, pp. 295-310). Del mismo modo, en la novela inacabada *Luisa de Bustamante,* escrita poco antes de morir, proporciona el narrador a la protagonista una serie de libros españoles para mejorar su educación y observa sorprendido que el que más le interesa es precisamente la *Historia* de Conde. La conclusión que la joven extrae de su lectura (y que debemos pensar que es la misma a que había llegado el autor) es que los españoles fueron unos grandes majaderos al tratar a los árabes como lo hicieron, ya que, de haberse comportado de manera inteligente, no los habrían mirado como

---

dificultad» (1825, III, p. 297). Pero cuando Felipe II adopta una medida similar, MENDÍBIL condena lo que considera un comportamiento abusivo y reproduce para probarlo el discurso pronunciado por El Zaguer: «Mándannos que no hablemos nuestra lengua; no entendemos la castellana: ¿en qué lengua habremos de comunicar los concetos, y pedir o dar las cosas, sin que no puede estar el trato de los hombres?» (1826, VI, p. 72).

enemigos, sino «como paisanos, pues lo fueron en verdad en el discurso de pocos años» (*ibid.*, p. 54).

Otro exiliado liberal en Londres, José Joaquín de Mora, evidencia también su familiaridad con las teorías de Conde. En 1826 publicó una *Historia de los árabes, desde Mahoma hasta la conquista de Granada* en la que, en la línea de Blanco y Mendíbil, dedica grandes elogios a la civilización árabe y reivindica su carácter español. En opinión de Mora, al igual que otras naciones europeas se preocupaban por familiarizarse con la cultura de los griegos y los latinos, para conocer mejor a sus antepasados, los españoles debían hacer algo similar con los árabes, ya que, por la profunda huella que dejaron en suelo peninsular, «no podemos menos de considerarlos como parte de nuestra familia» (1826, p. VII). Sólo el fanatismo de los vencedores cristianos explicaba que existiera en esos momentos un desconocimiento tan lamentable sobre una civilización que, a fin de cuentas, estaba hermanada con la suya. Pero los cristianos «no quisieron jamás reconocer la superioridad mental de los sarracenos: superioridad incontestable, aunque sólo le sirviera de prueba la tolerancia religiosa que ejercieron los mahometanos» (*ibid.*, p. 324). Los árabes peninsulares, por tanto, no sólo eran españoles, sino que consiguieron crear una civilización superior en muchos aspectos a la de sus rivales cristianos. Una civilización, por cierto, que poseía características marcadamente similares a la que los liberales pretendían implantar en la España de su tiempo.

Los liberales exiliados, en una reacción hasta cierto punto explicable, se identificaron con los tradicionales adversarios de la España oficial y proyectaron sobre ellos sus ideas sobre lo que debería ser el país. De ese modo, aunque desde otro ángulo y con otra finalidad, enlazaron con una de las ideas más reiteradas en la literatura filomorisca del siglo XVI: que los musulmanes de la Península Ibérica eran tan españoles como los cristianos y debían ser tratados como miembros de una misma familia. Al igual que Pérez de Hita mantenía que la sublevación de las Alpujarras provocó una cruenta guerra civil entre españoles que acarreó consecuencias nefastas para ambos bandos, ahora ellos van a proponer que la denominada Reconquista había consistido desde sus orígenes en un prolongado enfrentamiento entre hermanos que podía y debía haberse evitado. Si la versión histórica generalmente aceptada afirmaba que España se había configurado a lo largo de varios siglos en una heroica cruzada que concluyó con la expulsión de los invasores musulmanes al otro lado del Estrecho, los liberales afirmarán que esa guerra tenía poco de gloriosa, ya que había enfrentado a contendientes que, en definitiva, eran de la misma familia y compartían la misma sangre. En su análisis del pasado medieval, proyectan sobre él las circunstancias históricas del siglo XIX. Las alusiones a su propia situación son innegables.

El rechazo de la España oficial provoca entre los exiliados liberales una revisión de todos los componentes del mito de la Reconquista, desde la invasión musulmana del 711 hasta la expulsión de los moriscos nueve siglos más tarde[24]. No deja de ser significativo que el duque de Rivas, inmediatamente después de verse obligado a abandonar el país en 1823, escribiera en los intervalos que le permitían sus viajes, y con la animosidad que es posible suponer, un largo poema narrativo sobre la invasión musulmana titulado *Florinda*. En la obra se plantea el tema de la pérdida de España, pero achacándola, más que al conde don Julián (a quien se caracteriza como un patriota virtuoso que llora la corrupción generalizada de su entorno), al obispo don Opas, que es el que mueve los hilos de la trama y el auténtico villano del poema. Se le describe como «altanero/ De altar y trono el defensor primero» (1854, p. 277), en una clara alusión que proyecta la acción sobre otro nivel temporal, relacionándola con los sucesos históricos que estaba viviendo el autor. Don Opas es quien convence a don Julián para que lleve a cabo la traición y quien, pasándose al enemigo en medio de la batalla, inclina la balanza del otro lado y provoca la derrota de los suyos. Significativamente, la Iglesia católica, que, según el discurso oficial, desempeñó un papel esencial en la «restauración de España», legitimando así el poder político que ahora disfruta, se identifica aquí como la causa principal de su desgracia.

Años más tarde, desde su exilio en Sudamérica, publicará también José Joaquín de Mora un largo poema burlesco titulado *Don Opas*, cuya acción ofrece marcadas semejanzas con la de *Florinda*.

---

[24] GARCÍA SANJUÁN considera que Abilio Barbero y Marcelo Vigil fueron los primeros en manifestarse, en los años sesenta del siglo pasado, contra el «discurso historiográfico nacional católico» y cuestionar el concepto tradicional de Reconquista (2013, p. 45). Pero, según vemos, el inicio de esa tendencia es muy anterior.

Al principio de la obra, lamenta el narrador los siglos de destrucción que ocasionó la invasión musulmana en España, afirmando a continuación, en clara alusión a Florinda y a don Opas, que todos esos males fueron causados «por una moza y por un cura» (1840, p. 430). Tras derrotar a los godos en Guadalete, recorre Muza triunfalmente diversas ciudades españolas, lo que le permite a Mora establecer un paralelismo entre ese acontecimiento y la invasión del duque de Angulema para acabar con el régimen liberal. Los cristianos le reciben entusiasmados y hasta las monjas no caben en sí de alegría, gritando enajenadas: «Viva la religión! vivan los moros!» (*ibid.*, p. 510). Ante ese proceder inexplicable, el narrador deduce que «"Viva la religión" es santo grito/ Con que todo español explaya el seno/... Si es sabido el lector, no necesito/ Fijar el día en que con voz de trueno/ Sonaba en la nación: "viva Fernando!/ Viva la Religión! Vamos robando"» (*ibid.*, p. 541). La asociación de Muza con Fernando VII y los conservadores matiza la inversión que hacía Rivas del mito de la pérdida de España. Aquí no sólo ha sido provocada por un insigne representante de la Iglesia, sino que los que la llevan a cabo son recibidos con alegría por curas y monjas. Obviamente, la pérdida de España a la que se refiere no es la provocada por la invasión musulmana a principios del siglo VIII, sino otra, más reciente, de la que eran responsables la Iglesia católica y sus interesados aliados. La religión era para ellos una simple excusa para esquilmar el país. Por otra parte, efectuando una elección genérica que no deja de ser significativa, Mora decide recurrir al tono burlesco para tratar el tema épico por excelencia de la España tradicional. Las inversiones efectuadas por Rivas y Mora son numerosas y revolucionarias.

También durante su exilio en Malta escribió el duque de Rivas un importante poema, *El moro expósito,* que suele asociarse con el nacimiento del Romanticismo en España y que, desde el mismo título, nos advierte sobre el tema central que le preocupa al autor. El protagonista es un joven que ha nacido en Córdoba, como Rivas, y que ha sido abandonado en un palacio de la familia real. No sabe quiénes son sus padres, pero en el curso de la acción descubrimos que es hijo de Zahira, hermana de Almanzor, y de Gustios Lara, noble castellano caído en desgracia por las intrigas de sus enemigos. Teniendo en cuenta las asociaciones que proponían los conservadores entre liberales y musulmanes, cobra sentido el paralelismo que se establece en la obra entre Mudarra, el moro expósito privado del rango que le corresponde, y el narrador exiliado en Malta. En ciertos momentos, la visión de ambos personajes parece identificarse, como cuando Mudarra abandona Córdoba para ir a Burgos y la última mirada que desliza sobre su ciudad natal se confunde con el nostálgico recuerdo de Rivas. En otros, es Gustios Lara quien, injustamente acusado de traidor y privado de todos sus bienes, reproduce en el poema las vicisitudes del autor. Al igual que sucede con el noble castellano, *El moro expósito* (pero en este caso la obra en sí, no el personaje) sirve para reivindicar el honor del duque de Rivas y para evidenciar su lealtad. La restitución del buen nombre de Gustios por parte de Mudarra simboliza la que se propone hacer Rivas de los liberales expulsados. Al final del poema, Mudarra se convierte al cristianismo y será él quien prolongue la estirpe de los Lara.

Por los años en que compuso Rivas *El moro expósito,* escribió Estanislao de Kostka Vayo *Los expatriados o Zulema y Gazul,* una novela que, por razones obvias, no pudo publicarse hasta la muerte de Fernando VII. Vayo tuvo una participación destacada en el Trienio Liberal, lo que motivó que, al igual que los autores que venimos comentando, se viera obligado a exiliarse tras la intervención de la Santa Alianza. Por si el título no bastara para hacernos comprender las asociaciones que se establecen en la obra, el autor decidió añadir un prólogo en el que especifica que la escribió «con ánimo de recordar a los españoles en la expulsión de los mauros otra desgraciada expatriación que todos habían presenciado» (1834, p. III). La acción sucede en el siglo XIII, en tiempos de Jaime el Conquistador, cuando los musulmanes fueron expulsados del reino de Aragón y algunos se rebelaron contra esa cruel medida. Vayo alude en el prólogo al paralelismo que pretende establecer entre el comportamiento de las víctimas de la represión en la obra, caracterizado por el heroísmo y la generosidad de algunos, pero también por la perfidia y la traición de otros, y el de los liberales a finales del Trienio. En el bando contrario, los cristianos representan el absolutismo y la intolerancia, por lo que no tiene nada de particular que, reproduciendo la experiencia vivida por el autor, se ensañen con el enemigo vencido[25].

---

[25] Obviamente, el recurso al tema morisco para reflejar el exilio liberal tiene un sentido muy diferente del que le proporciona Chateaubriand para idealizar su destierro.

Otro exiliado, Martínez de la Rosa, compuso por esos años una obra de temática similar, *Abén Humeya,* sólo que centrada en la rebelión de los moriscos contra Felipe II. Como se encontraba en esos momentos en París, escribió una primera versión del texto en francés para que se pudiera poner en escena. Eso le dio pie para añadir un «Avant-Propos» en el que advierte que, al igual que les había sucedido a los moros del siglo XVI, también él se había visto obligado a expresarse en una lengua extranjera (1845a, p. 293). La identificación del autor con los moriscos de la obra se corresponde, en sentido inverso, con unos personajes de ficción que reflejan la problemática de los liberales de la época. Al igual que a ellos, también a los moriscos se les presentaban dos opciones: negar su identidad y ocultar sus convicciones más íntimas, condenándose a una especie de exilio interior, o abandonar la tierra de sus antepasados e instalarse en países más afines con sus creencias. Además, el enfrentamiento entre Abén Abó y Abén Humeya reproduce el conflicto entre liberales moderados y exaltados que se produjo durante el Trienio y que constituyó uno de los obstáculos más serios para sacar adelante el proyecto progresista. Se explica así que el protagonista Abén Humeya sea un modelo acabado de virtudes y tenga muy poco en común con el personaje histórico que conocemos, ya que, en último término, más que representar al caudillo del siglo XVI, reproduce la figura de Martínez de la Rosa y su política del «justo medio».

La identificación de los liberales exiliados con los musulmanes que pasaron a principios del siglo XVII por una situación similar, hace que proyecten sobre ese grupo sus ideas y aspiraciones, como si la semejanza de sus males estableciera entre ellos una identidad de pensamiento. En sentido inverso, según venimos viendo, ocasiona un rechazo de las bases en que se fundamenta la España oficial, comenzando por el mito de la Reconquista, fuente y raíz del inmenso poder adquirido por la Iglesia católica. Aunque esto no quiere decir que el mito desapareciera en esa época, ni siquiera

---

La influencia de *Le dernier Abencérage* puede rastrearse en diversas obras españolas, pero el tratamiento del tema que hacen los autores aquí analizados, según venimos viendo, está relacionado con una problemática específicamente española. Para la influencia de Chateaubriand en España, véase CARRASCO URGOITI (1989).

que la nueva interpretación fuera generalmente aceptada por los liberales, al menos en un primer momento. Durante las primeras décadas del siglo XIX, numerosos escritores, conservadores y liberales, seguirán publicando y representando obras centradas en torno al tema del rey don Rodrigo y la Cava, Pelayo, Sancho García y Guzmán el Bueno, y lo harán desde un punto de vista convencional, considerando el conflicto entre cristianos y musulmanes como una larga contienda que enfrentó a dos pueblos rivales. Para probarlo basta repasar la producción de autores como Espronceda, García Gutiérrez, Hartzenbusch, Gil y Zárate, Telesforo Trueba, Miguel Agustín Príncipe y José Zorrilla. Lo que sí puede observarse, como consecuencia de la creación de la nueva mitología, es la aparición en el imaginario colectivo de una importante ruptura que, a partir de ese momento, afectará de manera decisiva la forma en que los españoles conciben su identidad. Para unos, España sólo podía entenderse como resultado de un proceso de restauración que, tras ocho siglos de pugna contra el invasor musulmán, terminó con su expulsión al otro lado del Estrecho. Ahí residía la justificación de su identidad y el fundamento de su grandeza. Otros, en cambio, viéndose perseguidos y encarcelados por las ideas que defendían, comenzaron a identificarse con esos mismos musulmanes que la España oficial consideraba sus peores enemigos. La condena radical con la que los fulminaban los cancerberos de las esencias patrias, negándoles incluso su condición de españoles, les llevó a rechazar la idea tradicional de España de la misma manera, en bloque, tajantemente, sin ningún género de matices.

Además, su identificación con los musulmanes vencidos y excluidos de la realidad nacional, como lo eran ellos, les llevó a proyectar sobre ese colectivo sus ideas y proyectos, como si la civilización que crearon en la Edad Media hubiera sido un precedente de la que ellos querían implantar en el siglo XIX. Al mito de la Reconquista oponen el de al-Andalus como un espacio ideal organizado en torno a las ideas de ilustración, tolerancia religiosa y progreso. La Reconquista pasa así a concebirse como una guerra civil entre hermanos que enfrentó a dos tipos distintos de españoles, unos abiertos, cultos y sensibles, y otros fanáticos, bárbaros e ignorantes, invirtiendo de ese modo la valoración tradicional que se había hecho del conflicto por parte de los cristianos. Según el nuevo planteamiento, la Reconquista no había sido una empresa heroica y admirable, de elevados ideales y hazañas gloriosas, sino una gran tragedia colectiva que produjo resultados catastróficos para el país. La reinterpretación del mito implicaba básicamente invertir su significado. Según eso, la pérdida de España no la causaron los musulmanes al invadir la Península, sino los cristianos al expulsarlos.

Esta actitud revisionista, que se origina en unas circunstancias históricas concretas y como reacción al intento de monopolizar la identidad española por parte de los conservadores, gana solidez por su afinidad con teorías que en épocas anteriores habían elaborado los tradicionales enemigos de España. Durante el siglo XVIII, numerosos autores extranjeros, influidos por la lectura de novelas moriscas, o sugestionados por las doctrinas orientalistas que se generalizaron por toda Europa, usaron la expulsión de los moriscos para atacar a los españoles de su época. En 1765, por ejemplo, contrapone el anónimo autor del *État politique* la humanidad y el ingenio de los árabes a la crueldad e ignorancia de sus adversarios, afirmando que la avaricia de estos últimos había destruido las riquezas creadas por los moros, dejando las tierras de la Península yermas y el país sin recursos (1914, p. 492). Del mismo parecer son, por ejemplo, Henry Swinburne, Étienne de Silhouette, Jean-François Peyron, Joseph Warton y Joseph Townsend. M. de Lantier, tras comparar la pobreza que observa en Andalucía con el estado floreciente que, en su opinión, existió allí bajo los árabes, concluye que es una pena que los descendientes de los godos devolvieran a África a «cette nation brillante qui réunissait les arts, les sciences, le commerce, la valeur, la galanterie, le luxe et les plaisirs» (1826, p. 211)[26]. Según todos estos autores, los musulmanes habían creado

---

[26] Las citas podrían multiplicarse. Consultar por ejemplo las obras de SILHOUETTE (1962, p. 214), PEYRON (1783, pp. 155-156) y WARTON (1782, pp. 184-185). Joseph TOWNSEND, en *A Journey Through Spain,* libro que apareció en 1791, afirma que durante la Edad Media los judíos se ocupaban del comercio y los moros de las artes mecánicas, por lo que, cuando ambos grupos fueron expulsados, «a void was left, which the high-spirited Spaniard was not inclined to fill. Trained to the exercise of arms, and regarding such mean occupations with disdain, his aversion was increased by his hatred and contempt for those whom he had been accustomed to see engaged in these employments» (II, p. 232). Townsend reproduce, casi literalmente, teorías que habían aparecido en la *Apología* presentada por VARGAS PONCE en 1785 ante la Real Academia de la Historia (pp. 98-99), lo que hace pensar que esas ideas eran discutidas en la España de entonces

en suelo peninsular una civilización sofisticada y brillante, que los españoles, dominados por el fanatismo y la ignorancia, se apresuraron a destruir[27].

La existencia entre los exiliados liberales de una similar actitud hostil hacia la España tradicional explica su adopción de estos planteamientos. Si los ilustrados españoles del siglo XVIII habían recurrido a las teorías arabistas para reivindicar el importante papel desempeñado por los «moros españoles» en el proceso europeo hacia la Ilustración, los liberales usarán ahora la imagen de un al-Andalus idealizado para rechazar el intento de apropiación de España por parte de los conservadores. Su interpretación de la Reconquista, que difiere radicalmente de la aceptada en aquellos momentos, provocará una polarización extrema en torno a ese aspecto clave de la historia de España. En 1844 observaba el *Semanario pintoresco* que la expulsión de los moriscos era uno de los sucesos más controvertidos de la historia nacional, ya que los autores que hablaban del tema lo hacían desde posiciones irreconciliables: unos alababan la conveniencia de la medida, juzgando que de ella dependió la salvación de España, mientras que otros la achacaban a la cortedad de miras de unos dirigentes fanáticos e ignorantes, y consideraban que había sido nefasta para el país (p. 295). En los años siguientes a la muerte de Fernando VII, se publicaron una serie de obras que denotan familiaridad con la actitud revisionista que vengo comentando[28]. En todas ellas se condena sin paliativos la expulsión, se niega la consideración tradicional de la Reconquista como una empresa gloriosa de carácter providencialista y se carac-

---

en determinados círculos cultos. El doble impulso (interior y exterior) del nuevo mito, explica la rapidez de su difusión.

[27] Los españoles del siglo XVIII reaccionaron por lo general contra estas teorías por considerarlas tendenciosas. Véanse AZARA (1782) y PONZ (1785), así como los números 90 y 91 del *Espíritu de los mejores diarios* (1787-1788).

[28] En un desarrollo diferente, manifiesta GARCÍA TASSARA, en «El Alcázar de Sevilla, o las dos Españas», que los musulmanes eran tan españoles como los cristianos, si bien eso no le impide entonar «himnos sin fin de adoración» a la reina Isabel I (1868, p. 272). Concluye Tassara su poema, prediciendo que España irá a buscar a los musulmanes al desierto, y «juntos en un sol nuestros dos soles,/ Seréis por siempre España y españoles» (*ibid.,* p. 279). Afirmar la españolidad de los musulmanes del norte de África para justificar la legitimidad de un proyecto colonizador, será, a partir de mediados del siglo XIX, un tópico común en el pensamiento africanista.

teriza a los cristianos con los calificativos de bárbaros y fanáticos que solían aplicarse a sus enemigos.

El cuestionamiento del mito de la Reconquista, y su sustitución por un mito que en gran medida lo invierte (el de al-Andalus), culmina un proceso fundacional que se proponía reemplazar el imaginario tradicional español por otro más acorde con la ideología liberal. Si el mito de los comuneros condenaba como extranjerizante y falsa la evolución reciente de España, desde Carlos I hasta Godoy, el de al-Andalus, más radical aún, condena como una equivocación toda la historia del país, desde sus mismos orígenes, lamentando que no hubiera sido diferente. Lo que implicaba proponer que debería serlo. Según la nueva interpretación, la denominada «reconquista» había consistido en una desgraciada guerra civil entre hermanos, que, para colmo de males, se había resuelto con la destrucción del bando que menos lo merecía. Por otra parte, el mito de los comuneros, asociado con el de los fueros medievales, cuestionaba la hegemonía de Castilla, argumentando que los territorios de la corona de Aragón habían sido capaces de crear sociedades más libres y democráticas (y, por tanto, mejores) que los del área castellana. Lo que dará pie a que otros autores, especialmente catalanes, recurran a ese mismo mito para proponer la necesidad de rescatar una pluralidad perdida. La importancia fundacional de este profundo proyecto revisionista es sólo comparable al que durante la Edad Media propuso el ideal de una España restaurada, heredera de la de los visigodos, que debía expulsar a los invasores musulmanes al otro lado del Estrecho. De hecho, su desconexión con la realidad del momento era asimismo similar, ya que ambas nacen, no como un reflejo fiel del presente, sino como un proyecto de futuro que implicaba una decidida voluntad rupturista. No es de extrañar, por tanto, que en los dos casos se produjera una intensa actividad mítica.

El nacimiento de la nueva mitología se origina, según señalamos, como reacción al intento de monopolizar la identidad española por parte de los conservadores. Según veíamos más arriba, tras la expulsión de los franceses al final de la Guerra de la Independencia, las fuerzas reaccionarias proyectaron el enfrentamiento sobre el interior, afirmando que los liberales eran tan enemigos de España como los franceses y debían ser tratados como tales. En este ambiente turbulento de fanatismo e intolerancia, en el que los que se oponían al orden tradicional fueron víctimas de una violenta represión, los liberales se vieron obligados a crear un espacio alternativo en el que arraigar su proyecto renovador. Confrontados con una situación en que las fuerzas reaccionarias pretendían excluirlos del territorio nacional, como habían hecho antes con todos los que se les oponían, los liberales rechazaron la España tradicional en bloque y se propusieron crear una identidad nueva. Con esa intención, proyectaron el futuro sobre el pasado y asociaron sus ideas con las de todos aquellos grupos que habían sufrido la violenta represión de la España oficial: los comuneros, los austracistas de los territorios de la antigua corona de Aragón y los defensores de los fueros medievales, pero también los indígenas americanos, los judíos y los musulmanes peninsulares. A la España del Altar y el Trono, identificada con la Reconquista y la formación del imperio, y tutelada por Castilla, oponen la España democrática y plural de al-Andalus, los comuneros castellanos y los fueros de la corona de Aragón[29].

Los liberales rechazan así la pretensión conservadora de ser los únicos propietarios de una España cerrada y excluyente, en la que cualquier tentativa de oposición debía condenarse como extraña, para proponer que la España más auténtica (y más valiosa) no se encontraba en los grupos hegemónicos que habían configurado el país, sino en los vencidos y marginados que habían sufrido su violencia represiva. Al intento conservador de expulsarlos del espacio español, responden cuestionando la legitimidad de ese espacio. Y lo hacen basándose en los conceptos de autenticidad y de valor. La España absolutista y centralizada, articulada en torno a Castilla y la Iglesia católica, no era para ellos sino una desviación desafortunada del país original de la Edad Media, enérgico, democrático y plural, amante de sus fueros y celoso de sus libertades. Una desviación,

---

[29] Por esas mismas fechas puede observarse en otros países europeos una actitud revisionista similar. Frente a la pretensión de ciertos nobles franceses de descender de los francos para justificar sus privilegios, LEERSSEN estudia la aparición, en el siglo XIX entre ciertos escritores progresistas franceses, de una visión de la historia patria «as a long and radically ethnic conflict translated into terms of social classes —the conquered Gauls passing on the ideal of liberty and tribal democracy to the communes, the roturiers, the cities and Tiers état; the Franks imposing feudalism and the aristocratic values of the ancien régime—» (1989, p. 46). Esto provocó un desplazamiento de la identidad nacional de los germanos a los galos (*ibid.,* p. 46).

además, que había sido causada por la llegada al trono español de dinastías extranjeras.

Esta nueva interpretación de la historia niega asimismo a Castilla la primogenitura de la nación. A la pretensión de que la Reconquista contra el invasor musulmán se había originado en Covadonga, los liberales proponen que existió un segundo foco de resistencia en los Pirineos, de similar importancia al primero, y que tuvo además el mérito adicional de crear sociedades más libres y democráticas. Los progresistas desplazan así el centro de gravedad español del triángulo Asturias-León-Castilla a los territorios de la corona de Aragón. Este revisionismo radical culmina más tarde, en el ambiente del exilio, con el cuestionamiento del mito de la Reconquista, fuente y matriz de la identidad nacional. Según la nueva interpretación, la Reconquista no consistió en un conflicto entre españoles y africanos, como pretendían los representantes de la España oficial, sino en una trágica guerra civil entre hermanos, que, para mayor desgracia, acabó con la destrucción del bando más valioso. Los cristianos no se conformaron con derrotar a sus hermanos, sino que los expulsaron al norte de África, causando con ello un daño irreparable a la nación. La España tolerante y sofisticada de los musulmanes fue sustituida por una sociedad ignorante e inquisitorial, basada en el miedo, el fanatismo y la represión. Ése era el país que ellos habían heredado.

A partir de principios del siglo XIX, la sociedad española quedará así fracturada en dos mitades hostiles y, en gran medida, excluyentes[30]. La reinterpretación del pasado por parte de los liberales creará dos versiones de la identidad nacional, cada una con su diferente manera de entender la historia, y cada una con sus diferentes tradiciones, mitos y héroes. Blanco White ya lo percibió con claridad, cuando, tras la guerra contra Napoleón, comenzaron a emerger las tensiones internas que desgarraban el país. En 1814, al anunciar la conclusión de *El Español,* escribió que «España está dividida en dos partidos tan distantes entre sí por sus opiniones,

---

[30] Vicente BOIX observa que durante el reinado de Fernando VII el país quedó dividido en dos bloques, «los reformadores y los que vulgarmente se llamaron serviles, contando cada fracción con sus doctrinas, sus apóstoles, sus defensores y sus mártires» (1945, p. 318).

intereses, y miras, como el norte del mediodía. Uno pequeño, y obligado a disimular sus principios; el otro numeroso; y sostenido por las preocupaciones de la masa del pueblo» (VII, 300). Pero si la división era ya grave en sí misma, más grave aún era el hecho, en su opinión, de que ninguno de los dos bandos poseyera la menor posibilidad de destruir al enemigo: los liberales, por carecer del apoyo popular que necesitaban; los conservadores, por enfrentarse a un adversario que, pese a ser minoritario, representaba a las clases cultas del país y, en definitiva, era su única esperanza de futuro. La necesidad de superar la fragmentación mediante el diálogo, puesto que, como advertía Blanco (y como se encargarían de probar los hechos), era imposible hacerlo empleando la fuerza, será uno de los grandes desafíos que confrontará el país en los siglos siguientes. La interminable serie de pronunciamientos y guerras civiles que se sucedieron a lo largo del siglo XIX, y que culminaron en la gran tragedia colectiva de 1936, evidencian que el problema no tenía fácil solución. Ése es el legado y ése es en gran parte el reto con el que todavía nos enfrentamos hoy[31].

---

[31] En el epílogo al libro octavo de la *Historia de los heterodoxos españoles* afirmaba MENÉNDEZ PELAYO, en uno de los párrafos que mejor revelan el intento conservador de monopolizar el concepto de España, que la importancia histórica del país ha estado asociada con su papel de defensora del catolicismo (martillo de herejes, luz de Trento, espada de Roma, cuna de San Ignacio) y su labor evangelizadora por medio mundo. Y concluía con unas palabra que, para los españoles progresistas, podrían considerarse una especie de desafío: «ésa es nuestra grandeza y nuestra unidad: no tenemos otra. El día en que acabe de perderse, España volverá al cantalonismo de los Arévacos... o de los reyes de Taifas» (1963a, VI, p. 508).

Capítulo 1
LA CONFLICTIVA RELACIÓN DE LOS LIBERALES CON EL PUEBLO

Durante las primeras décadas del siglo XIX, la relación de los liberales con el pueblo fue compleja y problemática. Para los ilustrados del siglo anterior, con quienes los liberales compartían muchas de sus ideas, las clases bajas eran ignorantes y brutales, tenían ideas rutinarias y se movían en un mundo lleno de prejuicios absurdos, por lo que sus opiniones carecían de valor. En «Voz del pueblo», Feijoo lo expresa con claridad. Afirma que es necesario desmentir la creencia de que Dios habla a través de los humildes, ya que el vulgo se limita a reproducir la información que le llega de otras fuentes y lo hace de manera torpe y superficial. La luz que emite, al igual que la de la luna, refleja la que proviene de focos más potentes. Carece de sentido, por tanto, pretender que su juicio sea garantía de verdad. Si exceptuamos la revelación en cuestiones religiosas, que el benedictino acata sin discutir, la única alternativa válida de acceso a la verdad es el método científico. Y sobre ese particular, por decirlo con la gráfica imagen que él mismo emplea, siempre alcanzará a ver más un sabio que una turba de necios, al igual que oteará mejor el sol un águila que un ejército de lechuzas. Evidentemente, los ilustrados no creían en la igualdad innata de los seres humanos. Rechazaban la aristocracia de sangre, pero en su lugar proponían otra, más legítima según ellos, basada en el intelecto y en la cultura. El pueblo bajo, embrutecido y fanático, sólo les merecía una despectiva condescendencia.

Pero los liberales de principios del siglo XIX no pudieron limitarse a reproducir ese juicio negativo. Por más que sus ideas estuvieran estrechamente relacionadas con las de la Ilustración, su propuesta de que la soberanía nacional residía en el pueblo les obligaba, al menos en teoría, a idealizar ese difuso concepto. El pueblo, considerado así, en abstracto, sin entrar en incómodas especificaciones, comienza a ser para ellos, no sólo la plebe ignorante y supersticiosa que despreciaban los ilustrados, sino también la parte más sana de la sociedad, esa masa esclavizada y vilipendiada que un día se sublevaría incontenible contra la opresión de los tiranos para reclamar sus legítimos derechos. Así, en la oda a Padilla, escrita por Quintana a raíz de la Revolución Francesa, el héroe comunero confronta los abusos cometidos por Carlos V y consigue galvanizar con su ejemplo las iras del pueblo castellano (1946a, p. 3). Según el poeta madrileño, el levantamiento de las Comunidades preludiaba el sucedido en 1789 en Francia y, en última instancia, anticipaba el que, en su opinión, estaban a punto de llevar a cabo los españoles de finales del siglo XVIII. Viendo el ejemplo de sus gloriosos antepasados, así como el más reciente de sus vecinos del norte, el pueblo español no tardaría en correr henchido de rabia a bañar en sangre sus agravios, haciendo que «el opresor tirano» temblara en su trono (*ibid.,* p. 3).

La revuelta contra Napoleón pareció confirmar ese pronóstico subversivo. En 1808 escribió Quintana otro poema, «Al armamento de las provincias españolas contra los franceses», en el que, usando un lenguaje similar al del poema anterior, condenaba la invasión como un ataque contra la libertad de la patria y observaba la masa compacta del pueblo luchando heroicamente contra la insolencia del tirano (*ibid.,* p. 10). Muchos liberales interpretaron el conflicto de manera similar. No vieron en el levantamiento popular únicamente una reacción patriótica contra la agresión de un invasor extranjero, sino también, y tal vez sobre todo, un movimiento social contra los abusos del despotismo. Como si las masas que se alzaron en armas contra Napoleón lo hubieran hecho en defensa de ideales revolucionarios[1]. Pero esta percepción, por más que fuera consis-

---

[1] El *Semanario patriótico* de Quintana reproducía también este planteamiento. Tras la invasión napoleónica, considera que «la lucha del pueblo contra el despotismo interior y exterior debía desembocar en una Cortes» que elaboraran una Constitución democrática (Romeo Mateo, 2011, p. 102).

tente con la idealización del pueblo bajo, adolecía para algunos de un excesivo optimismo. Ciertos liberales, más escépticos o mejor informados, se vieron obligados a reconocer que el pueblo que luchaba contra los franceses no lo hacía en nombre de supuestos ideales democráticos, sino instigado por el clero en defensa de sus intereses. Lo cual, a fin de cuentas, entraba en contradicción con el juicio anterior y corroboraba el planteamiento de los ilustrados del siglo XVIII.

Finalmente, en otros casos, aunque el pueblo siguió asociándose con las características que le achacaban los ilustrados, ahora, por las circunstancias concretas en que se produjo la rebelión, esos mismos defectos comenzaron a cargarse de connotaciones positivas. El hecho de que fuera el pueblo inculto el único que se opuso resueltamente a los franceses, actuando con un heroísmo que contrastaba con la actitud tibia de buena parte de las clases ilustradas, inclinó a muchos liberales a reinterpretar su carácter. Si las clases bajas, sumidas en el fanatismo y la ignorancia, habían sido capaces de rechazar heroicamente la ocupación extranjera, no dudando en poner en juego su vida por defender a la patria, ¿acaso no demostraba ese comportamiento admirable que, al menos en un determinado nivel, la ignorancia y el fanatismo eran superiores a los valores ilustrados? En el conflicto interior que experimentaron los progresistas españoles entre la fidelidad a sus ideas y la lealtad a la patria, un nacionalismo irracional se dejó sentir con fuerza, introduciendo en sus planteamientos una tensión que empezó a plagarlos de contradicciones. A decir verdad, una tensión similar había aparecido ya en autores de la segunda mitad del siglo XVIII (pensemos en Forner, en Capmany, en Nicolás Fernández de Moratín, en Cadalso), pero con la Guerra de la Independencia alcanzó una expresión mucho más exacerbada[2].

Las narraciones de testigos directos del conflicto que nos han llegado coinciden en señalar que, frente al entreguismo y el

---

[2] No me refiero obviamente a las polémicas entre progresistas y conservadores, sino a la tensión interior que experimentan ciertos ilustrados entre la atracción por lo que consideran superior, normalmente asociado con Francia, y la identificación emocional con su propio país. Esta tensión introduce en sus obras numerosas contradicciones. Véase TORRECILLA (2008).

cálculo de buena parte de las clases dirigentes, que colaboraron con los invasores o se resignaron a aceptar la ocupación como un mal inevitable, sólo el pueblo inculto se negó a claudicar[3]. En ese punto coinciden tanto escritores conservadores como liberales, tanto patriotas como afrancesados, tanto fray Antonio Martínez y los editores de la *Atalaya* y *El Procurador*, como José María Blanco White, García de León Pizarro, el marqués de Ayerbe, Francisco Martínez de la Rosa, José Mor de Fuentes, Miguel José de Azanza y Félix José Reinoso. En los relatos sobre lo sucedido, el pueblo aparece como una fuerza ciega e incontrolable, que no sólo pide armas para luchar contra los franceses, o se enfrenta a ellos con temeridad suicida, sino que obliga a las clases dirigentes a secundar a viva fuerza su propósito. Son muchos los autores que mencionan el temor al pueblo como uno de los factores esenciales que condicionó en todas partes la decisión inicial de resistir. Los miembros de las clases altas comprendieron desde el primer momento que era inútil plantar cara al invasor, dada la desigual relación de fuerzas, pero el pueblo, más animoso o peor informado, interpretó esa reserva como una traición «y los homicidios se aplaudían como actos positivos de patriotismo» (Azanza, 1957, p. 319)[4].

Es cierto que algunos liberales, escribiendo años más tarde y tratando de relativizar una afirmación que (por el uso interesado que de ella hicieron los conservadores) les había causado tantos sinsabores, se negarán a admitir que fuera el pueblo el único protagonista de la rebelión. El conde de Toreno asegura en su *Historia* que el levantamiento se produjo de manera espontánea en todas las clases sociales (1953, pp. 78-79), y Alcalá Galiano, analizando en sus *Memorias* las proclamas y bandos de aquellos días, considera que en el movimiento hubo de todo, desde los que con un

---

[3] Este hecho le lleva a Gérard Dufour a afirmar que el «Dos de Mayo de 1808 no fue la rebelión de los españoles contra el ocupante francés, sino la del pueblo español contra un ocupante tolerado (por indiferencia, miedo o interés) por las clases pudientes» (1999, p. 31).

[4] García de León y Pizarro (1998, p. 125), Reinoso (1816, pp. 235-236) y Alcalá Galiano (1955b, p. 342) mencionan este tipo de venganzas populares contra miembros de las clases altas. En *La viuda de Padilla*, Martínez de la Rosa traspone la situación a la época de la Guerra de las Comunidades y hace decir a Laso que muchos de los que aparentan seguir la causa comunera lo hacen por miedo, ya que el «puñal de la plebe los aterra / Más que el hierro enemigo» (1845c, p. 63).

fanatismo ciego abogaron por la restauración de la Inquisición y la monarquía absoluta, hasta los que se levantaron contra el invasor en defensa de sus ideas progresistas. Sin embargo, la narración presencial que él mismo hace de los sucesos de Madrid desmiente en gran parte ese juicio, al menos en el nivel de la lucha armada. Recuerda el autor gaditano que el 2 de mayo de 1808 intentó unirse a un grupo de jóvenes artesanos que se aprestaba a luchar contra los franceses, pero uno de ellos se le quedó mirando y, viendo su complexión débil y sus apariencias de señorito, se burló de él y rechazó su ofrecimiento de manera despectiva. La anécdota le provocó cierta amargura y le hizo sospechar que tal vez debía temer a los miembros de las clases bajas tanto como a los franceses (1955b, p. 337)[5]. La división entre los dos grupos (clases privilegiadas y pueblo bajo), queda perfectamente reflejada en los acontecimientos que relata Alcalá Galiano a continuación. Tras regresar a casa, advierte el autor que sólo se veían en la calle individuos furiosos, casi todos de condición humilde, atacando a los franceses con un valor ciego, mientras que los miembros de las clases altas estaban asomados a los balcones «en los puntos donde no había tiroteo» (*ibid.*, p. 337). La separación de clases se observará también en los detalles de la rutina diaria que se establece tras la ocupación. Los españoles instruidos, por su dominio del francés, recibieron un trato privilegiado por parte de los ocupantes, pero esa aparente camaradería despertará en el pueblo sospechas de colaboracionismo. Alcalá Galiano cuenta que, poco después de la invasión, un amigo suyo le consiguió autorización para contemplar las numerosas obras de arte que contenía el Palacio Real y, en una de sus visitas, notó las torvas miradas que le echaban algunos de los antiguos empleados del edificio, ya que «al fin me veían entrar con franceses y andar entre ellos» (*ibid.*, p. 343).

---

[5] Que no se trataba de una reacción individual, lo evidencia el mismo autor al comentar el pánico que despierta en «la gente honrada y decente de Madrid» la eufórica entrada en la ciudad de los patriotas valencianos tras la victoria de Bailén. Se mezclaron con la parte peor de la plebe, alterando el orden público y consiguiendo que las clases altas se sintieran acometidas de un «terror igual o superior al que sentían bajo la dominación francesa» (1954a, I, p. 353). Este comportamiento le lleva a afirmar a René ANDIOC: «Dejémonos de prejuicios: tampoco los liberales sienten mucho cariño por ese pueblo, aunque digan lo contrario» (1987, p. 205).

La pasión popular, desenfrenada e irracional, arrastró a la resistencia contra los franceses a muchos miembros de las clases altas que, de haber procedido conforme a sus convicciones, habrían decidido colaborar con el invasor. Mor de Fuentes presenta a los vecinos de Zaragoza corriendo ansiosamente por las calles en busca de alguien que se hiciera cargo del bastón de mando de la ciudad (1845, p. 241), y el marqués de Ayerbe contrapone la apatía combativa de las clases altas con el entusiasmo del pueblo que, «cual un torrente impetuoso, se llevó tras sí las voluntades de todos» (1957, p. 241). En la misma línea, las autoridades madrileñas, conscientes de que cualquier intento de defender la plaza estaba condenado al fracaso, aparentaron «una intentona de resistencia, por condescender con el ímpetu del pueblo, que abría zanjas y arrastraba artillería con un entusiasmo verdaderamente zaragozano» (Mor de Fuentes, 1845, p. 390). Los testimonios en este sentido son abundantes. El comportamiento heroico del pueblo llano no sólo condicionó la actuación de las clases altas, sino que, en el caso específico de los liberales, los predispuso a cuestionar la validez de sus ideas. Martínez de la Rosa, en un artículo publicado en 1810 bajo el título «La actual revolución de España», afirma que la iniciativa de la insurrección contra los franceses había correspondido en general al pueblo bajo, concluyendo que esa clase representaba la parte «más sana de la sociedad, puesta a cubierto por su vida laboriosa y su pobreza, de la suma corrupción de costumbres, y del contagio de ideas perjudiciales» (1810a, p. 34)[6]. Hay que tener en cuenta que el que habla es un liberal y que el contagio del que habla sólo puede referirse a las ideas progresistas herederas del pensamiento ilustrado del siglo anterior.

La idealización del pueblo por parte de los liberales, aunque basada en razones frecuentemente contradictorias, se mantuvo al

---

[6] La composición «Al dos de mayo» de ESPRONCEDA, una de las mejores que se escribieron sobre el tema (y probablemente, junto con la de Quintana, la más conocida), se basa, asimismo, en un planteamiento similar. Invirtiendo la oposición entre los conceptos de noble y plebeyo, ataca el apocamiento de las clases altas, que disfrazaron «su espíritu cobarde/ Con la sana razón segura y fría», mientras que la despreciada plebe demostró poseer mayor grandeza de ánimo y se enfrentó al enemigo con «entusiasmo santo» (1954a, p. 42). La razón, asociada con el espíritu moderno, sólo sirve aquí para disimular la cobardía de una élite entregada al enemigo.

menos hasta el final del conflicto. Si unos creían que su misma ignorancia le había librado de la contaminación de las ideas modernas, como acabamos de ver en Martínez de la Rosa, otros argumentarán que era precisamente el pueblo quien más empeño ponía en luchar por esas ideas. En el *Diccionario crítico-burlesco,* publicado en 1811, considera Bartolomé Gallardo que el levantamiento había estado inicialmente provocado por la invasión, pero obedecía también a reivindicaciones de carácter social. Las clases dirigentes habían intentado sofocarlo, pero infructuosamente, por lo que «la voz de la libertad triunfó y triunfa; y el proverbio de que la voz del pueblo es la voz del cielo, se ve en España casi reducido a evangelio» (1822, p. 162). Curiosamente, el proverbio que Feijoo criticaba desde un punto de vista ilustrado, asociándolo con actitudes oscurantistas o retrógradas, ahora lo reivindica Gallardo para defender posiciones revolucionarias. Tres años más tarde volverá el autor del *Diccionario* a expresar su convencimiento de que el levantamiento popular contra Napoleón había estado animado por un propósito revolucionario, que, de poder llevarse a cabo, acabaría con los privilegios de las clases altas. En el enfrentamiento que mantuvo con los redactores de la *Atalaya* y *El Procurador,* afirma Gallardo que, al igual que sucedió con la rebelión comunera contra Carlos V, ahora las clases bajas se habían levantado también en masa contra sus opresores[7]. Después de tres siglos sumido en la esclavitud, la Divina Providencia se había servido de Napoleón para que el pueblo despertara de su letargo y luchara por un orden social más justo (*La abeja,* 1814, p. 384).

Es difícil adivinar lo que habría en esta interpretación de creencia personal, de estrategia premeditada o de mero voluntarismo retórico. Sabemos que muchos liberales percibieron la invasión napoleónica como un acontecimiento providencial que les permitiría llevar a cabo sus planes revolucionarios, pero sabemos también que,

---

[7] El *Diccionario* de Gallardo era una contestación al *Diccionario razonado* anterior, en el que se definía a Padilla como: «Un héroe que andaría a garrotazos con cuantos hacen ahora su apoteosis con tanta ignorancia. Levantose a favor de la aristocracia regidoresca de los ayuntamientos, y si ahora hubiera un Padilla en cada uno, trabajo les mandaría a los liberales. Esto depende de que el heroísmo ideal se ha forjado en estos últimos tiempos más por los filósofos extranjeros que por nuestras historias y costumbres» (1811, p. 51).

al menos tras las amargas experiencias que sufrirían más adelante, consideraron asimismo al pueblo como una fuerza ciega cuyo comportamiento dependía de quién controlara su voluntad. En una de sus cartas a lord Holland, escritas tras el fracaso del Trienio, manifiesta Quintana su convencimiento de que, al finalizar la Guerra de la Independencia, el espíritu de reforma de los españoles más ilustrados y «la costumbre de obedecer que tiene entre nosotros la masa general del pueblo» habrían conseguido institucionalizar los cambios establecidos por la Constitución de Cádiz, si el rey no se hubiera opuesto a ello (1946b, p. 536). El pueblo bajo, como puede observarse, a diferencia de lo que afirmaba en la «Oda a Padilla», no cuenta ahora como un agente poderoso de cambio, sino como una masa inerte que va en la dirección que le llevan sus dirigentes. ¿Se trataba de un cambio inducido por la decepción? No necesariamente. Muchos liberales (y probablemente el mismo Quintana) ya eran conscientes mucho antes, en pleno conflicto bélico, de que el pueblo que se había levantado en armas contra Napoleón estaba en gran medida manipulado por el clero. Pero, al parecer, no lo vieron como un hecho que perjudicara sus intereses, sino como un mal menor necesario. Y provisional. Según Blanco White, algunos de sus amigos españoles estaban convencidos de que, una vez que los franceses hubieran sido expulsados de la Península, el partido liberal tendría la oportunidad de someter a los clérigos, a los que ahora se les permitía disfrutar de un ascendiente total sobre el pueblo, «as a temporary tool» (1845, I, p. 140)[8].

Evidentemente, los que así pensaban no se limitaban a observar la realidad con un criterio objetivo, sino que proyectaban sobre ella sus deseos. Confiar en la amabilidad del rey o en la ingenuidad de los frailes para sacar adelante sus proyectos de reforma institucional no parece que fuera asentarlos sobre bases muy sólidas. Lo mismo puede decirse de los que pretendían que el pueblo español, aunque fanático y supersticioso en la superficie, «encerraba en su seno el

---

[8] La Junta Central pidió en 1808 al clero que colaborara en la resistencia, ya que el pueblo «oye como oráculos a los ministros del altar» (AYMES, 2003, p. 139). DOMERGUE observa que «el clero era considerado por el gobierno como intermediario eficaz entre la jefatura del Estado y los súbditos, sobre todo durante el episodio bélico» (1989, p. 165).

tesoro de la virtud más pura» (*El Patriota,* 1812, p. 13). Ese tesoro había aflorado al parecer al ponerse en contacto con los ejércitos napoleónicos, haciéndole recordar que deseaba ser libre. Así se lo había expresado por ósmosis a sus legítimos representantes en Cádiz, quienes se apresuraron a complacerle y le dieron una Constitución «fundada en las bases eternas de la justicia y de la razón natural» (*ibid.*). Planteamientos de este tipo, aunque carecían por completo de base, estaban mucho más extendidos de lo que a primera vista podría suponerse[9]. Mientras duró la guerra, muchos otros liberales manifestaron su convencimiento de que el pueblo que se había levantado en armas contra los franceses lo había hecho en defensa de sus libertades amenazadas. La rebelión popular y la actividad de los legisladores de Cádiz se percibían como hechos paralelos y, en gran parte, complementarios: unos luchaban por recuperar sus derechos perdidos y los otros los plasmaban por escrito para garantizar su cumplimiento futuro[10]. El *Redactor general de España* asegura en 1813 que el pueblo recibió con grandes muestras de entusiasmo la Constitución de Cádiz y se pregunta a continuación: «¿Pudo el pueblo Español lanzar en mayo de 1808 el grito tronador de la venganza siendo insensible a los estímulos de la libertad?» (p. 69). Pensamientos parecidos emergen por doquier, si bien la mayoría de los liberales no pueden evitar abrigar ciertas dudas. A diferencia de los conservadores, que están convencidos de contar con el apoyo de la mayoría de la población, amparados en la labor eficaz del clero, los liberales dejan entrever con frecuencia un

---

[9] AYMES piensa que los liberales se negaban a ver la realidad: «¿Se ha subrayado bastante —se pregunta— que las primeras llamadas a la lucha, difundidas por proclamas o lanzadas desde los púlpitos, se sitúan doctrinalmente en los antípodas del pensamiento liberal?» (2003, p. 23). LARRAZ nos proporciona otro dato interesante. Analiza diversas obras de exaltación patriótica representadas durante la guerra y observa que, de todas ellas, *La batalla de los Arapiles* de Francisco de Paula Martí es la única que no defiende el mantenimiento del orden antiguo, sino que aboga por «la transformation de la société espagnole» (1988, p. 331).

[10] Bartolomé J. GALLARDO ofrece, en el *Diccionario crítico-burlesco,* dos interpretaciones de la palabra pueblo: en «el más alto y sublime es sinónimo de nación», mientras que, en un sentido más humilde, «se entiende el común de ciudadanos que, sin gozar de particulares distinciones, rentas ni empleos, viven de sus oficios» (1822, p. 161). Este pueblo bajo fue «quien, EL DOS DE MAYO, desarmado, maldecido y abandonado por el débil gobierno de Madrid, se arrojó a las huestes del pérfido Murat, lanzando el primer grito de la independencia española (*ibid.,* pp. 161-162).

indudable recelo, incluso cuando tratan de aparentar seguridad[11]. Así, unos meses después de la frase que acabamos de transcribir, reconoce el mismo *Redactor general* que la Constitución no despierta grandes pasiones entre los españoles de las clases bajas y propone para remediarlo crear cátedras en las que se adoctrine al pueblo sobre los beneficios de su implantación (p. 454). La enseñanza debe realizarse en las iglesias y correr a cargo de aquellos sacerdotes (cita varios nombres) que han mostrado un inequívoco entusiasmo por las reformas. La propuesta pone de manifiesto que los liberales eran conscientes de la influencia que ejercía el clero sobre el pueblo bajo y que temían que ese factor pudiera emplearse en su contra. El regreso de Fernando VII se encargaría de probar que no andaban muy descaminados[12].

Aunque también es cierto que hubo progresistas que, lejos de dejarse alucinar por la imagen heroica de un pueblo revolucionario que luchaba en defensa de sus libertades, interpretaron el conflicto en términos más realistas. Me refiero esencialmente (aunque no tan sólo) a los denominados afrancesados, quienes, sintiéndose obligados desde el principio de la contienda a justificar su postura, no tenían ningún interés en idealizar a sus adversarios[13]. El pueblo

---

[11] En las *Cartas Críticas,* escritas en plena guerra, advierte el padre ALVARADO a los liberales que no es «el pueblo español con el que vosotros debéis contar. No hubiera él hecho, ni estaría haciendo sacrificios tan generosos, si no fuese la religión la que inspira, sostiene y perfecciona sus heroicos y costosos sacrificios» (1824, p. 341). Véanse también el *Diario Crítico General de Sevilla* del 7 de mayo de 1814 (p. 532), la *Atalaya de la Mancha* del 23 de mayo de ese mismo año, y fray A. MARTÍNEZ, *Decreto definitivo sobre la Inquisición al gusto de los liberales* (1813, p. 18). En un Apéndice del 19 de marzo de 1814, poco antes de que Fernando VII pisara tierra española, manifestaba el *Procurador General* estar de acuerdo con los liberales en la necesidad de respetar la voluntad del pueblo, pero añadía a continuación: «Ahora bien: ¿qué gritó entonces, y qué grita ahora la Patria? *que viva la Religión, viva la Patria, viva Fernando*» (1814, p. 78).

[12] Según Claude MORANGE, los liberales perdieron la batalla de las ideas al final de la guerra, porque su propaganda (al ser escrita) luchaba con la barrera de un analfabetismo generalizado. La propaganda oral, en cambio, estaba dominada por la Iglesia (1989, p. 56). Los púlpitos y los confesionarios «constituyeron una propaganda mucho más eficaz que la de la prensa y los "catecismos políticos" editados por los liberales» (PÉREZ GARZÓN, 2007, p. 400).

[13] Utilizo liberales y afrancesados como dos apartados del mismo grupo. Más que sus ideas, lo que les diferenció fue la decisión de colaborar o no con Napoleón. El tema ha sido debatido desde la misma guerra en infinidad de estudios, aunque los críticos actuales suelen aceptar las teorías pioneras de Méndez Bejarano. La distinción que es-

en armas seguía siendo para ellos esa plebe ignorante y supersticiosa de los ilustrados que, manipulada por un clero fanático, se oponía ciegamente a cualquier tipo de reforma racional. Marchena ejemplifica muy bien esta actitud. En su caso, el desdén se hace extensible al pueblo en general, a ese «populacho» (como él lo llama) que, independientemente del país a que pertenezca, actúa siempre movido por las pasiones más bajas. Es cierto que en sus primeros escritos había idealizado la imagen del pueblo, llamándolo en uno de sus poemas el mejor de los amos, pero las traumáticas experiencias vividas durante la Revolución Francesa no tardaron en hacerle cambiar de opinión[14]. En un artículo publicado en *La Gaceta* de 1812, afirma que ese «que los demagogos llaman pueblo, y los prudentes vulgo o plebe», siempre está guiado por un instinto de destrucción que, si alguien no lo sabe controlar, le conduce derechamente a su ruina (1985, p. 196). Y eso era lo que en su opinión estaba sucediendo en España, donde los liberales de Cádiz se habían dejado arrastrar por el ánimo de las masas, y, en lugar de encauzar sus pasiones, se habían dejado dominar por ellas. Sólo así se explica que hubieran contemporizado con el poder de la Iglesia, aun sabiendo que «de todos los errores que puede adolecer el entendimiento humano los más funestos son aquellos que nacen de la superstición» (*ibid.,* p. 188). Según Marchena, la colaboración de los liberales de Cádiz con el clero no tenía justificación posible, si no era la ceguera que les provocaba la aplicación al conflicto de un nacionalismo mal entendido.

A Marchena le interesaba dejar claro que, frente a las contradicciones de sus adversarios, el apoyo que él brinda a la invasión francesa es coherente con sus ideas progresistas. En otro artículo de 1810, también publicado en *La Gaceta,* distingue entre los con-

---

tablece Artola no me parece convincente. El recelo de los liberales hacia el pueblo, una vez comprobado que estaba controlado por el clero, fue similar al de los afrancesados. Sólo con grandes salvedades puede afirmarse que los liberales defendían un régimen de «gobierno popular» (Artola, 2008, p. 240).

[14] Según Fuentes, su participación en la Revolución Francesa marca un profundo cambio en la vida y en el pensamiento de Marchena. El pueblo deja de ser el mejor de los amos, como lo define en 1792, para convertirse en blanco de sus reproches. El fenómeno «se puede detectar por primera vez en su oda *A Carlota Corday,* escrita en el verano de 1793» (1989, p. 312).

ceptos de pueblo y plebe, para concluir que la voluntad nacional sólo puede estar asentada en la parte culta de la sociedad. Por consiguiente, si el pueblo español (entendiendo el concepto como él lo plantea, no la masa ignorante) se hubieran reunido para formar gobierno en ausencia de los reyes, la sensatez se habría impuesto y habrían decidido colaborar con José Bonaparte (*ibid.*, pp. 176-177). Según venía manifestando desde sus tempranas cartas a Lebrun en 1792, el pueblo español en general no le merecía ninguna confianza. Sabía que estaba dominado por el clero más reaccionario y que no se podía esperar de él nada bueno. Por tanto, si no quería abandonarse el concepto de voluntad popular, tan importante para el proyecto que apadrinaba, debía procederse a redefinir el término. Se entiende así que la palabra pueblo signifique para Marchena la parte de la sociedad que posee un cierto nivel de educación y emplea la razón para resolver los problemas, no el vulgo ignorante que, por carecer de luces, debía inhibirse de participar en los asuntos públicos. El desprecio que le merece la plebe le lleva asimismo a afirmar que lo sucedido en España no puede denominarse revolución, sino insurrección[15]. En su opinión, la revolución sólo puede ser resultado de un proyecto racional de lucha por la libertad, y en España ni había habido representación nacional «ni el pueblo ha sido soberano» (*ibid.*, p. 176).

El planteamiento de Marchena parece estar condicionado por la necesidad de justificar su colaboración con los franceses, pero no deja de ser significativo que coincida con el de otro escritor progresista que adoptó frente a la invasión una actitud opuesta. Blanco White militó desde el principio contra Napoleón, pero la participación del pueblo español en la contienda tampoco le merecía ninguna confianza. Sabía por experiencia que estaba dominado por el clero más montaraz y no se hacía muchas ilusiones sobre las

---

[15] GARCÍA CÁRCEL estima que los acontecimientos de mayo de 1808 respondieron, «más que a un levantamiento revolucionario, a una descarga irregular de tensiones de los más diversos orígenes» (2007, p. 108). Y añade: «El clero pesó mucho, siempre y en todas partes» (*ibid.*, p. 111). Véase también ESDAILE (2001, pp. 28-30). Para ARTOLA, en cambio, el nuevo poder que se constituyó tras la invasión poseía un carácter marcadamente revolucionario: la soberanía nacional no encontró sino al pueblo para hacerse cargo de ella, y «desde el primer momento las Juntas entenderán que esta soberanía conquistada [...] les pertenece por entero» (2008, p. 81).

ideas que defendía. Pretender que le guiaba el amor a la libertad le parecía absurdo. En uno de los artículos que escribió para el primer número de *El Español,* publicado en abril de 1810, afirmaba con palabras similares a las de Marchena que era inapropiado aplicar el concepto de revolución a los sucesos que se estaban produciendo en España. Las revoluciones se producen, según él, cuando un pueblo conoce la forma de llegar a ser feliz y se enfrenta a un poder que se lo impide, mientas que en España, por desgracia, «el mayor número está creído en que nació para obedecer ciegamente» (*El Español,* 1810-1814, I, p. 7). Sin embargo, con ser esto grave, la raíz del problema no se encontraba para Blanco en el pueblo en sí, sino en la patética incapacidad de sus dirigentes. En la «Carta Segunda de Juan Sintierra al Editor del Español» considera que las clases bajas son la parte sana del país, pero, por desgracia, carecen de buenos guías. Los liberales debían haber sido los responsables de ejercer esa función, pero su comportamiento en las Cortes de Cádiz se estaba encargando de demostrar que no correspondían a la confianza que se había depositado en ellos. Cuando no perpetuaban prácticas obsoletas del antiguo régimen, se empeñaban en aplicar a la sociedad española principios metafísicos extraídos de lecturas mal digeridas. En lugar de confrontar los problemas con una mentalidad práctica, procurando ganarse la voluntad del pueblo, se distanciaban de él con un lenguaje desafiante que parecía sacado de los panfletos más incendiarios de la Revolución Francesa (*ibid.,* IV, pp. 147-149).

La visión positiva del pueblo español que puede detectarse a veces en Blanco atañe únicamente a su supuesta naturaleza original (lo que podríamos denominar su carácter) y no impide que, a la hora de analizar su actuación en ese momento histórico concreto, condene la manipulación interesada que de él hacían las fuerzas conservadoras. Otros autores liberales, sin embargo, eliminan cualquier tipo de reparos y, dejándose llevar por la vehemencia bélica del momento, expresan una admiración incondicional por todo lo relacionado con las clases bajas. Ya vimos que Martínez de la Rosa, pese a ser un escritor liberal, condenaba severamente las ideas modernas y las calificaba de extrañas y peligrosas, alabando la ignorancia del pueblo que había permitido mantener la libertad de España. Frente a las élites cultas, imbuidas de filosofía francesa y tibias a la hora de luchar contra el invasor, sólo las partes exentas de ese contagio se habían comportado con entusiasmo y habían tomado generosamente las armas para defender a la nación. Lo que probaba que sólo ellas habían sabido mantener vivo el divino fuego del patriotismo. El levantamiento contra la ocupación francesa se había producido sin cálculos ni reservas, de manera espontánea, dejándose llevar únicamente por antiguos valores que algunos daban ya por muertos, pero que demostraron ser indispensables para la supervivencia del país: el amor a la patria, a los reyes y a la religión católica (*ibid.,* II, p. 34).

Una actitud similar, pero mucho más extrema y visceral, puede observarse en el escritor catalán Antonio de Capmany. El autor de las *Memorias históricas* sobre Barcelona había demostrado a lo largo de varias décadas su afinidad con las ideas de la Ilustración, pero en *Centinela contra franceses* elabora un texto combativo en el que cuestiona las bases mismas de ese movimiento[16]. Aunque también hay que advertir que mucho antes, movido por un profundo antigalicismo, había expuesto ideas que apuntaban en esa dirección. En el «Discurso preliminar» al *Teatro Histórico-Crítico de la Elocuencia Española,* publicado en 1786, condenaba la falsa cultura que ahoga la espontaneidad de los pueblos y proponía que en las clases bajas se encuentra el verdadero espíritu de una nación (p. C). Es en ellas, continúa, donde se mantiene invariable el carácter colectivo a lo largo de los siglos y donde se forma el cimiento sobre el que debe asentarse toda cultura que quiera recibir el nombre de auténtica[17]. No tiene sentido, por tanto, pretender que la literatura deba regirse

---

[16] El temperamento progresista de Capmany está fuera de duda. Si necesitara probarse, aparte de la evidencia de los textos escritos, podría aducirse su actuación política en Cádiz, donde defendió la Constitución liberal y abogó por la convocatoria de Cortes. El Capmany de esos años es un autor fuertemente nacionalista, pero en ningún caso reaccionario. Ambos conceptos tienden a asociarse, pero, si queremos ser exactos, necesitamos separarlos con claridad. RAILLARD se refiere a su *Teatro histórico-crítico de la elocuencia española* (1786) como «a masterwork emblematic of his progressive, collaborative cultural philosophy» (2009, p. 44). Véase también ÉTIENVRE (2001, p. 296). Evidentemente, fueron las circunstancias vividas por el país a finales del siglo XVIII y principios del XIX (aparte, obviamente, de su carácter), las que motivaron que el discurso ilustrado de Capmany se impregnara de una extrema visceralidad (SANTOS, 2001, p. 265).

[17] BAKER considera que el uso que hace Capmany de la palabra pueblo en esta obra «falls within the second definition, the romantic populist one, but to say that it "falls within" that definition is misleading, because, again to the best of my knowledge, the author is staking out that terrain for the first time in Spain» (2003, p. 319).

en todas partes por las mismas reglas, siendo evidente que cada país posee una idiosincrasia diferente. A ese respecto, los escritores deben huir de pautas pretendidamente universales y aprender a escuchar la voz de su tierra. Las alocuciones de los salvajes nunca revelan mal gusto, concluye, porque siguen los movimientos de su alma, «sin reglas ni formas ni artificio, que embaracen, detengan, o compongan la voz de la naturaleza» (*ibid.,* p. XLI). El concepto de carácter nacional que expone Capmany en este libro, enraizado en el de cultura popular, nos hace recordar planteamientos similares que estaban siendo desarrollados en aquellos momentos en Alemania por los componentes del Sturm und Drang.

Pero será en la prosa inflamada de *Centinela contra franceses* donde su hostilidad hacia las ideas ilustradas alcance su máxima expresión. El libro se escribió poco después de la invasión napoleónica y como reacción a los trágicos sucesos acontecidos en Madrid a principios de mayo, en un momento en que el comportamiento brutal de los franceses, así como su actitud condescendiente, provocaba por todas partes un violento rechazo. Lo escribe, no sólo a modo de desahogo, sino para ayudar a repeler la agresión con todos los medios a su alcance. Así lo manifiesta al comenzar la obra: «desde hoy todos somos soldados, los unos con la espada y los otros con la pluma» (2008, p. 69). Se trata de un texto que le permite lanzarse impetuosamente al campo de batalla con las armas en la mano y dispuesto a cortar cabezas, por lo que no puede pretenderse que avance de manera organizada. La misma índole de su objetivo exige la vehemencia. Las tintas se cargan principalmente contra Napoleón, el tirano, el ladrón, el sátrapa. La narración sube de temperatura cuando se menciona su nombre. Pero la responsabilidad no recae tan sólo sobre el abominable monstruo de maldad que ha cubierto de sangre media Europa, ya que, para llevar a cabo sus planes, ha debido contar necesariamente con un gran número de colaboradores. Y aquí es donde vuelve la vista hacia el interior del país y, reproduciendo uno de los motivos centrales de las mitologías nacionalistas, considera que la sociedad española está dividida en dos grupos: el de los héroes y el de los traidores[18].

---

[18] Durante la Guerra de la Independencia fue muy común recurrir al mito de la Reconquista para interpretar las claves del conflicto. LARRAZ observa que durante

Los héroes son, por supuesto, los miembros de las clases populares que han tomado las armas contra el invasor y se han aprestado a combatir contra él, sin pararse a calcular la enorme desproporción de fuerzas existente entre ambos bandos. Los traidores, en cambio, comprenden a todas aquellas personas que, a pesar de haber nacido en España y afirmar que se consideran españoles, evidenciaban desde antes de la invasión una pasión desmedida por lo francés. No se podía pretender que defendieran la patria quienes estaban enamorados del enemigo. A este respecto, continúa, no deja de ser significativo que los países más afrancesados hubieran sido los más fáciles de conquistar, mientras que los más refractarios a las ideas modernas habían mostrado un feroz espíritu indómito. Recuerda aquí la obcecada resistencia contra los franceses del gobernador militar de San Juan de Acre, una especie de santón musulmán sin ningún tipo de formación militar previa, y menciona también los problemas causados a las tropas del emperador por los indisciplinados mamelucos, los cosacos, los negros de Santo Domingo y «los cuitados, perezosos y supersticiosos españoles» (*ibid.*, p. 104). Los adjetivos empleados por Campany para referirse a los enemigos de Napoleón parecen componer un exhaustivo catálogo de las prácticas sociales combatidas por los ilustrados (brutales, agrestes, indisciplinados, perezosos, supersticiosos), sólo que ahora los vicios se han convertido en virtudes. No es casual que los españoles que habían salido en defensa del país fueran los más incultos, ya que era su misma ignorancia la que les había librado del contagio. La creencia de que el afrancesamiento anterior había funcionado como una especie de caballo de Troya para facilitar la invasión le lleva a Capmany a descalificar todas aquellas características generalmente asociadas con el espíritu francés: la claridad, la sofisticación, la ligereza de costumbres, la literatura neoclasicista, las modas en el vestir y, sobre todo, el «impío filosofismo» que lo contaminaba todo (*ibid.*, p. 80).

---

la ocupación francesa «le personnage de Pelayo était vraiment devenu le symbole de la résistance à l'envahisseur» (1988, p. 241). Escribiendo años más tarde, MESONERO ROMANOS hace responsable a Escoiquiz de la prisión de Fernando VII en Francia y se refiere a él como «aquel nuevo Opas, cuyo orgullo fanático precipitó en semejante abismo al rey y a la nación» (1994, p. 112).

En el otro extremo del planteamiento, la constatación de que sólo los países considerados primitivos habían logrado resistir de manera eficaz la invasión provoca una revalorización del atraso y de todo lo que con él se relaciona. La distorsión conceptual que así se produce está basada en el convencimiento de que la modernización de una sociedad puede servir a veces para debilitarla, no para fortalecerla. Si los únicos españoles que habían plantado cara a los franceses habían sido los más ignorantes y supersticiosos, eso demostraba que la superstición y la ignorancia resultaban eficaces para combatir al enemigo y, por tanto, eran buenas. Del mismo modo, si las corridas de toros familiarizaban a los españoles con la sangre y contribuían a dotarlos de un espíritu agresivo, era indudable que merecían ser fomentadas por las autoridades, ya que resultaba preferible «esta que llaman fiereza española, que nos puede hacer temibles, a la molicie y frivolidad filosófica del día» (*ibid.*, pp. 121-122). ¿Y qué decir de los famosos prejuicios, tan denostados por los ilustrados? Es cierto que la razón los condenaba como injustificados y falsos, pero no podían ser tan negativos cuando en determinadas circunstancias servían a un pueblo para vencer a sus enemigos (*ibid.*, p. 119). En cambio, el afán civilizador debía mirarse con recelo, ya que los españoles más ilustrados habían sido los más tibios frente a la agresión. Aparte de que la tendencia a uniformar ponía en peligro el carácter nacional. Para probarlo, bastaba con observar el comportamiento de Napoleón, que había invadido España con la excusa de modernizar sus antiguas estructuras, pero, en el fondo, lo que se proponía era uniformar el país para que perdiera su antiguo carácter y, con él, la libertad: «Igualarlo todo, simplificarlo, *organizarlo*, son palabras muy lisonjeras para los teóricos y aún más para los tiranos» (*ibid.*, p. 131).

Civilizar, organizar, regenerar, términos todos considerados positivos por él hasta ese momento, se cargan ahora de una connotación negativa por el uso interesado que de ellos hace Napoleón. Frente al ideal modernizador ilustrado, el pueblo ignorante se convierte para Capmany en el nuevo héroe. Los españoles que se han rebelado contra Napoleón no han necesitado elaborar teorías filosóficas ni argumentaciones sutiles, se han limitado a escuchar su amor a la patria y, de ese modo, han encontrado el camino de la gloria (*ibid.*, pp. 142-143). En el proceso, le han hecho comprender al mundo que la nación es esencialmente el pueblo, ya que de él emana todo lo que esencialmente la compone, desde los guerreros y los magistrados hasta los sacerdotes, los artistas y los sabios (*ibid.*, p. 143). Si la sabiduría emana, para Capmany, del pueblo ignorante, hemos de convenir que su argumentación se ha distanciado decisivamente de la de Feijoo y los ilustrados. Ahora el pueblo no es un ente oscuro y opaco, fuente de todos los errores, sino un poderoso foco de luz que debe servir de modelo al resto de la nación[19].

La exaltación antifrancesa de Capmany afecta a todos los niveles de la actividad social, desde el vestido, la comida y la música, hasta la educación, el lenguaje y los espectáculos[20]. Los españoles, en su opinión, deben hacer todo lo contrario de lo que hagan los franceses, aunque para ello deban imitar a los turcos, los moros o los persas (*ibid.*, p. 149). Los musulmanes, enemigos por antonomasia de España desde la Edad Media, son ahora reemplazados en ese lugar de privilegio por Francia. Obviamente, su propuesta se extiende asimismo a la literatura. Así, observa Capmany complacido que, con el entusiasmo de la guerra, ha empezado a verse restaurada en ciertos escritores la antigua locución castellana, «porque con más o menos ornato y valentía, todo son producciones del propio numen y no traducciones ni imitaciones del francés» (*ibid.*, p. 151). La afirmación debe entenderse referida también (y sobre todo) a su misma prosa, ya que resulta difícil concebir un texto que se distancie más que *Centinela contra franceses* del frío y elegante estilo asociado con

---

[19] Analizando esta actitud, afirma Álvarez Junco que el «giro populista de los liberales a partir de la Guerra de la Independencia representó una variación tan radical respecto del mundo mental anterior que toda persona educada en éste tuvo que creer que el nuevo discurso era simple dislate [...] Con razón dijo más de uno que aquello eran "locuras rousseaunianas" —locuras románticas, se diría pronto—» (2001, p. 140). Pero, como demuestra el caso de Capmany, el giro «populista» puede detectarse ya con claridad a finales del siglo XVIII.

[20] Por supuesto su caso no es el único. Alcalá Galiano se burla del marqués de Palacio, que vistió a sus soldados con trajes «creídos por el vulgo peculiares de nuestra nación en todos los tiempos, y por eso llamados a la española antigua, y poniéndose él igual disfraz en el día 30 de Mayo de 1810» (1955b, p. 382). Y el duque de Rivas recuerda que en 1808 «las ideas nacionales dieron nuevo impulso a la lengua nacional, y hasta en las partes de oficio y en las comunicaciones militares se empezaron a saborear las ventajas de un estilo castizo y español [...] Y vimos en todas partes hacerse alarde, de palabra y por escrito, de frases que yacían en el olvido, y que volvieron a aparecer como triunfando de las introducidas del idioma de los invasores» (1957a, III, p. 363). La guerra, como puede observarse, no se libraba sólo en los campos de batalla.

la nación vecina. El lenguaje se atropella con vehemencia febril y las frases se enlazan desordenadamente, como si la exposición siguiera el movimiento errático de su espíritu o las oscilaciones de su estado de ánimo. La argumentación no se atiene a ningún plan previo ni sigue método alguno, a no ser que consideremos que la pasión es un método. El texto avanza en círculos concéntricos, reitera las mismas ideas pero con distintos matices, añadiendo en cada vuelta nuevas acusaciones y redoblados insultos. A veces declara hallarse «atascado, sin saber por dónde echar a pasear mi fantasía» (*ibid.*, p. 152), admitiendo que escribe sin organización, un poco a lo que salga, como dirá Unamuno un siglo más tarde. En un momento determinado decide poner punto final, pero no porque haya concluido lo que tenía que decir, sino porque quiere evitar morirse «antes de tiempo» (*ibid.*, p. 184). La literatura se concibe como producto de un intenso arrebato pasional en el que el autor proyecta sus sentimientos sobre lo que escribe, sin contención, sin reserva, con tal intensidad que su vida incluso corre peligro. El Romanticismo aparece con claridad en este texto, y no como imitación de textos importados, sino como reacción a una situación y a unos problemas específicamente españoles[21].

Centinela contra franceses ofrece en literatura una actitud y una sensibilidad similares a las expresadas por Goya en su cuadro *Los fusilamientos del tres de mayo*[22]. En ambas obras se observa una misma interpretación negativa del espíritu ilustrado, asociándolo, no con el deseo de conocimiento, sino con el afán de poder. La luz de la razón no guía al ser humano en su búsqueda de la verdad y la felicidad, como pretendían los ilustrados del siglo anterior, sino que sirve para que un grupo de soldados franceses asesinen a españoles

---

[21] En vista de mi argumentación, no puedo estar de acuerdo con Ruiz Ramón cuando afirma que los románticos españoles se limitaron a heredar «problemas importados» (1979, p. 312). Zavala también piensa que el Romanticismo español «viene como importación extranjera» (1989, p. 23). Pero la prosa de Capmany es plenamente romántica, lo que desmiente asimismo que las primeras manifestaciones del Romanticismo literario en España se dieran en «las doctrinas contrarrevolucionarias expuestas por los que Donald Shaw ha llamado "críticos fernandinos", sobre todo por N. Böhl de Faber y Agustín Durán» (Escobar, 1989, p. 324).

[22] Su prosa visceral antecede a la de autores como Alarcón, Ganivet y Unamuno. En «Sobre la europeización» expresa Unamuno su desdén por el método científico moderno, concluyendo: «No quiero más método que el de la pasión» (1968, III, p. 925).

indefensos. En ambos casos aparece la oposición entre el temperamento lógico francés, organizado y frío, asociado con la uniformidad y el método, y la pasión desbordada española, interpretada como reacción a unas circunstancias extremas de sufrimiento y de angustia. Los dos idealizan también al pueblo bajo, que se convierte en el verdadero héroe de sus obras. Se trata del mismo pueblo que criticaban los ilustrados, brutal, ignorante y supersticioso, controlado por el clero y asociado con la religión, pero que ahora lucha por una causa justa y está dispuesto a morir por ella. Eso es precisamente lo que le ennoblece. La luz parece emanar de su interior, como si, a pesar de su irracionalidad, poseyera valores superiores a los de los ilustrados. Sin embargo, no creo que sea correcto afirmar que Campany y Goya adoptan en sus obras una actitud reaccionaria, ya que la crítica que expresan a las ideas ilustradas está en ambos casos estrechamente relacionada con la denuncia de un acto de agresión[23]. Napoleón sabemos que se sirvió de esas ideas para justificar sus planes expansionistas y las dotó de una connotación perversa. Sólo en ese contexto puede entenderse adecuadamente el sentido de la propuesta de los dos creadores españoles.

Capmany no vivió para ver la vuelta de Fernando VII, por lo que es imposible saber cómo habría reaccionado a los acontecimientos de 1814, si bien su defensa de las Cortes y de la Constitución de Cádiz nos permite suponer que no se habría adaptado fácilmente a los cambios. En otros casos, sabemos por testimonios directos que el comportamiento servil de las masas al final de la guerra obligó a muchos liberales a replantearse el concepto de pueblo y a modificar su valoración. En efecto, una cosa era alabar la ignorancia de las clases bajas como un arma que había servido para derrotar a Napoleón y otra muy distinta exaltar esa misma ignorancia para justificar el regreso del absolutismo. Además, viendo el júbilo con que la mayoría de los españoles recibieron a Fernando VII, así como el desinterés (cuando no la alegría) con que saludaron la

---

[23] Álvarez Junco considera que el Capmany de la última época es especialmente reaccionario, porque ataca a los filósofos «y afirma que "los hombres tienen más cariño a su tierra a medida que son más incultos o ignorantes". En definitiva, mejor es dejar al pueblo en la ignorancia» (1967, p. 528). Pero no debemos confundir actitudes nacionalistas y reaccionarias.

derogación de la Constitución de Cádiz, era problemático seguir manteniendo que el levantamiento del pueblo contra los franceses había estado motivado por su afán de libertad[24]. Los absolutistas, muy seguros de contar con el respaldo popular, aseguraban que el noventa por ciento del país se componía «de Serviles, esto es de Españoles que se sacrificarán por su Religión, por su Patria y por su Rey Fernando» (*El Procurador,* 1814, p. 81). Y lo avalaban con hechos concretos. Por lo que los liberales, si querían contradecirlos, debían hacer lo mismo. Pero cada vez era más evidente que el pueblo estaba controlado por el clero y además, como advirtieron con desánimo ciertos autores, que aceptaría gustoso cualquier decisión que saliera de los labios del rey. Alcalá Galiano afirma en su «Índole de la revolución de España» que, después de una guerra que se había luchado en nombre de Fernando VII, la adoración de los españoles por el monarca era tal que, quien hubiera intentado aclamar la Constitución en contra de sus deseos, «habría venido a quedar en el odio popular puesto en el lugar mismo que acababan de desocupar los franceses» (1955a, II, p. 324).

La amargura que sintieron los liberales ante esta situación, confrontados con una victoria que creían también ser suya, pero que otros consiguieron monopolizar en su beneficio, ha quedado ampliamente testimoniada. Basta repasar los escritos de Quintana, Puigblanch, Gallardo, Vayo, Toreno o Villanueva. Pero el hecho les afectaba de manera tan decisiva que no podían limitarse a reconocer que se habían equivocado. Si no querían que se perpetuara una situación que implicaba su exclusión de la vida española, tenían que hacer algo para remediarlo. Ya vimos que el afrancesado Marchena, en plena Guerra de la Independencia, diferenciaba los conceptos de pueblo y populacho para desautorizar el levantamiento contra Napoleón. Ahora, tras la decepción sufrida al regreso de Fernando VII (que se repetirá corregida y aumentada nueve años más tarde), algunos progresistas se sentirán obligados a hacer lo mismo, si bien

---

[24] La desconfianza de los liberales hacia el pueblo español se mantendrá hasta bien avanzado el siglo XIX. El historiador Modesto Lafuente asegura que fue el pueblo quien «condenó a la nación a la decadencia y al atraso [...] los Borbones, Carlos III especialmente, pudieron crear una élite ilustrada y reformadora, pero no cambiar dicha identidad» (LÓPEZ-VELA, 2004, p. 296).

con un propósito diferente. Así, Alcalá Galiano, en su «Índole de la revolución de España» aplica la palabra pueblo a la parte de la nación que leía y pensaba, diferenciándola de la plebe que actuaba por impulsos incontrolados (1955a, II, p. 312). Esta matización le permite aplicar a las Cortes de Cádiz el calificativo de populares, afirmando que, precisamente por ello, sus legisladores dictaron un código en el que el pueblo se dio «a sí mismo poder no escaso» (*ibid.*, p. 320)[25]. De manera similar, Quintana establece una diferencia en sus cartas a lord Holland entre el populacho embrutecido e ignorante, que contempló con apatía los cambios vividos por el país tras el alzamiento de Riego, y el pueblo ilustrado, que «procedió en seguida a las elecciones de los diputados» (1496b, pp. 541-543). Mesonero Romanos se refiere a los acontecimientos que dieron principio al Trienio Liberal en términos muy parecidos (1994, pp. 269-270)[26].

Tal vez esta diferenciación es la que permite a un buen número de liberales seguir manteniendo, incluso después de la decepción sufrida en 1814, que el pueblo español que se levantó contra Napoleón lo hizo en defensa de sus libertades. La *Minerva Nacional,* periódico dirigido por José Joaquín Mora durante el Trienio Liberal, lamenta en 1820 que el rey se dejara influir por una serie de malos consejeros a su regreso del exilio, para añadir acto seguido que, cuando el pueblo le advirtió que se extraviaba (se refiere al pronunciamiento de Riego),

---

[25] El sistema electoral que se implantará con Isabel II, basado en estas mismas ideas, distaba mucho de ser democrático, al menos tal y como entendemos hoy el término. RUMEU DE ARMAS observa que el censo electoral exigía la posesión de un mínimo de riqueza, por lo que, si nos guiamos por «la Ley de 1846, de un total de 15 millones de seres sólo tenían derecho a votar 157.000; si el cálculo lo hacemos por la Ley de 1865, ascienden a 418.000. En el primer caso tenían acceso al sufragio el 1,02 por 100 de la población; en el segundo, el 2,67 por 100» (1997, p. 308).

[26] El uso partidista de la palabra pueblo se convirtió en motivo de reproche por parte de escritores de diversas filiaciones. *El Procurador* se indigna en 1814 por el sentido que dan al término los liberales (pp. 221-222) y *El Censor* recuerda en 1820 a los exaltados que el pueblo es la masa general de la población, no los extremistas que dicen hablar en su nombre, concluyendo con ironía que la «gramática es una ciencia más importante de lo que vulgarmente se cree» (p. 260). Por su parte, QUINTANA advierte en sus cartas a lord Holland que aquellos que consideran «voto nacional los gritos de la canalla de los pueblos, que al son de los panderos y sonajas de las ramerillas pagadas para ello salían a recibir al Rey pidiéndole cadenas, inquisición y castigos, en tal caso merecen muy bien entrar en la comparsa y gritar también con aquel torbellino de energúmenos atroces. La nación no ha querido ni quiere ni puede querer nunca semejante brutalidad» (1946, p. 586). El lenguaje insultante revela la exasperación que experimentaba.

él reconoció su error y decidió cambiar de rumbo (1820, p. 381). El articulista prefiere no hacer mención de las escenas de sumisión que se dieron en todas partes al final de la guerra, de la destrucción de los símbolos del régimen constitucional en calles y plazas, ni de los frecuentes motines multitudinarios que se produjeron contra los liberales. Tampoco menciona el entusiasmo del pueblo (o al menos su inhibición) al ver restaurado un régimen que, en el mejor de los casos, dejaba al país en la situación en que se encontraba seis años atrás. La vuelta al absolutismo, en su opinión, debía achacarse tan sólo a los malos consejeros y se producía contra la voluntad del pueblo. De igual modo, también durante el Trienio Liberal, *La colmena* comenta la puesta en escena de una obra de teatro sobre la entrada de Riego en Sevilla, para concluir que la gran ovación que se escuchó al final de la representación era una prueba inequívoca del «entusiasmo del pueblo por las nuevas instituciones» (1960, p. 136). El uso que se hace en ambos casos de la palabra pueblo, así como en otros muchos artículos de esos mismos años, es claramente ambiguo, ya que sólo recurriendo a una indudable simplificación podía afirmarse que el levantamiento de Riego contó con el apoyo de las clases bajas[27]. Pero durante el Trienio Liberal renació en los liberales el convencimiento de que finalmente se les había presentado la oportunidad que esperaban, y esa euforia generalizada, tuviera o no fundamento, introdujo en sus escritos un optimismo similar al expresado diez años antes. Algunos periódicos llegaron incluso a copiar cartas de remitentes anónimos, en las que supuestos obreros de ideología progresista manifestaban estar dispuestos a dar su vida en defensa de la Constitución. El liberalismo de las masas se consideraba innegable. *El Cincinato* habla, en 1822, del enfrentamiento que tiene lugar entre la guardia real y la milicia nacional, presentando a los miembros de esta última en alegre camaradería «con sus compañeros menestrales y artesanos, que habían dejado sus familias por acudir a la defensa de la libertad de la patria» (p. 94).

Sin embargo, a pesar del aparente optimismo, lo más normal tras los acontecimientos de 1814 es observar en los escritos de los

---

[27] FERNÁNDEZ SEBASTIÁN observa que, «con el estallido de la crisis en 1807 y, sobre todo, desde 1808, los debates políticos aparecerán definitivamente envueltos en cuestiones lingüísticas y conceptuales» (2011, p. 250).

liberales una profunda desconfianza hacia el comportamiento de las masas[28]. *El Espectador* reconoce en 1821 que el odio que experimentaban los españoles hacia los franceses durante la Guerra de la Independencia era muy superior «al afecto con que se miran actualmente las instituciones liberales» (p. 66), por lo que no era razonable pretender que las clases bajas estuvieran dispuestas a defender la Constitución con el mismo denuedo que mostraron frente a la invasión napoleónica. En otros casos, más que destacar el apoyo del pueblo a las instituciones liberales, se constata la existencia en su seno de una supuesta fractura entre simpatizantes y enemigos de la Constitución. Los primeros estarían dispuestos a morir por ella y eran los mismos (añade el articulista con voluntarioso optimismo) que habían luchado una década antes contra los ejércitos de Napoleón. Los segundos estaban formados por despreciables turbas de fanáticos que, aleccionados por el clero, defendían la religión de Jesucristo con el puñal en la mano (*El Indicador*, 1822, p. 1097). Pero la existencia de una masa popular constitucionalista parecería ser un deseo, más que una realidad. Sólo así puede explicarse que, apenas un mes antes, planteara el mismo periódico la necesidad de educar al pueblo como único medio de garantizar la libertad de la patria. En el presente, añadía, aunque las instituciones eran liberales, el régimen no estaba asentado sobre bases muy sólidas, ya que al pueblo le faltaba instrucción para comprender los beneficios que el nuevo régimen le reportaba. Tres años de monarquía constitucional no habían sido suficientes «para radicar en sus corazones el amor al nuevo sistema» (*ibid.*, p. 943).

La necesidad de educar al pueblo para hacerle consciente de sus derechos y sacarle de la tutela de la Iglesia, se convertirá a partir de

---

[28] Esta desconfianza explica que, cuando se instaura de nuevo el régimen constitucional en 1834, Mendizábal se incline por un sufragio muy restringido, mientras que «los moderados se muestran mucho más democráticos en esto, y la cosa es lógica, porque una apelación al pueblo [...] difícilmente habrá de resultar favorable a los progresistas» (Seco Serrano, 1960, p. LXIII). Lo cual no implica negar que hubiera simpatizantes de las nuevas ideas entre las clases bajas. Gonzalo Anes prueba de manera convincente la existencia de partidarios de la Revolución Francesa en el pueblo a finales del siglo XVIII (1962, p. 301). González Troyano y Palacios Fernández, citando a Anes, reiteran este mismo punto (2004, p. 276). Pero, como afirma Alcalá Galiano en sus *Memorias*, refiriéndose específicamente a los acontecimientos de 1820, «en la plebe, el número de los constitucionalistas era cortísimo» (1955b, II, p. 77).

1814 en uno de los motivos centrales del pensamiento liberal. La creencia de que no se podía confiar en el apoyo de las clases bajas para aplicar las reformas que necesitaba el país había empezado a manifestarse antes incluso de que concluyera la Guerra de la Independencia. Y no sólo por parte de Marchena y los afrancesados, empeñados en desprestigiar el levantamiento contra Napoleón, sino también, según vimos, por parte de algunos liberales como Blanco White. En la misma línea, Martínez de la Rosa finaliza *La viuda de Padilla* con la heroína manteniéndose firme en sus posiciones «liberales», pero abandonada por las masas inconstantes. La propuesta del dramaturgo granadino implica que el pueblo es un ente maleable que, dependiendo de quién lo controle, puede ir en una dirección o en otra. No es prudente, por tanto, confiar en él. Pero será a partir de los sucesos que se produjeron a la vuelta de Fernando VII, y sobre todo tras la apatía con que reaccionó el país a la intervención francesa de 1823, cuando los liberales se vieron forzados a reconocer que el pueblo español estaba dominado por el clero y, por consiguiente, poseía arraigadas tendencias reaccionarias. Claro que ese juicio iba acompañado de una decidida voluntad de cambiar la situación. Frente a la retórica interesada de los conservadores, que hablaban del tradicionalismo del pueblo español como si se tratara de un atributo de su carácter, los liberales expresan su convencimiento de que esa tendencia no era sino resultado de unas circunstancias históricas concretas y, por tanto, podía alterarse de raíz. Para quienes se atrevieran a dudarlo, los acontecimientos del Trienio servían de prueba. Las masas entusiasmadas que recibieron al rey con extremadas muestras de servilismo en 1814 eran en gran parte las mismas que, poco después, durante el Trienio Liberal, «soliviantadas y pervertidas ya por las sociedades y la prensa periódica, prodigaron al Monarca los más groseros insultos y desacatos» (Mesonero Romanos, 1994, p. 297).

La tentación de fanatizar a las masas, al igual que había hecho la Iglesia pero en sentido contrario, debió de ser muy fuerte entre ciertos liberales que buscaban una forma rápida de invertir la situación[29]. Y es cierto que sus efectos se dejaron sentir muy pronto,

---

[29] Al igual que hacían los conservadores, se trataba de excitar las pasiones del pueblo bajo para sacar adelante un proyecto político. Comentando la obra de teatro

no sólo, como acabamos de ver, en la actitud agresiva de parte del pueblo contra Fernando VII durante el Trienio Liberal, sino también, apenas una década más tarde, en los trágicos acontecimientos anticlericales que se produjeron en diversas ciudades españolas. En 1834 se declaró una epidemia de cólera en Madrid, y una turba enfurecida, convencida de que la tragedia había estado causada por los frailes (alguien afirmó que los había visto envenenar las aguas), atacó varios conventos de la ciudad y asesinó al menos a ochenta religiosos. Un año más tarde se produjeron violentos disturbios anticlericales en Zaragoza y, casi por las mismas fechas, elementos descontrolados quemaron varios conventos en Barcelona. ¿Qué había ocurrido para que el pueblo, que poco antes se consideraba profundamente religioso, dirigiera ahora sus odios contra esa misma institución por la que había estado dispuesto a morir durante la invasión napoleónica? Las circunstancias de lo sucedido no llegaron nunca a esclarecerse, si bien hay estudios que sugieren que las sociedades secretas desempeñaron un papel importante en soliviantar los ánimos. En cualquier caso, independientemente de quién fuera su instigador, no deja de ser significativo que por esas fechas, coincidiendo con el enconamiento del conflicto entre los liberales y la Iglesia, comenzaran a aparecer actitudes anticlericales en ciertas ciudades españolas. Según observa Caro Baroja, asediados por la agresividad militante de los frailes, algunos liberales reaccionaron con parecida hostilidad y se embarcaron en una violenta campaña difamatoria contra sus enemigos, recurriendo a los mismos métodos empleados por ellos. Mediante la difusión de numerosos escritos y panfletos de corte tendencioso, consiguieron que parte del pueblo achacara al clero el tipo de actuación criminal que los predicadores de otras épocas habían atribuido «a los herejes y los judíos, y más modernamente a los masones y a los miembros de las distintas sociedades secretas» (1980, p. 148).

El arraigo entre los liberales de un fuerte sentimiento anticlerical estaba plenamente justificado. La mayoría de ellos creía que

---

García de Castilla o el triunfo del amor filial, afirma LARRA con sorna (pero dejando entrever que se trataba de una realidad que existía en esos momentos) que la madre del protagonista, «echando mano del elemento popular, alza las *masas* proletarias, como se diría en el día, contra el poder ejecutivo» (1960, II, p. 136).

los curas habían sido los principales instigadores de la intolerancia que había impedido su integración en la sociedad española, condenándoles a pasar largas temporadas en la cárcel o en el exilio. Aprovechándose del prestigio que les proporcionaban los púlpitos y los confesionarios, miembros del clero clamaban constantemente contra los peligros del mundo moderno e incitaban a sus feligreses a combatir por todos los medios las amenazas del ateísmo y de la falsa filosofía. Estanislao de Kostka Vayo recuerda las tensiones que se produjeron en España durante el Trienio y, en su intento de encontrar un responsable, achaca el fracaso del proyecto liberal a la enorme influencia de la Iglesia en las masas populares. Los frailes pintaban a los liberales con los colores más tenebrosos del ateísmo y la herejía, hablaban de la necesidad de una nueva cruzada e incitaban al pueblo a luchar en defensa de su fe. Cuando se produjo la invasión francesa de 1823, por tanto, fue imposible organizar una resistencia armada, ya que la mayoría de la población, seducida por el clero, odiaba las formas representativas de gobierno (1842, III, p. 82). A pesar de las aparentes diferencias entre los dos casos, en 1823 volvía a repetirse la historia de 1814. Y no sería la última vez. Las clases bajas, que según creyeron los liberales más optimistas habían luchado en la Guerra de la Independencia en defensa de sus libertades, serán vistas más adelante «no una vez sola, sino distintas, alzarse con las armas en la mano para combatir a favor de la tiranía» (*ibid.*, I, p. 285).

Sin embargo, aunque los liberales eran conscientes de que la propaganda envenenada de los curas les hacían mucho daño, sólo una pequeña parte de ellos se inclinó a contestar con las mismas armas. Ciertamente, a ninguno se le escapaba que para cambiar el país debían sacar al pueblo de la tutela de la Iglesia, pero la mayoría pensaba que era mejor hacerlo mediante la educación y el ejemplo, en un largo proceso que requeriría el esfuerzo de muchos años. Neutralizar un fanatismo con otro, en su opinión, no solucionaba nada. Sólo la escuela podía cambiar de raíz la situación, ya que, si conseguían que el pueblo fuera consciente de sus verdaderos intereses, no se dejaría manipular tan fácilmente por el clero. Como decía *El Espectador* en su número del 1 de mayo de 1821, frente a los que lanzaban proclamas incendiarias desde los púlpitos y los confesionarios, frente a los que recurrían a la mentira y a la injuria para conseguir sus objetivos, la libertad de la nación sólo podía garantizarse convenciendo a todos de que el progreso de las luces jugaba a favor «de nuestro interés y de nuestra conveniencia» (p. 67). La educación debía ser el fundamento sobre el que se construyera la nación liberal, porque, cuanto más instruida fuera la población española, mejor comprendería las ventajas que le reportaba el nuevo sistema.

Ya veíamos que a principios de 1814, antes incluso del desengaño sufrido a la vuelta de Fernando VII (y posiblemente anticipándolo), el *Redactor General* planteaba la necesidad de establecer cátedras en las principales ciudades españolas para facilitar a los jornaleros y a los artesanos un mejor conocimiento de la Constitución. Sólo así, dándose cuenta de los beneficios de la Carta Magna, se identificarían con ella y estarían dispuestos a defenderla.

La creación de una nueva mitología española de corte liberal se puede interpretar también como un paso en esa dirección, ya que se proponía informar al pueblo sobre la «verdadera» realidad de su historia, para ofrecerle nuevos puntos de referencia y, en última instancia, cambiar sus señas de identidad. En el Prólogo a su *Teoría de las Cortes,* afirmaba Martínez Marina que, habiendo comprendido que el pueblo no estaba preparado para asimilar los altos pensamientos filosóficos modernos, se persuadió de que la solución más eficaz era informarle sobre las verdaderas particularidades que habían moldeado la historia de la nación. Así, viendo cómo se habían comportado sus ilustres antepasados, se decidiría a imitar su ejemplo y lucharía «contra el despotismo para sostener sus derechos» (1813, p. LXXXVII).

El problema que se les planteaba a los liberales era que, para educar a las clases bajas, necesitaban mantenerse un cierto tiempo en el poder. No se podía esperar que el pueblo se identificara de repente con unas instituciones que no conocía y de cuyos beneficios no había disfrutado. En sus cartas a lord Holland expone Quintana el problema y advierte sobre la dificultad de resolverlo. En su opinión, los liberales españoles habrían podido afianzar sus logros en 1820 si hubieran dispuesto de más tiempo y se hubieran comportado de manera más inteligente. El problema es que desde muy temprano se enredaron en peleas absurdas que debilitaron la revolución y contribuyeron a destruirla. En lugar de tratar de ganarse la voluntad del pueblo y neutralizar las intrigas de los grupos reaccionarios, las distintas facciones dedicaron sus energías a atacarse con saña fratricida, frustrando así la excelente oportunidad que se les había brindado. Los responsables del fracaso habían sido exteriores, pero también interiores.

Diez años antes, en plena Guerra de la Independencia, ya había criticado Blanco White en términos parecidos la incompetencia de los liberales españoles y su falta de sentido práctico. Analizando las intervenciones de ciertos próceres en las Cortes de Cádiz, se exasperaba comprobando que malgastaban el tiempo discutiendo problemas metafísicos. Además (lo que era especialmente grave en esas circunstancias), con una terminología que parecía sacada de la Revolución Francesa. En su opinión, no se trataba de dirimir la mayor o menor bondad de conceptos teóricos, como parecían sugerir las actas de las sesiones, sino de conseguir mejoras reales para el país. Y para ello era necesario tener en cuenta las circunstancias concretas en que se encontraba, así como la mentalidad conservadora del pueblo y la fuerte oposición que despertaba en él todo lo asociado con Francia. Era absurdo provocar sin necesidad a un adversario que, llegado el caso, podía hacerles mucho daño[30]. En un artículo titulado «Reflexiones sobre el presente estado de los asuntos de España» ridiculiza bajo el pseudónimo Juan Sintierra la intervención de uno de los diputados de Cádiz, afirmando con sorna que consiguió probar «por Anatomía comparada de un Rey y de un Gallego de la Aduana, que el Gallego debe ser más que el Rey, según la Naturaleza Pura, y que si el Gallego no le pone pleito, es en virtud del Contrato Social» (*El Español,* 1810-1814, IV, p. 225). Y concluía exclamando: «Admirable!» (p. 225).

En cualquier caso, fuera por la habilidad de las fuerzas conservadoras o por la torpeza de los propios liberales (o por una combinación de ambas), el hecho de que estos últimos no consiguieran afianzarse en el poder dificultó extraordinariamente sus planes educativos. Mariano José de Larra tendría oportunidad de comprobarlo unos años más tarde, en la coyuntura favorable que se les presentó de nuevo a los liberales tras la muerte de Fernando VII.

---

[30] Como observa SÁNCHEZ-LLAMA, «Blanco White no defiende tanto el mantenimiento de las estructuras del Antiguo Régimen cuanto el desarrollo de unas concesiones a los estamentos privilegiados para garantizar la viabilidad política del liberalismo» (2013, p. 84).

Gran parte de la carrera periodística del autor madrileño puede entenderse como un reiterado afán por cambiar las costumbres de los españoles, por sacarlos de sus prácticas seculares y conseguir que adquirieran hábitos más en consonancia con los de los países modernos. La base del problema, según él, era la educación. Sólo instruyendo a la totalidad del pueblo podía cambiarse de manera decisiva su comportamiento, cualquier otra solución sería epidérmica y superficial. Por la índole misma del asunto, el principal responsable de solucionarlo era el gobierno, ya que sólo él disponía del poder y los medios necesarios para hacerlo. Pero si se desentendía de ello, como de hecho era el caso, los escritores que poseían cierto prestigio (él, por ejemplo, sin ir más lejos) debían asumir su parte de la responsabilidad y servirse del potencial educador de la prensa y del teatro. Se explica así el enorme espacio que ocupa el análisis de la cartelera teatral en la producción de Larra, ya que, muy en la línea del pensamiento ilustrado del siglo anterior, consideraba la escena una eficaz escuela de costumbres que podía contribuir de manera decisiva a cambiar la sociedad. En un artículo de 1832 titulado «Reflexiones acerca del modo de hacer resucitar el teatro español», afirma que el teatro es una diversión que dirige y moldea la opinión pública, un morigerador de las costumbres sociales, que son «en nuestra opinión el único apoyo sólido y verdadero del orden y de la prosperidad de un pueblo» (1960, I, p. 123). Sus numerosas reseñas se centran sobre todo en analizar el argumento y las principales ideas contenidas en las obras, pero también en criticar ciertos detalles técnicos de la representación. Lo que le interesa es la experiencia del espectáculo en su conjunto, ya que el teatro es para él el termómetro que mide la civilización de un pueblo (*ibid.*, I, p. 163). No sólo moldea las costumbres de la población, sino que en cierto modo también las refleja. Por eso tener un teatro de calidad es tan importante. Mejorarlo supone cambiar la sociedad o, más exactamente, confirmar que el cambio se ha producido.

Pero el teatro español de las primeras décadas del siglo XIX no se caracterizaba precisamente por su brillantez. No había autores de calidad, las piezas que se representaban eran pésimas traducciones de obras extranjeras y, con frecuencia, los encargados de hacer la selección mostraban un gusto deplorable. Además, la puesta en escena adolecía de una lamentable pobreza de medios, la decoración y el vestuario eran muy rudimentarios y los actores estaban en su mayor parte cargados de resabios irritantes. Cambiar esa situación exigía ejercer una crítica honesta e implacable, y eso es lo que decidió hacer Larra. Sus artículos no se centran tan sólo en analizar el contenido de las obras, sino que se detiene asimismo, con una morosidad encomiable, en efectuar recomendaciones muy puntuales sobre aspectos específicos de la puesta en escena. A veces aplaude las mejoras que se producen en ciertos niveles, sobre todo cuando juzga que están relacionadas con anteriores recomendaciones suyas, pero lo frecuente es que se desespere con las carencias que observa, así como con la apatía con que reaccionan los espectadores ante lo que él considera fallos imperdonables. No observa en el público ninguna protesta, ninguna clara señal que permitiera a los responsables de la cartelera distinguir entre lo bueno y lo malo, como si lo que sucediera en el escenario no les interesara lo más mínimo.

Éste es otro aspecto que le preocupa, el del público. Porque para que el teatro pueda cambiar la sociedad, no sólo la obra debe ser buena, sino que tiene que atraer a un nutrido número de espectadores. Y el problema es que en España el público que asiste al teatro es muy reducido. Los que van son siempre los mismos y forman «un pueblo chico de costumbres extranjeras, embutido dentro de otro grande de costumbres patrias» (1960, I, p. 270). Para cambiar esa realidad hay que hacer andar a la gran masa que, por decirlo con sus palabras, se sentó hace tres siglos y entorpece con su peso muerto la marcha general del país. Hasta que eso no suceda, España no saldrá adelante. Larra no puede estar de acuerdo con el convencimiento manifestado por Alcalá Galiano y otros escritores liberales de que el pueblo español lo constituye la selecta minoría que posee un buen nivel de educación y se plantea los problemas con tino e inteligencia. Todo lo contrario. Esa minoría, en su opinión, está deslumbrada por el extranjero y ha perdido contacto con el país. Constituyen un pequeño grupo de seres privilegiados, que piensan ser españoles por haber nacido en España, pero que, por sus lecturas y por sus gustos, tienen más en común con los franceses o los ingleses que con el grupo humano que les rodea. Es absurdo pensar que puedan representar al país. Para que España se regenere es indispensable implicar en el proceso a las clases bajas y, con ese fin, hay que hacerlas comprender cuáles son sus verdaderos intereses (*ibid.,* II, p. 214). En el presente, afirma Larra recordando las amargas experiencias de los últimos años (y más en concreto, los disturbios causados por la rebelión carlista), los únicos capaces de arrastrar a las masas son los enemigos de la libertad y del progreso (*ibid.*, II, p. 246). Esa dinámica es la que es necesario cambiar. Pretender que el pueblo lo constituye la gente que lee y piensa, como si el resto de la sociedad no existiera, implica eludir el problema más que resolverlo. En otro artículo de 1836, «Los barateros, o el desafío y la pena de muerte», vuelve de nuevo sobre el asunto para concluir que una sociedad de la que se han excluido las clases bajas no puede considerarse tal: «llámanme ahora sociedad y cuerpo, pero soy un cuerpo truncado» (*ibid.*, II, p. 206).

La modernización de España implicaba para Larra la necesidad de educar a la mayoría del pueblo y modificar sus costumbres[31]. El teatro era uno de los posibles medios, pero no el único, sobre todo considerando que su eficacia estaba muy limitada por la escasez de público que asistía a las representaciones. Larra no abandonó nunca su idea de reforma teatral, pero la complementó desde el principio con otra que, dada la creciente importancia que había adquirido por esas fechas la prensa periódica, le ofrecía una alternativa más viable. El hecho de que la mayoría de la población estuviera constituida por gente analfabeta no era en sí mismo un obstáculo insalvable, ya que sabemos (y él también lo sabía) que los periódicos se leían con frecuencia en voz alta a grupos numerosos de personas, ampliando considerablemente su esfera de acción. Conociendo el propósito de Larra de transformar la sociedad española mediante la educación, no es de extrañar que convirtiera muchos de sus artículos en una especie de escuela de costumbres. Critica ciertas formas de comportamiento que juzga absurdas y propone otras más civilizadas o racionales. En «¿Qué cosa es por acá el autor de una comedia?» manifiesta su convencimiento de que el pueblo es como un ciego que marcha por la senda que le marcan y que puede extraviarse si no se saben dirigir bien sus pasos. Y concluye reafirmando su propósito de ejercer de guía: «Esta obligación nos hemos impuesto,

---

[31] Los escritos de Larra no confirman, como pretende SAVAL, que de su programa estuviera «excluido el pueblo en el cual no tiene ninguna fe y, en cierta medida, desprecia» (2008, p. 435). Probablemente no tuviera mucha fe en el pueblo, pero en numerosas ocasiones afirma que sin él era imposible transformar la sociedad. SCHULRLK-NIGHT observa, asimismo, que en sus escritos finales «there is an attempt at solidarity with the disenfranchised lower classes» (2009, p. 104).

y la cumpliremos mientras podamos, como buenos españoles, que adoramos la prosperidad de nuestra patria» (*ibid.,* I, p. 92).

Gran parte de la producción periodística de Larra se articula en torno a un narrador inteligente que recorre incansable los distintos ambientes sociales, observándolo todo con mirada crítica, y las gentes ignorantes y rutinarias que habitan esos espacios. Frente a la apatía y la arbitrariedad de su entorno, el narrador ofrece su propio comportamiento a modo de guía. A veces le acompañan personajes extranjeros que funcionan como *alter ego* del autor y que, por no estar habituados a las peculiaridades del país, aportan sobre la realidad una mirada no deformada por la costumbre. En «El castellano viejo», un narrador de gustos sofisticados ridiculiza a los miembros de la clase media que se empeñan en rechazar todo lo que venga de fuera y, confundiendo brutalidad con autenticidad, persisten en hábitos impropios de personas cultas. En «Vuelva usted mañana» ataca la ineficacia y la pereza de los españoles, presentando el contrapunto de un francés activo que, a pesar de sus buenos deseos, debe abandonar el país sin haber realizado la inversión que se proponía. «¿Entre qué gentes estamos?» denuncia la grosería de las clases bajas y su falta de disposición para aceptar la crítica de los que desean remediar sus faltas. En «El casarse pronto y mal» advierte sobre los problemas que puede ocasionar el afán de imitar indiscriminadamente todo lo extranjero, sin pararse a considerar si se ajusta a no a las necesidades específicas del país. Finalmente, por mencionar dos ejemplos más, en «Las casas nuevas» aconseja el uso de chimeneas en las viviendas para reemplazar el antiguo brasero, y en «Jardines públicos» recomienda la introducción en España de una práctica moderna que, por crear espacios comunes en los que la gente interacciona y se divierte, podría contribuir a mejorar la sociabilidad del pueblo español.

La brutalidad castiza, que desprecia todo lo extranjero en bloque, sin discernir lo malo de lo bueno, así como el desarraigo elitista de un pequeño grupo de españoles que parecen avergonzarse del país al que pertenecen, constituyen los dos polos extremos entre los que se mueve la actitud reformista del narrador. La alternativa que propone, y que encarna él mismo, se basa en una especie de equilibrio entre el orgullo patriótico y el análisis racional. El modelo de español que presenta a sus lectores aprecia todo lo bueno que tiene el país, pero al mismo tiempo es muy crítico con sus defectos y se esfuerza por corregirlos.

Larra nunca renegó de su voluntad docente, si bien en los escritos finales se advierte la presencia de un creciente escepticismo sobre su posible eficacia. La falta de resultados prácticos le obligó a cuestionarse su viabilidad y a recurrir a otros métodos. Pero el fracaso de su aventura política no le dejó muchas opciones. Las páginas de «La nochebuena de 1836», artículo escrito poco antes de suicidarse, reflejan bien el desaliento que experimentó al final de su vida. Se mantiene en él la conocida oposición entre el narrador racional y el ambiente embrutecido que le rodea, pero significativamente ahora se invierten los papeles. No es el narrador el que critica el comportamiento de los personajes de su entorno, sugiriéndoles en tono condescendiente lo que deben hacer, sino que, contra lo que dicta la lógica, esa labor docente es ejercida ahora por su criado. En la conversación que tiene lugar entre los dos personajes, el fámulo asturiano se caracteriza como un ser ignorante y primitivo que, además, se encuentra totalmente borracho. Con el aliento agitado e irregular apaga la luz y quedan los dos a oscuras, el criado balanceándose para no caer y Fígaro buscando inútilmente un fósforo para iluminarse. Y será en este ambiente caracterizado por la confusión y la falta de luz en el que aparecerá la verdad, pero no en la boca del narrador inteligente y lúcido, sino en la del criado embrutecido y borracho, como si Larra se empeñara en asociar la verdad y la felicidad (el objetivo último de la Ilustración) con todo lo que las personas de temperamento ilustrado (y él mismo) desprecian: con la irracionalidad y la torpeza, con la falta de sentido crítico, con la visión pobre y rutinaria, con la existencia semi-animal y la satisfacción elemental de las necesidades biológicas más primarias. El pueblo español al que se proponía servir de modelo, esa adocenada multitud de funcionarios apáticos y sastres incompetentes, de caleseros malcriados y zafios castellanos viejos, se revuelve ahora contra él y le grita insolentemente a la cara que es un iluso, que la empresa de cambiarle es una quimera y está condenada irremediablemente al fracaso. Asumida esta conclusión, no puede extrañar el paralelismo que se establece al final entre el narrador y don Quijote, ya que Fígaro ha dejado de representar la voz de la razón, como había sido el caso durante toda su producción anterior, y pasa ahora a asociarse con el idealismo ridículo de quien vive de espaldas a la realidad. En lugar de elevar al pueblo a su nivel, se verá obligado a adaptarse a su brutalidad. Se trata del reconocimiento por parte del autor madrileño de un doloroso fracaso.

El pesimismo de Larra refleja la amargura de los liberales ante el comportamiento de un pueblo que, apegado a los valores tradicionales, se mostró una y otra vez refractario a las ideas que ellos defendían. La decepción que evidencia el escritor madrileño en 1836 es la misma que habían experimentado antes autores como Quintana, Argüelles, Gallardo, Joaquín Lorenzo Villanueva, Puigblanch, Vayo, Alcalá Galiano y Martínez de la Rosa. Todos ellos observan cómo las fuerzas reaccionarias consiguen movilizar al pueblo en defensa de sus intereses y se sirven de las pretendidas esencias eternas de la nación para perpetuarse en el poder. La justificación de las masacres de clérigos por parte de Larra en «Dios nos asista», artículo publicado en 1836, nos permite calibrar el grado de frustración al que había llegado al final de su vida. Una actitud que sólo puede explicarse en el contexto de varias décadas de violenta hostilidad de la Iglesia contra las ideas liberales. Otros muchos autores progresistas experimentaron una animosidad similar, si bien no todos ellos reaccionaron de manera tan visceral.

Estanislao de Kostka Vayo menciona la existencia en 1823 de una sociedad secreta, «El Ángel Exterminador», cuyos creadores se habían propuesto sustituir la dimensión popular de los gobiernos representativos por otro movimiento, «también democrático, pero subordinado a la voluntad del clero que tenía sus riendas, y con esta soberanía de hecho consumar una revolución sangrienta que acabase con todos los españoles que no participasen de sus ideas» (1842, III, p. 186). Como se ve, la idea de voluntad popular no siempre se usaba con fines progresistas[32].

Otro liberal, León López Espila, describe asimismo la represión que sufrió en 1823 su familia, en una obra de corte autobiográfico que, de manera un tanto irónica, en alusión al ministro de Fer-

---

[32] El concepto de democracia planteó problemas para los liberales de principios del siglo XIX y los plantea hoy. Mark LILLA se pregunta: «¿Qué pasa con la tolerancia cuando aquellos a los que nosotros toleramos son intolerantes con otros? [...] ¿Qué decimos cuando intentan usar su voto democrático para limitar la libertad social de otros, como los homosexuales? ¿O cuando quieren destruir el Estado liberal? ¿Debemos tolerar al intolerante?» (2009, p. 39).

nando VII, se titula *Los cristianos de Calomarde*. El libro posee un indudable trasfondo de verdad, si bien algunos de los hechos y personajes que describe son claramente ficticios. El protagonista es un individuo de clase acomodada que lleva una existencia tranquila en un pueblo de Cuenca y que, tras el pronunciamiento de Riego de 1820, fiel a sus convicciones liberales, decide alistarse voluntario en la Milicia Nacional. Cuando se produce el restablecimiento del absolutismo, las represalias no se hacen esperar y el «cruel maquiavelismo» del clero, como él lo denomina, combinado con un poco evangélico deseo de venganza, consiguen indisponer en su contra a la mayor parte de la población (1835, p. 21). Las clases bajas se convierten desde entonces en su más encarnizado enemigo: le insultan, le rompen puertas y ventanas, le saquean la casa, y «me veo de día en día expuesto a ser sacrificado, viviendo en un continuo sobresalto y peligro» (*ibid.*, p. 21). Finalmente, reunida una gran multitud en la plaza con ocasión de un acto público, reaccionan de manera violenta cuando lo ven acercarse:

«... prorrumpen amotinados en descompuestos gritos diciendo; "MUERA ESE NEGRO" (epíteto que se dio a los liberales) y al propio tiempo corrieron a cercarme con espadas, escopetas y palos para lograr su intento, que sin duda hubieran ejecutado a no haber yo llevado bajo mi capa oculto trabuco para evitar cualquier lance (*ibid.*, pp. 21-22).

El hermano del autor acude en su auxilio y se refugian en una casa, pero el pueblo los hostiga lanzando piedras e intenta prender fuego a la vivienda. Finalmente son conducidos a prisión y, tras ser puestos en libertad, las autoridades, al parecer, cambian de opinión y Espila es condenado a ocho meses de cárcel en el presidio de Ceuta. Consigue en un determinado momento fugarse y permanece varios años en Marruecos, donde debe convertirse al Islam y lleva una vida de renegado, hasta que un golpe de suerte le permite abandonar el país en un barco francés. Su experiencia en el norte de África está llena de sobresaltos y episodios rocambolescos, pero más que detallar sus aventuras (ciertas o no), me interesa llamar aquí la atención sobre el enorme ascendiente que en el relato demuestra tener el clero entre los miembros de las clases bajas. La narración de Espila confirma que, debido a su negativa influencia, la relación de los liberales con el pueblo era potencialmente explosiva. Al igual que acabamos de ver en otros autores, Espila, lejos de idealizar al pueblo, se refiere a él con epítetos insultantes como ignorante, brutal e incivilizado (*ibid.*, pp. 22-23).

Los sucesos violentos que le sucedieron a López Espila a la caída del Trienio Liberal son muy similares a los narrados por José Somoza en *El risco de La Pesqueruela*. Ambos mencionan el papel activo del clero en la represión que llevó a cabo el régimen fernandino. Sólo que el texto de Somoza se refiere a hechos ocurridos nueve años antes, cuando, al finalizar la Guerra de la Independencia, Napoleón permitió el regreso a España del nuevo rey. El relato, como en el caso de Espila, es esencialmente autobiográfico, aunque (y en esto también coinciden) evidencia la presencia de elementos ficticios que contribuyen a dotarlo de una equilibrada estructura. Por su maestría narrativa y por los complejos elementos que lo componen, considero que, al igual que los escritos anteriormente analizados de Larra y Capmany, refleja de manera magistral la conflictiva relación de los liberales con el pueblo en las primeras décadas del siglo XIX. Aunque también es cierto que la forma que tiene Somoza de entender esa relación es profundamente novedosa. Siendo consciente de que el espacio público lo controlaban fanáticos que, por no pensar como él, querían excluirlo del espacio público, reaccionó con preocupación y con miedo, lógicamente, pero sin dejar de mostrarse fiel a unos valores que nunca cuestiona y que, de cara al futuro, le proporcionan una consoladora esperanza de cambio.

La acción se sitúa en 1814, en el ambiente revanchista que siguió a la Guerra de la Independencia. Aunque los hechos narrados sucedieron en primavera, los primeros párrafos describen una naturaleza invernal, inhóspita, que parece anticipar el ambiente desolado del país que aparece a continuación: el viento sacude las altas copas de los árboles de La Pesqueruela (una finca propiedad del autor en los alrededores de Piedrahita) y las sombras de las nubes se proyectan sobre el bosque como espectros amenazantes. El silencio de la noche «reina melancólicamente, interrumpido sólo por el grito del cuervo, posado sobre un risco del bosque, el risco *del sepulcro,* el risco de las lágrimas» (1904c, p. 19)[33]. En este

---

[33] LOMBA Y PEDRAJA, en el estudio preliminar a su edición de las obras de Somoza, reacciona con disgusto frente a una descripción que considera inventada: «Quien ha

ambiente dominado por el frío y los colores oscuros, en el que se percibe una sensación intimidante, el autor se introduce en escena para manifestar el desaliento que experimenta por la situación general del país. Es ahí, en la finca de La Pesqueruela, donde, según afirma, concluye algunas veces sus paseos solitarios por el campo. Unos paseos en los que medita sobre las desgracias por las que atraviesa el país, lamentando que la palabra patria sea en esos momentos una «voz funesta en las habitaciones de los hombres, y que el bueno, para pronunciarla, tiene que buscar el desierto o las cavernas del monte de *la Jura*» (*ibid.,* p. 19). Puede percibirse en este párrafo la sensación de extrañamiento que experimenta Somoza en su propia tierra, una sensación que podría hacerse extensiva a la mayor parte de los liberales de su tiempo. Frente a la represión desencadenada por el régimen fernandino, muchos se vieron excluidos de la sociedad española, sufriendo cárceles y exilios, mientras que otros, supuestamente más afortunados, continuaron llevando una vida aparentemente normal. Pero el testimonio de Somoza muestra los límites de esa normalidad. Porque la expulsión de las tropas napoleónicas no eliminó en ellos la sensación de encontrarse en un país invadido, dominado por fuerzas extrañas. En ese sentido, no puede sorprendernos que Somoza busque la soledad del campo, ya que sólo allí, inmerso en sus pensamientos, puede encontrar la patria que anhela. Significativamente, la patria no parece ser para él un concepto geográfico, sino una realidad mental, una determinada actitud frente a los demás, una forma de comportamiento basada en la tolerancia y en el respeto mutuo.

Tras este preámbulo pesimista, cambia el autor de registro y, centrándose ahora en la realidad histórica de unos años atrás, comienza a relatar los sucesos de mayo de 1814. Se encontraba un día

---

visto el ameno y grato rincón de la Pesqueruela, en que un hilo de agua mansísimo, deslizándose entre peñascos, forma lo que él llama cascada, se admira de la pintura que hace de ésta Somoza. Allí en verdad no hay lago, ni estruendo, ni cieno, ni género alguno de abismo; ni allí puede emboscarse el lobo entre los espinos; ni la fuente que nace al pie de la peña se alimenta de otra agua que de la que baja saltando de la cima. Todo es un embuste amañado y torpe» (1904, p. LI). Pero Somoza no tenía por qué proponerse reflejar con fidelidad el paisaje. Todo parece indicar que quería dotarlo de una función específica en la estructura del relato, y, en este sentido, más que hablar de torpeza, deberíamos convenir en que muestra una maestría indudable.

Somoza en su casa de Piedrahita, según nos cuenta, cuando una de sus sobrinas llegó con una carta de Madrid en la que se le informaba sobre la represión desencadenada por el gobierno contra los liberales. Sin tiempo para leer su contenido, aunque sí comprueba que entre los afectados se encuentran algunos de sus mejores amigos, escucha Somoza el tumulto de una multitud que se acerca a su casa gritando consignas amenazantes. Se asoma a la ventana y observa que la calle «estaba inundada de pueblo, una procesión, dirigida por el clero, paseaba el retrato de Fernando VII gritando: *Viva la religión y mueran los impíos*» (*ibid.*, p. 20). Y en ese momento, consciente del peligro que le amenaza, escucha junto a la puerta la voz de una mujer que se enfrenta a la multitud gritando: «Ingratos, infames, no entraréis, le defiendo yo, y daré de puñaladas al que llegue al umbral» (*ibid.*). Es Leonarda, la mujer de un herrero del pueblo que había servido desde niña en casa de los Somoza y que, por todos los favores recibidos a lo largo de los años, tenía con él y con sus padres una enorme deuda de gratitud. El narrador la describe como agresiva y salvaje, con la trenza de pelo suelta y el vestido rasgado, dejando al descubierto parte de la espalda y el pecho (*ibid.*). Para acentuar la impresión de primitivismo, especifica que tenía «un cuchillo en la mano, e insultaba a la canalla» (*ibid.*). Acto seguido, vuelven a escucharse de nuevo a lo lejos los gritos de «Viva la Inquisición y viva el Rey», pero ahora son contestados por otros que dicen: «Viva Leonarda y don José Somoza». Finalmente, la decidida resistencia de un grupo de personas afines al autor consigue evitar que el gentío allane la casa.

La semejanza de esta escena con la que relata López Espila no necesita comentario. En ambos casos puede observarse la hostilidad contra los liberales de un clero agresivo, que, recurriendo a la existencia de una supuesta amenaza contra la religión, se sirve de la ignorancia y el fanatismo del pueblo para dominar el espacio público. Sin embargo, es posible detectar asimismo entre los dos relatos algunos cambios significativos. En primer lugar, aquí no es un familiar cercano del narrador el que acude en su ayuda, sino la esposa de un obrero, que, con un cuchillo en la mano y el vestido desgarrado, parecería representar (aún más que las turbas que intentan allanar la casa) a esa plebe heroica e ignorante que acababa de enfrentarse poco antes a los invasores franceses. De hecho, según veremos, Leonarda se constituye en el elemento esencial de una narración que intenta desplazar la oposición entre los liberales y el pueblo sobre un nivel diferente. Porque aquí la multitud que grita contra «los impíos», aunque sean mayoría, no representa en modo alguno la totalidad de las clases bajas. Existe también otro grupo que se identifica con los liberales y los defiende. O más exactamente que defiende a José Somoza. Porque no deja de ser significativo que los gritos de la multitud enfurecida en defensa de entes abstractos o institucionalizados (la Inquisición y el rey) sean contestados a su vez por gritos en defensa de personas concretas y familiares (Leonarda y Somoza), como si el autor pretendiera resaltar que el conflicto central que vive la sociedad española no es el que enfrenta dos sistemas de pensamiento, sino dos formas de concebir las relaciones sociales. Las ideas abstractas favorecen el fanatismo y el enfrentamiento, mientras que el trato humano produce una actitud abierta y tolerante frente a los demás.

Al día siguiente, el narrador monta a caballo y se dirige a la finca de La Pesqueruela, se acomoda al pie de un risco, que verdea de musgo con la llegada de la primavera, y entierra, según nos informa, el libro de la Constitución (1904c, p. 21)[34]. Después, «lloré por mis amigos de Madrid, y me recosté sobre la capa para descansar» *(ibid.)*. Sin lugar a dudas, el paisaje con que se iniciaba el relato, tétrico y sombrío, parecería traducir mejor el estado de ánimo que experimenta el autor (ahora entendemos por qué lo llama el risco del sepulcro y de las lágrimas) que esa naturaleza primaveral en la que los campos se llenan de vida y la temperatura invita a disfrutar al aire libre. Pero el relato no termina ahí. Mientras Somoza se encuentra meditando sobre el destino adverso de los hombres de bien, como él los llama, escucha a lo lejos una voz de mujer que se aproxima hacia donde él se encuentra entonando ritmos de la tierra. Es Leonarda, que ha conseguido reunir con su marido una considerable suma de dinero y que se la ofrece ahora para que se marche del país. La posibilidad del exilio, como una alternativa al

---

[34] El simbolismo de la acción es evidente. Carlos REYERO nos recuerda que los liberales enterraron el texto de la Constitución bajo ciertos monumentos, «como si fueran una semilla de libertad. Un ejemplar de la Constitución de 1812 fue colocado [...] junto a la primera piedra del monumento al Dos de Mayo en Madrid, en un acto celebrado durante el Trienio» (2010, p. 190).

extrañamiento que experimenta en su propia patria, se insinúa así en el relato. Miles de españoles habían pasado (y pasarán más tarde, como consecuencia de la larga serie de conflictos civiles que vivirá el país) por esa misma situación a lo largo del siglo XIX. Pero decididamente Somoza no será uno de ellos[35]. No está dispuesto a elegir ese final, se siente demasiado unido a una tierra que considera suya y sin la que su vida carecería de sentido[36]. ¿Qué solución propone entonces? En realidad, de manera explícita no propone nada, se limita a transcribir una supuesta conversación que tiene con Leonarda, la mujer del pueblo. Aunque ésa tal vez sea su propuesta.

El diálogo entre las dos personas, que pertenecen a diferentes clases sociales y poseen una formación cultural muy distinta, revela nuevamente el afán de Somoza por proyectar el enfrentamiento que divide a la sociedad española sobre un nivel más humano. Leonarda recuerda la ayuda que recibieron sus padres de los Somoza cuando más lo necesitaban y reitera su deseo de pagar la deuda que ellos contrajeron. Y el narrador le pregunta sorprendido: «Pero bien, ¿por qué me quieres ahora, que soy liberal? ¿Sabes tú si eso es bueno?». La cuestión parecería querer conducir el diálogo hacia un terreno político, pero la respuesta de Leonarda no se hace esperar: «Sí, señor, porque veo que los malos no les pueden ver, y es liberal mi marido, y le quiere a usted tanto como yo» (1904c, p. 22). Y completa su idea con una anécdota que entendida en un sentido literal nos resulta chocante, pero que, analizada como parte del mensaje que nos transmite el texto, adquiere un alto valor simbólico. Unos días antes, asegura Leonarda, se encontraban comiendo ella y su marido con unos familiares, y «dijo mi marido, hablando de usted: *Como ésta es gracia de Dios* (y cogió el pan de la mesa), *que me alegrara de que a don José le gustara mi mujer para tener un hijo de su sangre*» *(ibid.)*. La forma en que continúa el relato implica,

---

[35] LARRA lamentará irónicamente, en «La diligencia», que «el liberal es el símbolo del movimiento perpetuo [...] Yo no sé cómo se lo componen los absolutistas; pero para ellos no se han establecido la diligencias; ellos esperan siempre a pie firme la vuelta de su Mesías; en una palabra, siempre son de casa» (1960, II, p. 75).

[36] En *Una mirada en redondo a los sesenta y dos años* confiesa SOMOZA que el campo «ha sido y es mi amigo íntimo, y así no hay una sombra, un soplo de aire, un ruido de hojas o aguas que yo no sepa entender y apreciar. Pero ¡cosa rara! El campo que no es de mi país no es comprensible para mí, ni me da casi placer» (1904c, p. 13).

obviamente, que esa posibilidad no se va a producir. En su lugar, ahora de manera más literal, Leonarda le aconseja al narrador que se case, ya que «mi marido dice lo que todos, *que se van a acabar los Somozas y se pierde el pueblo*» *(ibid.)*. Y el narrador repara entonces que la mujer está llorando, «y las lágrimas caían en mi mano, que tenía asida la suya» *(ibid.)*.

En *El Risco de la Pesqueruela,* José Somoza sabe captar sutilmente los temores y las expectativas que embargaban a los liberales respecto al comportamiento del pueblo. Las clases bajas, manejadas hábilmente por el clero, se convirtieron durante el reinado de Fernando VII en los más firmes aliados de los grupos reaccionarios para neutralizar cualquier tipo de reforma, por necesaria que fuera. Somoza refleja este hecho en sus escritos, pero, a diferencia de Larra (mucho más pesimista que él), no quiere ver en el pueblo únicamente la ciega masa embrutecida que aparece en «La Nochebuena de 1836», sino que vislumbra la existencia de una parte de la población que se identifica con los liberales y que está dispuesta a luchar a su lado. Una parte que sabe distinguir «los buenos» de «los malos», y que, seducidos por el talante moral de sus modelos, permite entrever la posibilidad de un cambio. Al fanatismo de la masa que sigue a los frailes bajo el grito de «Viva la religión y mueran los impíos», un grito impersonal, en el que se toman en consideración las convicciones ideológicas, no la calidad humana, de los que las profesan, Somoza opone su diálogo con una mujer del pueblo, un diálogo en el que, de manera significativa, no se habla de ideas, sino de comportamientos. En ese diálogo queda claro que una parte del pueblo sigue a los liberales, no por sus creencias, sino por conocer su calidad humana y por haberse beneficiado de ella. Obviamente, la propuesta de Somoza implica una advertencia para los liberales: el pueblo sólo cambiará si ellos le sirven de ejemplo, si demuestran en la práctica ser «mejores» que sus adversarios.

El fanatismo de los conservadores se manifiesta a gritos y es destructivo; pero no son esos gritos los que prevalecen al final del relato, sino la conversación entre el narrador y Leonarda, mucho más íntima y constructiva. En este sentido, las lágrimas de Leonarda con las que concluye el texto no se limitan a duplicar el llanto de Somoza poco antes, tras enterrar la Constitución, sino que son también cálidas lágrimas de esperanza en un futuro menos fanatizado e intransigente, un futuro en el que la distinción principal, por repetir los términos en que lo plantea el autor, sea entre los buenos y los malos, en el que las cualidades humanas de las personas valgan más que sus convicciones políticas o religiosas. La Constitución enterrada por José Somoza en el Risco de la Pesqueruela es una imagen que, conociendo la historia española de los dos siglos siguientes, nos conmueve aún hoy por su simbolismo. Porque como el autor, también la Constitución de Cádiz de 1812, paradigma de todas las Constituciones liberales que vendrán después, parece haber sido obligada a buscar la soledad del campo, como una posibilidad de cambio que, salvo breves intermitencias, tardará en emerger a la superficie, como una semilla que tuviera que soportar los rigores de un prolongado invierno.

Ésta es la semilla que planta Somoza y que queda a la espera de germinar cuando la situación sea más propicia. No responde a los gritos con gritos, no incita al pueblo contra sus enemigos, no cree en la fuerza de la imposición y de la violencia, sino en el poder del ejemplo: del mismo modo que entierra la Constitución como un germen que necesitará tiempo para fructificar, también siembra en Leonarda, la mujer que representa al pueblo, sus ideas de tolerancia y respeto, de ética y bondad, como una simiente que germinará más tarde para crear una sociedad mejor. Que la anécdota final sea o no cierta, poco importa, al igual que poco importa si en el Risco de la Pesqueruela había precipicios y lobos y bosques sombríos. Lo que importa no es si el retrato que hace Somoza logra ser fiel a la realidad, sino la fuerza de su propuesta. De la relación del narrador con Leonarda se espera que nacerá un nuevo tipo de español, o, lo que es lo mismo, una nueva actitud, un ejemplo de conducta que, frente al fanatismo y la intolerancia de los que quieren destruir a los que no piensan como ellos, ofrece el modelo de una sociedad basada en el diálogo y en el respeto[37]. La semilla plantada por Somoza tardará siglos en fructificar (si es que ya lo ha hecho), pero el narrador, que

---

[37] El respeto a la diferencia caracteriza buena parte de la producción de Somoza. *El capón. Novela histórica y nacional* se centra en la figura de Farinelli, el célebre castrato de la Corte de Fernando VI al que presenta como un modelo de inteligencia, nobleza y magnanimidad. El rey le confiesa a Ensenada que, de no haber sido por el italiano, habría sido imposible sacar adelante los proyectos reformadores, añadiendo: «¡Quién diría que el celo cívico por la felicidad pública se halla en el favorito, en el Capón de mi real capilla y cámara!» (1904d, p. 79).

en otro de sus escritos autobiográficos reconoce con un exceso de modestia no haber hecho nada en su vida, ha cumplido sin duda su misión. Ahora bien puede tumbarse sobre su capa y descansar.

La visión de Somoza contrasta con el tono que observamos anteriormente en Larra, mucho más sombrío y pesimista. Si el primero confía en la resolución del problema, tal vez porque lo contempla a largo plazo, el segundo se deja influir por las difíciles circunstancias del momento y se abisma en la desesperación. Ambos representan dos actitudes opuestas frente a la que demuestra ser una de las preocupaciones esenciales de los progresistas españoles de esa época: la necesidad de sacar al pueblo de la tutela de la Iglesia e inculcar en él un espíritu moderno.

La relación de los liberales de principios del siglo XIX con el pueblo estuvo por lo general cargada de tensiones y malentendidos. Si el pensamiento ilustrado del siglo anterior despreciaba a los miembros de la plebe, por considerarlos ignorantes y supersticiosos, sus herederos liberales, por la importancia que tiene para ellos el concepto de soberanía popular, no se podían permitir hacer lo mismo. El pueblo comienza a ser para ellos la parte más sana de la sociedad, esa mayoría sencilla e ingenua que, exasperada por los abusos de la tiranía, se levantará algún día contra sus opresores para reclamar sus derechos.

La invasión francesa de 1808 pareció confirmar esa teoría, por más que, como se encargaron de advertir algunos, el levantamiento popular estuviera más relacionado con la defensa del orden tradicional que con el inicio de un proyecto revolucionario. Es algo que entendieron bien los conservadores, por supuesto, pero que también supieron ver los afrancesados, así como algún liberal de mente lúcida. El caso de Capmany es distinto. Era consciente de que el pueblo luchaba por valores hondamente arraigados en la tradición, pero, a pesar de sus ideas progresistas, no consideraba esa realidad un motivo de preocupación, sino un hecho providencial. Porque gracias a la ignorancia y al fanatismo del pueblo había conseguido salvarse la nación. El pueblo que merece su exaltación más incondicional es el mismo que despreciaban los ilustrados, pero que ahora, debido a su irracionalidad, ha sido capaz de levantarse en armas contra el invasor. Desde una postura exacerbadamente nacionalista, Capmany bendice todo lo que ese pueblo representa (ignorancia, superstición, fanatismo), y lo hace con una visceralidad y una vehemencia que anticipa la sensibilidad del Romanticismo. La pasión se sobrepone en él a la lógica.

La idealización del pueblo durante la Guerra de la Independencia se orienta, por tanto, en dos direcciones opuestas. Algunos liberales, deslumbrados por su heroísmo, exaltan con un nacionalismo desaforado todos los rasgos que lo caracterizan, por juzgar que sólo así ha sido posible salvar al país de su ruina. Otros, en cambio, confundiendo sus deseos con la realidad, piensan que los valores y creencias de las clases bajas coinciden con su ideario progresista, por lo que la lucha tiene un claro componente revolucionario. En este sentido, los liberales de Cádiz afirmarán que sus ideas son compartidas por la generalidad del pueblo y que la legitimidad de su proyecto se funda en el mandato que les ha otorgado la nación. A la vuelta de Fernando VII, sin embargo, no les quedará más remedio que reconocer que se han equivocado y que el levantamiento de las clases bajas tuvo como objetivo la defensa de la España del Altar y el Trono. O, lo que es lo mismo, que la voluntad de las masas estaba secuestrada por el clero. A partir de ahí, si no querían renunciar a su proyecto, se imponía encontrar una solución. Algunos liberales lo resolverán argumentando con sentido elitista que la palabra pueblo no se refería a la masa general de la población, sino a aquellos que poseían un determinado nivel de cultura. Pero esta solución no podía ser aceptable para los que legitimaban su poder en la idea de soberanía popular. Sobre todo si consideramos que dejaba fuera del concepto a la inmensa mayoría de los españoles que habían defendido la independencia del país contra Napoleón.

En otros casos, intentaron fanatizar al pueblo contra la Iglesia, neutralizando un fanatismo con otro. Pero esta solución tampoco podía satisfacer a quienes, por ese mismo motivo, habían sufrido cárceles y exilios. El fanatismo, fuera del tipo que fuera, no formaba parte de su esquema mental. Cualquier cambio, por tanto, si pretendía ser profundo, exigía educar al pueblo, sacarlo de su ignorancia y proporcionarle los medios adecuados para que tomara decisiones propias y no se dejara influir por desaprensivos sin escrúpulos. Sólo de ese modo, si el pueblo se acostumbraba a pensar por sí mismo, comprendería las mejoras que le reportaba el nuevo régimen democrático y estaría dispuesto a sacrificarse para conservarlo. Ése era el mejor baluarte contra sus enemigos. Para los que así pensaban, la educación suponía la solución más estable, pero también la más lenta, ya que exigía controlar los mecanismos de poder durante un largo tiempo. Larra lo intentó con la prensa y el teatro, e incluso con la política, pero al final, exasperado por la falta de resultados prácticos, se dejó dominar por el pesimismo y abandonó su misión. Obviamente, las mejoras no podían producirse con la rapidez que demandaba su impaciencia. Somoza, en cambio, menos intranquilo o más confiado, pensaba que la educación del pueblo era cuestión de tiempo, que los cambios se producirían a largo plazo, que las clases humildes debían ser instruidas con el buen ejemplo, echar la semilla en tierra y esperar a que germinara. Esta actitud paciente es la que parecieron adoptar también, aunque recurriendo a otros medios, todos aquellos liberales que se embarcaron en el proyecto de elaborar nuevos mitos para la nación.

Capítulo 2
EL MITO DE LOS COMUNEROS Y DE LOS FUEROS MEDIEVALES

En 1821, cuando se conmemoraba el trescientos aniversario de la batalla de Villalar, tuvo lugar en el pueblo de ese nombre una solemne ceremonia de desagravio organizada por las autoridades locales. Siguiendo las órdenes del gobernador civil de Zamora, el exguerrillero Juan Martín Díez «El Empecinado», se exhumaron los huesos de Padilla, Bravo y Maldonado, los tres caudillos comuneros ajusticiados a principios del siglo XVI por orden de Carlos V, y, tras colocarlos en una elegante urna de madera, se llevaron en procesión a la iglesia y se instalaron en un lugar prominente. Los huesos se comprobaría más tarde que no eran de los comuneros, y que el pretendido «descubrimiento» de la fosa no era sino un engaño urdido por los lugareños para contentar a los organizadores del homenaje. Pero eso no importa demasiado para nuestro propósito. Como suele acontecer con los mitos, lo fundamental no es que reflejen una determinada realidad histórica, sino que sean eficaces en producir el efecto para el que se conciben.

El mito de los comuneros, aunque había empezado a forjarse tres décadas antes, será por esas fechas cuando reciba su impulso más enérgico. Entre 1820 y 1823 se escribieron numerosos poemas y artículos de periódico ensalzando a Padilla y a sus compañeros como mártires de la libertad española, se representaron diversas obras de teatro en las que figuraban como protagonistas, se creó un periódico llamado *El Eco de Padilla,* fueron alabados en discursos oficiales y en actos de desagravio, se hicieron colectas por su causa, se pronunciaron arengas y sermones, e incluso algunos miembros de la masonería fundaron una asociación nueva, denominada «Hijos de Padilla», que desempeñaría un papel esencial en la vida política de esos años [1]. El Trienio Liberal representa lo que, no sin cierta socarronería, Álvarez Junco denomina «el cuarto de hora de gloria» de los líderes comuneros (2001, p. 223). Un cuarto de hora cuya resonancia se deja sentir con fuerza hasta bien avanzado el siglo XX.

¿Qué razones justifican que se originara de repente un fervor tan intenso por unos personajes que casi habían desaparecido de la memoria colectiva y cuyo significado, según afirma Alcalá Galiano, fue mal comprendido incluso por los que se decían sus herederos (1955a, p. 118)? El nacimiento del mito comunero está estrechamente asociado con la génesis del liberalismo en España y sólo puede explicarse en ese contexto, como respuesta a las adversas circunstancias que tuvo que confrontar el pensamiento progresista para su implantación. Las décadas en que se origina, entre 1792 y 1830, son extraordinariamente conflictivas en toda Europa. Hubo revoluciones que conmovieron los cimientos del orden antiguo, guerras que se extendieron de un extremo a otro del continente, cambios de fronteras, exilios masivos, desplazamientos de población... Y todo ello sazonado con unos niveles de violencia y brutalidad que los ilustrados del siglo XVIII habrían considerado inimaginables unos años antes. Pero en esa época se extendió también por toda Europa, como consecuencia de los hechos acaecidos en Francia, un poderoso mensaje de esperanza sobre la posibilidad de crear un mundo más justo que el que existía entonces, una realidad basada en principios más nobles y elevados, en la que se acabara con las calamidades que había sufrido la humanidad a lo largo de su historia y en la que todos, independientemente de su posición social, pudieran por fin aspirar a ser libres y felices.

---

[1] Casi un año antes de la ceremonia organizada por El Empecinado, había tenido lugar en Toledo un parecido acto de desagravio. *El Constitucional* del 20 de junio de 1820 informa de que, por orden del jefe político de la ciudad, se demolió el monumento que recordaba la ejecución de Padilla y se colocó en su lugar «sobre la misma columna una nueva lápida con la inscripción siguiente: *A la buena memoria de Juan de Padilla, regidor perpetuo de Toledo en el siglo XVI, defensor de la libertad española, recuperada en 1820. D.E.M. Sus conciudadanos*» (p. 3).

Estas ideas hallaron rápido eco en España, por más que las autoridades políticas y religiosas adoptaran estrictas medidas para evitarlo. De Francia llegaron, redactados por agentes locales o por exiliados españoles instalados en el país vecino con motivo de la revolución, manifiestos que incitaban al pueblo a hacer causa común con sus vecinos y a rebelarse contra la tiranía de sus dirigentes. La radicalidad de estos planteamientos creó una gran preocupación en los medios conservadores, como no podía ser menos, pero tampoco gustó en determinados círculos ilustrados que contemplaban con alarma la posibilidad de un estallido social de consecuencias impredecibles. Sin embargo, hubo españoles progresistas (menos egoístas o más exaltados) que acogieron el mensaje revolucionario con entusiasmo y se manifestaron dispuestos a implementarlo.

Con la invasión napoleónica creyeron encontrar la ocasión propicia. Aunque también es cierto que los partidarios de un cambio radical se dividieron desde el principio en dos bandos opuestos, dependiendo de cómo interpretaran la coyuntura. Unos decidieron hacer causa común con los franceses y colaborar con ellos, ya que vieron en José Bonaparte la posibilidad de implementar desde arriba, sin mayores dilaciones, las medidas que consideraban necesarias para modernizar el país. Es imposible averiguar en qué casos (o hasta qué punto) la postura de los denominados afrancesados estuvo motivada por el sentido práctico o por el miedo, pero sí podemos asegurar, como indicó Méndez Bejarano en su estudio pionero, que la decisión de colaborar con los franceses no fue por lo general incompatible con un profundo patriotismo. Que los cambios los produjera tal o cual monarca no tenía, en su opinión, mayor importancia, ya que lo que contaba principalmente era el resultado final. Así lo razonaría más tarde Moratín, lamentando desde el exilio los dolorosos sinsabores que esa actitud le había causado. Incluso una personalidad tan poco sospechosa de afrancesamiento como José María Blanco White, que manifestó repetidas veces sus críticas contra la invasión en las páginas de *El Español,* defenderá más tarde desde Londres una postura similar, convencido de que los españoles eran incapaces de solucionar sus problemas por sí mismos. En su *Autobiografía* de 1830 considera que, de haber confrontado circunstancias históricas más favorables, José Bonaparte habría podido resolver de una vez por todas los graves problemas que aquejaban a España. En unas cuantas décadas habría impuesto los cambios desde arriba y los beneficios obtenidos por el país habrían compensado sobradamente la humillación de recibirlos de un rey extranjero (1845, I, pp. 140-141).

Los planes de invasión concebidos por Napoleón se basaban, de hecho, en la coherencia de ese razonamiento. Desde el primer momento, el dirigente francés hizo pública su voluntad de llevar a cabo en España las medidas necesarias para sacar al país de su atonía e invitó a los españoles de ideas progresistas a colaborar con él. La rapidez con que su hermano José acometió las reformas, dictando en el breve plazo de unas semanas una serie de medidas de gran calado, indica que quería atraerse con resultados prácticos a los indecisos y probarles que el cambio iba en serio. En cuestión de meses, convocó las antiguas Cortes en Bayona, intentando legitimar la invasión con el aval de ese casi olvidado estamento medieval, redactó un Estatuto que es considerado hoy por muchos como el primer texto constitucional español, suprimió la Inquisición, eliminó aduanas interiores entre las distintas regiones, intentó racionalizar una administración caótica... Pero el principal problema que confrontó, y que no consiguió resolver, es que, por el estado de guerra permanente que vivió el país desde el inicio de la invasión, todas estas medidas encontraron grandes obstáculos para realizarse.

Otro grupo de españoles, sin embargo, aunque compartían las ideas de los llamados afrancesados, consideraron humillante la invasión y, dejándose llevar por un impulso patriótico, se opusieron activamente a los ejércitos franceses. Si bien también es cierto que la separación entre ambas actitudes no siempre puede establecerse con claridad[2]. Muchos dudaron e incluso cambiaron de bando en un momento determinado. Las memorias y los documentos que se han conservado reflejan las vacilaciones iniciales entre el sentido práctico de colaborar con un invasor que prometía implantar las reformas que ellos deseaban y el rechazo que experimentaban frente a una agresión que hería sus sentimientos nacionales. Pero a diferencia de lo que hemos visto que sucedió con los afrancesados, en ellos predominó el sentimiento de independencia nacional sobre las

---

[2] Afirma AYMES que si los afrancesados en ideas se hubieran afiliado todos al partido de José I, «habríamos encontrado en un mismo bando no sólo a Meléndez Valdés, Cabarrús, Moratín, sino también a Jovellanos y Quintana» (2003, p. 28).

consideraciones prácticas. Paradójicamente, aunque condenaron la invasión napoleónica, también vieron en ella un hecho providencial, ya que pensaron que el vacío de poder que ocasionó les permitiría iniciar un decisivo período constituyente[3]. El mismo Napoleón les facilitó el camino. La convocatoria de Cortes y la proclamación del Estatuto de Bayona obligaron a los patriotas españoles (o así lo justificaron ellos) a convocar otras Cortes, que definirían como auténticamente nacionales, y a escribir una Constitución que privara al invasor de su principal fuente de legitimación[4]. En el momento en que los liberales de Cádiz afirmaron (ingenuamente, por cierto, como se comprobaría más tarde) que era compatible el espíritu de la revolución con la fidelidad a Fernando VII, el pretexto de los afrancesados para apoyar a la dinastía invasora perdió su razón de ser y, según Méndez Bejarano, su causa sufrió un golpe aún más letal que el de la derrota de los ejércitos napoleónicos (1912, p. 298)[5].

Pero los liberales también eran conscientes de que la proximidad de sus ideas con las de los afrancesados les creaba una situación incómoda. Se enfrentaban, en definitiva, a un antiguo problema,

---

[3] MARTÍNEZ MARINA considera que «Bonaparte fue el instrumento de que se valió la providencia para labrar nuestra felicidad y la de las futuras generaciones» (1813, p. LXXXIII). Según Marina, si no se hubiera producido la invasión, Fernando VII habría gobernado sin problemas como rey absoluto y se habría esfumado la posibilidad de un cambio efectivo. La guerra provocó una convulsión que facilitó la convocatoria de las antiguas Cortes.

[4] La influencia del Estatuto de Bayona en la Constitución de Cádiz ha sido puesta de relieve por numerosos críticos. Véanse JURETSCHKE (1962, pp. 256-257), GARCÍA CÁRCEL (2007, p. 191) y PÉREZ GARZÓN (2007, p. 130). Según ARTOLA, el hecho de que al principio de la guerra fuera casi unánime la petición de Cortes se justificaba por el equívoco con que se entendió el término. Para los conservadores estaba asociado con la antigua institución de tiempos de los Austrias, que los Borbones habían dejado en desuso, mientras que los revolucionarios pensaban «en una institución nueva, racionalmente estructurada y plenamente representativa» (2008, p. 314).

[5] MARTÍNEZ DE LA ROSA manifiesta en un artículo publicado en 1810 que Napoleón, para justificar su agresión, había intentado convencer a todo el mundo de que la nación española era incapaz de reformarse por sí sola, por lo que debió de sorprenderse «al ver publicada nuestra convocatoria de Cortes» (1810b, VIII, p. 116). Que la convocatoria de Cortes por parte de los liberales fue una reacción a la estrategia napoleónica lo confirma el hecho de que en los sucesos de Aranjuez, como recuerda BLANCO WHITE, no hubo «ni un hombre solo que entre los aplausos del nuevo rey recordase los privilegios del pueblo, ni invocase el nombre de Cortes, voz tan respetada otras veces en la nación, y casi olvidada en aquellos días» (1810-1814, I, p. 10).

ya que durante todo el siglo XVIII los conservadores se habían esforzado en asociar el pensamiento progresistas con Francia[6]. Pero mientras que en aquella época los ilustrados podían defender su proyecto modernizador apelando a la autoridad de la razón (o a su sentido universal), ahora la invasión francesa deslegitimizaba la validez de ese planteamiento. Si Napoleón justificaba la agresión con el pretexto de que el país necesitaba modernizarse, el concepto de modernidad comenzaba a levantar sospechas[7]. Para evitar esa peligrosa contaminación, que amenazaba con echar por tierra sus planes reformistas, se vieron obligados a desarrollar una estrategia que permitiera arraigar sus ideas en suelo peninsular. Era indispensable conectarlas con la tradición nacional e interpretarlas, no como una peligrosa innovación venida de fuera, sino como la recuperación de antiguas prácticas que habían caído en desuso.

En este contexto surge y se desarrolla el mito comunero. Se levanta sobre tres pilares básicos. Antes que nada, sirve para reforzar la estrategia de ciertos exiliados españoles, que, escribiendo desde el otro lado de los Pirineos, pretendían facilitar la introducción en el país del nuevo espíritu revolucionario. Conociendo bien la fuerza que las ideas conservadoras tenían entre sus compatriotas, así como el arraigo del sentimiento nacional antifrancés, buscaron una forma de españolizar el nuevo espíritu para allanar probables obstáculos. En segundo lugar, tras la agresión napoleónica, otro grupo de españoles progresistas experimentaron, por razones obvias, la necesidad de afirmar el origen español de sus ideas, desconectándolas del invasor francés y asociándolas con la tradición nacional. Finalmente, un ter-

---

[6] Ciertos escritores progresistas, tanto del siglo XVIII como del XIX, reconocerán asimismo el origen francés de sus ideas. Véanse el «Elogio de Carlos III» de JOVELLANOS (1880a, pp. 89-90), así como los «Orígenes del liberalismo español» de ALCALÁ GALIANO. En esta última obra afirma el autor que «de Francia vinieron a nuestro suelo las ideas de libertad, que a fines del siglo XVIII contaban ya prosélitos notables, si no por su número, por su importancia en nuestra patria» (1955a, II, pp. 441-442).

[7] El «Bando de proclamación de José I» caracteriza al nuevo rey de España como «el más piadoso, el más ilustrado y el más justo de los Soberanos» (RUIZ LAGOS, 1966, p. 77). AYMES se refiere a esa estratégica asociación de la invasión francesa con la posibilidad de modernizar el país, afirmando que la perspectiva «de una regeneración de España por el rejuvenecimiento de sus instituciones y la reunión de sus Cortes chocaba profundamente a los ultraconservadores, pero ponía en apuros a los liberales» (2003, p. 26).

cer grupo, de ideas liberales también, pero procedentes sobre todo de la antigua corona de Aragón, vieron en el ejemplo de los comuneros la posibilidad de reivindicar una España plural, respetuosa con los fueros medievales de los distintos reinos y orgullosa de su diversidad. Por paradójico que pueda parecer, ya que los comuneros eran héroes intrínsecamente castellanos, los miembros de este último grupo se proponían crear una nación menos «castellana» que la que entonces existía, en la que se eliminara el monopolio de lo español por parte de una región determinada y se reconociera la importancia que todas ellas habían tenido en la formación del país.

La fuerza del mito, que se prolonga hasta bien avanzado el siglo XX, sólo puede explicarse por la confluencia de estos tres factores. Aunque el Trienio Liberal marca su momento de mayor auge, fue tal la vitalidad que evidenció, que consiguió superar el cambio de siglo y, en un contexto diferente, sirvió para configurar algunos de los principales símbolos de la Segunda República. La franja morada que se incorporó a la bandera representa el color por el que supuestamente lucharon Padilla y sus compañeros. Del mismo modo, el *Himno de Riego* honra la memoria del conocido jefe liberal que, aparte de desempeñar un papel esencial en la vida política del Trienio, fue uno de los fundadores de la influyente sociedad secreta denominada «Hijos de Padilla». Nos encontramos, por tanto, frente a un mito que, durante más de un siglo, al menos hasta la Segunda República, disfrutó de una gran vitalidad en la realidad socio-política del país y sirvió para respaldar diversos proyectos de índole progresista. Aunque hoy ha perdido ese protagonismo, la importancia de que disfrutó nos dice mucho sobre la España de los dos siglos pasados, y, de manera indirecta, sobre nuestra propia realidad.

Las páginas que siguen las dedicaré a analizar los diferentes significados que adquirió, dependiendo de las ideas que defendían los autores que lo utilizaron. Obviamente, no me interesa aclarar lo sucedido durante la rebelión comunera del siglo XVI. Ese tipo de estudios ya lo han realizado numerosos especialistas, por más que no hayan conseguido ponerse de acuerdo sobre la naturaleza del movimiento[8]. Lo que me propongo no es dilucidar los hechos históricos

---

[8] La interpretación de MARAVALL, que considera el movimiento comunero la primera revolución europea moderna (1963a, p. 12), ha tenido repercusión en críticos

tal y como se produjeron en su día, sino rastrear la evolución de un mito que, usando la figura de Padilla y sus compañeros, empieza a gestarse a fines del siglo XVIII y prolonga su existencia durante más de dos siglos[9]. A efectos prácticos, centraré mi atención principalmente en las décadas que constituyen su período de gestación, desde el ambiente revolucionario vivido en Francia como consecuencia de los sucesos de 1789, hasta el masivo exilio liberal en Londres tras el fracaso del Trienio. Según veremos, se forja a través de numerosas obras históricas, panfletos y artículos de periódico, pero también de poesías, novelas y obras de teatro. Se trata de un mito que sólo puede entenderse en el contexto en que nace, como parte de una realidad contra la que reacciona y que se propone transformar. Que no lo lograra, al menos de manera decisiva, añade interés al estudio, ya que sus fracasos los hemos heredado en parte nosotros.

La Guerra de las Comunidades, tratándose de un acto de rebeldía contra un monarca legítimo, algo excepcional en cualquier país y época, pero sobre todo en la España de principios del siglo XVI, no pudo dejar de atraer a los historiadores que se ocuparon de estudiar el reinado de Carlos V. En las décadas siguientes a los acontecimientos, varios autores intentaron explicar las causas que condujeron a la rebelión, y lo hicieron, sorprendentemente, adoptando hacia los comuneros una actitud más comprensiva de lo que cabría esperarse. Pero en los siglos siguientes el asunto perdió vigencia y, suplantado por temas que afectaban a los españoles de manera más inmediata, no tardó en ser poco menos que olvidado. A partir de la reedición de la historia de Sandoval publicada en Pamplona en 1634 puede afirmarse que, salvo raras excepciones, no se volvería a hablar de

---

como Joseph PÉREZ (1999, p. 158) y GUTIÉRREZ NIETO (1973, p. 231). La teoría fue defendida anteriormente por Azaña (GUTIÉRREZ NIETO, 1973, pp. 99-100), pero no logró imponerse. Según ÁLVAREZ JUNCO, Maravall caracteriza a los comuneros como defensores de un proyecto revolucionario moderno porque es justamente eso «lo que la oposición antifranquista intentaba en el momento» (2000, p. 44). Lo que implicaría que Maravall, más que analizar el mito, contribuye a continuarlo. Para el tratamiento de las Comunidades en la historiografía del siglo XIX véase LÓPEZ-VELA (2004, pp. 237-253).

[9] En 1834, interpretando el conflicto comunero a través del filtro de su época, afirmará LARRA que los carlistas son los mismos que triunfaron «malamente en Villalar en nombre de otro Carlos V; desde entonces no dejó de crecer un punto vuestra audacia; vosotros fuisteis los que el año 14 engañasteis a un rey y perdisteis a un pueblo» (1960, I, p. 349).

los comuneros durante casi dos siglos (JEREZ, 2007, p. 41). Alcalá Galiano afirma en sus *Memorias* que los que crearon la sociedad secreta denominada «Hijos de Padilla» tomaron su nombre de un héroe castellano que era «poco conocido hasta entonces» (1955a, p. 118), lo que implicaría que hasta la llegada del Trienio Liberal el mito no había conseguido generalizarse[10]. Pero, a pesar de lo mantenido por el autor gaditano, es posible constatar que en las tres décadas anteriores los comuneros habían adquirido una cierta notoriedad en panfletos, discursos, poesías, obras dramáticas y estudios de carácter histórico. Teniendo en cuenta la existencia de un largo hiato de dos siglos en el que el tema no pareció interesar a nadie, el problema que se nos plantea, más que especificar la fecha exacta en que se crea el mito, consiste en aclarar las circunstancias que motivaron su aparición. Porque los proyectos que sirvió para legitimar explican de hecho algunas de sus características principales.

En cualquier caso, analizando los orígenes del mito, Gutiérrez Nieto manifiesta no estar de acuerdo con los que afirman que existió un olvido completo de la rebelión comunera antes de la fecha indicada. Para avalar su afirmación, menciona el caso de algunos autores del siglo XVIII que, intentando explicarse las causas que motivaron la decadencia española, se ocuparon con cierto detenimiento de la Guerra de las Comunidades. El primero de ellos es el conde Juan Amor de Soria, austracista aragonés que se vio obligado a abandonar el país tras la Guerra de Sucesión y que, desde su exilio en Viena, escribió en 1741 una obra titulada *Enfermedad chrónica, y peligrosa de los Reynos de España y de Indias: sus causas naturales, y sus remedios*. El texto no se sabe muy bien cómo llegó al archivo de la Real Academia de la Historia, pero allí permaneció, acumulando polvo, hasta que José Antonio Maravall fijó en él su atención y calibró su importancia. En un trabajo de 1967 sobre «Las tendencias de reforma política en el siglo XVIII es-

---

[10] Esto nos haría tomar con precaución las palabras de Marchena, cuando afirma en un escrito de 1792 a Lebrun que el pueblo español «se souvient toujours de ses *Cortes,* et en 89 le parterre reçut avec la plus violente indignation une pièce qui outrageait la memoire de *Doña Maria Coronel*» (MOREL-FATIO, 1890, p. 77). Considero más acertada la interpretación de ANDIOC, para quien la indignación del público se debió a que el texto insultaba, más que a Doña María, «al propio pueblo» (1987, p. 293). Decir que la Santa Junta tuvo como dirigentes a cerrajeros, tundidores y «hombres de poco honor y baja esfera» explicaría que la obra se silbara (*ibid.,* p. 294).

pañol», enmarca su sentido en el contexto del pensamiento austracista del siglo XVIII, esa corriente alternativa de la política española, casi desaparecida tras la Guerra de Sucesión, que reivindicaba una idea del país más respetuosa con los fueros de los antiguos reinos peninsulares. En la misma línea de Maravall, considerará Gutiérrez Nieto unos años más tarde, que Amor de Soria propone «una monarquía limitada por medio del sistema de leyes e instituciones fundamentalmente tradicionales» (1973, p. 49). El uso que hizo Martínez Marina a principios del siglo XIX del pensamiento de Amor de Soria lo desvirtuó totalmente, como bien supo apreciar el erudito y político catalán Ernest Lluch. Más adelante volveré sobre el tema.

La influencia de Amor de Soria fue necesariamente muy limitada en los siglos siguientes a su publicación, ya que su obra permaneció en la Academia de la Historia y no se editó hasta fecha reciente. Algo similar puede decirse de otros dos autores que se ocuparon del tema a finales del siglo XVIII, pero cuyas obras no consiguieron verse impresas hasta bien entrado el XIX. En el *Discurso sobre el modo de escribir y mejorar la Historia de España* se muestra Forner muy crítico con la figura de Carlos V y advierte que, pese a las alabanzas que recibía por parte de historiadores y literatos, tal vez su reinado hubiera iniciado la decadencia del país. Las ambiciosas empresas en que se vio envuelto fueron sin duda gloriosas para su fama personal, pero desastrosas para los intereses de la nación. Respecto a la rebelión comunera, considera que no estuvo motivada por la falta de tacto del rey, sino por la arrogancia y el despotismo de los nobles. Forner escribió el *Discurso* en los años noventa, pero, si exceptuamos una versión incompleta publicada en 1816, su obra no vio la luz hasta treinta años más tarde.

Otro autor, León Arroyal, dirigió por esas fechas una serie de cartas al conde de Lerena en las que analizaba diversos asuntos relacionados con la historia de España y era asimismo muy crítico con la actuación del emperador. En la segunda de ellas, fechada en 1787, alaba «el admirable cuerpo de nuestras cortes primitivas» (1971, p. 16) y hace responsable al absolutismo de la nueva dinastía de la decadencia de la nación[11]. Entre los distintos reinos

---

[11] Esta idea tendrá amplia resonancia en el siglo XIX. En 1850 titulará precisamente FERRER DEL RÍO uno de sus libros: *Decadencia de España, Primera Parte, Historia del*

medievales, considera que la legislación de la corona de Aragón era muy superior a la de Castilla, porque ponía límites estrictos a la autoridad del monarca y dificultaba posibles abusos. Asimismo, interpreta la rebelión comunera como un movimiento en defensa de las antiguas libertades castellanas que la nueva dinastía de los Austrias, ignorante de los antiguos usos del reino (o insensible a ellos), acabó finalmente por destruir. La derrota comunera fue el «último suspiro de la libertad castellana» (*ibid.*, p. 33), a la que seguiría poco más tarde la abolición de los fueros aragoneses por parte de Felipe II. De este modo, «la triste España, no sólo tenía que haberse con sus enemigos, sino con los de la familia de sus reyes, trabajo que, por lo común, sucede cuando éstos son extranjeros» (*ibid.*, p. 47). Nos encontramos en esta carta con algunos ingredientes que serán cruciales en la construcción del mito. Según el planteamiento de Arroyal, los comuneros no sólo lucharon por las antiguas libertades del reino, sino que lo hicieron contra monarcas extranjeros. Su derrota, por otra parte, significó el fin de las libertades de Castilla, pero también, gradualmente, las de los otros reinos peninsulares, en un proceso creciente hacia el absolutismo y la centralización.

Las obras de Forner y Arroyal no se publicaron hasta mucho más tarde, pero su escritura revela la existencia en el país de una corriente de opinión muy crítica con el papel desempeñado en España por la Casa de Austria[12]. ¿Cómo se originó? Para resolver esta duda, tal vez debamos volver la vista a otro libro, en este caso extranjero, sobre el que llamó la atención por vez primera hace ya algún tiempo el crítico francés Jean Canavaggio. En 1769 publicó William Robertson en Londres *The History of Charles V,* obra que tuvo una calurosa acogida en Inglaterra, donde la celebraron pensadores de la talla de Walpole, Gibbon and David Hume, pero también en el resto de Europa, «siendo D'Holbach, Voltaire y

---

levantamiento de las Comunidades de Castilla. Citando el poema de Quintana, afirma en el prólogo que con la derrota de los comuneros empezaron los problemas de la nación (1850, pp. II-III).

[12] MARAVALL analiza a diversos autores del siglo XVIII, entre ellos Amor de Soria e Ibáñez de la Rentería, para concluir que desde fecha muy temprana existía en España una sólida línea de oposición al absolutismo. Según él, esa postura se debe en gran parte a que, incluso antes de «leer a Montesquieu, para algunos españoles el sistema constitucional inglés es el modelo a seguir para asegurar la libertad política» (1991, p. 73).

Catalina II de Rusia sus más fervorosos admiradores» (Canavaggio, 1985, p. 362). La obra interpreta de manera muy favorable la rebelión de los comuneros, proponiendo que las demandas de la Santa Junta tenían un claro componente democrático y podían considerarse un lejano precedente de los remedios propuestos por los comunes ingleses en su enfrentamiento con la Corona. En palabras de Robertson, las quejas «and the remedies proposed by the English commons, in their contests with the princes of the house of Stuart, particularly resemble those upon which the junta now insisted» (1828, p. 201). Puesto que la obra se tradujo en 1771 al francés y gozó de una amplia difusión por toda Europa, es muy posible que desempeñara un papel importante en la gestación del mito. Sobre todo porque esbozaba algunos de los que serán sus componentes principales: los comuneros lucharon por las libertades tradicionales del país contra una dinastía extranjera y lo hicieron en un contexto en el que la corona de Aragón disfrutaba de una constitución más democrática aún que la de Castilla[13]. Además, añadía una comparación con Inglaterra que disfrutará de mucho predicamento en el siglo siguiente entre los escritores españoles. Si los comuneros precedían a los *commons* ingleses, se convertían en una especie de pioneros de la modernidad que, de triunfar, habrían podido instaurar en España un sistema de gobierno similar al de Gran Bretaña.

Estas ideas son las mismas que vemos aparecer en Arroyal, por lo que es razonable deducir que el escritor español había leído el libro de Robertson. Lo mismo puede decirse de Forner y de muchos de los autores que contribuyen a originar el mito. Sabemos que la obra de Robertson se difundió tempranamente por España, con toda probabilidad a través de la traducción francesa, y que sus teorías eran conocidas y comentadas en círculos ilustrados[14]. Ahora

---

[13] Afirma ROBERTSON que en Aragón «the form of government was monarchical, but the genius and maxims of it were purely republican. The kings, who were long elective, retained only the shadow of power; the real exercise of it was in the cortes or parliament of the kingdom» (1825, p. 84).

[14] En un artículo del *Espíritu de los mejores diarios* de 1788, comentando las *Memorias históricas* de Capmany, afirma el diarista que: «El señor Capmany acaba la obra comparando las Ordenanzas Navales de la Gran Bretaña, que van insertas, traducidas del Inglés al Español con las de los Aragoneses, como en otro tiempo comparó Robertson en su *historia de Carlos V,* las dos constituciones políticas de uno y otro pueblo»

bien, la interpretación que hace el autor británico no tiene por qué considerarse objetiva o desinteresada. Debemos pensar que el autor era escocés y que participó destacadamente en las batallas políticas británicas a favor del sistema constitucional, por lo que no es de extrañar que simpatizara con todos aquellos que habían defendido en España los fueros de los antiguos reinos peninsulares y se habían opuesto al absolutismo y a la centralización: con los comuneros castellanos que se rebelaron contra Carlos V, pero sobre todo con los fueristas del reino de Aragón, que, apoyados por Gran Bretaña, se resistieron a ser gobernados por los Borbones franceses. En este contexto, la interpretación que hace de los fueros medievales peninsulares, asociándolos con el moderno constitucionalismo inglés, es fácil de entender. Está condicionada por sus simpatías y por sus deseos.

Aunque Martínez de la Rosa se sirvió de la obra de Robertson para su *Bosquejo* de 1814 y lo incluyó en la lista de fuentes consultadas, ningún estudioso del tema se había ocupado de ella hasta fecha reciente. Es cierto que Albert Dérozier constató que formaba parte de la biblioteca de Quintana (1968, p. 28), el escritor liberal que inició el tratamiento del mito a nivel literario, pero hasta el artículo de Jean Canavaggio nadie la había prestado atención con relación al asunto que nos ocupa. A pesar de ello, creo que su importancia es evidente[15].

En las páginas anteriores he señalado ciertos antecedentes que pudieron influir en la construcción del mito, o que, por permanecer inéditos, evidencian la existencia en España de una corriente de opinión favorable a su nacimiento. Pero si nos concentramos en el mito como tal, los primeros documentos directamente involucrados con su aparición se originan en un grupo de jóvenes españoles que, fascinados por las noticias que llegaban del otro lado de los Pirineos, cruzaron la frontera para participar en la Revolución

---

(p. 36). Lo que prueba que el libro de Robertson era conocido en España por esa época y que Inglaterra representaba el modelo a seguir.

[15] Antonio ELORZA considera que «la toma de conciencia pre-revolucionaria se hallaba ampliamente extendida» en la España de los ochenta (1970, p. 235). Aduce para probarlo varios casos en los que el mito «de la libertad en las monarquías medievales de Castilla y Aragón» se contrapone como reactivo (asociándolo con el sistema inglés) contra el abuso y la corrupción de la España de Carlos IV (*ibid.*, p. 301).

Francesa. Morel-Fatio publicó hace más de un siglo una serie de documentos que nos ayudan a comprender mejor algunos de los objetivos que se fijaron, así como la forma en que pensaban llevarlos a cabo. El primero es una carta que envió José Marchena a Charles-François Lebrun a finales de diciembre de 1792, en la que aseguraba estar dispuesto a propagar los principios de la libertad en España y se ofrecía a suministrarle información que podría ser útil en caso de que Francia pensara seriamente hacer la guerra a los Borbones (Morel-Fatio, 1890, p. 73). Concluye el escritor andaluz afirmando que: «Je suis, citoyen ministre, avec toute la sincérité possible, l'ennemi de la servitude de ma patrie» *(ibid.)*. En el texto advierte asimismo adjuntarle un documento que, por conservarse varios ejemplares unidos a la carta original, Morel-Fatio identificó como el panfleto *A la nación española*[16].

También a finales de 1792, casi simultáneamente a la carta anterior, enviaron José Marchena y José Hevia una memoria al ministro Lebrun en la que desarrollaban la misma idea, sólo que con mayor abundancia de detalles. Expresaban de nuevo los españoles su intención de exportar la revolución al otro lado de los Pirineos y, en ese contexto, manifestaban la necesidad de convocar las antiguas Cortes medievales. Se fundaban en dos razones principales. En primer lugar, porque, según había demostrado el ejemplo francés, la utilización de ese antiguo estamento eliminaría resistencias y allanaría el camino a futuros cambios de envergadura. En efecto, la reunión de los Estados Generales en Francia hizo creer al pueblo que se trataba de recuperar antiguas prácticas de gobierno y, de ese modo, disfrazó el proceso revolucionario con una máscara de legitimidad. Lo mismo podía hacerse en España. Obviamente, los auténticos filósofos sabían que eso no era cierto, que los Estados Generales eran corporaciones aristócratas que no tenían nada que ver con la realidad del momento, pero comprendieron la utilidad del recurso y se guardaron muy bien de manifestarlo. La experiencia se encargaría de demostrar que acertaron (Morel-Fatio,

---

[16] Richard HERR asegura que Marchena fue el primero que pintó «con los trazos más agudos y toscos la tradición liberal que surgía» (1964, p. 288). La afirmación puede considerarse correcta, por más que existieran antecedentes que Marchena recoge e integra.

1890, p. 77). Por otra parte, en el caso específico español, no era inteligente imponer ideas que podían percibirse como francesas, ya que, de ser así, los españoles se resistirían a aceptarlas pensando que no merecía la pena «changer d'esclavage» *(ibid.)*. Se trataba de una cuestión de estrategia: si querían propagar con éxito las ideas revolucionarias, debían presentarlas con el disfraz apropiado. Argumentar que se trataba de recuperar antiguas libertades que las dinastías «extranjeras» de los Austrias y los Borbones habían suprimido, cumplía esa función[17].

Estos dos documentos ayudan a entender mejor el planteamiento del panfleto de Marchena titulado *A la nación española*. En él, fingiéndose francés, incita al pueblo español a rebelarse contra la tiranía de sus gobernantes, argumentando que sólo existe un remedio para acabar con el despotismo religioso, y *«este es la convocación de vuestras cortes*. No perdáis un momento, sea *Cortes, Cortes* el clamor universal» (1985, p. 163)[18]. La lucha contra el despotismo, asociado estrechamente con el poder de la Iglesia, se presenta así como un simple regreso a prácticas de gobierno que los Austrias y los Borbones habían suprimido de raíz. Es en este contexto en el que aparecen mencionados los comuneros castellanos, en cuanto defensores de una tradición autóctona que fue destruida por las tendencias absolutistas de Carlos V:

> «Campos de Villalar —continúa Marchena—, sepultasteis acaso con los generosos Héroes defensores de la libertad la energía, y el patriotismo de la Hesperia? Manes de Padilla, y tú grande alma de Doña María Coronel que lloras en la tumba la cobardía de tus descendientes, inspira a los Españoles aquel valor con que defendiste

---

[17] Obviamente, aunque recurrieran a la tradición española, su planteamiento no tenía nada de tradicionalista. Carlos Marx observó que la tendencia a presentar ideas revolucionarias como si se tratara de una mera recuperación de prácticas antiguas de gobierno «fue actitud común a todos los revolucionarios europeos de la primera mitad del siglo XIX» (MARAVALL, 1991, p. 73). Es difícil decidir hasta qué punto se trataba de una estrategia, un convencimiento personal o una mezcla de ambos. Dolores JIMÉNEZ considera que la modernidad de Marchena consiste en pensar que existe «pour chaque pays une voie vers le changement» (1991, p. 33).

[18] En 1808, en cambio, se sentirá obligado Marchena a cambiar de disfraz. En la *Carta de un oficial retirado,* folleto publicado tras la invasión napoleónica, simula ser «un patriota que ha combatido contra los franceses en la guerra del Rosellón y que ahora desea, sobre todo, la salvación de su país» (FROLDI, 2004, p. 136).

en las murallas de Toledo las últimas reliquias de la moribunda libertad» (1985, p. 163).

Dejando de lado que confunde a María Pacheco con María Coronel, el texto de Marchena propone que el auténtico patriotismo sólo puede darse entre hombres libres. La decadencia española (o su pérdida de energías) se origina en la derrota de los comuneros y en la sustitución de una sociedad de hombres libres por otra de esclavos. El absolutismo y la Iglesia son los principales responsables de la situación. El fortalecimiento sólo podrá conseguirse volviendo a las prácticas de gobierno democráticas de la Edad Media.

Pero la propuesta de convocar las antiguas Cortes se asemejaba demasiado a lo acontecido en Francia como para no exigir una explicación. Si Marchena quería obrar en sus lectores el efecto deseado, debía eliminar todo posible paralelismo con unos hechos que no gozaban en España de mucho predicamento. Por supuesto, sabemos que el escritor andaluz, según le decía a Lebrun, se inspiraba en el ejemplo francés para sus planes españoles, pero una cosa era confesarlo a nivel privado y otra reconocerla públicamente. Como Marchena no quería sincerarse, sino captar voluntades, advierte a los posible lectores de *A la nación* que, por más que los ignorantes y los mal intencionados se empeñen en asustar a los timoratos con lo sucedido en Francia, es evidente que «los estados generales de esta nación no tenían reglas fixas ni limites invariables, y vuestras Cortes los tienen, y bien señalados. La Francia necesitaba de una regeneración; la España no necesita más que de una renovación» (1985, p. 163). Según Marchena, eso era bien sabido por todos los familiarizados con la historia española, especialmente por los que habían leído en sus crónicas que las antiguas Cortes de Aragón y Cataluña «eran el mejor modelo de un gobierno justamente contrapesado» *(ibid.)* [19].

Ahora bien, si el objetivo que se proponía el escritor andaluz estaba claro, la procedencia de sus ideas es difícil de establecer. ¿Cómo llegaron a él? Durante mucho tiempo se dio por buena

---

[19] El ministro Lebrun escribió por esas fechas una carta al alcalde de Bayona, advirtiéndole de que «el lenguaje de los franceses regenerados y republicanos no puede todavía ser el de los españoles. Éstos tienen que irse preparando gradualmente a digerir los alimentos sólidos que les preparamos» (MENÉNDEZ PELAYO, 1946, p. 58). La prepotencia del dirigente revolucionario frente a sus vecinos del sur es evidente.

la interpretación ofrecida por Morel-Fatio, en el sentido de que el panfleto de Marchena estaba inspirado por «le fameux *Avis aux Espagnols* de Condorcet» (1890, p. 74)[20]. Pero Richard Herr, analizando la propaganda francesa de la época, asegura de manera convincente que el escrito del español fue anterior al del francés. Hay evidencia documental de que en el mes de octubre de 1792 se intentaron introducir en la Península copias impresas de *A la nación española,* mientras que el *Avis aux Espagnols* no se publicó hasta noviembre de ese año[21]. La influencia, por tanto, de existir, sería en sentido contrario. En cualquier caso, según atestiguan las obras de Forner y Arroyal, que comentamos más arriba, los dos manejan ideas que estaban en aquellos momentos en el aire. Sabemos que Marchena era un ávido lector de todo lo que caía en sus manos y que llegó a Bayona en marzo de 1792. Pudo traer las ideas de España o adquirirlas en Francia mediante lecturas o conversaciones privadas[22]. La obra de Robertson probablemente le influyó de algún modo, directamente o a través de terceros. En un ambiente tan agitado como el de la Francia revolucionaria, la fermentación de todo tipo de proyectos no puede sorprendernos. Es cierto que en España existía un ambiente propicio a la crítica del absolutismo y a la formación del mito comunero, pero el entorno revolucionario francés le proporcionó a Marchena la libertad necesaria para plasmar esas ideas y hacerlas públicas. Sobre todo, porque las dotó de un carácter subversivo que hasta ese momento no habían tenido.

---

[20] MENÉNDEZ PELAYO (1946, p. 41), ARTOLA (1955, p. 482) y OSUNA (1977, p. 180) se limitaron a repetir lo dicho por el erudito francés.

[21] Para un análisis detallado del problema, véase el libro de Richard HERR (1964, pp. 222-233). Franck ALENGRY considera que el *Avis aux Espagnols* y las otras obras con que se imprimió, si bien aparecieron fechadas en 1792, contienen alusiones a acontecimientos recientes que «nous portent à croire qu'elles sont des premiers mois de 1793» (1904, p. 186). Pero su sospecha no es correcta, ya que en España existe una Real Orden de 14 de diciembre de 1792 prohibiendo expresamente su circulación (HERR, 1964, p. 230). En todo caso, el dato nos ayuda a confirmar que el folleto de Condorcet se escribió en las postrimerías del año.

[22] MARAVALL considera que las ideas expuestas en las *Cartas al conde de Lerena* no expresan una mera opinión personal, sino que constatan la existencia «de un sentimiento común» (1991, p. 78). La inspiración de Arroyal, así como la de Forner y Jovellanos, en opinión de HERR, era Mariana: su obra era capaz de inspirar en los lectores «admiración por las Cortes de los diversos reinos de España» (1964, p. 287). Pero la influencia de Robertson en Arroyal parece indudable.

Aunque el sentido general de los textos de Condorcet y Marchena es en apariencia similar, no podemos ignorar que existen entre ellos importantes diferencias. Morel-Fatio ya observó que el manifiesto de Condorcet es frío y racional, limitándose a disertar elegantemente sobre el tema, mientras que el autor español se deja llevar por el entusiasmo y produce un texto más adecuado al objetivo proselitista que persigue (1890, p. 75). Pero aparte del tono, aparece en el *Avis aux Espagnols* un argumento que Marchena no menciona y que más tarde adquirirá un papel fundamental en la formación del mito: la constatación de que Austrias y Borbones no eran realmente españoles, que se trataba de reyes extranjeros más preocupados por sus intereses dinásticos que por el bien general del país. Condorcet insiste en este punto. Según él, no se trataba tan sólo de que los españoles hubieran perdido sus antiguas libertades a causa de la implantación del absolutismo, sino que lo habían hecho a manos de reyes que los habían tratado como a un pueblo conquistado. Ahí estaba la fuente de todos sus males. Lo que urgía hacer, por tanto, era librarse de la dinastía de los Borbones y darse una Constitución en la que el poder se confiara a personas «qui ne puissent avoir un intérêt de famille contraire à celui de la nation» (1804, p. 328).

Con este razonamiento, Condorcet invertía la acusación que se hacía a los revolucionarios franceses de querer imponer en España ideas extrañas a la esencia del país. Según él, esas ideas no eran ni nuevas ni francesas, sino genuinamente españolas. Los que se comportaban como enemigos de la nación no eran los que planteaban que debía recuperar sus libertades primitivas para volver a ser grande, sino los reyes extranjeros que, más pendientes de sus intereses dinásticos que de los del país, habían terminado por conducir el país a la ruina. En este contexto, no es extraño que el nombre de Padilla apareciera unido al de Pelayo, ya que ambos simbolizan la lucha ancestral de la nación contra invasores ambiciosos y sin escrúpulos. Castellanos, aragoneses y catalanes tenían que recuperar su antiguas libertades, porque el pueblo español «est digne de la liberté. Elle est encore l'objet du culte des Catalans; l'Arragon [sic] la regrette; les montagnes où Pelage trouva un asîle, ne l'ont jamais perdue. La Castille elle-même se souvient encore de ses Cortès et des efforts de l'infortuné Padille» (*ibid.*, p. 321).

En 1792, en los balbuceos iniciales del mito, nos encontramos, por tanto, con algunos de sus componentes esenciales. Marchena y Condorcet, partidarios de difundir las ideas revolucionarias en España, y conscientes de que el principal obstáculo para ello era la asociación de esas ideas con Francia, deciden presentarlas como si formaran parte de una tradición nacional perdida. Aquí, sin embargo, se produce entre los dos una diferencia significativa. Mientras que Condorcet enfatiza la procedencia extranjera de los que destruyeron esas libertades (Austrias y Borbones), Marchena ni siquiera se preocupa de mencionar el detalle. La diferencia es tan marcada que no puede considerarse casual. Todo hace pensar, como afirma Richard Herr, que a Condorcet le preocupaba más la amenaza que representaban los Borbones para la Francia revolucionaria que el despotismo que ejercían sobre los españoles (1964, p. 230). Por eso centra su argumentación en demostrar que los verdaderos enemigos del pueblo español no son los revolucionarios franceses, sino sus propios monarcas. Los reyes extranjeros habían arruinado el país porque estaban más centrados en preservar sus intereses dinásticos que en lograr el bienestar de sus súbditos. Así se explica que la decadencia española comenzara precisamente cuando Carlos V derrotó a los comuneros en Villalar. Y después de Castilla, vendrían Aragón y Cataluña. Ése era el estado de cosas que debían invertir y, para hacerlo, era imprescindible rescatar los antiguos fueros medievales. Para fortalecer su planteamiento, Condorcet asocia la empresa con el mito fundacional por excelencia de la nación. En su opinión, al igual que Pelayo se levantó contra la opresión musulmana, Padilla debe servir de ejemplo a los españoles para rebelarse contra los nuevos amos. Padilla era una segundo Pelayo. Aunque hubiera sido derrotado en el campo de batalla, su memoria haría que los españoles recuperaran de nuevo la libertad perdida.

El razonamiento de Condorcet era impecable a nivel teórico y se basaba en datos procedentes de fuentes históricas. En efecto, los cronistas que se ocuparon de la rebelión comunera mencionan como una de sus causas principales el descontento ocasionado en Castilla por la llegada del nuevo rey. No sólo porque hubiera nacido en el extranjero o hablara defectuosamente el castellano, sino porque venía acompañado de un grupo de flamencos que se dedicaron a esquilmar el país. Marchena, sin embargo, aunque conocía sin duda esas fuentes, decidió pasar por alto el dato y presentar la Guerra de las Comunidades como un conflicto civil entre españoles de distintos bandos. Posiblemente comprendió los riesgos que implicaba entrar en ese tipo de acusaciones, cuando, a poco que cambiaran las circunstancias, el argumento podía volverse en su contra. No olvidemos que por esas fechas le había instado al ministro Lebrun a invadir España y se había ofrecido a colaborar. La forma en que se empleará el mito de Pelayo durante la Guerra de la Independencia, equiparando a moros y franceses, confirma que sus temores estaban justificados.

A pesar de los esfuerzos de las autoridades civiles y religiosas por impedirlo, tanto el manifiesto de Condorcet como el de Marchena disfrutaron de una amplia difusión en España. Sabemos que cruzaron la frontera miles de copias y que se confiscaron numerosos ejemplares impresos, no sólo en los puestos fronterizos de la aduana, sino incluso en varias ciudades del interior[23]. Sabemos también que el gobierno español era consciente de que los franceses recurrían a esas ideas para hacer proselitismo y provocar división. Manuel Godoy justifica en sus *Memorias* la firma de la Paz de Basilea de 1795, porque el gobierno temía que los franceses aprovecharan las hostilidades para reavivar tensiones latentes en determinadas áreas del país. España, añade Godoy, sin necesidad de recurrir a lo sucedido al otro lado de los Pirineos, ofrecía peligrosos ejemplos de insubordinación y rebeldía. Bastaba con recordar, en fechas relativamente recientes, las comunidades de Castilla y las germanías de Valencia en tiempos de Carlos V, aparte de las turbaciones sucedidas en Aragón bajo Felipe II, «y los recuerdos dolorosos de sus fueros destruidos bajo aquel reinado» (1908, p. 314). El gobierno sabía que existían en España antiguos resentimientos que podían debilitar el país y que los franceses estaban dispuestos a avivar. Godoy habla también de que la policía interceptó correspondencia que demostraba que el enemigo trabajaba en diversos puntos para ganar

---

[23] Juan Francisco FUENTES considera que el panfleto de Marchena alcanzó una considerable difusión entre los españoles, «que leían con verdadera avidez, según Juan Antonio Llorente, todo lo que venía de la Francia revolucionaria. Los 5.000 ejemplares que, al parecer, componían la edición fueron distribuidos por correo desde Bayona, o bien haciéndolos pasar de mano en mano» (1989, pp. 93-94). Algo similar puede decirse del texto de Condorcet. Sobre este particular, véanse también ANES (1962, p. 284), LÓPEZ (1969, p. 262) y ARTOLA (1955, pp. 476-480).

adeptos[24]. De ese modo, habían logrado que las memorias de los hechos pasados fermentaran «en algunas cabezas y pasaban a proyectos» *(ibid.)*. Evidentemente la propaganda francesa tenía claros sus objetivos y recurría a todo tipo de estrategias para conseguirlos. Presentar a los comuneros como defensores de la primitiva libertad española (frente al absolutismo de los Borbones) era una de ellas.

El primer escritor español que da forma literaria al mito es José Quintana. Albert Dérozier constata que, debido al permiso especial de la Inquisición que poseía su padre, tuvo acceso desde muy joven a libros prohibidos, como la *Historia del reinado del Emperador Carlos V* de Robertson. Según el crítico francés, Quintana era un ávido lector de textos históricos, mostrando un especial interés en todos aquellos relacionados con «l'histoire de l'Aragon et celle de la Castille, dans lesquelles il voit l'explication fondamentale de l'Espagne moderne» (1968, p. 29). Dérozier menciona que formaban parte de su biblioteca los siguientes títulos: *Anales de la Corona de Aragón* de Jerónimo de Zurita, *Historia de España* de Mariana, *Anales de Aragón* de Lupercio Leonardo de Argensola, *Los reyes de Aragón en anales históricos distribuidos* de Pedro Abarca, y *Anales del Reino de Navarra* de Moret y Alesón (*ibid.,* p. 28). En un determinado momento, Quintana expresa también interés por leer la *Historia de Carlos 5º* de Sandoval, y la *Descripción de los sucesos de Zaragoza en tiempo de Antonio Pérez* de Lupercio Leonardo de Argensola. Evidentemente, si ponemos estos datos en relación con las *Cartas* de Arroyal y el *Discurso* de Forner, es posible afirmar que hacia 1790 existía en España una corriente de pensamiento favorable a someter la historia nacional a una revisión profunda, sobre todo en lo relativo al papel interpretado en ella por la Casa de Austria.

La oda «A Juan de Padilla» forma parte de esa actitud. En sus versos no sólo aparecen ideas de Robertson, Sandoval y Zurita, sino que se perciben ecos que apuntan en otra dirección. Porque si se demostrara que Quintana no había leído la propaganda revolucionaria que acabamos de comentar, deberíamos convenir que la semejanza que ofrece su argumentación con la de Condorcet y Marchena es sorprendente. En el poema aparece caracterizado

---

[24] Para los intentos de los revolucionarios franceses de despertar un sentimiento nacionalista anti-español en Cataluña y en el País Vasco, véase DOMERGUE, 1989.

Padilla como un héroe genuino español, el único que, viendo amenazada la libertad de la patria, supo hacer frente a las fuerzas del despotismo y de la opresión. Y se pregunta el narrador: «¿De qué pues nos valieron/ Siete siglos de afán y nuestra sangre/ A torrentes verter? Lanzado en vano/ Fue de Castilla el árabe inclemente,/ Si otro opresor más pérfido y tirano/ Prepara el yugo a su infelice frente» (1946a, p. 3). El paralelismo entre la invasión árabe y la llegada de la dinastía austriaca, si se hubiera mantenido hasta el final, habría producido una argumentación similar a la de Condorcet: Padilla luchó en la Guerra de las Comunidades contra un rey extranjero en defensa de las libertades castellanas, del mismo modo que Pelayo se negó a aceptar la dominación árabe y empezó la empresa de la Reconquista. Sin embargo, Quintana no parece interesado en prolongar esa imagen. Unos versos más adelante, olvidándose del paralelismo que había establecido, presenta el levantamiento comunero como una guerra civil entre hermanos: «¡Haces que nunca combatir debieron!/ Un hábito, una tierra/ Eran, y una su ley, unas sus aras,/ Uno su hablar» (*ibid.*, p. 3). A diferencia de lo sucedido en la Reconquista, ahora no se trata de una empresa de alcance nacional contra un invasor extranjero, sino de una guerra interna en la que se enfrentan dos formas opuestas de entender el gobierno: los campeones de la libertad combaten contra los partidarios del despotismo. En el resto del poema, Quintana desarrolla ideas más en consonancia con las de Marchena que con las de Condorcet. No se volverá a comparar a Padilla con Pelayo, ni siquiera implícitamente. Tampoco se volverá a caracterizar la lucha española contra la tiranía como una guerra de liberación contra opresores extranjeros.

Tras una larga introducción informativa, el narrador cede la palabra a Padilla. El héroe de Villalar afirma que su sangre clama venganza tras un olvido de siglos y reprocha airado a sus paisanos que, en lugar de imitar su ejemplo, hubieran ayudado a los tiranos a extender su dominio por medio mundo. De ese modo se hicieron cómplices de la opresión y denigraron el nombre de España, asociándolo con el despotismo, la rapiña y el crimen. Pero, felizmente, aún tenían ocasión de enmendar su yerro, ya que se estaba produciendo en Europa un movimiento hacia la libertad que prolongaba el de las Comunidades y al que no deberían sustraerse. Las palabras de Padilla son las de un revolucionario. Tras incitar a los españoles a la rebelión, les pregunta si no ven cómo se inflama de furia la tierra a su alrededor para sacudirse la servidumbre (*ibid.*, p. 4). La revolución no tiene adjetivos, no es francesa ni española. La lucha contra la tiranía es universal. Su objetivo final es conseguir que los pueblos sean libres y felices, por lo que los españoles no deben mantenerse al margen. Si quieren ser dignos herederos suyos, deberán levantarse contra los abusos del absolutismo y luchar por esas mismas libertades por las que él luchó. Así conseguirá por fin el héroe comunero saborear su venganza, cuando «en violenta/ Rabia inflamado y devorante saña/ Ruja el león de España,/ Y corra en sangre a sepultar su afrenta./ La espada centelleante arda en su mano,/ Y al verle, sobre el trono/ Pálido tiemble el opresor tirano» (*ibid.*, p. 4).

Entendemos ahora por qué Quintana no estaba interesado en desarrollar el paralelismo entre Padilla y Pelayo, ya que lo que se propone no es presentar la lucha por la libertad como una reacción nacionalista motivada por una invasión extranjera, sino como un conflicto de carácter universal. Más que situar a Padilla en la genealogía de Pelayo, lo convierte en un antecedente de los revolucionarios franceses que acababan de instaurar en Francia un régimen supuestamente basado en las mismas ideas que él defendía. La oda de Quintana refleja las simpatías existentes en la España de 1797 por los sucesos acontecidos en Francia y convierte a Padilla en un revolucionario moderno[25]. Parece tener razón Dérozier cuando afirma que, por aquellos años, en los círculos progresistas de toda Europa se trataba a los reyes de tiranos y se saludaba a los franceses como redentores de la humanidad, con la secreta esperanza de que llevaran pronto a cabo «la démocratisation du monde» (1968, p. 167). Se comprende también, cuando advertimos el mensaje revolucionario del texto, que Quintana no pudiera publicarlo hasta

---

[25] En la proclama *A la nación española* de 1808, aunque sea un documento escrito en representación de la Junta Suprema para incitar a sus paisanos a combatir al invasor, recuerda QUINTANA aquellos tiempos previos a la guerra, en que los españoles, oprimidos y envilecidos, tenían «por menos odiosa la dominación extranjera que la arbitrariedad monstruosa que interiormente os consumía» (1946a, pp. 170-171). Es significativo que Quintana eligiera para su proclama el mismo título del panfleto de Marchena de 1792.

mucho más tarde y que tomara extraordinarias precauciones para leérselo incluso a sus amistades más íntimas[26].

La aparición inicial del mito estaba relacionada, por tanto, en un primer momento con el deseo de introducir en España las ideas revolucionarias francesas. Marchena, Condorcet y Quintana, presentan a Padilla como un héroe castellano, que, confrontado con el intento de Carlos V de implantar una monarquía absoluta, estuvo dispuesto a sacrificar su vida en defensa de la libertad. La causa por la que él luchó se asocia con la Revolución Francesa, pero también con la Edad Media española. Esta doble dimensión se proponía hacer la propuesta más aceptable para los españoles, ya que, si la libertad estaba hondamente enraizada en la tradición nacional, como bien probaba el ejemplo de los comuneros, pelear por ella no implicaba una actitud de ruptura. De lo que se trataría, en consecuencia, no era de crear algo nuevo, sino de rescatar prácticas de gobierno que habían sido erradicadas injustamente por dirigentes sin escrúpulos.

Pero la actitud receptiva frente a la Revolución Francesa que aparece en la oda de Quintana, y que refleja el ambiente general que existía entonces en toda Europa, experimentará un cambio radical a partir de las campañas napoleónicas de principios del siglo XIX. En el caso de España, especialmente, como consecuencia de los trágicos sucesos acaecidos en 1808 y del conflicto bélico que se producirá a continuación[27]. La invasión francesa, vivida ahora no como una formulación teórica o un motivo literario, sino como una realidad sanguinaria y brutal, obligó desde muy pronto a los españoles de ideas progresistas a definir sus posiciones. Los que se inclinaron a colaborar con los franceses, como Marchena, no necesitaron modificar su discurso, ya que el que habían defendido hasta entonces coincidía en líneas generales con la propaganda oficial del emperador. Según el escritor andaluz, si los invasores se disponían a introducir en España todos los cambios que él desde su juventud había deseado, y que esta-

---

[26] Patricio de la Escosura cuenta en *Memorias de un coronel retirado*, que en 1807 leyó Quintana a un grupo de amigos su oda a Padilla a orillas del Manzanares porque no se atrevía a hacerlo en su casa (Dérozier, 1968, p. 170).

[27] La reacción, sin embargo, ya venía de antes. Entre 1803 y 1805 se produce en España un cambio «de la inicial admiración a la modernidad representada por Napoleón hacia los primeros síntomas de temor» (García Cárcel, 2007, p. 60). Véase el *Pelayo* de Quintana.

ba seguro de que redundarían en beneficio de la nación, era absurdo rechazarlos porque los implantara un monarca extranjero[28]. A fin de cuentas, tan franceses eran los Borbones como José Bonaparte. Lo importante era pensar en las mejoras prácticas que experimentaría la sociedad española como consecuencia de esos cambios, no en la identidad del sujeto que los llevara a cabo. Este discurso pragmático, dejando de lado que pudiera estar a veces condicionado por el oportunismo o el miedo (aunque no parece que fuera así en el caso de Marchena), hunde esencialmente sus raíces en el universalismo ilustrado del siglo anterior.

Los que como José Quintana rechazaron la invasión francesa, por el contrario, se encontraron en una posición difícil, ya que, si bien consideraban que las ideas que proponían eran necesarias para transformar el país, comprendían también que ahora se habían cargado de una connotación odiosa[29]. Por supuesto que a lo largo de todo el siglo XVIII habían estado asociadas con Francia, lo que dificultó no poco su aceptación por parte de ciertos grupos, pero ahora se identificaban con el responsable de un acto de agresión que, además de humillar al país, estaba causando el sufrimiento (cuando no la muerte) de millones de compatriotas. La Guerra de la Independencia tenía necesariamente que modificar la percepción de unas ideas que, por válidas que fueran, estaban siendo empleadas por la retórica napoleónica para justificar sus conquistas. En el tomo III de *El Español,* incluye Blanco White la carta de un lector (no sabemos si real) que afirma estar tentado de defender todo aquello que combaten los franceses, incluyendo la Inquisición,

---

[28] Desde las amarguras del exilio, reconoce el liberal Fernández Sardino en 1818 que el rey intruso habría hecho sin duda «menos infeliz la España que Fernando VII. Pero ¿se infiere de aquí que debíamos admitir una dominación extranjera y perder nuestra independencia política? De ninguna manera; pues sin independencia no puede haber libertad» (*El Español Constitucional,* 1818, p. 14). Parecidas reflexiones aparecen en los escritos de otros muchos exiliados.

[29] A lo largo de su producción, QUINTANA deja entrever el desgarramiento de esa doble fidelidad a sus ideas y a su patria. Si en la oda «A Juan de Padilla» simpatiza con la Revolución Francesa, unos años después, en el *Pelayo* (1805), hace decir al protagonista al final de la obra, preludiando la invasión napoleónica, que «si un pueblo insolente allá algún día/ Al carro de su triunfo atar intenta/ La nación que hoy libramos, nuestros nietos/ Su independencia así fuertes defiendan,/ Y la alta gloria y libertad de España/ Con vuestro heroico ejemplo eternas sean» (1946c, p. 73).

sólo por dejar sin razones al tirano que asolaba media Europa. La posición extrema del comunicante le sirve a Blanco para razonar que uno de los peores efectos de la Revolución Francesa había sido provocar desconfianza en principios que la sana filosofía avalaba como buenos. Porque el odio justo que la conducta de esa nación había excitado, continúa Blanco, se había extendido también a sus principios, a sus doctrinas, «y hasta a lo bueno que directa o indirectamente haya hecho» (*El Español,* 1810-1814, III, p. 36).

En este ambiente de odio visceral contra lo francés, el mito de Padilla y los comuneros, si quería ser efectivo, debía transformarse de raíz. A partir de 1808, su significado continuará asociándose con la defensa de las antiguas libertades españolas, pero subrayando ahora un componente xenófobo que, según sabemos, también existió en los sucesos del siglo XVI[30]. Era un componente que Condorcet había especificado en su manifiesto, aunque lo hiciera con un propósito bien distinto. Porque el paralelismo de Padilla no se proyectará ahora sobre la Revolución Francesa, sino sobre los que se oponen a ella. El pueblo español no refleja el comportamiento de los revolucionarios franceses, sino que lucha contra los que dicen defender sus principios. En el otro extremo, Carlos V no se asocia con los actuales monarcas españoles, sino con Napoleón, en cuanto que ambos representan al extranjero opresor que despoja a un pueblo de su libertad. Canga Argüelles lo expresa con claridad en sus *Reflexiones sociales* de 1811. En la introducción afirma que, desde la primera vez que un extranjero ciñó la corona española, el despotismo se esforzó por destruir las libertades patrias y acabó causando la ruina del país. Carlos V humilló a los verdaderos españoles y, con su proceder, abatió las almas fuertes y «preparó a Bonaparte los medios para creerse capaz de esclavizarnos» (1811, p. 6). En la interpretación de Canga Argüelles, la rebelión de Padilla contra Carlos V preludia, con tres siglos de antelación, el levantamiento de los patriotas españoles contra el invasor francés.

La consideración de Carlos V como un monarca extranjero que había destruido las antiguas formas de gobierno de España,

---

[30] Guillermo CARNERO ya observó que durante la Guerra de la Independencia, «la oposición al despotismo, que Padilla representa, adquiere un nuevo sentido, pues a la tiranía interior se une la del agresor extranjero. La extranjería de Carlos V se actualiza en la de Napoleón y José I» (1997, p. 35).

introduciendo el absolutismo en un país acostumbrado a ser libre, estaba muy generalizada en los círculos liberales desde comienzos de la guerra. Por mencionar algunos ejemplos, Martínez Marina denomina a los Austrias «príncipes extranjeros» (1813, I, p. LXII), y Capmany, recordando lo sucedido en la Guerra de las Comunidades, afirma que lo peor que le puede suceder a una nación es que su corona recaiga «en manos de familias extranjeras» (1967, pp. 547-548). Jovellanos critica el proceder del extranjero Carlos V, afirmando que, en la rebelión comunera, los intereses de la nación fueron vencidos «por la intriga y la fuerza» (1846, p. 581), y Blanco White considera en el *Seminario Patriótico* que los problemas de España empezaron cuando «uno de estos caprichosos enlaces de familias, de que pende el bien o la desgracia de naciones enteras, puso el cetro de España en manos de un extranjero, y vino a hacerla herencia de una casa alemana» (1809, p. 153). En *El Español* volverá a tratar el tema, equiparando de nuevo el comportamiento de Carlos V con el de Napoleón (1810-1814, I, p. 8)[31].

Pero la necesidad de enlazar el proyecto liberal con el de los comuneros, distanciándolo de las ideas francesas y presentando a Padilla como el principal baluarte de la libertad del pueblo, se hará aún más acuciante al final del conflicto[32]. Vencido ya Napoleón, y preludiando la vuelta de Fernando VII, los conservadores arreciaron sus ataques contra todos los progresistas (incluyendo los que habían sido hasta ese momento sus aliados), caracterizándolos como meros satélites de los franceses. La sospecha de traición ha-

---

[31] Incluso un afrancesado como Manuel ARJONA, que sufrió prisión por colaborar con José Bonaparte, escribió en 1814 una oda a Padilla en la que establecía una asociación similar. Afirma el poeta: «grata España a venerar empieza/ [...] / Del ciudadano fiero y generoso/ Por quien Castilla fuera reengendrada/ [...] / Murió tu libertad, oh patria mía;/ La Austria altiva te ciñe las cadenas;/ Vengad, cielos, vengad su tiranía» (1917, p. 230).

[32] En el ambiente constitucionalista de las Cortes de Cádiz era ya evidente esta ansiedad. Agustín de ARGÜELLES expresa su temor, en el *Discurso preliminar* a la Constitución, de que la «ignorancia, el error y la malicia alzarán el grito contra este proyecto. Le calificarán de novador, de peligroso, de contrario a los intereses de la Nación y derechos del Rey. Mas sus esfuerzos serán inútiles» (1820, p. 119). Véanse también VILLANUEVA (1996, pp. 274-275) y CAPMANY (1821, pp. IV-V). ÉTIENVRE considera que Capmany estaba empeñado en mostrar a toda Europa que España no necesitaba mendigar a nadie, «y menos aún a la Francia revolucionaria o a la napoleónica, un modelo constitucional» (2001, p. 273).

bría sido especialmente grave en cualquier situación y época, pero ahora, con las atrocidades de la guerra aún recientes, formular una acusación de ese tipo implicaba siniestras intenciones. Los liberales comprendieron el riesgo, como bien prueba el enfrentamiento que mantuvo *La abeja madrileña* con los periódicos conservadores *El Procurador General* y la *Atalaya de La Mancha*. Al empeño de estas dos publicaciones por negar a los liberales su condición de españoles, afirmando que «hablan como los franceses, escriben como los franceses, y aun brindan por la egalité como los franceses» (*El Procurador*, 1814, p. 2), responde *La abeja* invitándoles a que se familiaricen con la historia antigua de España. Si así lo hacen, continúa el articulista, comprobarán que durante la Edad Media se observaron «religiosamente los fueros de la nación, hasta que un rey extranjero (Carlos I) consumó lo que había proyectado su abuelo. La desgraciada batalla de Villalar, perdida por las Comunidades de Castilla en 23 de abril de 1521 forjó nuestras cadenas» (1814, 96, p. 384)[33].

La virulencia del ataque conservador obligó a los liberales a entroncar sus ideas, no ya con los comuneros del siglo XVI, sino con el núcleo mismo de la nación primitiva. Recurren a los mitos fundacionales del pueblo español y, equiparando implícitamente la figura de Padilla con la de Pelayo, remontan los orígenes de la Constitución liberal a los acuerdos pactados que, según esa versión, se habían producido al inicio de la Reconquista[34]. Así, afirma *La abeja madrileña* en el mismo artículo que en Covadonga y Sobrarbe «empezó por primera vez el pacto social de los españoles; pues las leyes de Castilla y Vizcaya, con los fueros de la Navarra y Aragón, componían una Constitución tan sabia y perfecta, cual vemos y admiramos en la promulgada en Cádiz a 19 de marzo de 1812» (1814,

---

[33] Desde su exilio en Londres, lamentará todavía el redactor de *El emigrado observador* en 1828 que el desconocimiento de lo que denomina «la genuina constitución española» hubiera llevado a muchos a asociar las ideas liberales con la Revolución Francesa. Si los españoles hubieran estado más familiarizados con sus antiguas leyes, tal vez se habría podido evitar que el proyecto liberal fuera «mal recibido, porque se creyó, o se hizo creer al mundo, que era resultado de las funestas ideas políticas que han llenado de horrores a la Francia y de sangre a la Europa» (1828, pp. 203-204).

[34] La figura de Pelayo se convirtió para los españoles en «le symbole de la résistance à l'envahisseur» (LARRAZ, 1988, p. 241), si bien también es cierto que durante la guerra eso solía implicar su asociación con actitudes conservadoras.

96 y p. 383)[35]. No había, por tanto, nada nuevo en la legislación reciente, continuaba el articulista, ni consistía en «una invención de los filósofos, como pretenden hacer creer los malvados agentes de Napoleón», sino que se trata de un proyecto que hunde sus raíces en la más genuina tradición nacional (*ibid.*, p. 383). Según puede observarse, Bartolomé Gallardo, el redactor de *La abeja* que escribió estas páginas, no se limitaba a adoptar una posición defensiva, sino que pasaba directamente al ataque. Desmentía los argumentos envenenados de los conservadores y, dando la vuelta a sus acusaciones, presentaba a los liberales como auténticos españoles y a sus difamadores como agentes napoleónicos disfrazados.

Martínez de la Rosa también participó en estas contiendas y compuso una obra literaria que evidencia claramente los nuevos retos que confrontaba el mito. Según confesión propia, *La viuda de Padilla* se representó por primera vez en Cádiz en 1812, aunque no pudiera hacerlo en un teatro convencional debido a la amenaza de las bombas francesas. En la «Advertencia» que antepuso a la obra para su impresión, explica que fueron las especiales circunstancias históricas por las que atravesaba el país en aquel momento las que le aconsejaron centrar su atención en el tema comunero. Cádiz, la población en la que residía, llevaba varios años cercada por un ejército extranjero y, mientras resistía heroicamente el asedio, se había embarcado en plantear reformas políticas de gran alcance (1845c, p. 29). Esos dos hechos, el acoso de la ciudad por un ejército extranjero y la escritura de una nueva Constitución, «llamaron naturalmente mi atención e inclinaron mi ánimo a preferir entre varios asuntos el fin de las Comunidades de Castilla» (*ibid.*). Las palabras de Martínez de la Rosa prueban que interpretaba el levantamiento comunero como un antecedente de la situación que se vivía en España durante la Guerra de la Independencia, sólo que ahora, tres siglos más tarde, el desenlace de la contienda sería como

---

[35] Afirmaciones similares aparecieron con frecuencia en otras muchas publicaciones liberales, tanto de los años anteriores a la restauración absolutista de Fernando VII, como del Trienio Constitucional. Véanse, a modo de ejemplo, el *Semanario patriótico* (1809, pp. 153-154), el *Redactor General de España* (1813-1814, pp. 65-66), *El Cincinato* (1821, p. 8), *La Colmena* (1820, p. 90), la *Alocución patriótica* de GALLARDO (1820, pp. 17-18), *El Eco de Padilla* (1821, p. 51), *El Espectador* (1821-1823, p. 352), la *Minerva Nacional* (1820, pp. 213-215) y *El zurriago* (1821-1823, p. 2).

un espejo invertido de lo que sucedió en aquella época. Napoleón sería derrotado y, con la nueva Constitución, el despotismo iniciado por Carlos V terminaría y la nación recuperaría sus primitivas libertades[36].

Cuando se publicó la obra, para contextualizar la acción dramática y aclarar los móviles que le habían llevado a escribirla, antepuso al texto un tratado informativo titulado *Bosquejo histórico de la guerra de las comunidades*. Insistía en él en presentar a Carlos V como un déspota extranjero que no sólo había nacido y se había criado fuera de España, sino que al llegar al país ni siquiera conocía la lengua de sus vasallos. Además, venía rodeado de ministros flamencos que entraron en el país «como en tierra conquistada» (1845b, p. 31). Confrontados con esa situación humillante, los españoles se vieron obligados a sublevarse en defensa de sus derechos, formando un ejército poderoso que, de no haber estado aquejado de rencillas internas, habría tenido buenas posibilidades de triunfar. Pero el enfrentamiento entre la nobleza y el pueblo debilitó a los sublevados y ocasionó su ruina. Se desaprovechó así una excelente oportunidad de limitar el poder real y crear un régimen constitucional similar al inglés, que, con su carácter pactista y democrático, «nos hubiera ahorrado tres siglos de servidumbre y de desdichas» (*ibid.*, p. 38). El fracaso de las comunidades era aún más doloroso si se consideraba que, según el autor, la nación española había sido la primera «que mostró en Europa tener cabal idea de monarquía templada» (*ibid.*, p. 40).

Es en este marco en el que Martínez de la Rosa quería que se leyera la obra. Teniendo en cuenta los paralelismos que establece en el *Bosquejo,* parece indudable que su interpretación del levantamiento comunero, más que proponerse aclarar lo sucedido en el siglo XVI, respondía a la necesidad de elaborar una propuesta de futuro para España. Al igual que veíamos en Argüelles, le interesaba destacar que las ideas liberales eran verdadera y genuinamente españolas, por más que ciertos observadores superficiales o

---

[36] El éxito de los dramas históricos de Martínez de la Rosa se explica, según FERRI COLL, porque reflejaban «las aspiraciones políticas mayoritarias del público en el momento de su representación» (2010, p. 31). Vicente LLORÉNS ya había observado que *La Viuda de Padilla* «es la peroración de un patriota de los días de Cádiz» (1979, p. 297).

malintencionados se empeñaran en afirmar lo contrario. Bastaba con repasar las crónicas y los libros de historia para comprobar que los fundamentos del sistema democrático no se encontraban en la Francia revolucionaria, sino que constituían una parte esencial del tradicional sistema político español. Era absurdo, por tanto, acusar a los liberales de afrancesados, cuando el país al que pertenecían había sido pionero en Europa en elaborar las bases de la monarquía constitucional. Por otra parte, la insistencia del autor en que la división de la nobleza y el pueblo ocasionó la derrota de los comuneros revela cierta ansiedad frente al papel negativo que podía desempeñar el pueblo en el proyecto de implantación de una monarquía constitucional.

Al final del *Bosquejo,* Martínez de la Rosa incluye un dato que sitúa la obra en el contexto histórico de su tiempo, pero también en una determinada tradición literaria. Su afirmación de que los enemigos de María Pacheco atribuyeron a hechicerías de una esclava el control que logró ejercer sobre el pueblo toledano (1845b, p. 46) hace referencia a la tragedia de García Malo publicada en 1788. La oposición entre los dos textos es tan marcada que Guillermo Carnero considera que la obra de Martínez de la Rosa «es la antítesis de *Doña María Pacheco*» (1997, p. 37). En la tragedia de García Malo, la protagonista se presenta como la principal responsable de la rebelión, actúa instigada por una esclava confidente suya y, cuando considera su causa perdida, no duda en aliarse con los franceses que acaban de invadir Navarra. Frente a este proceder desleal, Pedro López, el padre de Padilla, representa al vasallo fiel que, convencido de que la autoridad real emana de Dios, obedece sin ningún tipo de reservas las órdenes del soberano (1788, p. 150). Al final, Doña María intenta escapar de la ciudad, es descubierta por el pueblo y, contra toda evidencia histórica, encuentra la muerte a manos de aquellos mismos que antes la aclamaban. Pero, antes de morir, aún tiene tiempo para arrepentirse de sus errores y aconsejarle a su hijo que sea fiel a su soberano y nunca se oponga a sus decisiones, aunque las considere injustas. El poder real, como los dogmas de la Iglesia, está más allá de toda comprensión racional, ya que es imposible penetrar «los arcanos de aquel que nos gobierna,/ como que los inspira el justo cielo» (1788, p. 171).

La decisión de Martínez de la Rosa de escribir una obra que tuviera como protagonista a María Pacheco, y no a Juan de Padilla, puede explicarse por su deseo de denunciar la propuesta absolutista de García Malo, pero también porque, en su opinión, el último intento de resistencia de la viuda del dirigente comunero ofrecía indudables paralelismos con la situación de Cádiz en 1812. En los dos casos, un pequeño grupo de patriotas defendía obstinadamente la libertad de la nación frente a un poderoso ejército extranjero, y lo hacían, además, en el estrecho recinto de una ciudad sitiada[37]. En los dos casos, por otra parte, ese comportamiento heroico de los españoles despertaba el recuerdo de antiguas gestas de carácter similar. Para resaltar la legitimidad del levantamiento comunero, y por extensión de la causa liberal de principios del siglo XIX, Martínez de la Rosa decide asociar la rebelión con los mitos fundacionales de la nación. Según María Pacheco, al igual que los cristianos peninsulares lucharon sin tregua durante ocho siglos para liberar el país de los musulmanes, ella estaba dispuesta a luchar hasta el final (y a morir, si fuera necesario) en defensa de esas mismas libertades. Todo menos dejar la patria entregada «a merced de los tiranos» (1845c, p. 56). En la misma línea, cuando sus colaboradores le sugieren que deberían rendirse porque la derrota es inevitable, les recuerda que juraron pelear hasta vencer o morir, imitando, si la suerte les era adversa, el destino trágico de Numancia y Sagunto (*ibid.*, p. 61). Sagunto, Numancia y la Reconquista simbolizaban la resistencia tenaz de los españoles contra invasores extranjeros. La causa liberal no podía entroncar con una mitología más prestigiosa.

Frente a la obstinación de María Pacheco, el antiguo comunero Pedro Laso de la Vega, convencido de que la causa de la libertad no tenía posibilidad alguna de triunfar, decide cambiar de bando y rendir la ciudad al emperador. En la obra de Martínez de la Rosa, a diferencia de lo que vimos en el poema «A Juan de Padilla» de Quintana, no son dos bandos de españoles los que pelean. O no es así como se representan. Se trata ahora, por el contrario, de una guerra nacional en la que un grupo de españoles patriotas confrontan en desigualdad de condiciones la invasión de un ejército extranjero (o asociado con intereses extranjeros). Mendoza lo plantea en estos términos, cuando le dice a la viuda que «codiciosos

---

[37] Véase SECO SERRANO (1962, p. XXVII).

extranjeros» hicieron insufrible el yugo del monarca y provocaron la rebelión[38]. El problema es que los diferentes reinos españoles no comprendieron a tiempo que les unían intereses comunes y, con una actitud suicida, adoptaron frente a la agresión un comportamiento insolidario. Convencido finalmente de que la derrota era inevitable, lamenta Mendoza que «Aragón sumiso/ No ve su ruina, cuando ve los fueros/ de Castilla violados» (1845c, p. 50). Laso, por otra parte, representa a los afrancesados, que comparten ideas con los liberales, pero deciden colaborar con el invasor. Las razones que ofrece para justificar su conducta son similares a las que aducía en su descargo Hormesinda, la hermana del protagonista del *Pelayo* de Quintana, y a las que alegarán los afrancesados al final de la guerra para evitar responsabilidades y eludir represalias. Según Laso de la Vega, la patria debería agradecerle su comportamiento conciliador, ya que, si bien es cierto que pactó con el enemigo (nótese que incluso él identifica la causa de España con la de los comuneros), lo hizo para evitar males mayores. Así, le dice a Mendoza que si mañana no yace en «ruinas la infeliz Toledo,/ A mí lo debe, que la clemencia/ Del vencedor obtuve» (*ibid.*, p. 53).

Al final de la obra, Martínez de la Rosa decide apartarse de la evidencia histórica y dar muerte a la protagonista. García Malo también lo había hecho, sólo que ahora el acontecimiento tendrá una significación muy diferente. En la tragedia de Martínez de la Rosa, María Pacheco muere por su propia mano y en ningún momento se arrepiente de sus actos. Al contrario, presenta el suicidio como una solución numantina que le permite ser coherente y dar ejemplo a las generaciones futuras. Por eso le pide a Mendoza que cuide de su hijo y que grabe «en su pecho/ El amor a sus padres, la memoria/ De su gloriosa muerte, y odio eterno/ A los viles tiranos» (*ibid.*, p. 71). El mensaje de la obra no podía sintetizarse de manera más exacta[39].

---

[38] Las equivalencias establecidas por el autor obligan a cuestionar que en esta obra el conflicto central sea «entre dos bandos que se enfrentan en guerra civil» (Ruiz Ramón, 1979, p. 293).

[39] Sin embargo, Ojeda Escudero propone que el enfrentamiento central no es «entre tiranos y liberales, sino entre los partidarios del diálogo y aquellos que sostienen la rigidez ideológica [...] La autoinmolación de la Viuda parece anunciar el final del mundo heroico» (1997, p. 159). De aceptar esta interpretación, la problemática de la obra sería similar a la de *Abén Humeya*.

Un último elemento de la obra que considero especialmente sugerente es la conflictiva relación de los comuneros con el pueblo. Si en el *Bosquejo,* según apunté, el autor consideraba que la falta de entendimiento entre las distintas clases sociales había provocado el fracaso de la rebelión, aquí el pueblo se presenta como una fuerza inconstante que fácilmente cambia de bando. Laso de la Vega declara varias veces que el vulgo es voluble y que quien confíe en él se expone a dolorosas decepciones. Además, no razona. Por el contrario, recurre a la coacción y a la violencia para conseguir lo que quiere. Es difícil no percibir una alusión a lo sucedido durante la invasión napoleónica en España, cuando Laso afirma que muchos de los que aclaman la rebelión, lo hacen porque el «puñal de la plebe los aterra/ Más que el hierro enemigo» (*ibid.,* p. 63). Aunque la opinión de Laso no puede decirse que sea muy fiable, ya que, en definitiva, también él ha cambiado de bando. Pero la misma María Pacheco, cuando al final de la obra ve que todos se afanan por implorar el perdón del emperador, se distancia orgullosamente de la plebe y desprecia su comportamiento[40]. Frente a la actitud acomodaticia del pueblo, ella reafirma su decisión de morir por la causa en la que cree: «Gozad vosotros del perdón infame;/ Mi libertad hasta el sepulcro llevo» (*ibid.,* p. 72). ¿Se podría interpretar este final como la expresión por parte del autor de una profunda desconfianza hacia el pueblo español como garante de las libertades que le acababa de otorgar la Constitución de 1812? Si así fuera, deberíamos convenir que Carlos V no representa aquí tan sólo a Napoleón, sino que, con cierto sentido profético, preludia también a Fernando VII, el monarca que declarará nula la Constitución liberal a su regreso a España y, aclamado por las masas, instaurará de nuevo el absolutismo.

A nivel temático, *La viuda de Padilla* propone que los liberales conectan con una larga serie de héroes nacionales que lucharon resueltamente por mantener la libertad de la patria, pero la forma neoclásica en que se escribe parecería entrar en conflicto con esa

---

[40] Para Martínez de la Rosa el pueblo español no se merecía a sus héroes, según «se deduce de claras expresiones contenidas en la tragedia» (GONZÁLEZ DE GARAY, 1983, p. 216).

propuesta. Durante la segunda mitad del siglo XVIII, la justificación más repetida por los partidarios del neoclasicismo, frente a los que denunciaban su origen francés, había sido asegurar que se trataba de una estética basada en principios racionales y universales, por lo que, si aceptamos que la razón no conoce fronteras, era absurdo buscarle una filiación nacional concreta[41]. Pero ese argumento universalista era precisamente el que había empleado Napoleón para justificar su invasión, así como el que utilizaban los afrancesados para disculpar su colaboracionismo. Según todos ellos, las medidas racionales propuestas por el nuevo gobierno eran buenas y merecían apoyarse, independientemente de quién las dictara, ya que sería absurdo oponerse por preocupaciones nacionalistas a implantar las mejoras que necesitaba el país.

El respeto que manifiesta Martínez de la Rosa por las normas neoclásicas en *La viuda de Padilla* introduce en la obra una segunda propuesta implícita, superpuesta a la temática, que en cierto modo la contradice. Si la acción plantea que es necesario luchar contra todo tipo de invasores para mantener la independencia del país, el recurso a una estética identificada con Francia percibe el problema en otros términos y le da una solución diferente. No olvidemos que cuando Martínez de la Rosa escribe su obra, el Romanticismo es un movimiento que se extiende por toda Europa, y que una de las razones que justifican su aparición, especialmente en Alemania, es la virulenta actitud nacionalista de una buena parte de sus autores[42]. Frente al pretendido universalismo de las normas neoclásicas, los románticos mantienen que cada país tiene (o debe tener) una estética propia, singular, adecuada a sus tradiciones y enraizada en las particularidades de su carácter. El nacionalismo anti-francés de *La viuda de Padilla,* para ser coherente, habría debido expresarse en una forma menos francesa (o

---

[41] Véase TORRECILLA (2008, pp. 47-72).
[42] Isaiah BERLIN considera que la rebelión alemana contra el materialismo francés se debe a causas intelectuales, pero también sociales. Según él, la sensación de atraso, el convencimiento de ser objeto de la burla y el desprecio de los franceses, «created a sense of collective humiliation, later to turn into indignation and hostility, that sprang from wounded pride. The German reaction at first is to imitate French models, then to turn against them» (2013, p. 231). Sobre este particular, véase también HAZARD (1963, p. 460).

menos «universal») que la neoclásica, más asociada, en definitiva, con la tradición literaria española[43].

Pero el mito comunero no sirve únicamente para probar que la verdadera tradición española es liberal, y, por tanto, para desmentir cualquier conexión del pensamiento progresista con la Francia revolucionaria. Ciertos autores lo emplearon también para reivindicar que, antes de que se produjera la interferencia descaracterizadora de los Austrias y los Borbones, los distintos reinos de España habían tenido cada uno sus fueros característicos, por lo que, si se querían enlazar con los orígenes, era necesario volver a la pluralidad primitiva. La revisión de la historia de España que tiene lugar a principios del siglo XIX no se propone tan sólo desmentir la identificación de lo genuinamente español con el absolutismo, sino también denunciar la monopolización del concepto de España por parte de Castilla. Desde los orígenes del mito, varios autores mantuvieron que las leyes de Aragón eran más «democráticas» y restrictivas del poder real que las castellanas, lo que implicaba efectuar un desplazamiento conceptual significativo y asentar principalmente en esa corona la legitimidad de la España liberal[44]. Marchena lo expresa con claridad en su proclama *A la nación española,* cuando trata de «charlatanes de política» a los que piensan que las ideas que él defiende provienen de Francia, sin haberse preocupado antes de averiguar que «las Cortes de Aragón y de Cataluña eran el mejor modelo de un gobierno justamente contrapesado» (1985, p. 163). En la carta enviada por esas fechas al ministro Lebrun, matiza, en el mismo sentido, que cuando se habla de Cortes en España «il faut distinguer entre celles de Castille, celles d'Aragon, celles de Valence, celles de Catalogne et celles de Navarre [...] La puissance et l'influence des communes était bien plus considerable et l'autorité plus bornée dans la Catalogne que par tout

---

[43] BLANCO WHITE analizó la obra en un artículo publicado en *The London Review* en 1835 y criticó que siguiera las reglas francesas. En su opinión, si hubiera estudiado y comprendido a Shakespeare y a Schiller habría ganado en fuerza y en elevación (1835, p. 89).

[44] ROMERO ALPUENTE advierte en «El grito de la razón», panfleto publicado al principio de la Guerra de la Independencia, que España habría sido más grande si, en vez de dejarse dominar por Castilla, hubiera prevalecido Aragón, si los aragoneses hubieran prestado a Castilla la figura del justicia mayor, así como un gobierno basado en «unas Cortes bien afianzadas [...] a semejanza en todo de los Estados Unidos americanos» (2009, p. 10). Véase también GARCÍA MONERRIS (2001).

ailleurs» (Morel-Fatio, 1890, pp. 77-78). Este tema debió de ocasionar ciertos roces entre castellanos y aragoneses (entendiendo como tales a todos los habitantes de la antigua corona de Aragón), ya que cuando Canga Argüelles publicó sus *Reflexiones* en 1811, se sintió obligado a recomendar a los españoles que se dejaran de disputar sobre si las Cortes castellanas habían sido más o menos perfectas que las de Aragón y Valencia. En su opinión, semejantes discusiones no eran aconsejables en esos momentos, porque sólo podían producir desunión (p. 95).

Con un sentido más integrador, numerosos autores insistieron en señalar que la pérdida de las libertades en España había sido gradual y, a fin de cuentas, afectó a todos los antiguos reinos de la misma manera. Primero se perdieron las libertades castellanas con la derrota de los comuneros, más tarde las de Aragón a manos de Felipe II y, finalmente, las de Cataluña por decreto de Felipe V[45]. En el poema «El panteón del Escorial», escrito por Quintana en 1805, pone el autor en boca de Carlos V las siguientes palabras dirigidas a su hijo:

> «Yo los desastres
> De España comencé y el triste llanto
> Cuando, expirando en Villalar Padilla,
> Morir vio en él su libertad Castilla.
> Tú los seguiste, y con su fiel Lanuza
> Calló Aragón gimiendo. Así arrollados
> Los nobles fueros, las sagradas leyes
> Que eran del pueblo fuerza y energía,
> ¿Quién, insensato, imaginar podría
> Que, en sí abrigando corazón de esclavo,
> Señor gran tiempo el español sería?» (1946a, p. 37).

---

[45] Según Estanislao de Kostka VAYO, España, que era el pueblo más libre de Europa durante la Edad Media, «vio hollada su libertad por el acero conquistador de Carlos I. Extinguiéronla después las hogueras que encendió Felipe II, y uncióla al yugo de la tiranía el primer monarca de la casa de Borbón que aboliendo sus preciosos fueros, rompió el último dique que restaba a la arbitrariedad de los reyes de Castilla» (1842, I, p. 5). Todavía en 1907 hará el diputado catalán Vallès i Ribot una asociación similar, cuando recuerde que «antes de que quemasen en la plaza pública por mano de verdugo los fueros de Cataluña ya habían sido sacrificados los comuneros de Castilla y había rodado por las gradas del cadalso la cabeza de Lanuza» (BERZAL DE LA ROSA, 2008, p. 269).

La recuperación de la energía española exigía, por tanto, reinstaurar la libertad perdida. Pero esa libertad estaba representada por unos fueros y unas prácticas que, como se encargaron de señalar algunos, diferían marcadamente en cada uno de los reinos medievales. La regeneración del país implicaba restablecer la libertad antigua, pero sobre cómo hacerlo se produjeron importantes divergencias. Ciertos autores propusieron la recuperación de los fueros medievales en general, como si todos fueran esencialmente iguales, poniendo énfasis en su carácter democrático. Otros, en cambio, sobre todo de la antigua corona de Aragón, consideraron que la pluralidad era tan importante como la democracia, ya que en ambos pilares se asentaba la energía y la grandeza de la nación[46]. Se explica así el interés de aragoneses y catalanes por el tema de las comunidades de Castilla, y su participación en la elaboración del mito, ya que, de manera paradójica, esa temática primordialmente castellana servía para resaltar la idea de una España plural. La misma idea que había sido vencida en la Guerra de Sucesión[47].

En ese contexto, algunos de los autores preocupados por redactar una nueva Constitución liberal para España a principios del siglo XIX rescataron el pensamiento austracista del siglo anterior, pero, al hacerlo, le dieron una significación nueva y lo integraron en una problemática diferente. Así sucede con el uso que hizo Martínez Marina de los escritos de Juan Amor de Soria, un noble aragonés que tuvo que salir de España tras la derrota de la causa del archiduque Carlos y que, durante su exilio en la capital austriaca, escribió la *Enfermedad chrónica, y peligrosa de los Reynos de España*

---

[46] En su ensayo sobre «Víctor Balaguer», de 1880, afirma Rafael GINARD DE LA ROSA que «la primera dinastía extranjera, la de Austria, había dado fin á las libertades de Castilla y de Aragón; la segunda dinastía, también extranjera, la de Borbón, acababa de avasallar á la libre Cataluña [...] Y con la uniformidad viene la decadencia» (1915, p. 5).

[47] BALFOUR y QUIROGA observan que, a diferencia de Francia, en España el pensamiento liberal más progresivo ha favorecido «regional devolution, thus bringing together the idea of democracy and decentralization» (2007, p. 20). La asociación debe entenderse en el contexto histórico español de principios del siglo XIX, cuando, con los Borbones en el poder, absolutismo y centralización se consideraban estrechamente relacionados. En la Francia del siglo XIX, por el contrario, tras la experiencia revolucionaria, la uniformidad se asocia con el pensamiento progresista de los jacobinos, mientras que el regionalismo de los girondinos se considera reaccionario (al igual, por cierto, que lo será el carlismo en España).

y de Indias. Analizando los males que padecía España, Amor de Soria había considerado que una de las principales causas de su decadencia era la derogación por parte de monarcas extranjeros de las antiguas leyes fundamentales de la nación. Entre ellas, no sólo se encontraban leyes generales que aplicaban a todos por igual, sino también fueros específicos que concernían a «las provincias según las costumbres, y privilegios de cada reino, provincia, ducado, señorío, o ciudad de la monarquía» (2010, pp. 206-207). El levantamiento contra Carlos V, según el noble aragonés, se debió a las mismas causas y produjo los mismos efectos que la revuelta de Cataluña de 1640 y la guerra civil entre austracistas y borbones a principios del siglo XVIII. La derrota de los comuneros en Villalar, así como el ajusticiamiento de Lanuza por Felipe II y la victoria de los Borbones siglo y medio más tarde habían significado la paulatina supresión de los fueros característicos de cada reino y la imposición de una uniformidad artificial, ajena a España, que provocó a la larga su ruina (*ibid.,* pp. 220-224). Porque en el respeto a la diversidad residía la fuerza de la nación. Según puede observarse, la preocupación esencial de Soria consistía en restaurar los fueros primitivos de los distintos reinos peninsulares y, por tanto, una pluralidad original que, en su opinión, había sido la raíz de su grandeza.

Martínez Marina consultó la obra de Amor de Soria para su *Teoría de las Cortes,* pero, como advierte Ernest Lluch, quien lea los párrafos que le dedicó al político aragonés difícilmente podrá concluir que nos encontramos frente a un partidario «decidido de la España compuesta que incluso los Austrias habían eclipsado algo» (2010, p. 15). Cuando Martínez Marina cita al austracista aragonés, la preocupación que le mueve no tiene nada que ver con el respeto a las diferentes identidades que configuran el país. Lo que le interesa es insistir en la libertad original de la nación. Además, interpreta el concepto de libertad en un sentido moderno que no existía en Soria. Sin embargo, otros autores, como veremos, al analizar la figura de los comuneros, filtran el pensamiento de Amor de Soria por el de Martínez Marina, otorgándoles una significación nueva. Según ellos, Padilla y sus compañeros representan la defensa de una España democrática, pero también plural, asociando estrechamente democracia y pluralidad.

El deseo de discutir a Castilla el monopolio que ejercía del imaginario de la nación se refleja en el afán de numerosos autores por especificar que la Reconquista no se había iniciado tan sólo en Asturias, sino que existió un segundo foco en los Pirineos. El valenciano Jaime Villanueva refleja muy bien este afán revisionista en varios artículos que publicó en 1824, durante su exilio en Londres, bajo el título «Apuntes para la historia antigua de España». Critica en ellos Villanueva que los historiadores españoles mencionen únicamente a Pelayo como el iniciador de la Reconquista, cuando estaba probado documentalmente que por esa misma época existía en «otro punto de España un príncipe de la misma sangre, que con más o menos felicidad acometió esa misma empresa» (*Ocios,* I, p. 223). La preocupación por especificar que se trataba de un príncipe de la misma sangre revela el deseo de colocar Aragón en un plano de igualdad con Castilla. Según Villanueva, ambos focos concurrieron simultáneamente a contener el ímpetu de los invasores, ya que las fragosidades de los Pirineos orientales ofrecían a los godos un refugio tan inaccesible como el de las montañas de Asturias. Desde allí pudieron contener a los musulmanes «en sus sangrientas correrías, siendo capitaneados por alguno de la familia real, que acababa de perder su trono en la desgraciada batalla de Guadalete» (*ibid.,* p. 223).

Pero lo que Villanueva plantea como un inédito proyecto revisionista no se podía considerar nuevo por esos años. El autor valenciano no podía ignorar que ideas similares habían sido formuladas en detalle por varios autores españoles, sobre todo teniendo en cuenta que algunos de ellos le acompañaban en el exilio. Por ejemplo, en un artículo de 1810 sobre las antiguas Cortes de Aragón, afirmaba Blanco White en *El Español* que, poco después de que se produjera la invasión musulmana, aparecieron en las montañas de Navarra y de Aragón grupos armados de godos que acosaban «a sus enemigos con no menos esfuerzo que los sucesores de Pelayo» (I, p. 228)[48]. Además, continuaba, si en hechos de armas igualaron a los castellanos, les excedieron en amor a la libertad y en promo-

---

[48] Este revisionismo histórico aparece también en el teatro, aunque no necesariamente en obras de tendencia liberal. LARRAZ menciona la representación a finales de 1808 en Madrid de la obra de Zavala y Zamora, *Aragón restaurado por el valor de sus hijos,* donde el protagonista «essaie de prouver que la province d'Aragon n'est pas moins glorieuse que celle des Asturies» (1988, p. 247). Afirma Garci-Ximénez que si «en Asturias/ hay un Pelayo aguerrido/ y christiano, que animando/ sus deudos y sus

ver los medios para conservarla, hasta el punto de que, de haberse encontrado en circunstancias históricas similares a las de Inglaterra, habrían «llegado a tener una constitución muy semejante a la que esta goza» (*ibid.*, p. 229). Canga Argüelles en 1811 (p. 6), Bartolomé Gallardo en 1814 (*La abeja,* p. 383) y Juan Antonio Llorente en 1820 mencionan todos asimismo el nombre de Sobrarbe, junto con el de Covadonga, como los dos focos principales en los que se inició la Reconquista[49]. Llorente llega incluso a mantener, un poco en la línea de lo que afirmaba Blanco White, que los cristianos de la parte oriental de la Península crearon en los Pirineos «un gobierno mixto, mitad república y mitad monarquía, lleno de sabiduría y de previsión; y esto por los años de 734, cuando la Europa se hallaba envuelta en la más grosera ignorancia» (1820, p. 213). La «monarquía constitucional» fundada en Sobrarbe, según Llorente, habría dado origen con el tiempo a los reinos de Aragón y Navarra, la otra parte de la Península que, junto con Castilla y León, había formado España (*ibid.*, 215).

Sólo de este modo, considerando el levantamiento de las comunidades como un precedente de la lucha de los aragoneses por sus fueros, puede entenderse el interés que manifestaron por el tema ciertos autores asociados con el nacimiento de una conciencia nacional catalana. Pero al tratar el mito, lo integran en un sistema de valores diferente y modifican radicalmente su significado. Los comuneros no sólo representan para ellos la primitiva España democrática, sino también, y sobre todo, la España plural destruida por la ambición de Castilla. El primero de ellos, Antonio Puigblanch, participó activamente en los sucesos del Trienio Liberal, por lo que, tras la intervención de la Triple Alianza, se vio obligado, como tantos otros, a exiliarse en Londres. La mayor parte de su producción

---

amigos/ sólo a impulsos de su fe/ lidie y venza el enemigo/ de Dios, no en Aragón, centro/ glorioso del Christianismo/ falte otro noble Pelayo» (*ibid.*).

[49] También el conde de Toreno unirá ambos nombres en su *Historia del levantamiento, guerra y revolución de España.* Según él, los liberales en Cádiz durante la Guerra de la Independencia, al igual que los cristianos españoles en Covadonga y Sobrarbe, «con una mano defendían impávidos la independencia de la nación, y con la otra empezaron a levantar, bajo nueva forma, sus abatidas, libres y antiguas instituciones» (1953, p. 286). La fuente de todos ellos, como menciona Blanco White, posiblemente se encuentre en Mariana y Zurita.

está en castellano, pero eligió el catalán para escribir un poema titulado *Les Comunitats de Castella,* compuesto posiblemente antes del exilio, del que sólo se conservan algunos fragmentos sueltos. En la introducción, interpreta la rebelión comunera contra Carlos V como un antecedente de las luchas entre liberales y conservadores de principios del siglo XIX, un poco en la línea de lo que habían hecho otros escritores, pero estableciendo asociaciones que proyectan el mito sobre una problemática diferente.

Capmany había elaborado en 1809 un informe, enviado a la comisión de las Cortes, en el que consideraba que la derrota de los comuneros por Carlos V era un antecedente de la supresión de los fueros catalanes por Felipe V y, en último término, de la invasión napoleónica. Pero lo que le interesaba a Capmany era resaltar el carácter democrático de la España antigua, desmintiendo a los que, haciendo el juego al enemigo, asociaban el sistema constitucional con la Revolución Francesa. En las actas de las Cortes de Aragón aparecían ya, en su opinión, los conceptos «de Patria, de pueblo, de Nación, de Constitución, de libertad, nombres que jamás pronunciaron ni las leyes, ni los legisladores en las Cortes castellanas» (1967, p. 549). El antecedente de la España que se estaba fraguando en Cádiz no era, por tanto, la Francia revolucionaria, sino Aragón. Y ese reino representaba mejor que Castilla el espíritu de la España primitiva.

En Puigblanch, en cambio, se establece una conexión entre los comuneros castellanos y la lengua catalana que puede parecer paradójica, pero no irrelevante. El autor canta la desgraciada batalla de Villalar, en la que «los patriotas» españoles fueron vencidos por «los realistas» de Carlos V. Pero, para hacerlo, decide recurrir al «lemosín», una mina poco explotada últimamente, aunque muy rica, de la que él se propone extraer el oro más fino (1968, p. 108). Y procede acto seguido a exaltar su grandeza pasada, estrechamente ligada a las hazañas medievales de la antigua Corona de Aragón. Vuelve su vista a la Edad Media y recuerda con nostalgia la energía de Cataluña, cuando extendió su poder y su lengua por el Mediterráneo:

> «Llenguatge és tal, aquest, que del mateix usaren,
> del francès Carlo Magno los cortesans complots,
> i els destres catalans amb ell se gloriaren,

que del Jònic solcant, i de l'Egeu, los flots,
duenyos foren d'Atenes, prole del que donaren,
recordant de la pàtria los *carinyosos* mots,
de riu Segre lo nom a los sicans feacs,
i de l'Ebre, al que banya los camps fèrtils dels tracs»
(*ibid.*, pp. 108-109, cursivas en original).

La pérdida de las antiguas libertades castellanas en Villalar, asunto central del poema, le lleva a recordar otra pérdida para él más dolorosa, la de los fueros de Cataluña, que interpreta como el origen de la lamentable decadencia de esa región. Los comuneros siguen representando la España primitiva en general, pero también, de manera más específica, la Cataluña antigua. En el poema se percibe con claridad un embrionario nacionalismo local, que se manifiesta muy preocupado por la identidad y por la importancia de Cataluña. De hecho, Víctor Balaguer consideraba que Puigblanch había sido el primero en dar vida literaria a la lengua catalana en el siglo XIX, añadiendo, en clara alusión a Aribau, «que fou atribuïda a altres poetes la glòria que sols Puigblanch havia merescut» (Montoliu, 1962, p. 81).

El mismo Víctor Balaguer, autor de «la primera historia de Cataluña propiamente dicha» (Anguera, 1998, p. 86), publicaría en 1847 una obra titulada *Juan de Padilla,* en la que el protagonista se presenta como un auténtico patriota que defiende las libertades nacionales y se niega a dejarse dominar por extranjeros (1847, pp. 6-7). La obra reproduce los detalles esenciales de la rebelión comunera, pero introduce en el esquema argumental algunas novedades que considero significativas. En primer lugar, la acción no se articula sólo en torno a la figura de Padilla y sus compañeros (o de María Pacheco, como hiciera Martínez de la Rosa), sino que otorga una importancia fundamental al papel del traidor. Pedro Girón compite con Pacheco por conseguir el amor de María y cuando ella lo rechaza, reacciona airado y jura vengarse. Simula ser del bando comunero, acusa a Padilla de traicionar la causa del pueblo y convence a la reina Juana para que le nombre caudillo de la Liga. Pero quien conspira contra los intereses de los sublevados es él, que se pone de acuerdo con el conde Haro y abre a los partidarios del absolutismo las puertas de Tordesillas. La forma en que el autor caracteriza a Girón es muy significativa. Porque no sólo le otorga los rasgos convencionales del traidor (es malvado, embustero, vende a sus compañeros), sino que añade una característica que le singulariza y dota a su figura de un significado concreto. Aparece en escena, fanfarrón y petulante, afirmando con lenguaje calderoniano: «Hidalgo soy y español,/ y es tan alta mi hidalguía,/ que a ser más alta podría/ celos dar al mismo sol» (*ibid.,* p. 3). Todo hace pensar que Balaguer quiso representar en él a los castellanos del siglo XVII, esos «españoles degradados» (si se me permite expresarlo así), que, según las teorías generalmente aceptadas en ese momento, habían sido seducidos por el proyecto absolutista de los monarcas extranjeros y, colaborando estrechamente con ellos, eliminaron las libertades en todo el país. Su traición debe entenderse, por tanto, no meramente a nivel individual, sino también colectivo. Girón representa a los castellanos que, traicionando las bases democráticas de la España primitiva, han extendido el absolutismo más allá de sus fronteras.

En este sentido, en el otro extremo del arco, la figura de Padilla simboliza la lucha de España por sus libertades primitivas contra el absolutismo extranjero, pero también (lo que no deja de ser paradójico) la resistencia de Cataluña a la invasión castellana. Varias veces se repite en la obra la consideración de que los rebeldes luchan por sus fueros y por sus libertades, caracterizando a los realistas como invasores venidos de fuera. La reina Juana se lamenta de «ver la patria humillada/ por extranjera nación» (*ibid.,* p. 12), y Maldonado habla de la «prole de inmundos extranjeros/ que manchan con sus huellas nuestros campos» (*ibid.,* p. 7). Padilla, por su parte, condena a «la chusma extranjera» (*ibid.,* p. 6) y arenga a sus compañeros sublevados, proponiéndoles: «Ya no más nobleza extraña/ sin bienes, patria, ni hogar,/ ha de venir a poblar/ nuestros lugares de España» (*ibid.,* p. 9). La obra parecería presentar, en un nivel superficial, un planteamiento similar al de *La viuda de Padilla* de Martínez de la Rosa. Pero teniendo en cuenta la caracterización de Girón como representante de la España imperial, es posible inferir asimismo una referencia implícita al dominio de Cataluña por los castellanos.

De hecho, en otros muchos de sus escritos manifiesta Balaguer estar atormentado por la constatación de que Cataluña no sólo había perdido sus libertades primitivas, y con ellas su antigua grandeza, sino que estaba en grave peligro de perder su identidad. Para comprobarlo, basta repasar algunas de sus composiciones poéticas, como *El guante del degollado* y *Las cuatro barras de sangre,* así como *Vox in deserto?,* o las reflexiones históricas que efectúa en los ensayos de *La libertad constitucional*[50]. En el Prólogo a esta última obra, escrito en 1857, afirma que «muchas de las desgracias políticas de nuestra España contemporánea han provenido de no haber sabido comprender el verdadero espíritu nacional, que es en España, y téngase muy presente, una nacionalidad compuesta de diversas nacionalidades» (1858, p. 218). El interés de Puigblanch y Balaguer por los comuneros está indudablemente motivado por su deseo de reivindicar la primitiva libertad española, pero asimismo, y sobre todo, por su voluntad de rescatar una pluralidad intrínseca que las dinastías de los Austrias y los Borbones (con la decisiva colaboración de Castilla) se habían esforzado en destruir[51].

Lanuza del duque de Rivas parecería inscribirse en la misma línea, pero, analizada en profundidad, demuestra poseer un carácter diferente. Como otros muchos liberales, también Rivas creía que los antiguos reinos de la corona de Aragón representaban mejor que Castilla la tradición democrática con la que los liberales deseaban conectar, pero no lo hace para reivindicar la pluralidad de la España primitiva, sino para encarnar en esa región el pensamiento liberal. Los dos usos parecen similares, pero no deben confundirse, ya que responden a objetivos dispares.

Ángel Saavedra (quien más tarde se convertiría en duque de Rivas a la muerte de su hermano) era por aquel entonces un joven diputado a Cortes que había participado en la Guerra de la Independencia contra Napoleón y que, junto a su amigo Alcalá Galiano, se significó en el Trienio Liberal por sus ideas progresistas. Como

---

[50] En *El guante del degollado,* proyectando la situación de Cataluña sobre Sicilia, lamenta el protagonista que «Hollada y sierva,/ hoy a aquel perteneces que te dicta/ tirana ley en lengua que no entiendes./ Hoy no eres tuya ya. ¿Tuvo el esclavo/ algo suyo jamás? [...] Nunca. Ni patria./ Hunde tu frente, húndela en el polvo,/ hija de perdición, tierra maldita» (BALAGUER, 1915, p. 99). Y en *Vox in deserto?,* interpela el poeta a Cataluña, reprochándole: «¿Y tu n'ets aquell poble de l'esplendent història?/ ¡Oh rassa miserable ¡com Dèu t'ha condemnat!/ [...] / ¡Vergonya! ¡Ni sisquera la lléngua de tos pares/ per plorar t'han deixat!» (BALAGUER, 1868, p. 4).

[51] Analizando la rebelión comunera, considera PUIGBLANCH que sería muy diferente «hoy la suerte de la España, si se hubiera llevado a cabo la sabia reforma de gobierno que se propusieron las Comunidades de Castilla» (1828, I, p. 163). Pero, tras la derrota de los comuneros, los castellanos se habían dejado finalmente seducir por el absolutismo y, en su opinión, eran ellos los responsables de que Cataluña hubiera perdido sus libertades (*ibid.,* I, p. CXXII).

consecuencia de su actuación en los acontecimientos que culminaron con el traslado de Fernando VII a Cádiz, fue condenado a muerte en 1823 y se vio obligado a exiliarse. Precisamente en un breve intervalo de su actividad política, durante un viaje a Córdoba en el verano de 1822, compuso la tragedia que nos ocupa, que sería estrenada en el Teatro de la Cruz de Madrid en diciembre de 1822. Las turbulencias que vivía la capital de España en esos momentos ocasionaron que, en la representación de la obra, se relegaran los factores estéticos a un segundo término, por lo que la acogida favorable que recibió (tal vez sería exagerado utilizar la palabra éxito) debería achacarse más a las ideas liberales que en ella se defendían que a su dudosa calidad literaria. Afirma Jorge Campos que el público que asistió al estreno acogió con entusiasmo «situaciones y tiradas de versos que podían aplicarse al momento en que se estaba viviendo» (1957, p. XXXII)[52].

Sus contemporáneos entendieron que la acción central de la tragedia, además de reflejar los acontecimientos históricos que motivaron la ejecución del justicia de Aragón a finales del siglo XVI, contenía una referencia implícita a la situación política que vivía España a principios del XIX. En *El Indicador* del 30 de diciembre de 1822 apareció una reseña de la obra en la que se consideraba que el argumento de *Lanuza* interesaba a los españoles del momento, no sólo porque narraba sucesos que habían provocado «la ruina de la Constitución» de un reino insigne, sino porque ayudaba a descubrir la relación existente entre «aquellos graves acontecimientos y los del día» (p. 1099). A ese respecto, el trágico fin de Lanuza advertía sobre los grandes sacrificios que debían estar dispuestos todos a realizar para preservar la libertad de la patria. Ejemplificaba también la determinación con que los buenos españoles se debían preparar a morir por ella, en caso de que la situación lo requiriera *(ibid.)*.

---

[52] Las revistas de aquellos años revelan la existencia de una inevitable politización de la escena. *La colmena* del 9 de mayo de 1820 informa de la representación en el Teatro de la Cruz de la *Entrada de Riego en Sevilla* y advierte que la obra «abunda de sentimientos patrióticos, y mereció muchos aplausos, dejándose conocer en los transportes de alegría que a competencia manifestaban los espectadores, cual es el espíritu general y entusiasmo del pueblo por las nuevas instituciones» (p. 136). Véase también ROMERO FERRER (2006, pp. 508-510).

La obra puede considerarse una modalidad del tema comunero (se escenifica la pérdida de la libertad española, sólo que ahora centrándose en Aragón), pero, si la comparamos con *La viuda de Padilla,* encontramos significativas diferencias. En primer lugar, aunque el protagonista se considera heredero de Padilla y, como él, conecta con los héroes de Sagunto y Numancia, sus referencias a la Reconquista son más específicas que en la obra de Martínez de la Rosa. María Pacheco decía seguir el ejemplo de los cristianos que lucharon durante ocho siglos para expulsar a los musulmanes de España, implicando que el amor por la libertad de los antiguos españoles era firme en la adversidad. Pero Lanuza, cuando habla de defender la libertad, se refiere concretamente a la aragonesa, a «la libertad y los derechos/ que, de la patria impenetrable escudo,/ fundaron nuestros ínclitos abuelos/ cuando en Sobrarbe, en su constancia heroica,/ la furia se estrelló del sarraceno» (RIVAS, 1957d, p. 93). No habla de Covadonga, ni siquiera se refiere vagamente a la contienda común que mantuvieron los españoles contra los musulmanes, sino que menciona el nombre concreto de Sobrarbe. Aunque asegure luchar por la patria común española, su empresa es específicamente aragonesa y los fueros por los que lucha son los de ese reino. Aragón ha pasado aquí, por tanto, a representar a la España más genuina.

A este respecto es significativo que la lucha se caracterice no como un levantamiento contra opresores extranjeros, sino como una guerra civil. Las familias de los Lanuza y los Vargas, los jefes de los dos bandos enfrentados, están unidas desde antiguo por estrechas relaciones de amistad y, cuando se producen los hechos, la relación está a punto de culminar en el matrimonio entre el protagonista y la hija de Vargas. Lara habla de una guerra entre españoles y Lanuza se manifiesta dispuesto a negociar con el enemigo si con ello puede evitar la guerra y salvar las leyes de Aragón sin derramamiento de sangre (*ibid.,* p. 100). Poco después insiste en ello. Si el rey accede a respetar los fueros y las libertades de Aragón, está dispuesto a finalizar el conflicto y a que Felipe II vuelva a ser «nuestro monarca,/ y no haya más discordia entre españoles» (*ibid.,* p. 102). Nos encontramos, por tanto, frente a una guerra civil que enfrenta a partidarios de dos formas opuestas de entender el gobierno. Pero no sólo eso. A diferencia del conflicto que aparecía en *La viuda de Padilla,* aquí también la lucha se territorializa, sólo que de una manera peculiar. Es una guerra civil, pero que enfrenta a castellanos y aragoneses, una guerra, por tanto, que tiene más en común con la Guerra de Sucesión del siglo XVIII que con la rebelión comunera del siglo XVI o con la Guerra de la Independencia de principios del XIX. Lanuza lo expresa de manera muy clara. Dirigiéndose a los diputados aragoneses, lamenta que los tercios castellanos que se dirigen contra ellos desacrediten el pendón morado comunero y olviden las cadenas que los esclavizan (*ibid.,* p. 102). Poco después, cuando comprueba que Vargas sólo está dispuesto a negociar su rendición, confiesa haber accedido a hablar con él porque creía que los castellanos aún conservaban el espíritu de Padilla y estaban dispuestos a establecer una alianza contra los Austrias (*ibid.,* p. 104).

El reproche que hacía Mendoza a los aragoneses en *La viuda de Padilla,* de no comprender que la Guerra de las Comunidades los afectaba también a ellos, prueba aquí estar bien fundado. Los castellanos sometidos por Carlos V parecen haber olvidado sus antiguas libertades y contribuyen ahora a extender la tiranía por toda España[53]. El mito adquiere así otra dimensión y otras implicaciones: del mismo modo que los aragoneses deberían haber comprendido que la causa de los comuneros era también la suya, por estar en juego la libertad española, los castellanos tendrían que darse cuenta de que la causa que defienden, y que de hecho representan, es ajena a los intereses generales de la nación[54]. Castilla, el primer reino español en el que las libertades españolas fueron suprimidas, ha pasado ahora a interiorizar la tiranía que le fue impuesta y a mantenerla por la fuerza de las armas. Frente a ella, Aragón simboliza esa España primitiva, amante de sus fueros, que las dinastías extranjeras se han esforzado por destruir y que los liberales quieren recuperar[55].

---

[53] Esta idea se convertirá en un lugar común de la ideología liberal española (especialmente la catalana). PI I MARGALL la reiterará medio siglo más tarde, cuando afirme que Castilla fue «entre las naciones de España la primera que perdió sus libertades: las perdió en Villalar bajo el primer rey de la casa de Austria. Esclava, sirvió de instrumento para destruir las de los otros pueblos: acabó con las de Aragón y las de Cataluña bajo el primero de los Borbones» (1877, p. 233).

[54] Al final de la obra, Vargas se lamenta de las consecuencias de su actuación: «¡Infelice de mí!... ¡Destino horrendo!/ Del que a servir a la opresión se presta,/ éste es el galardón, éste es el premio;/ ver la heroica virtud en el cadalso,/ y a la inocencia hundida en el despecho» (RIVAS, 1957d, p. 122).

[55] Según BALAGUER, los catalanes tenían ya Cortes «en el siglo XI, es decir, un siglo antes que las tuviese Castilla, dos siglos antes que las tuviese Inglaterra» (1858,

Aragón, no Castilla, se convierte para los liberales en el verdadero representante de la España tradicional.

Pero si el duque de Rivas defiende la libertad española a nivel temático, en el plano formal, al igual que vimos que sucedía con Martínez de la Rosa, no puede decirse que haga lo mismo. Ambos incurren en una contradicción entre contenido y forma, común a muchos otros escritores progresistas, que el conservador Böhl de Faber se encargó de poner de manifiesto para desacreditar a sus adversarios. Cuando el duque de Rivas escribió *Lanuza,* ya se había producido la denominada «polémica calderoniana» sobre el teatro barroco, que, como es sabido, enfrentó a Mora y Alcalá Galiano con el erudito alemán. Las razones que daban los españoles para defender la normativa clásica prueban que esa estética era para ellos superior a la del teatro español de la época áurea, por más que, como denunciaba una y otra vez su adversario, el neoclasicismo se asociara con la tradición dramática del país vecino. Es cierto que a juicio de Mora y Galiano no se trataba de una estética de procedencia francesa, sino de carácter racional (o universal), y eso era lo que, en su opinión, justificaba su superioridad sobre cualquier otra. Contestando a los ataques de Böhl de Faber, que acusaba a los españoles de estar dominados por ideas francesas (como lo habían estado hasta hacía poco los alemanes), afirmaba Alcalá Galiano con ironía en un artículo de la *Crónica científica y literaria* del 21 de julio de 1818, que estaba pensando aliarse con los críticos germanos y declarar la guerra a las literaturas clásicas, especialmente la latina y la francesa, «a las cuales miraremos con un rencor parecido al que profesan los pobres a los ricos» (p. 4). Y prosigue unas líneas más adelante, en el mismo tono burlón, que se propone adular las preocupaciones vulgares y señalar como malos españoles a todos los que no ensalcen los escritos de Góngora y Calderón, así como «a los que prefieran la columnata de la plaza de S. Pedro de Roma, o (lo que es peor) la fachada del Louvre en París a la de S. Sebastián

---

p. 122). Era absurdo, por tanto, según Juan CORTADA, que los españoles quisieran imitar el modelo constitucional inglés sin haberse parado a considerar «el antiguo y perfectísimo gobierno representativo de Cataluña, pues nos parece que siempre que los modelos que quieran citarse se puedan hallar dentro de casa no está bien irlos a buscar fuera de ella» (1860, p. 39).

en Madrid; y a todos los que celebrando cosas de allende de los Pirineos, traten de introducirlas y naturalizarlas en España, aun cuando sea su utilidad palpable» (*ibid.*, p. 4). El reconocimiento implícito de la superioridad del gusto clásico (asociado con Francia en Italia, por más que afirmara que sus normas tenían proyección universal) es aquí innegable.

Si Böhl de Faber defendía la existencia de literaturas nacionales que debían responder a su propia dinámica y reflejar el carácter singular de cada pueblo, Mora y Galiano consideraban que la buena literatura se basaba en normas racionales que poseían una dimensión universal. En la lucha entre Clasicismo y Romanticismo, la mayor parte de los liberales españoles defendieron la estética del siglo anterior, hasta que, obligados a exiliarse, el contacto con el gusto romántico les hizo cambiar de opinión. A partir de ese momento, su actitud frente a la modernidad romántica no será por lo general muy diferente de la que adoptaron frente a la Ilustración, si bien su relación con la tradición española se carga de contradicciones y paradojas. La revalorización que llevan a cabo de los grandes escritores de la época áurea se basa en buena medida en lecturas de libros extranjeros. Será una de esas ocasiones en que los españoles, tras ponerse de moda el país en Europa, acabarán, por decirlo con palabras de Unamuno, retraduciéndose a través del filtro de su propia imagen venida de fuera (1968, IV, p. 1254).

La evolución del duque de Rivas es reveladora a este respecto. Cuando escribe la tragedia *Lanuza,* evidencia estar de acuerdo con su amigo Alcalá Galiano en que las normas que caracterizan la buena literatura son las mismas en todos los países y épocas. Así lo prueba su intención de utilizar las tres unidades, uno de los elementos formales que durante el siglo XVIII se asociaron de manera más persistente con la estética neoclásica. Si en el plano de la acción se oponen las ideas liberales al absolutismo extranjero (representado ahora por Castilla), en el plano formal no se ofrece ninguna resistencia a unas reglas que años más tarde serán caracterizadas por el mismo autor como la manifestación más clara del poder cultural francés. Cuando escribe la «Advertencia de los editores de *El moro expósito*» en 1833, manifiesta el autor (por boca del editor Salvá) su esperanza de que la juventud española sepa apreciar «que las luces y necesidades de nuestra época están clamando por que se sacudan los grillos que el culto ciego del clasicismo nos había impuesto; y cuando a despecho de la escuela del siglo de Luis XIV, logre la independencia del pensamiento como conquistó la nacional contra las huestes de Napoleón, no podrá menos de repetir con nosotros que en medio de pocos bienes, los males, los más grandes males, nos han venido siempre de nuestros vecinos» (1957b, p. 392).

La equiparación de independencia política y literaria es aquí explícita, así como también lo es la asociación del gusto neoclásico con Francia[56]. Pero ¿no estaba de ese modo dando la razón a su antiguo adversario, Böhl de Faber, al igual que a todos aquellos escritores españoles que, desde mediados del siglo XVIII, advertían sobre el carácter francés del neoclasicismo y la necesidad de escribir un teatro auténticamente español?

Se evidencia así la existencia en *Lanuza* de una contradicción interna, que es común al pensamiento progresista español de los siglos XVIII y XIX, incluyendo los autores que venimos analizando, y que tensa sus propuestas y desvirtúa sus argumentos: el convencimiento de que las ideas que defienden son extranjeras, pero, al mismo tiempo, la necesidad de negar ese hecho para eludir el fuerte rechazo que la asociación provoca.

La creación del mito comunero debe entenderse como una manifestación de esa ansiedad. Si la España más auténtica era la de las primitivas libertades democráticas, que habían sido destruidas por el absolutismo extranjero, la implantación de una monarquía constitucional en la que se limitara el poder real no debía considerarse una peligrosa novedad venida de fuera, sino la recuperación de la esencia nacional más pura. Se formula de este modo una serie de planteamientos que, no obstante su inexactitud, constituyen un ingrediente esencial de la historia intelectual española de los siglos XIX y XX. La existencia de una tradición liberal que se manifiesta en

---

[56] Cuando se toma en consideración toda su producción, si en el plano de las ideas la actitud de Rivas evoluciona desde una actitud inicial de rebelión contra la autoridad hacia «a repudiation of rebellion and a reconciliation with the father and the patriarchal order» (MATERNA, 1998-1999, p. 604), en el plano formal su evolución es más compleja. Se rebela contra la autoridad de las reglas francesas, pero no contra la autoridad de la tradición nacional.

Covadonga y Sobrarbe y reaparece en Villalar, Zaragoza y Cádiz es bastante discutible, sin duda, por no decir ilusoria, pero no lo es la necesidad que experimentaron los liberales de enraizar sus ideas en suelo peninsular, para contrarrestar la estrategia conservadora excluyente que con tanta frecuencia se vieron obligados a padecer por esos años. Preguntarnos sobre la verdad de los mitos que crearon no tiene mucho sentido, por tanto. Más bien, deberíamos preguntarnos sobre su eficacia para solucionar los problemas que contribuyeron a crearlos.

El mito de los comuneros surgió inicialmente, según hemos visto, para facilitar la introducción en España de las ideas revolucionarias francesas, en un contexto de oposición al absolutismo en el que Padilla representa la lucha del pueblo en defensa de sus libertades. Pero a raíz de la invasión napoleónica, cuando las ideas francesas adquirieron una connotación negativa, el héroe castellano se vio obligado a cambiar de significado y a asumir un fuerte componente nacionalista. Padilla se convirtió así, no ya sólo en el héroe desinteresado que estuvo dispuesto a dar su vida en defensa de la libertad de la patria, sino, más importante aún, en el símbolo de la tenaz resistencia opuesta por los españoles a tiranos extraños. A partir de ese momento, los comuneros se inscriben en una larga línea que conecta, por un lado, con Numancia, Sagunto y Pelayo, y, por el otro, con los españoles que a principios del siglo XIX se sublevaron contra Napoleón.

La reinstauración del absolutismo tras la derrota de los franceses, así como, en mayor medida aún, la fácil destrucción del sistema constitucional en 1823 supusieron un duro golpe a esta versión del mito, ya que probaron fehacientemente que el pueblo que se levantó contra Napoleón no lo había hecho en nombre de los principios liberales, sino en defensa de la España tradicional. La constatación de esa realidad obligó a ciertos escritores progresistas a dotar al mito de un nuevo significado[57]. Antes de que terminara

---

[57] Durante las décadas siguientes se publicarán numerosas obras sobre el tema comunero. Aparte de la de Balaguer, ya citada, se pueden mencionar, sin intentar ser exhaustivo, el relato *Padilla and the Comuneros,* de Telesforo Trueba (1830); el poema «El bulto vestido de negro capuz», de Patricio de la Escosura (1835); las obras de teatro *Antonio Pérez y Felipe II,* de Muñoz Maldonado (1837); *Padilla o el asedio de Medina,* de Romero Larrañaga (1845); *Juan de Padilla,* de Eduardo Asquerino (1846), y *Juan*

el Trienio Liberal, una obra como *Lanuza* plantea la lucha por las antiguas libertades de los españoles, no ya como un levantamiento contra invasores extranjeros, sino como una guerra civil entre hermanos. Según esta nueva versión, los castellanos, que habían sido los primeros en rebelarse contra los abusos de los Austrias y en ser derrotados y sometidos por ellos, habían interiorizado finalmente las ideas extranjeras y, traicionando su identidad original, colaboraban con sus opresores en imponer el absolutismo por toda España. Aragón y Cataluña, por su mayor constancia en la defensa de los fueros primitivos, y por conservar aún viva la conciencia de sus antiguas libertades, pasan así a representar el núcleo más genuino y valioso de lo español[58].

Frente al absolutismo unitario de los Austrias y los Borbones, basado en el intento de uniformar todos los antiguos reinos peninsulares bajo la hegemonía de Castilla, la España liberal intenta encontrar su legitimidad en la Edad Media. Esta nueva interpretación, que se va abriendo camino a lo largo de los años, afirma que la dinastía extranjera de los Austrias se propuso desde el siglo XVI construir un país sometido a sus intereses de familia. Castilla, que había sido la primera en rebelarse contra el intento, terminó finalmente colaborando con ellos. Pero la imposición por la fuerza de un régimen absolutista y uniformador en una nación como España, naturalmente diversa y amante de sus fueros, era un proyecto ar-

---

Bravo el comunero, de Eduardo Asquerino y Romero Larrañaga (1849); la zarzuela *Los comuneros de Segovia,* de López de Ayala (1855), y las novelas *Juan de Padilla* (1855) y *La viuda de Padilla* (1857), de Vicente Barrantes (1855); *Los comuneros de Castilla,* de García Escobar, y *La estrella de Villalar,* de Llofriú y Sagrera (1861). Incluso un escritor francés, Victor Hamel, escribió en 1840 una novela titulada *Los comuneros de Castilla.* Pero, hasta donde alcanzo a comprender, en ninguna de ellas se produce un desarrollo nuevo del mito. Todas se insertan en alguna de las líneas aquí analizadas.

[58] El establecimiento de esta dualidad, según UCELAY DA CAL, se remonta a la crisis de 1640, en la que los catalanes hicieron uso de la propaganda francesa que convertía a España «en el modelo regresivo de anticivilización» (2005, p. 245). En la segunda mitad del XIX, Víctor Balaguer propondrá que la democracia fue «la gran aportació dels catalans a la Provença medieval» (FARRÉS, 1997, p. 20). Y poco después, Rovira i Virgili «formulará la interpretación durante mucho tiempo canónica para el catalanismo progresista: históricamente Castilla y Cataluña habrían mostrado una naturaleza opuesta, absolutista la primera y democrática la segunda, pero Castilla había transmitido su personalidad a España y, por tanto, los catalanes no tenían cabida en ésta» (MORALES MOYA y ESTEBAN DE VEGA, 2005, p. 18).

tificial y, a fin de cuentas, contraproducente, como bien probaban los efectos negativos que había producido. Porque la España más auténtica, según algunos de los autores que contribuyeron a construir el mito, no estaba caracterizada tan sólo por la tradicional existencia de un amplio régimen de libertades, sino también por el respeto a una pluralidad intrínseca. En esos dos pilares se sustentaba su fuerza[59]. El reto que se le va a plantear a esta teoría (y lo hará ya antes de concluir el siglo XIX) es que la pluralidad implica un evidente riesgo de fragmentación. Si la España más auténtica era la de la Edad Media, diversa y heterogénea, también podía haber quienes afirmaran que lo que existía en la Edad Media no era España como tal, sino distintos reinos independientes. La España liberal nace así, desde el principio, cargada de problemas y de tensiones. Puede afirmarse que el mito comunero ha perdido hoy eficacia, pero los problemas que subyacen a su creación continúan estando aún vigentes. Todavía está por ver si las dos partes del mito, la creación de una España progresista y, al mismo tiempo, plural, pueden integrarse armoniosamente.

Pero el mito de los comuneros y de los fueros medievales no es el único que crearon los progresistas para reaccionar a las adversas circunstancias históricas que tuvieron que confrontar a principios del siglo XIX. La imagen idealizada de al-Andalus se convertirá en otro de los componentes esenciales de la nueva mitología. Con la diferencia de que la polarización que provocará respecto a la imagen española tradicional es aún mayor que la que acabamos de analizar.

---

[59] El énfasis en la pluralidad, sin embargo, no alcanzó por igual a todos los liberales. La *Historia general de España* de Modesto Lafuente, que tuvo una importancia fundamental en moldear la memoria histórica de los españoles de varias generaciones, fue acusada de identificar la historia de España con la de Castilla. Véanse DONÉZAR (2000, pp. 313-314) y ESTEBAN DE VEGA (2005, pp. 96-100).

Capítulo 3
EL MITO DE AL-ANDALUS

A principios del siglo XIX, como consecuencia del intento de crear una nueva mitología opuesta a la tradicional, la imagen de los denominados «moros españoles» experimentó una profunda transformación. El cambio no es drástico, ya que tenía claros antecedentes en el siglo XVIII, pero la nueva imagen se integrará en un sistema coherente de pensamiento que afecta radicalmente a la forma en que se escribe la historia de España y a la interpretación de su identidad. Tampoco puede hablarse de un cambio en singular que separe dos percepciones compactas. Por el contrario, la imagen de los musulmanes de la Península Ibérica había recibido a lo largo de los siglos (y seguirá recibiendo durante esa época), dependiendo de las ideas o de los intereses políticos que entren en juego, interpretaciones diversas y contradictorias. Desde la visión que los hace responsables de «la pérdida de España» en la Edad Media, convirtiéndolos en símbolo de todo aquello que amenaza con destruir la identidad del país, hasta su exaltación como nobles y apasionados durante el Romanticismo, pasando por la idealización que embellece su figura en la literatura morisca de los Siglos de Oro y su conceptualización como progresistas e ilustrados en el siglo XVIII, la percepción de los musulmanes medievales ha servido para transparentar las preocupaciones de los españoles de las distintas épocas y, con frecuencia, para legitimar sus deseos o expresar sus fobias.

En este contexto, a principios del siglo XIX, como consecuencia de la invasión napoleónica y el reinado de Fernando VII, en un ambiente caracterizado por la violencia, la represión y el exilio, aparece una novedosa interpretación del tema que, más que explicar la realidad de lo que había sido al-Andalus, nos ayuda a entender las circunstancias del momento en que se produjo. La identificación de los liberales españoles con los miembros de un grupo que, como ellos, había sido víctima de la intolerancia y el fanatismo de la España oficial, les lleva a crear el mito de una España islámica, más abierta y flexible que la de su tiempo, que había sido capaz de crear en la Edad Media una sociedad ilustrada similar a la que ellos querían implantar en el siglo XIX. Al mito de la Reconquista, fundamento y base de la nación española tal y como se había entendido hasta ese momento, oponen el mito de una al-Andalus idealizada que les debería servir de modelo para el futuro[1]. Los liberales invierten así el sentido de la denominada Reconquista, interpretando la realidad medieval de la Península Ibérica, no como una empresa gloriosa en la que los españoles habían conseguido repeler la agresión de un pueblo del norte de África, obligándole a cruzar de nuevo el Estrecho, sino como una guerra civil entre hermanos que, analizada en profundidad, era muy similar a la que se vivía en su época. Una guerra civil, además, que, al igual que la que tuvo lugar en tiempos de Fernando VII, había concluido con la derrota del bando que menos lo merecía.

La imagen del «moro» como el enemigo por antonomasia que había puesto en peligro la supervivencia misma de la nación estaba tan arraigada entre los españoles de principios del siglo XIX que, cuando Napoleón invadió la Península, si bien hacía ya dos siglos que los últimos musulmanes habían sido obligados a abandonar el país, los bandos patrióticos que se publicaron en numerosas ciudades recurrieron para enardecer los ánimos a comparar esta nueva

---

[1] Cuando utilizo el término «Reconquista» me refiero, en un sentido amplio, a la interpretación de la historia medieval peninsular como un largo conflicto nacional contra los invasores africanos. La diferencia que establece Ríos Saloma entre reconquistar y restaurar es sugestiva, pero también problemática. Las obras literarias que se escriben en los siglos XVI, XVII y XVIII sobre Pelayo y Guzmán el Bueno caracterizan el conflicto no sólo en términos religiosos, sino también espaciales: de españoles contra africanos. Para una exposición detallada del nacimiento y evolución del mito de la Reconquista véanse MARAVALL (1954), y GONZÁLEZ ANTÓN (1997). La bibliografía sobre el tema es extensísima.

invasión con la del 711. El recurso no era original, ya que se había utilizado durante el siglo anterior por ciertos grupos conservadores para prevenir a los españoles contra la creciente invasión de modas francesas. No es casual, además, que en un ambiente tan sensibilizado contra la influencia extranjera como el de la segunda mitad del siglo XVIII, la temática de lucha contra el invasor (Pelayo, Numancia, Guzmán el Bueno) llegara casi a monopolizar los asuntos de las principales tragedias españolas dieciochescas[2]. Pero ahora, con las tropas francesas ocupando la mayor parte del territorio nacional, la amenaza adquiría una mayor gravedad y la incitación a conjurarla una mayor urgencia. Así, por ejemplo, la Junta de Galicia advertía en 1808 que bajo «el estandarte de la religión lograron nuestros padres libertar el suelo que pisamos de los inmensos ejércitos mahometanos, y nosotros ¿temeremos ahora embestir a una turba de viles ateos, conducidos por el protector de los judíos?» (DELGADO, 1979, p. 26).

La comparación de los franceses con los musulmanes, frecuente en las proclamas bélicas, confirma que la España de principios del siglo XIX seguía considerando a ese grupo como el enemigo por antonomasia de la nación[3]. Obviamente, las continuas luchas con berberiscos y otomanos, que tras la expulsión de los moriscos prolongaban el enfrentamiento secular entre los dos pueblos en el Mediterráneo y en el norte de África, no contribuyeron a disipar los prejuicios. Durante las primeras décadas del siglo XIX se escribieron numerosas obras de tintes patrióticos sobre don Rodrigo, Pelayo, Guzmán el Bueno o Sancho García. En todas ellas, el moro es el enemigo secular que amenaza con destruir la identidad española y contra el que es necesario estar alerta.

Pero junto a esa imagen de enfrentamiento, que entendía la relación como un largo conflicto que sólo podía solucionarse mediante la destrucción del adversario, aparecieron desde el siglo XVI otras versiones más amables que presentaban al moro como un rival noble y generoso, cuando no como un valioso aliado. Hace ya algún tiempo, Márquez Villanueva observó que la literatura morisca del siglo XVI, aunque altamente artificiosa en apariencia,

---

[2] Para un análisis detallado del tema, véase TORRECILLA (2008, pp. 73-100).
[3] Véanse DELGADO (1979) y LARRAZ (1988).

no debía considerarse un mero juguete retórico. Por el contrario, sus moros galantes y sofisticados, tan opuestos a los que se veían en la España de aquella época (como algunos autores se encargaron de observar), servían para ofrecer un contraste de elevación y nobleza a la degradación del presente y, de ese modo, dotar a la realidad morisca de una cierta dignidad. No es casual que en las *Guerras civiles de Granada* de Pérez de Hita, cuya primera parte fue publicada en 1595, la vida de los musulmanes granadinos transcurra «entre amor y caballerías, conforme a ideales profundamente aceptados y españoles hasta la quintaesencia» (Márquez, 1991, p. 34). La conversión final al catolicismo de estos personajes, pero de manera voluntaria, sin que se ejerza sobre ellos ningún tipo de presión, los dota de un mensaje político basado en la conveniencia de su asimilación *(ibid.)*. No está probado que Pérez de Hita fuera morisco, aunque existen buenas razones para sospecharlo, pero su obra entronca con una corriente morisca coetánea, que, frente a las sombrías perspectivas que se vislumbraban en el horizonte, recurría a todo tipo de estrategias para intentar integrar a esa comunidad en la sociedad española.

Recordemos que, varias décadas antes de que se publicaran las *Guerras civiles,* había aparecido *El Abencerraje y la hermosa Jarifa,* pequeña novela anónima que conoció una gran popularidad y que determinó las líneas maestras del género. También en esa misma línea, a finales de siglo se produce la falsificación de los «libros plúmbeos» del Sacromonte por parte de los moriscos Alonso del Castillo y Miguel de Luna, y en 1592 se publica *La verdadera historia del rey don Rodrigo,* obra supuestamente traducida de antiguos documentos árabes. No es casual, por otra parte, que los romances moriscos, junto con los pastoriles, fueran «la poesía de moda entre los años de 1580 a 1600» (López Estrada, 1980, p. 59). La novela *Ozmín y Daraja,* intercalada por Mateo Alemán en el *Guzmán de Alfarache,* proyecta el problema sobre una dimensión diferente, ya que la identidad del autor parecería revelar la existencia de una «alianza táctica entre moriscos y conversos» (Márquez, 1991, p. 23)[4].

---

[4] El convencimiento de Perceval de que «los romances moriscos no están escritos por, sino sobre la comunidad musulmana» (1997, p. 194) puede aplicarse a ciertos casos, pero la realidad es mucho más compleja. Lo mismo puede reprochársele a Ber-

La literatura de tema morisco seguirá gozando de un amplio cultivo en las letras españolas de los siglos siguientes, si bien con la expulsión de 1609 desapareció su razón de ser inicial. Buena parte de los romances moriscos de los siglos XVII y XVIII se limitaron a prolongar un género que, desprovisto de la realidad humana que lo justificaba, intensificó sus aspectos librescos y artificiosos[5]. Aunque esto no quiere decir que perdiera necesariamente su conexión con la realidad. Lo que sí hizo fue cargarse de nuevos significados. Tal sucede, por ejemplo, con la literatura morisca que se cultiva por influencia española en otros países europeos, así como con los escritos de temática similar que, por influencia a su vez de esos países, o bien como resultado de una evolución interna, se continuaron escribiendo en la España de la segunda mitad del siglo XVIII. Las quintillas de «Fiesta de toros en Madrid», de Moratín, o «Doña Elvira», de Meléndez Valdés, son buenos ejemplos de ello.

En ese siglo aparecerá también un nuevo uso, enlazado con los problemas del momento y de más largo alcance, que reivindica la figura de los musulmanes medievales como portadores de valores europeos y modernos. Por influencia del orientalismo que comenzaba a difundirse con fuerza por toda Europa, y para desmentir el juicio despectivo que existía en ciertos países sobre la escasa contribución española al mundo moderno, ciertos autores utilizarán la imagen de «nuestros moros» para reivindicar el importante papel desempeñado por España en el camino europeo hacia la Ilustración[6]. Los musulmanes medievales de la Península Ibérica se convierten así en una especie de proto-ilustrados que, de manera un

---

nard VINCENT, cuando afirma que estas obras no son sino «literatura de ficción» (2006, p. 137). Coincido con Barbara FUCHS en que el moro de los romances «challenges reader's notions of what is properly Spanish» (2009, p. 84), pero sin perder de vista que, en mi opinión, muchos de sus autores eran probablemente moriscos.

[5] Hay que tomar en consideración también, como recuerda GOYTISOLO, que el ensalzamiento del enemigo vencido constituye «un rasgo común a todas las literaturas del mundo» (1998, p. 15).

[6] Paz FERNÁNDEZ afirma que «Al-Andalus se convirtió para los ilustrados en algo intrínsecamente español, ajeno a influencias europeas, y que suponía la aportación de nuestro país al desarrollo científico y económico europeo» (1991, p. 6). James MONROE ya había apuntado el trasfondo nacionalista de esta tendencia (1970, pp. 36-37). En el arabismo español del siglo XVIII se mezclaban cuestiones de identidad que explican en buena medida su singularidad (RODRÍGUEZ MEDIANO, 2006, p. 274).

tanto paradójica, contribuyen a justificar las apologías de ese mismo país que había configurado su identidad contra ellos[7]. Pero los autores que reivindicaron su españolidad no parecieron extraer las conclusiones lógicas (en el sentido de cuestionar la verdad histórica oficial) que se deducían de esa teoría.

En el cambio de siglo aparecieron asimismo teorías que negaban los efectos positivos que los Austrias habían tenido para el país, y esa crítica se hizo extensiva a su política con relación a los moriscos. León de Arroyal advierte en 1787 que la injusta represión que se ejerció contra ese pueblo fue la causante de que se rebelaran contra Felipe II, ya que a los moriscos les pareció «menos malo el morir en defensa de su libertad que el vivir esclavos» (1971, p. 43). Y concluye Arroyal que la guerra que de ese modo se desencadenó «puede servir de ejemplo de los males que acarrea el no respetar los príncipes los derechos de los pueblos» *(ibid.)*. Pero este tipo de interpretaciones, por revolucionarias que fueran, dejaron sin tocar el mito de la Reconquista, piedra maestra en la que se asentaba la identidad nacional, y que la inmensa mayoría de los españoles, tanto conservadores como progresistas, siguieron compartiendo sin cuestionar.

Habrá que esperar al desenlace de la guerra contra Napoleón, y a la represión generalizada que se desencadenará contra los liberales tras el regreso a España de Fernando VII, para encontrar la primera impugnación seria del mito. En 1820 se publica la *Historia de la dominación de los árabes en España* de José Antonio Conde, arabista de ideas avanzadas que colaboró con el régimen de José Bonaparte y que, como tantos otros, se vio forzado a abandonar el país tras la derrota de los franceses. Fue separado de sus cargos oficiales y vivió varios años en Francia en la más completa indigencia, hasta

---

[7] Eso no evita que durante los siglos XVIII y XIX los musulmanes fueran asociados con «the forces of Unreason» (NETTON, 1990, p. 35). Las dos percepciones, dependiendo de que se centraran en los árabes del pasado o en los del presente, coexisten a veces en una misma publicación. Compárensen, por ejemplo, los artículos publicados en la *Revista de Madrid* por Antonio BENAVIDES, «Del estado de la civilización entre los árabes» (1839-1844, III, pp. 41-49), con los de Alejandro LLORENTE, «De la expedición a África y del imperio de Marruecos» (1839-1844, XIV, pp. 317-320). Por otra parte, la literatura romántica de tema granadino idealizará un pasado «non balisé par la raison et l'ordre» (PAGEAUX, 1989, p. 9). Esta visión orientaliza la identidad española, percibiéndola como irracional y primitiva, pero dotando ambos conceptos de una interpretación ambigua.

El mito de al-Andalus

el punto de que algunos de sus amigos tuvieron que costearle el entierro. Con esa larga experiencia de exilio y privaciones, no es de extrañar que comenzara el libro con un amargo lamento sobre la suerte que deben sufrir los vencidos: es una fatalidad, dice, que los más importantes acontecimientos de la historia universal tengan que pasar a la posteridad «por las sospechosas relaciones del partido vencedor» y, por tanto, sufran en el proceso una radical distorsión (1820-1821, I, p. III). Así, por ejemplo, todo el mundo asegura que Escipión es un personaje admirable, no porque lo fuera realmente, sino porque la historia de sus hazañas fue escrita por sus partidarios y, en consecuencia, sufrió la depuración de aquellos elementos que habrían contribuido a empañar su imagen. Lo mismo sucede con figuras históricas mucho más cercanas al tema del libro, como el Cid Campeador. El máximo héroe castellano se les figura a los españoles una personalidad excelente e intachable, por haber conocido sólo la versión de los hechos ofrecida por sus historiadores. Pero si consultamos los documentos árabes, asegura Conde, se nos presenta bajo una luz menos amable: en ellos, «pérfido y cruel, quema vivo al rendido gobernador de Valencia, atropellando los concertados pactos» *(ibid.)*. El objetivo que el autor se propone en este libro es ofrecer una versión alternativa de la historia: presentarla desde el punto de vista de los vencidos para cuestionar la versión oficial de los hechos[8].

La originalidad del libro de Conde no radica en su exaltación entusiasta del mundo musulmán, ni siquiera en el convencimiento de que la cultura árabe desempeñó un papel decisivo en la configuración de la identidad nacional[9]. Eso ya lo habían hecho numerosos autores de la segunda mitad del siglo XVIII, como Banqueri, Sarmiento, Forner, Asso del Río, Gaviria y León, Juan Andrés, José Carbonell, Mariano Pizzi o Patricio de la Torre. Este último llega

---

[8] Con un propósito similar, LÓPEZ BARALT, tras analizar la literatura aljamiada de los moriscos, concluye que nos pone en contacto con una España «difícil de reconocer, porque sus valores culturales, religiosos, políticos y sociales más fundamentales han quedado invertidos» (2009, p. 41).

[9] En un momento CONDE afirma incluso, con evidente exageración, que «nuestra rica lengua debe tanto a la arábiga, no sólo en palabras, sino en modismos, frases y locuciones metafóricas que puede mirarse en esta parte como un dialecto arábigo aljamiado» (1820-1821, p. XX).

incluso a afirmar que la cultura árabe había permeado los hábitos del pueblo español de tal manera que los niños en las escuelas seguían aprendiendo el abecedario «con los mismos gestos, tonillo y ademanes, que en el tiempo de los sarracenos» (1787, p. XII). Pero en todos ellos quedaba claro que el recurso a las glorias de «nuestros árabes» era, antes que nada, una estrategia discursiva que les permitía efectuar una defensa apasionada de lo español. Es en ese contexto apologético donde adquieren finalmente sentido. Así, Patricio de la Torre, tras informar que los orientalistas europeos habían hecho por fin justicia a la civilización árabe, dándole crédito por el restablecimiento de las ciencias en el siglo VIII, lamenta no haber encontrado, en cambio, «quien diga que los árabes domiciliados en España empezaron a cultivar las artes y ciencias con antelación a los de Oriente» (*ibid.,* p. XXV). El motivo, en su opinión, es que «las glorias literarias de España se callan con malicia, o en que se ignoran, que es lo más cierto» (*ibid.*).

Frente a estos escritos de clara motivación patriótica, que usan la imagen de «nuestros árabes» para reafirmar el valor de lo español, la novedad del libro de Conde radica en que, según él mismo afirma, pretende ofrecer una versión de la historia desde el otro bando en conflicto, reflejando «las memorias y escritos arábigos, de manera que pueda leerse como ellos la escribieron» (1820-1821, p. III). Por ello, advierte al lector que el relato de los hechos que le va a ofrecer probablemente le sorprenderá, ya que viene a ser «como el reverso de nuestra historia» (*ibid.,* p. XVII). Lo que para los cristianos es importante, a veces ocupa un lugar secundario en las crónicas árabes; lo que para unos es bueno, para los otros es malo; lo que unos consideran excelso y admirable, para los otros puede ser intolerable y brutal. Se propone Conde, así, cuestionar verdades tenidas como axiomáticas, relativizar la historia oficial, denunciar que lo que se ofrece como un reflejo fiel de los hechos, no es sino una versión parcial que está condicionada por los intereses del que los narra. Tras leer el libro de Conde, el lector dispondrá de una visión más completa de lo sucedido, ya que podrá contrastar dos interpretaciones diferentes y, en gran parte, antagónicas.

Dadas las difíciles circunstancias en que se encontraba Conde cuando escribió la obra, condenado por traidor y desterrado en un país extranjero, puede percibirse en el prólogo una clara referencia implícita a su propia situación. No es casual en este sentido, y sirve para confirmar lo anterior, que la *Historia* encontrara sus lectores más entusiastas precisamente entre los liberales que se habían visto obligados a abandonar el país para evitar la represión. Perseguidos por esa misma clase dirigente que había expulsado a judíos y moriscos, comenzaron a identificarse con todos aquellos grupos que, al igual que ellos, habían sufrido los efectos del fanatismo y la intolerancia de la España oficial[10]. Anteriormente ya había habido autores, según vimos en el capítulo anterior, que establecieron un paralelismo entre su situación y la de los defensores de los fueros medievales castellanos y aragoneses. Pero ahora, tras comprobar que la solidez del sistema político radicaba en la colaboración entre el Altar y el Trono, comprendieron que era indispensable socavar esa alianza. El mito de la Reconquista, la percepción del largo conflicto que había enfrentado a cristianos y musulmanes durante la Edad Media como una guerra santa que terminó con la expulsión de los infieles al otro lado del Estrecho, se les representó como la piedra angular en la que asentaba sus bases la España tradicional[11].

Consecuentemente, la escritura del libro de Conde poseía un objetivo específico. Se trataba de cuestionar la versión oficial de la historia, de interpretar la denominada Reconquista, no como una empresa heroica y de marcados tintes mesiánicos, que sólo había podido culminar con éxito por intervención divina, sino como una larga contienda en la que los dos bandos defendían intereses legítimos. Para llegar a una comprensión más equilibrada de lo sucedido, había que escuchar las versiones de ambas partes. Así, si se consultaban las crónicas árabes se podía constatar que no sólo la narración de los sucesos o la caracterización de los personajes, sino incluso la selección de lo que se consideraba más relevante,

---

[10] Los jesuitas expulsos, a pesar de pasar por una situación similar, adoptaron una postura muy diferente. La labor apologética que desarrollaron en defensa de su nación, así como las obras originales de temática nacional que escribieron, evidencia una fuerte lealtad a la España oficial. Véase el artículo de GARELLI (2012).

[11] MANZANO MORENO afirma que la noción de Reconquista «puso siempre en considerables aprietos a los representantes del nacionalismo más liberal. Esto es lo que explica las dificultades que autores como Giner de los Ríos o el propio Rafael Altamira tuvieron para integrar la época medieval en su interpretación de España, dado que ésta aparecía unida en su propia existencia y concepción con una religión cuyos representantes contemporáneos eran los enemigos más acérrimos del pensamiento liberal» (2000, p. 54).

variaba sustancialmente entre unos autores y otros. Lo que llevaba a pensar que la caracterización de los musulmanes como crueles y sanguinarios no reflejaba la verdad histórica, sino que era un efecto de la visión tendenciosa de sus enemigos.

Para encontrar un antecedente del libro de Conde debemos remontarnos, más que a la obra de arabistas del siglo XVIII como Patricio de la Torre o José Banqueri, a la literatura filomorisca del XVI. Especialmente, a *La verdadera historia del rey don Rodrigo* de Miguel de Luna[12]. No por que Conde basara su historia en fuentes inventadas, como sí sabemos que hizo Luna, sino porque ambos cuestionan la verdad oficial y pretenden ofrecer una visión alternativa de los hechos. Desde el mismo título advertía Luna que se había limitado a traducir con fidelidad los escritos compuestos «por el sabio alcaide Abulcacim Tarif Abentarique, de nación árabe, y natural de la Arabia pétrea» y, para dar mayor autoridad a su testimonio, confesaba en el proemio que el «autor original» había participado en todas las acciones de armas que se narraban en el libro (1603, p. I). Además, según Luna, como los árabes carecían de imprenta, escribían lacónicamente sus historias y se limitaban a reflejar los hechos tal como sucedieron, por lo que la autenticidad de lo narrado por Abentarique estaba garantizada. Enterados de la existencia de esa obra, continuaba Luna, personas graves de su entorno le habían animado a traducirla para acceder a «una verdad tan sepultada en esta lengua, de la cual carecían nuestras historias» (*ibid.,* p. 1). La insistencia sobre la verdad de lo expuesto se reitera una y otra vez desde el mismo título. Al morisco Miguel de Luna le interesaba desmentir la versión oficial de la Reconquista, para dignificar la figura de su pueblo y favorecer la integración.

Pero Conde, obviamente, no era morisco, y en su época no existía en España ninguna población musulmana a la que integrar. El propósito de su libro debe relacionarse con el deseo de cuestionar el monopolio que hacían en ese momento los conservadores del concepto de España, expulsando fuera de sus fronteras, entonces

---

[12] No es casual que al final de la *Historia* de CONDE se incluya una «Anécdota curiosa» que extracta la historia del Abencerraje (1820-1821, III, pp. 262-265). En la «Advertencia del editor» al tomo III se advierte que en la Reconquista «peleaban españoles contra españoles» (*ibid.,* p. III).

como ahora, a todos los que no pensaban como ellos[13]. Sus estudios como arabista debieron convencerle de que a los musulmanes vencidos se les había tratado de una manera injusta y cruel, pero su experiencia personal como exiliado contribuyó sin duda a afianzar ese convencimiento. Porque la España que expulsó a los moriscos era el mismo país fanático e intolerante que, con el apoyo decisivo de la Iglesia católica, había negado a los liberales su condición de españoles y había intentado excluirlos (simbólica y físicamente) del espacio nacional. La semejanza entre ambos casos explica el establecimiento de una identificación emocional de los liberales con los moriscos, pero también ideológica. Porque lo que estaba en juego para Conde, así como para los que pensaban como él, no era la interpretación del pasado, sino la construcción del futuro. Se trataba de eliminar el monopolio que hacían las fuerzas reaccionarias del concepto de España, de reivindicar el temperamento ilustrado de los «árabes españoles» y elaborar así una visión alternativa del país (abierto, culto y tolerante) que permitiera arraigar su proyecto en la tradición nacional.

Antes de pasar adelante, creo necesario aclarar que cuando afirmo que la obra de Conde enlaza con la literatura filomorisca del siglo XVI, no quiero con ello sugerir que el tema morisco desapareciera de las letras españolas durante los siglos XVII y XVIII. Algunos de los escritores más conocidos de esa época sabemos que lo cultivaron con asiduidad, como puede comprobarse repasando la obra de Cervantes, Lope, Calderón, Góngora, Moratín, García de la Huerta, Iglesias de la Casa o Álvarez de Cienfuegos[14]. Pero, a diferencia de lo que sucede a principios del siglo XIX, en ningún caso puede hablarse de un proyecto revisionista que intente fundar sobre nuevas bases la identidad nacional. Refiriéndose a la expulsión de los moriscos, Márquez Villanueva habla de una supuesta crisis de conciencia en la España de aquella época, de la que las obras de Miguel de Luna, Pérez de Hita, Hurtado de Mendoza, Mateo Ale-

---

[13] Según Jo Labanyi, la construcción «of a "we in the past" is essential to nation-formation, for it produces those emotional identifications that determine who we include and who we exclude from national citizenship» (2004, p. 232).

[14] Para un análisis más detallado del tema, véase el libro de Carrasco Urgoiti (1989).

mán y Cervantes no serían sino «cumbres de un forzoso iceberg de responsable opinión sumergida» (1991, p. 5). Pero la evidencia de los textos no parece respaldar su afirmación. Todo nos hace pensar, por el contrario, que la mayoría de los españoles del siglo XVII no percibieron la expulsión de los moriscos como un acto cruel o inhumano, sino como la conclusión lógica de un enfrentamiento entre dos comunidades de imposible integración. Bernabé Pons observa que, apenas veinte años después de la tragedia, «nadie parece acordarse de ellos en ningún sentido. Y así durante dos siglos y medio» (2009, p. 143)[15]. La afirmación es exagerada, ya que poco después de 1820, según veremos a continuación, aparece un buen número de obras que tratan el tema de los moriscos desde posiciones afines. Pero esto sólo acontece cuando cambian las circunstancias políticas, y otro grupo de españoles, por encontrarse en una situación similar, comienza a identificarse emocionalmente con ellos.

El libro de Conde implicaba un ataque frontal contra el núcleo mismo de la España oficial, ya que cuestionaba la validez del mito fundacional que servía para legitimarla, por lo que es fácil explicarse el impacto que causó en el ambiente liberal del exilio. En 1823 publicó Blanco White en *Variedades,* revista que por aquel entonces dirigía, un artículo en el que afirma que la esclavitud intelectual de los españoles sólo podía entenderse como resultado de la larga lucha que mantuvieron con los musulmanes y el fanatismo que esa rivalidad motivó en ellos (1823b, I, p. 108). Según Blanco, las ideas de honor y nobleza se asociaron desde muy temprano en España con la religión católica, y los inquisidores se valieron de esa circunstancia «para confundir con moros y judíos a todos cuantos se atrevían a dudar cualquier punto de sus doctrinas y sistemas» *(ibid.).* Como puede observarse, Blanco manifiesta una actitud muy negativa respecto a la idea de Reconquista, ya que, en su opinión, había servido (y servía) para justificar una represión política que no tenía nada que ver con cuestiones religiosas. La Iglesia había sabido canalizar en su beneficio el fanatismo que la larga lucha contra los musulmanes provocó en el pueblo español, empleándolo contra

---

[15] Véanse también CARDAILLAC (1979, pp. 92-93), BUNES (1983, pp. 55-61), VINCENT (2006, p. 163), GARCÍA CÁRCEL (2011, pp. 160-161) y CISCAR PALLARÉS (2009, pp. 175-176).

todos aquellos que se oponían a sus intereses. La denominada Reconquista no debía considerarse una hazaña gloriosa, sino una dolorosa tragedia, ya que en ella se originaban todas las desgracias que vivía el país. No era la causa de su grandeza, como pretendían las fuerzas conservadoras, sino la raíz de todos sus males. Las ideas expuestas por Blanco, como veremos, puede decirse que reflejaban un estado de opinión generalizado entre los liberales.

La influencia de Conde se dejó sentir también en los exiliados Pablo de Mendíbil y José Joaquín de Mora. Mendíbil publicó en 1825 un artículo sobre los árabes españoles que comienza significativamente con un lamento similar al del ilustre arabista: «¡Qué de injusticias tienen que sufrir los vencidos! No contenta la suerte con serles adversa en la contienda, todavía condena la opinión de la causa perdida, sin más razón, las más veces, que la de haber sucumbido» (1825, III, p. 291). La observación se aplica luego a los árabes peninsulares, ese pueblo culto y sofisticado que ilustró durante siglos varias provincias españolas con su cultura cosmopolita, pero que, una vez vencido, fue tachado de cruel e inhumano por sus enemigos. Los monumentos a su grandeza se encontraban desparramados por todo el territorio nacional y servían como mudos testigos de sus glorias pasadas. Sus logros eran aún perceptibles en importantes mejoras prácticas que habían dejado como legado a los españoles, en edificios magníficos, en preciosos manuscritos que escaparon por milagro de la brutalidad de los vencedores, así como «en la literatura caballeresca, romántica, llena de originalidades encantadoras» (*ibid.*, p. 292). Pero los cristianos se apresuraron a destruir todo lo asociado con ese pueblo, por más que constituyera una de sus principales riquezas, e intentaron suplantarlo por influencias extranjeras que, según comprobarían más tarde, no amalgamaban bien con su naturaleza[16]. Destruyeron así una cultura antiquísima, que se había gestado a lo largo de varios siglos, y provocaron una grave crisis nacional que sólo podría remediarse desandando lo

---

[16] En los artículos que publicó Florán en 1833 en *L'Europe Littéraire,* bajo el título «Etat actuel de la littérature espagnole», se defienden ideas similares. Según Florán, en la poesía hispano-árabe «l'âme des Espagnols [...] est tout entière avec son amour et son arrogance [...] libre et hardie comme la nature l'a faite» (LLORÉNS, 1979, p. 233). La imitación posterior de modelos extranjeros destruyó, según él, esa idiosincrasia.

andado. La cultura española de la Edad Media, producto de una sabia amalgama de tradiciones autóctonas, se propone así como remedio para los males del presente. La identificación de Mendíbil con los musulmanes le lleva a afirmar que, por lo que a él respecta, aunque era vasco, prefiere ser considerado moro «que renunciar a los hermosos títulos de gloria que los árabes nuestros abuelos han transmitido a la nación española» (*ibid.*, p. 299).

El artículo de Mendíbil se continúa en una segunda parte, también publicada en *Ocios* bajo el título: «Apéndice a la historia de los árabes en España: rebeliones y expulsión de los moriscos». En ella es aún más evidente el rechazo que experimenta el autor hacia la forma en que se había configurado el país. Según Mendíbil, en lugar de seguir una línea de respeto y tolerancia hacia los que son diferentes, España parece haber estado condenada desde sus orígenes, por cuestiones históricas, a moverse dentro de unos parámetros de fanatismo y de intolerancia. Después de exponer el comportamiento de los cristianos tras la toma de Granada y de pormenorizar los abusos que cometieron con los vencidos (el incumplimiento de tratados, la violencia, el intento de desarraigarlos de su lengua y cultura y, a la postre, la expulsión de un país que, en definitiva, era también el suyo), reflexiona desalentado sobre las señas de identidad nacionales e interpela a su patria con las siguientes emocionadas palabras:

> «¡Oh España! ¡Desgraciada patria mía! La providencia, en sus inescrutables designios, quiso sujetarte a mantener heroicamente en ocho siglos y a rematar con gloria al cabo de ellos, una guerra de religión, la más tenaz y bien reñida que ofrece la historia del género humano. Tus proezas, tus triunfos, tus virtudes mismas debían hacerte fanática e intolerante. Lo fuiste, y convirtiendo contra tus entrañas el celo indiscreto con que te hallabas connaturalizada, te has gozado en la opresión, te has glorificado en la tiranía, que aun hoy te tiene puesta al borde del precipicio. Costosamente has expiado tus yerros. Puedan ya tus largos sufrimientos aplacar la cólera celeste, y llamarte a los consejos de la moderación, de la tolerancia y de la sana política» (1826, p. 62).

La intransigencia del gobierno de Fernando VII enlaza en este párrafo con la de los cristianos de la Reconquista (y encuentra en ella su explicación), del mismo modo que el exilio de los liberales no es sino una reedición del que sufrieron antes los musulmanes. El problema de España se encuentra en su misma entraña histórica, en el modo en que se ha configurado el país tras una larga confrontación religiosa que ha abocado a sus habitantes a ser intolerantes con todos los que no piensan como ellos. El celo religioso, necesario para combatir a los musulmanes, se convirtió más tarde en inflexibilidad mental y en incapacidad para alcanzar compromisos. Ésa es la herencia que debían confrontar los liberales y que estaba poniendo el país al borde del abismo. Frente a una historia de intransigencias y exclusiones, el autor se manifiesta esperanzado de que España reaccione a tiempo y consiga orientarse por una senda de moderación y diálogo. Es evidente que cuando Mendíbil reivindica la importancia de los musulmanes en la historia del país, su planteamiento posee una proyección más amplia. Los moros españoles representan la imagen de todos los vencidos que han intentado ser excluidos de la realidad patria. Sirven, en definitiva, para denunciar una forma de entender el país que el autor considera errónea y destructiva. A este respecto, no es casual que la defensa de los musulmanes españoles por parte de otros liberales vaya acompañada de una serie de puntualizaciones que evidencian el deseo de re-escribir la historia de España y ofrecer una nueva definición de su identidad[17].

Las colaboraciones de Jaime Villanueva en los primeros números de *Ocios* ya reflejaban ese propósito. Como viéramos en los capítulos anteriores, en el tomo I de la revista escribe unos «Apuntes para la historia antigua de España», en los que defiende que la Reconquista no se inició únicamente en Covadonga, sino que tuvo un segundo foco, de igual importancia que el primero, en la zona de los Pirineos orientales. El autor, que era valenciano, pretende así eliminar el monopolio de la imagen de España que detentaba el triángulo Asturias-León-Castilla, y, frente a esa visión mutilada, propone una imagen de España más inclusiva que tome en consideración las aportaciones del reino aragonés. Pero su afán revisionista no queda ahí. Villanueva se propone ampliar el con-

---

[17] GARCÍA CÁRCEL considera que los liberales se quisieron erigir «en administradores del capital moral de los derrotados de la historia de España. Su nacionalismo alternativo, nutrido de frustraciones y desengaños, quiso sintonizar con todos los agravios históricos» (2007, p. 247). Véase también TORRECILLA (2006).

cepto de lo español, no sólo para encajar mejor en él los territorios de la antigua corona de Aragón, sino para enriquecerlo con todos aquellos componentes tradicionalmente excluidos de la identidad nacional. En el «Contraste de la protección dispensada a la literatura árabe en España por Don Alonso el sabio» deja claro el autor que para él eran españoles todas las personas que habían nacido en su territorio, independientemente de la cultura que tuvieran y la lengua que hablaran[18]. Para probarlo, incluye en varios números de la revista una sección titulada «Apuntes para la bibliografía antigua de España», en la que se propone rescatar del olvido distintas obras medievales escritas en árabe y en hebreo. Con el mismo fin, se refiere en el número 5 a un *Modo breve de aprender la lengua vizcaína* compuesto por Rafael de Micoleta[19]. Implícita y explícitamente, Jaime Villanueva manifiesta su convencimiento de que el exclusivismo castellano, intolerante con todo lo que se salía de sus coordenadas, había privado al país de un potencial enorme, condenándolo a la situación de atonía en que se encontraba.

Un objetivo revisionista similar se propone José Joaquín de Mora, cuando publica en 1826 su *Historia de los árabes, desde Mahoma hasta la conquista de Granada*[20]. En el prefacio de la obra, afirma el autor que, del mismo modo que los países europeos se habían interesado desde antiguo por la cultura clásica de los griegos y los latinos, juzgándose sus herederos, las naciones de habla española debían prestar una atención preferente a la de sus antepasados árabes. Y es que, si se analizaba la historia sin los habituales prejuicios religiosos, «no podemos menos de considerarlos como parte de

---

[18] Peter COOKE ha analizado el revisionismo histórico de *Ocios,* pero su estudio apunta en una dirección muy distinta de la que aquí propongo (2011).

[19] En el número 5, de agosto de 1824, dedica asimismo una entrada a Muhamad Rabadan, lamentando que de «este escritor aragonés no han dado la menor noticia nuestros bibliógrafos» (p. 11). Dos números más adelante, en la misma sección, habla del libro *Sapher Cosri,* «escrito en arábigo por el judío español R. Jehuda Levita en honor del rey llamado *Cosar* hacia el año 1140 [...] El autor era natural de Córdoba; se llamaba R. Jehudah Levi Ben Saul, y vivía aún en 1140. Compuso en árabe, como hicieron en España muchos judíos» (p. 252).

[20] Según LLORÉNS, el libro de Mora refleja una tendencia de la época: «Desde Blanco hasta Florán, los críticos literarios de la emigración, con la excepción quizá única de Galiano, se complacen en destacar el carácter oriental de la literatura española. Conde y el exotismo prerromántico debieron contribuir no poco al incremento de la corriente arabista» (1979, p. 186).

nuestra familia, y bajo muchos aspectos, como nuestros maestros y reformadores» (p. VII). Desde la misma introducción, evidencia Mora una clara influencia de Conde, cuya obra, según confiesa, admira enormemente y desea completar. Al igual que vimos en Mendíbil, el autor caracteriza a los árabes españoles como un pueblo industrioso y culto, que introdujo numerosas mejoras prácticas en el país y dejó abundantes huellas dispersas en su lengua y en sus costumbres. Alaba los progresos que hizo en la medicina, en la física y en la astronomía, aduciendo que sólo el bárbaro fanatismo de los vencedores podía justificar que no se hubieran reconocido aún sus logros. Los españoles, por emulación o por envidia, se negaron siempre a admitir la innegable superioridad espiritual de sus rivales, evidente en «la tolerancia religiosa que ejercieron los mahometanos» (p. 324). Si los cristianos medievales se caracterizan en la obra como fanáticos e ignorantes, los musulmanes aparecen imbuidos de todas las luminosas cualidades asociadas con la Ilustración[21]. Obviamente, la oposición entre ambos grupos, más que arrojar luz sobre la compleja realidad medieval, refleja el enfrentamiento entre conservadores y liberales de principios del siglo XIX.

Años más tarde, en 1840, volverá Mora a interpretar el sentido de la invasión musulmana, pero ahora en un largo poema burlesco titulado *Don Opas*. El título sugiere ya el protagonismo que tendrá el obispo visigodo que, según la leyenda, cambió de bando en medio de la batalla de Guadalete y provocó la derrota de los suyos. En ese contexto hay que entender la afirmación del narrador, quien,

---

[21] La visión embellecida de los musulmanes afecta a todos los niveles de la actividad humana. Miguel Agustín PRÍNCIPE afirma, en su «Ojeada histórico-crítica sobre la Inquisición española», que, tras la expulsión de los árabes, los campos quedaron sin cultivo, «la inteligencia sin propagadores, la caballería sin prez, la inspiración sin espontaneidad» (1847, p. 126). Véase también MORENO DE VILLALBA (1851, p. 34). Esta interpretación de la esencia española en clave árabe, asociada con el propósito de los liberales de atacar los fundamentos de la España tradicional, contrasta con la visión negativa de los que observan la realidad musulmana de principios del siglo XIX. Tanto Tomás COMÍN (1825, p. 123) como el exiliado León López Espila, que vivieron en Marruecos, nos transmiten la idea de una sociedad bárbara y desorganizada que podría fácilmente ser colonizada. LÓPEZ ESPILA, a modo de advertencia para España, achaca la debilidad de Marruecos al poder que tiene en ese país la superstición. En su opinión, está tan atrasado de luces que con una pequeña fuerza «se conquistaría aquel reino muy fácilmente» (1835, p. 251). Véanse también, unas décadas más tarde, ESTÉBANEZ CALDERÓN (1955, p. 288) y GÓMEZ DE ARTECHE (1859, pp. V-VII).

tras recordar la destrucción y los ríos de sangre producidos por la invasión, aclara que todo ese sufrimiento fue básicamente causado «por una moza y por un cura» (p. 430). O, en otras palabras, por Florinda y el obispo don Opas. La Iglesia católica, aunque pretendía monopolizar el sentido de la Reconquista, se presenta aquí como la máxima responsable del desastre que originó su pérdida. En la misma línea, cuando Muza recorre diversas ciudades españolas tras la decisiva batalla inicial, salen a saludarle los cristianos con grandes muestras de entusiasmo, y hasta las monjas gritan enardecidas: «¡Viva la religión! ¡vivan los moros!» (p. 510). Lo que le permite al narrador concluir, cambiando de época, que «"Viva la religión" es santo grito/ Con que todo español explaya el seno/ [...] Si es sabido el lector, no necesito/ Fijar el día en que con voz de trueno/ Sonaba en la nación: "viva Fernando!/ Viva la Religión! Vamos robando"» (p. 541). Las referencias a la invasión de España por la Triple Alianza (para reponer en su trono a Fernando VII) se complementan con las acusaciones de hipocresía a los conservadores[22]. La religión, según lo entiende Mora, no es para ellos algo espiritual y elevado, sino una estratagema de la que se valen para defender sus intereses egoístas. Finalmente, es significativo que el autor decida emplear el tono burlesco para hablar de la invasión musulmana, causa fundamental de la denominada pérdida de España y origen del mito de la Reconquista. El tono trágico o el épico parecerían ser más adecuados para la dignidad del asunto. Pero Mora demuestra estar interesado, no en sustentar la versión tradicional de los hechos, sino en modificar la forma en que se percibían y, de ese modo, contribuir a denunciar las mentiras en que se asentaba el poder de la Iglesia.

Ángel Saavedra, el futuro duque de Rivas, también trató el tema, y lo hizo recurriendo igualmente a numerosas inversiones. Tras el fracaso del Trienio Liberal, en el que tuvo una participación destacada, debió abandonar urgentemente el país para eludir la condena a muerte que se decretó contra él, y es en esas circunstancias, en los intervalos que le permitían sus obligados cambios de residencia, y

---

[22] Alberto ROMERO FERRER analiza de manera más detallada el paralelismo que se establece en las *Leyendas* entre «las historias que se narran y los sucesos contemporáneos que sacuden el agitado comienzo del siglo XIX en España» (2011, p. 169).

con el estado de ánimo que es posible suponer, cuando decidió escribir el poema *Florinda*. Las localidades en que fecha los distintos Cantos, entre 1824 y 1826, marcan el itinerario de su destierro: Londres, Gibraltar y Malta. Aunque se centra en la invasión musulmana, no hace responsable de la pérdida de España a don Julián, a quien caracteriza como un patriota preocupado por la corrupción en que ve sumida a su patria, sino al obispo don Opas. Es este último quien termina convenciendo al conde para que se ponga en contacto con los moros, recordándole repetidas veces la deshonra de su hija. Es él también, quien cuando la suerte de la batalla parece inclinarse del lado de los godos, quien cambia decisivamente de bando y da la victoria a los musulmanes[23]. El poema de Rivas contiene numerosas alusiones a la realidad contemporánea en que escribe el autor, con la particularidad (como hará más tarde Mora) de que aquí la Iglesia y los conservadores no son los enemigos viscerales de los musulmanes, sino sus principales valedores[24]. Don Opas es el villano de la historia, el traidor por antonomasia. Por si quedara alguna duda sobre la referencialidad del personaje, el narrador lo define como «altanero/ De altar y trono el defensor primero» (1854, p. 277). Según el planteamiento de Rivas y Mora, en la situación de enfrentamiento civil que se vivía en España, no eran los liberales los que estaban causando los males del país, por más que sus enemigos los acusaran de traidores, sino los grupos reaccionarios que se oponían a hacer los cambios que la sociedad requería.

El mismo duque de Rivas volverá a tratar más tarde el tema de las relaciones entre cristianos y musulmanes en la Edad Media, sólo que

---

[23] SERRANO ALONSO ya señaló que la acción del poema es un recreación «de la invasión de la España liberal por las tropas del Duque de Angulema tras la traición del rey Fernando VII» (1996, p. 529).

[24] Una inversión parecida se observa en FERNÁNDEZ-GUERRA ORBE (1840, p. 11) y en LÓPEZ ESPILA. En *Los cristianos de Calomarde* lamenta este último, otro exiliado, que ciertos españoles se hayan visto obligados a refugiarse en Marruecos y renegar de su religión, «para guarecerse de las persecuciones de los cristianos» (1835, p. 13). La inversión es un recurso frecuente en la literatura morisca de esa época, como lo era en la filomorisca del siglo XVI. Siguiendo la interpretación de PÉREZ DE HITA (1999, p. 26) y CALDERÓN DE LA BARCA (1881, p. 486), afirma FERNÁNDEZ GONZÁLEZ que «sin un horóscopo funesto él [Muza] quizá hubiera hecho otras Asturias de las Alpujarras, y hubiera sido el Pelayo del pueblo moro» (1858, p. XI). Véanse también TRUEBA (s. f. c, p. 479) y ZORRILLA (1943, p. 1207). CARRASCO URGOITI analiza la comparación de Abén Humeya con Don Rodrigo en varios poemas del siglo XVI (2005, p. 67).

ahora eliminando las barreras que separaban a ambos grupos y, de manera significativa, desdoblándose en un personaje de cada bando. Mudarra, el protagonista de *El moro expósito*, es un joven musulmán que fue abandonado al nacer en los jardines del palacio real y no sabe quiénes son sus padres[25]. Finalmente averigua que es hijo de Zahira, hermana de Almanzor, y de Gustios Lara, noble burgalés que pasó algún tiempo como embajador en Córdoba y mantuvo con ella un breve, aunque fructífero, escarceo amoroso. Lara ha sido objeto de injustas acusaciones en Castilla y, como resultado de las intrigas de sus enemigos, sus siete hijos son asesinados y él es privado de sus bienes y encerrado en una prisión. En ciertos aspectos, la tragedia de Gustios Lara parece reproducir la del duque de Rivas. No es casual, en este sentido, que cuando el personaje explica la forma en que aconteció su desgracia, algunas de las medidas que se adoptan en su contra sean similares a las sufridas por el autor tras los sucesos del Trienio Liberal. El alcaide de la prisión le informa a Gustios que el conde de Castilla, tras consultar con «sus hombres de guerra y de justicia,/ reo de alta traición te ha declarado,/ confiscado tus tierras y tus villas,/ y mandando poner en tus solares/ los signos viles que traición indican» (1960, pp. 332-333)[26]. En otros momentos, sin embargo, no es con el noble castellano con quien se establece un paralelismo, sino con el moro protagonista del relato. El romance sexto comienza con Mudarra y Zaide dirigiéndose a Burgos, pero, en el momento en que se disponen a abandonar Córdoba, la visión melancólica del personaje resulta interferida por la evocación nostálgica del autor. Desde su exilio en Malta, no puede evitar expresar a través del narrador un emocionado recuerdo de su patria chica: «jamás mi amor a ti, jamás se entibia,/ ni de mi pensamiento un punto sales/ desde que arrastro en extranjeros climas/ la vida, ha tantos años sustentada/ con el amargo pan de la desdicha» (*ibid.*, pp. 299-300).

Este desdoblamiento del autor en personajes de ambos bandos evidencia una voluntad de diluir fronteras que otros detalles se

---

[25] El tema, según Menéndez Pidal, le fue sugerido en Malta por uno de sus amigos ingleses (1974, p. 187). La leyenda de Mudarra y los Siete Infantes de Lara ha tenido amplio cultivo en la literatura española. Véase Menéndez Pidal (1896).

[26] Afirma Nicomedes Pastor Díaz en la biografía que escribió de Rivas, que «la audiencia de Sevilla había fulminado contra don Ángel, por la votación del 11 de Junio, la sentencia de muerte y la confiscación de todos sus bienes» (1894, pp. 54-55).

encargan de confirmar. Así, por ejemplo, la diferencia esencial que propone el poema no es entre cristianos y musulmanes, como si el credo religioso quedara relegado a un segundo plano, sino entre personajes nobles y falsos. Al primer grupo pertenecen Gonzalo Bustios, Zaide y Mudarra, mientras que en el segundo se encuadran Giafar y Velázquez. Los primeros se mantienen fieles a sus ideas y creencias, aun sabiendo que deberán pagar un precio muy alto por ello, mientras que los segundos no dudan en mentir y en recurrir a todo tipo de estratagemas para conseguir sus fines. El duque de Rivas parece estar interesado en utilizar un concepto de valor que no se basa en las creencias religiosas o en la filiación ideológica de los personajes, sino en su forma de comportarse. En este sentido, adquiere importancia que deba ser un moro, Mudarra, el que ayude al castellano Gustios Lara a rehabilitar su nombre. Por supuesto sabemos que es su hijo, pero esta estrategia narrativa (por más que se base en una leyenda tradicional) contiene en sí misma una propuesta de integración que nos remite a la literatura filomorisca del siglo XVI. Teniendo en cuenta que los conservadores del siglo XIX tendían a caracterizar a los liberales como moros y renegados, para justificar así su exclusión de la identidad nacional, el hecho de que sea un moro cristianizado el único heredero de los Lara (una de las familias más nobles y prestigiosas de Castilla), cobra en este contexto una significación especial. Como lo cobra también el hecho de que el duelo entre Velázquez y Mudarra, que decidirá la suerte de Gustios Lara, se presente como un enfrentamiento entre un guerrero castellano y otro cordobés. Dadas las asociaciones que se establecen en el poema, no es irrelevante que el villano de la obra aparezca caracterizado como un cristiano y el héroe como un musulmán. Uno blande «la espada formidable de Bernardo», y el otro «de Almanzor la cimitarra» (*ibid.,* p. 631). Con el trasfondo de las luchas entre conservadores y liberales, la oposición entre Bernardo del Carpio y Almanzor posee una significación especial: el poema privilegia la figura del héroe musulmán (cuya espada hereda su sobrino), a la del cristiano vencedor de los franceses.

Pero si consideramos la situación en que se encontraba el autor al escribir *El moro expósito,* proscrito como Gustios Lara, y, como él, necesitado de una rehabilitación, la acción de la obra (y la obra en sí) adquieren un carácter más personal. Del mismo modo que Mudarra vuelve a Castilla para derrotar a los malvados que difamaron a su padre, limpiar su honor y asegurar la continuidad de su nombre, el poema de Rivas parece contener un propósito similar. *El moro expósito* no sólo refleja el patriotismo del autor de manera explícita, incorporando encendidas protestas de amor a España y lamentando entre lágrimas su destierro, sino también recurriendo a otros procedimientos más sutiles. En el prólogo de 1834, advierte Alcalá Galiano que Rivas había sacado su asunto de la historia de España con el propósito de arraigar la obra en la tradición nacional, pero, como el mismo Galiano señala más adelante, su voluntad patriótica se extendía a otros aspectos decisivos. A diferencia de los autores dramáticos del siglo XVIII, que trataban temas sacados de la historia española con una estética neoclásico-francesa, Rivas, más coherente que ellos, trata un asunto nacional recurriendo a metros genuinamente españoles. La versificación que emplea no había sido usada nunca en obras extensas, según Alcalá Galiano, pero es «susceptible de elegancia y pompa, parecida a la de los romances cortos y verdadera poesía española, y hasta en el asonante, peculiar de nuestro idioma, castiza y exclusivamente castellana» (1960, p. 47). Rivas se proponía, por tanto, desmentir las acusaciones de traición que se habían hecho contra él y contra los liberales en general, reafirmando explícitamente su amor a España, pero además, en una nueva muestra de patriotismo, contribuyendo con la composición de *El moro expósito* a la regeneración literaria del país. El reto que afronta el escritor exiliado es similar al del moro expósito, con la diferencia de que, en el nivel referencial, Mudarra y Gustios son el mismo personaje. La obra de Ángel Saavedra, ese otro «moro expósito», también difamado, debería contribuir a lavar su honor perdido y a asegurar la continuidad de su nombre.

Entre los españoles que se vieron obligados a abandonar el país en 1823 se encontraba asimismo Martínez de la Rosa, granadino de familia acomodada que desempeñó un papel esencial en el Trienio Liberal y que, por su fidelidad a la Constitución de Cádiz, había sido condenado con anterioridad a ocho años de reclusión en el Peñón de la Gomera[27]. Ahora viajó por diversos países europeos y

---

[27] Otro exiliado, Juan Florán, desempeñó a su vuelta a España un papel importante en la fundación de *La Alhambra,* revista granadina en la que colaboraron autores como Lafuente Alcántara, Zorrilla, Salvador Amador, Castro y Orozco, y Fernández

finalmente fijó su residencia en París, donde, para que pudiera ser representada, escribió una primera versión en francés del drama *Abén Humeya*. El estreno se llevó a cabo en París en las turbulentas jornadas que precedieron a la revolución de julio de 1830[28]. Tras ocho días en cartel, se produjeron los acontecimientos del 27 de julio, que provocaron la abdicación del rey, y, cuando la obra volvió a reponerse, el 4 de agosto, se hizo con la adición significativa de canciones de tipo patriótico. Según John Dowling, aunque *Abén Humeya* representaba una acción que terminaba en derrota, el drama y las canciones tenían en común que se centraban en la sublevación de pueblo contra la tiranía (1966, p. 153). En esa atmósfera revolucionaria, el drama de Martínez de la Rosa continuó hasta el 17 de agosto y se representó asimismo en septiembre de ese año, por lo que el crítico inglés afirma que el éxito que obtuvo «was indeed a stunning one» *(ibid.)*. Evidentemente, Martínez de la Rosa se encontró en París con un clima que nadie podía prever, y, en ese ambiente cargado de expectación, *Abén Humeya* adquirió un significado que su autor no pretendía. A pesar de que Martínez de la Rosa residía en la capital del Sena desde hacía años, y podemos suponer que conocía bien la sociedad francesa, la representación de la obra ante un público que no era el suyo desvirtuó, sin duda, su sentido inicial[29]. El *Abén Humeya* no puede entenderse adecuadamente en el contexto de la Revolución Francesa del 27 de julio,

---

Guerra. Numerosos artículos de la revista se dedican a investigar el pasado musulmán de la ciudad y el nombre de Conde aparece mencionado con frecuencia. En «Civilización de los árabes andaluces» afirma LAFUENTE que éstos fueron una nación «española, valerosa y civilizada aunque mahometana» (1839-1842, II, p. 268). El artículo «Zegríes y Abencerrajes» analiza la obra de Pérez de Hita y sus imitaciones en Europa, confirmando nuevamente la conexión con el filoarabismo del siglo XVI.

[28] La traducción al español debió hacerse poco después, ya que, como recuerda MANSOUR, se incluyó en el tomo IV de sus obras completas, publicado en París en 1830 (1967, p. 215).

[29] El teatro francés había contemplado la aparición de varias obras de tema similar en las décadas anteriores. Léon-François HOFFMAN indica que la España mora «fut souvent transposée sur la scène avec succès sinon avec bonheur. Citon, en particulier, *Les Maures d'Espagne ou Le Pouvoir et l'enfance*, écrit en 1804 par Guilbert de Pixérecourt. En 1812, Mme Barthélémy-Hadot donne *L'Amazone de Grenade* et, l'année suivante, Étienne de Jouy fait jouer *Les Abencérages ou L'Étandard de Grenade*» (1961, p. 41). Pero el tratamiento del tema en Francia obedecía a otros intereses y poseía otro significado.

sino en el de las tensiones españolas de la época fernandina[30]. A este respecto, no es casual que Martínez de la Rosa decidiera enfocar la tragedia en la rebelión de los moriscos contra Felipe II, dejando claro que la revuelta había estado ocasionada por los abusos de los vencedores.

El interés de Martínez de la Rosa por tratar temas históricos relacionados con la situación española del momento (y con la suya personal) está bien documentada en muchos otros de sus escritos. En la «Advertencia» a *Morayma,* compuesta cuando se encontraba encerrado en el Peñón de la Gomera, y que nunca llegó a representarse, afirma el autor que la elección del tema se produjo mientras leía la *Historia de las guerras civiles de Granada* de Pérez de Hita, «bien fuese por lo extraño y curioso de la obra, bien por el interés que debía excitar en mí, ausente a la sazón de mi patria y con pocas esperanzas de volverla a ver» (1845d, p. 191). La obra se centra en las guerras civiles de Granada entre Zegríes y Abencerrajes y desarrolla un argumento de resistencia al poder y de lucha contra la tiranía. Por esta razón, es difícil dejar de percibir en ella una alusión a las circunstancias históricas que vivía la España de Fernando VII y a la dramática situación en que se encontraba Martínez de la Rosa. Las referencias al exilio de los que rechazan someterse servilmente a una autoridad corrupta, como era el caso de los liberales, son de hecho numerosas: así, Morayma le recuerda a Boabdil en una de las primeras escenas que «Lejos ya huyeron de la ingrata patria/ Los hijos que culpaban su bajeza,/ Y tu poder injusto refrenaban;/ Los que quedan, ministros de tu ira,/ A una voz tuya del puñal se arman;/ Y el pueblo vil las víctimas espera/ Para besar tu huella ensangrentada» (*ibid.,* p. 196).

Si en *Morayma* se enfrentan dos facciones de los musulmanes granadinos, en *Abén Humeya* pone el autor en escena la rebelión de los moriscos contra Felipe II. La violenta opresión que sufren por parte de los castellanos es presentada al principio de la obra con los colores más vivos: ofenden a sus mujeres, les impiden practicar abiertamente su religión, hablar su lengua, usar sus vestidos,

---

[30] MOLINA ROMERO afirma que la obra fue, no sólo escrita en francés, «mais conçue pour des Français» (2005, p. 169). Pero su problemática, como vemos, sólo puede entenderse adecuadamente en el entorno de la España fernandina.

exteriorizar sus señas de identidad... Ante esta situación, difícil de soportar, las dos alternativas que se les ofrecen son igualmente dolorosas: continuar sufriendo resignadamente una larga serie de humillaciones o abandonar la tierra de sus antepasados y establecerse entre gentes afines a sus creencias. Las dos opciones son expuestas por el protagonista y su esposa en la primera escena. Zulema observa que ciertos grupos de Las Alpujarras están preparando una revuelta contra Felipe II e intenta persuadir a Abén Humeya de no participar en ella. Le pide que piense en las posibles consecuencias, aduciendo que «en medio de tantas desdichas, no te faltan motivos de consuelo: ves correr tus días en el seno de tu familia; vives en la tierra de tu predilección; esperas mezclar tus cenizas con las cenizas de tus padres» (1845a, p. 297). También ella reconoce que le cuesta a veces amoldarse a la situación, pero considera que no hay posibilidad de cambiarla. Por eso, en los momentos en que se encuentra más decaída, trepa a las cumbres de la sierra y se imagina que divisa a lo lejos la costa de África. Entonces, siente «aliviarse el peso que oprimía mi corazón, y me vuelvo más tranquila, comparando nuestra suerte con la de tantos infelices, arrojados de su patria, y sin esperanza de volverla a ver en la vida... Esos sí que son dignos de lástima» (*ibid.*, pp. 297-298).

Abén Humeya, sin embargo, no comparte su opinión. La vida de los que optaron por desarraigarse y emigrar a una tierra extraña tal vez esté plagada de desdichas, pero, según él, es preferible a la doble vida que llevan ellos. Le reprocha a su esposa con amarga ironía que hace muy bien en compadecer la suerte de los exiliados en el norte de África, ya que son muy desgraciados «los que pueden todavía, a gritos y a la faz del cielo, aclamar el nombre de su patria y maldecir a sus verdugos; los que adoran al Dios de sus padres; los que conservan sus leyes, sus usos, sus costumbres... ¡Cuánto no deben envidiar nuestra dicha!» (*ibid.*, p. 298). Los musulmanes que decidieron quedarse en la Península Ibérica, por el contrario, han debido pagar un alto precio por el privilegio de que disfrutan: «Nosotros —dice Abén Humeya— vivimos con sosiego bajo el látigo de nuestros amos; adoramos su Dios; llevamos su librea; hablamos su lengua; enseñamos a nuestros hijos a maldecir la raza de sus padres» (*ibid.*, pp. 298-299). A las desgracias que experimentan los que deciden exiliarse para vivir de acuerdo a sus ideas, se opone el drama de los que, por permanecer en su patria, se ven en la necesidad de silenciar sus ideas y sufrir los abusos de los vencedores. Al exilio físico de los que deben renunciar a su país, se opone el exilio interior de los que se sienten alienados de la realidad que les rodea[31]. Ambas alternativas reflejan muy bien las dos opciones que se les ofrecían a los liberales bajo Fernando VII, así como las que se les ofrecerán posteriormente a todos los vencidos en las confrontaciones siguientes. La utilización simbólica de los moriscos es transparente en la obra. El mismo autor confiesa explícitamente identificarse con ellos en el «Avant-Propos» a la edición francesa, cuando, para justificar los posibles errores de estilo, afirma: «Je me suis vu forcé (comme les Maures que j'ai dépeints l'étaient avant leur révolte) de parler une langue étrangère; et sous un tel joug, il est presque impossible que l'ouvrage ne se ressente souvent de la gène qu´a éprouvée l'auteur» (*ibid.*, p. 293).

Las alusiones a las amarguras del destierro aparecen en otras partes del drama. Así, al principio del acto tercero canta un grupo de mujeres un romance morisco sobre el desconsuelo de Abén Hamet, cuando se despide para siempre de Granada con la conciencia de estar condenado a vivir y «a morir en tierra extraña» (*ibid.*, p. 345). El paso al norte de África se ofrece en ocasiones como una dolorosa alternativa, pero la acción de la obra se centra en los abusos que tienen que sufrir los moriscos por parte de los castellanos y en el sangriento levantamiento que provocan. Que la revuelta está justificada, lo confirman dos personajes que tienen buenos motivos para desautorizarla. Lara, el enviado del marqués de Mondéjar, intenta convencer a los sublevados de que depongan las armas, pero una astuta estratagema de Abén Humeya pone de manifiesto que, en igualdad de circunstancias, él hubiera hecho lo mismo. Abén Humeya simula querer torturarlo para que abjure de sus creencias y Lara reacciona enfurecido: «¿Quién?... ¡yo, bárbaro!... renunciar yo, por salvar una vida sin honra, renunciar a mi rey, a mi patria, a la religión de mis padres!... Antes la muer-

---

[31] Paul ILIE utiliza el término «exilio interior» para caracterizar el estado de los que se sienten excluidos de la comunidad a que pertenecen. Según el crítico americano, «exile is a state of mind whose emotions and values respond to separation and severance as conditions in themselves. To live apart is to adhere to values that do not partake in the prevailing values; he who perceives this moral difference and who responds to it emotionally lives in exile» (1980, p. 2).

te, mil veces la muerte!» (*ibid.*, p. 341). El recién proclamado rey morisco utiliza entonces esas mismas palabras para contestar a su propuesta: «ABEN HUMEYA: (*Con sequedad y desaire*) Esa es nuestra respuesta. Marchaos» (*ibid.*). Los castellanos, en efecto, no podían pedirles a los moriscos que aceptaran unas condiciones de vida que ellos considerarían indignas. Por otra parte, el conformista Muley Carime, suegro de Abén Humeya, que aconseja a sus correligionarios la resignación para evitar males mayores, enumera una larga serie de ofensas que parecen agravarse cada día: atropellos, insultos, prohibiciones... Según él, las provocaciones de los castellanos se proponen exasperar la paciencia de los moriscos para apretar más el yugo con que los esclavizan. Muley Carime representa la actitud de aquellos que, preocupados únicamente por el bienestar suyo y de su familia, prefieren acomodarse a las circunstancias y aceptan las condiciones de los opresores. No es de extrañar que al final intente traicionar a los rebeldes y Abén Humeya se vea forzado a condenarlo a muerte.

En el otro extremo de la sublevación se encuentran Abén Abó y Abén Farax, valerosos caudillos que incitan a la rebelión, pero que se dejan arrastrar por sus intereses particulares y no respetan ningún tipo de autoridad. La índole conflictiva de su comportamiento se pone ya de manifiesto en la cueva del Alfaquí, a la que ellos mismos proponen ir para juramentar las bases de la revuelta. El Alfaquí es una figura venerable que se ha conservado fiel a las creencias de sus antepasados y que, antes que someterse a las duras condiciones de los vencedores, siquiera sea en apariencia, prefiere eludir el trato social y sepultarse en vida. Todos respetan su autoridad moral y van a él en busca de consejo, pero cuando propone que es necesario nombrar rey a Abén Humeya (por ser de la estirpe del profeta), Abén Abó y Abén Farax manifiestan su desacuerdo y no quieren obedecerle. La escena de la cueva está plagada de resonancias tradicionales: el Alfaquí habla de las costumbres de sus ancestros, de Muza y Tarik, de los reyes de Córdoba y Granada, y finalmente, saca el estandarte invencible de Alhamar para, a su sombra sagrada, hacer jurar el cargo a Abén Humeya. Está claro que el Alfaquí participa del ánimo revolucionario de los sublevados, pero también que quiere dotar al movimiento de una estructura y de una legitimidad. Abén Abó y Abén Farax, por el contrario, encarnan el partidismo, el espíritu de discordia que condena irremediablemente la rebelión al fracaso[32]. Su pretensión de que la máxima autoridad debe ejercerla quien se muestre más capaz de desempeñarla, no aquel a quien le corresponda por derecho, sólo puede conducir, según la obra, a una serie interminable de conflictos. Por eso, cuando los moriscos asesinan a Abén Humeya y proclaman rey a Abén Abó, el final apunta hacia una repetición de la tragedia en la figura del nuevo líder[33].

Frente a la resignación egoísta de Muley Carime y el individualismo paralizante de Abén Abó y Abén Farax, Abén Humeya representa el espíritu revolucionario, pero fundado en el respeto a la legitimidad. Cuando el Alfaquí le nombra rey (o, más bien, cuando recuerda a todos que sólo él puede ser elegido), Abén Humeya se resiste a asumir el puesto, pero finalmente, conminado a aceptar el mandato divino, dobla la rodilla ante el anacoreta y se somete a la voluntad suprema (*ibid.,* p. 320). Abén Humeya tiene que sufrir las reconvenciones de su esposa y de su suegro por no pensar suficientemente en su familia, pero también las de Abén Abó y Abén Farax por retardar la sublevación y manifestarse excesivamente tibio. Sin embargo, una vez que jura «regir estos pueblos en paz y justicia, y derramar mi sangre en su defensa» (*ibid.,* pp. 320-321), procederá resueltamente y mantendrá el compromiso hasta el final de su vida. Si se compara la figura del personaje con la del Abén Humeya histórico, no cabe duda de que Martínez de la Rosa lo idealizó, dotándolo de cualidades que sabemos positivamente que no poseía[34]. Pero al autor no le interesaba reproducir escrupulosa-

---

[32] Valiéndose de la rebelión morisca, la obra reproduce en la ficción los graves enfrentamientos que se produjeron entre las distintas facciones de los liberales durante el Trienio. MESONERO ROMANOS recuerda en sus *Memorias* que los partidarios de la revolución, no contentos «con luchar contra sus naturales adversarios, dividiéronse muy pronto entre sí, hasta el extremo de hacerse cruda guerra bajo las diversas enseñas de *exaltados y moderados*» (301). Sobre este particular, véanse también Blanco White (MÉNDEZ BEJARANO, 1920, p. 156), VAYO (1842, II, p. 214), *El Espectador* (1821-1823, p. 1038), *Alguna cosa sobre Comuneros* (1823, p. 11), *Manifiesto y otros documentos* (1823, p. 16), *Los comuneros de hogaño* (1822, p. 19) y *El Zurriago* (1821-1823, pp. 6-8).

[33] En la obra hay un ataque al conformismo, pero también a la visceralidad. Las pasiones, si no son dominadas por la razón, pueden hacer fracasar la rebelión (PÉREZ DE LA BLANCA, 2005, p. 257).

[34] CARRASCO URGOITI afirma que en «lo que más se desvió Martínez de la Rosa de la historia fue en el carácter de su héroe, a quien evidentemente idealizó. En el drama, Abén Humeya aparece como hombre maduro y excelente padre de familia, atribuyén-

mente los episodios acontecidos a finales del siglo XVI en las Alpujarras, sino utilizarlos de manera simbólica para explicar el fracaso de la revolución liberal de 1820. En este sentido, Abén Humeya representa el «justo medio» defendido por el autor. Por ello sufre la incomprensión de los extremistas, tanto del lado conservador como del revolucionario, y sucumbe finalmente a las intrigas de su propio bando. Al igual que Pablo Mendíbil en sus artículos sobre los árabes peninsulares, lo que propone aquí Martínez de la Rosa es que el fanatismo de la España tradicional no debe combatirse con el extremismo revolucionario, sino con la moderación y la prudencia[35]. Sólo así podría salir el país del trágico círculo de intolerancia al que parece abocado.

También Estanislao de Kostka Vayo participó activamente en los sucesos del Trienio Liberal y, como consecuencia de ello, al igual que los autores que venimos comentando, se vio forzado a exiliarse tras la intervención francesa. En su novela *Los expatriados o Zulema y Gazul,* trata de la expulsión de los moriscos y emplea lo acontecido con ese grupo como punto de referencia para reflexionar sobre la realidad que a él le tocó vivir. Pero, tal vez por ser valenciano, no se centra en la conocida expulsión de principios del siglo XVII, sino en la decretada por Jaime el Conquistador siglos antes contra los moriscos de la corona de Aragón. En la aclaración que dirige «Al público» afirma Vayo que escribió la novela en 1831 «con ánimo de recordar a los españoles en la expulsión de los mauros otra desgraciada expatriación que todos habían presenciado» (1834, p. III)[36]. Como en la obra de Martínez de la Rosa, también aquí se les ofrece a los moriscos la trágica disyuntiva de exiliarse en un país extranjero, separándose del entorno de sus antepasados, o permanecer en la tierra que les vio nacer ocultando sus creencias. Ante

---

dose la catástrofe final a la envidia de sus enemigos y a su dilación en castigar los tratos de su padre político» (1989, p. 327).

[35] Al igual que la mayoría de sus contemporáneos, algunos críticos actuales reprueban la actitud moderada de Martínez de la Rosa. Véase RIBAO PEREIRA (2003, p. 380). La evaluación del comportamiento del personaje suele reflejar las ideas del crítico.

[36] De manera similar, en la dedicatoria a Luis Usoz del Río de su novela *Cristianos y moriscos,* confía ESTÉBANEZ CALDERÓN que el destinatario sabrá distinguir en la obra «la ficción [...] de lo que son ecos de sensaciones más inmediatas, de impresiones acaso palpitantes todavía» (1955a, p. 101). La obra se centra también en la expulsión de los moriscos.

este dilema, confiesa el narrador que Gazul no podía determinarse «a seguir la turba de los expatriados mauros, ni resolverse a habitar el país dominado, donde en su caso habría de permanecer oculto o abjurar su religión» (*ibid.*, p. 12). La referencia al país dominado evidencia la existencia de una situación similar a la producida como consecuencia de una invasión, sólo que aquí no son los cristianos, sino los musulmanes, los que constituyen la población autóctona. En el contexto de las asociaciones implícitas que se establecían en la época, el detalle no es irrelevante.

La identificación emocional con los moriscos, por haber sido víctimas de un mismo espíritu de intolerancia, le lleva a Vayo a proyectar sobre ese grupo sus ideas, como si la sociedad que crearon en la Edad Media fuera un reflejo de la que los liberales querían establecer a principios del siglo XIX. En eso no se diferencia de los otros exiliados[37]. Según él, la laboriosidad de los musulmanes consiguió crear en tierras valencianas una sociedad de carácter ilustrado, rica y floreciente, en la que se desarrollaron sofisticados sistemas de riego, se fomentó la agricultura y se hicieron asombrosos progresos en las ciencias y en las artes. Hasta tal punto que, mientras permanecieron allí, «las fructíferas riberas del Turia eran llamadas el Eliseo Europeo, y excedían en naturales tesoros y agrícola belleza a los pensiles de la pastoral Arcadia» (*ibid.*, p. 3). Todos esos avances, sin embargo, fueron rápidamente aniquilados por los cristianos, quienes, nada más conquistar el país, y contra sus propios intereses, expulsaron a la población musulmana, dejando la tierra deshabitada y los campos sin cultivo. Los moros expatriados pudieron así ver con satisfacción «que el reino edetano, que cultivado por ellos era su continuado jardín, había perdido muchos quilates de su hermosura al pasar

---

[37] Muy diferente es la identificación de ciertos románticos europeos y americanos con los «moros granadinos». Washington Irving «turned Granada into a symbol of lost childhood innocence, a metaphor for paradise lost» (HOFFMEISTER, 1990, p. 118) y CHATEAUBRIAND afirma en el prólogo a *Les aventures du dernier Abencérage* que «cette Nouvelle est l'ouvrage d'un homme qui a senti les chagrins de l'exil et dont le coeur est tout à sa patrie» (1869, p. 186). Pero la identificación de Mendíbil y otros liberales españoles con los musulmanes no es individual, sino colectiva: se identifican con ellos en cuanto creadores de una gran civilización que los cristianos se empeñaron en destruir, llevando el país a la ruina.

a las manos de los aragoneses y catalanes, que nada entendían de agricultura» (*ibid.,* pp. 97-98). Pero la destrucción no afectó tan sólo a la riqueza material del país, sino también, y de manera más decisiva, a un cierto modelo de convivencia. La sociedad musulmana, basada en la coexistencia pacífica de distintos credos religiosos, fue sustituida por otra en la que primaban el fanatismo y la intolerancia. En la acción de la obra, una vez derrotados los moriscos sublevados, los cristianos se ensañan con ellos y los someten a un duro castigo. Y el narrador no puede evitar exclamar: «¡Oh tolerancia! ¡oh desgracia de los que no han esperado a nacer cuando el mundo esté más civilizado, cuando a la falsa y teórica ilustración suceda la verdadera!» (*ibid.*, p. 149).

El planteamiento de Vayo, como el de los otros muchos escritores liberales, no implicaba tan sólo una idealización de al-Andalus, sino también, y de manera complementaria, una demonización de los cristianos. Si los apologistas del siglo XVIII habían alabado los logros de «nuestros árabes» para resaltar la importante contribución española a la Europa moderna, sin considerar que la nación que reivindicaban se había configurado luchando contra esos mismos musulmanes que ahora empleaban para cantar sus glorias, los liberales asumen en cierto modo un discurso más coherente. Proyectan sus ideas sobre los musulmanes de la Península Ibérica, pero no con la intención de defender la España actual de las acusaciones de sus enemigos, sino para atacar sus bases. Según esta interpretación, existió un modelo alternativo de país en la Edad Media (el de la España musulmana), que, lamentablemente, fue destruido por el fanatismo religioso de sus rivales. Y ese grupo intolerante, basado en los derechos de la victoria, era ahora el que pretendía monopolizar el sentido de lo español. El conflicto entre musulmanes y cristianos se interpreta, no en los términos en que se produjo en el pasado, sino como un antecedente del que enfrentaba a progresistas y conservadores a principios del siglo XIX. No tiene sentido, por tanto, pretender que los musulmanes que aparecen en estas obras reproducen una realidad histórica, por más que, con una actitud no exenta de ingenuidad, se haya hecho así con frecuencia.

La interpretación propuesta por los liberales coincidía en líneas generales con la propagada manifestada anteriormente por numerosos autores europeos en un contexto de hostilidad hacia España. Eso explica su solidez[38]. Deslumbrados por la lectura de novelas moriscas, cuyo mundo idealizado interpretaban de manera literal, o influidos por las teorías orientalistas que empezaron a propagarse por toda Europa, diversos escritores del siglo XVIII (franceses e ingleses, sobre todo) expusieron su convencimiento de que los musulmanes españoles eran un pueblo culto y refinado que consiguió crear en la Península Ibérica una civilización deslumbrante. La descripción de sus logros, evidentemente exagerada, les sirvió para lanzar un violento ataque contra el fanatismo y la ignorancia de los españoles de su tiempo. Los descendientes de los godos, según ellos, habían heredado un país extraordinariamente rico y pujante, en el que florecía la agricultura y brillaban las ciencias. Pero con su lamentable ineptitud para los asuntos prácticos, a causa del fanatismo religioso, no tardaron en convertir el paraíso en un páramo. Swinburne, Siluhette, Peyron, Warton, Lantier, Townsend, el anónimo autor de *État politique, historique & moral du royaume d'Espagne...,* todos ellos cantaban las excelencias de la España musulmana, lamentando que los cristianos hubieran derrotado a sus enemigos y los hubieran obligado a cruzar de nuevo el Estrecho. Jean-François Peyron afirmaba en 1777 que, cuando los moros poseían el reino de Granada, «c'étoit le pays du monde le plus riant & le mieux cultivé; sa population étoit immense, ses vallées & ses montagnes étoient couvertes de vignes & d'arbres à fruits» (1783, p. 156). Tras ser sustituidos por los cristianos, sin embargo, todo había cambiado, la población había disminuido y los campos permanecían deshabitados y yermos. Ese estado de cosas era el que hacía lamentar a M. de Lantier que los españoles hubieran expulsado al norte de África a «cette nation brillante qui réunissait les

---

[38] CARO BAROJA observa en 1957 la existencia, ya desde el principio, de dos reacciones opuestas respecto a la expulsión de los moriscos: los conservadores en general consideran que «la medida fue sabia, de gran utilidad pública, o, cuando menos, irremediable» (2003, p. 40). Por otro lado, muchos autores extranjeros, «hostiles a la casa de Austria, por ejemplo los franceses de los siglos XVII y XVIII y los protestantes en general, a los que siguen nuestros economistas dieciochescos y nuestras "izquierdas", hacen grandes críticas de ella, considerándola como una prueba del fanatismo y de la torpeza de los gobernantes de la época» (*ibid.,* p. 41). Véase también GIL SANJUÁN (1998, p. LXXVIII).

arts, les sciences, le commerce, la valeur, la galanterie, le luxe et les plaisirs» (1826, II, p. 211).

Estas teorías provocaron a finales del siglo XVIII una fuerte reacción defensiva en España, similar a la que ocasionaría por esas mismas fechas el artículo de Masson de Morvilliers, contra lo que se consideraba una interpretación tendenciosa de la historia y de la realidad del país. En 1782, por ejemplo, se dolía José Nicolás de Azara de la caracterización humillante de los españoles que aparecía en el libro *Travels Through Spain* de Swinburne, publicado tres años antes, reprochándole que, cuando exalta la civilización musulmana de la Península Ibérica, lo hace únicamente «para humillar la nuestra» (1782, s. p.). Es necesario advertir que lo que critica Azara del viajero inglés no es el hecho de que alabe a los antiguos musulmanes peninsulares, ya que él también lo hace cuando afirma que los españoles adquirieron a través de los árabes conocimientos científicos que estarían vedados hasta mucho más tarde a otros pueblos europeos[39]. Lo que le molesta al autor español no es la alabanza en sí, sino el manejo que Swinburne hace de ella. Así, mientras que Azara la utiliza para demostrar que los españoles, en contacto continuo con los árabes, tuvieron la posibilidad de acceder tempranamente a conocimientos científicos que los otros países europeos ignoraban, contradiciendo así la extendida opinión que los tachaba de atrasados, el viajero inglés lo emplea para denigrar a un pueblo que, por su ignorancia, había conseguido destruir el legado brillante de sus maestros[40].

También Antonio Ponz se ocupará de la obra de Swinburne tres años más tarde, pero interpretando su actitud en un contexto más amplio, como parte de una tendencia antiespañola que, en su

---

[39] Afirma AZARA que, por su trato con los árabes, los españoles dieron a muchos elementos naturales nomenclatura propia, diferente de la de los griegos y latinos, «a cuyas lenguas tuvieron precisión de recurrir otras naciones cuando empezaron a salir de la barbarie» (1782, s. p).

[40] Sobre el generalizado uso en el siglo XVIII de los logros de la civilización árabe para reivindicar el importante papel desempeñado por España en el camino europeo hacia la Ilustración, véase TORRECILLA (2008, pp. 127-154). Algunos españoles se mostraron escépticos al respecto. Un autor anónimo le recomienda a Forner que debería haber descartado de su *Apología* a los romanos, cuyas glorias son ajenas a España, así como a los árabes, «que, ni vencidos ni victoriosos han hecho un pueblo con nosotros» (*Cartas de un español,* 1788, p. 51).

opinión, se estaba generalizando en las últimas décadas. Critica los insultos y los errores en que incurren algunos libros de viajes recién publicados (como las *Letters* de Clarke, al igual que los *Travels* de Swinburne, el *Voyage* de Dalrymple y el *Voyage de Figaro,* de autor anónimo), para concluir que los españoles, siendo obviamente los más interesados en reivindicar el honor de su nación, deberían preocuparse por traducir esos textos y familiarizarse con ellos[41]. Sólo así podrían salir en su defensa y deshacer las mentiras que se propagaban por toda Europa. Porque el que ignora lo que se dice, no puede proceder a rebatirlo, «y según el proverbio, quien calla otorga» (1785, p. LXII). Probablemente a esta recomendación se atuvieron los editores del *Espíritu de los mejores diarios literarios,* cuando, en enero de 1788, publicaron un extracto de varias páginas del libro de Swinburne. El articulista asegura querer reproducir tan sólo las partes del viaje que considera más relevantes, por lo que no deja de ser significativo que incluya precisamente aquellos párrafos en los que el autor inglés alaba de manera tendenciosa los logros de los musulmanes. Afirma Swinburne que, cuando los árabes dominaban la Península Ibérica, consiguieron crear en los alrededores de Valencia una especie de paraíso terrenal, pero sólo para añadir que, por desgracia, sus canales y acequias estaban ahora en un lamentable estado de dejadez, lo que «prueba la indolencia e inferioridad de los actuales propietarios» (p. 819)[42].

Tanto Azara como Ponz y el *Espíritu de los mejores diarios* se muestran muy dolidos con unas teorías que, en su opinión, sólo podían entenderse como producto de una arraigada actitud antiespañola entre los que habían sido sus tradicionales enemigos. Se inscriben así en una corriente defensiva, muy extendida en la segun-

---

[41] Para demostrar que se trata de una actitud tendenciosa, recurre al testimonio de otros viajeros extranjeros, como John T. Dillon y Richard Twiss, que habían ofrecido en sus escritos una visión más positiva del país. Twiss, por ejemplo, hablando de Valencia, y sin mencionar para nada a los musulmanes, afirma que es casi imposible reproducir su belleza, añadiendo: «This province is termed the garden of Spain, and may very justly be termed that of Europe» (1775, p. 215).

[42] A semejanza de Ponz, el articulista se distancia del autor inglés. Le acusa de ser tan superficial, «que su obra más bien parece una relación de ciego, con alguna erudición indigesta, que un cuadro filosófico de España, de sus producciones, de su industria y comercio» (*Espíritu,* 1787-1788, p. 70). La traducción del *Espíritu* se basa en la edición francesa de libro de Swinburne, aparecida en 1787.

da mitad del siglo XVIII, que rechaza con firmeza los ataques que se dirigen contra el país y reivindica sus glorias.

Pero en la segunda mitad del siglo XVIII, comenzó a abrirse paso asimismo una corriente crítica que consideraba las invectivas de los extranjeros, no como una evidencia de su inquina anti-española, sino como el reflejo de una realidad. El país, según estos críticos, se había quedado descolgado de la modernidad europea y necesitaba urgentes remedios. Y, curiosamente, sólo los miembros de otros países europeos parecían darse cuenta de ello. Lo que llevó a algunos a pensar que, para percibir el problema, era necesario adoptar el punto de vista «europeo moderno». Así, en 1781 incluye *El Censor* en sus páginas una «Carta escrita por un inglés que ha viajado por España a un amigo suyo en Londres», en la que un tal «Mildeton» asegura que la causa de la decadencia de España, contra lo que generalmente se creía, no nace de la expulsión de los moriscos, sino «de la manera en que están repartidas las tierras en esta Península» (1989, p. 93). Para probarlo, compara el caso de España con el de Francia e Inglaterra, que han pasado por situaciones similares de guerras y despoblación, pero han conseguido recuperarse con rapidez. La carta por supuesto es apócrifa, pero, por ello mismo, sirve para probar dos puntos importantes. En primer lugar, que estaba muy extendida la opinión de que la expulsión de los moriscos había contribuido decisivamente a agravar los males del país. Pero también que, para calibrar adecuadamente la situación española, había que hacerlo desde fuera, adoptando el punto de vista de otros países europeos para situar el problema en perspectiva[43]. Sólo así puede entenderse que el autor se sirva de la figura de «Mildeton» para expresar sus ideas. El artículo concluye afirmando que no se puede negar a la carta «el carácter de sencillez y claridad propias de un buen inglés. Si tal vez sus expresiones son un poco atrevidas, y sus comparaciones odiosas, deben permitirse a un hombre, que no ha nacido con la obligación de hablarnos según nuestro gusto» (*ibid.*, p. 96).

---

[43] La adopción del punto de vista «europeo moderno» para analizar los males de España es frecuente en la literatura ilustrada de finales del siglo XVIII. Sin salirnos de la década de los ochenta, véanse, a modo de ejemplo, *El Apologista Universal* (1786, p. 263), los Discursos 59 y 65 de *El Censor* (1820, pp. 249-252 y 272-273), o las *Cartas marruecas* de CADALSO (1981, pp. 274-275).

Sin embargo, cuando afirmo que ciertos autores progresistas adoptan el punto de vista del otro, necesito hacer una importante matización. Los liberales españoles asumen las críticas venidas de fuera por considerarlas legítimas, pero, al igual que veíamos que sucedía con las alabanzas de los musulmanes en el siglo XVIII (que se integraban en un discurso apologético de la nación, para ensalzar los logros de «nuestros árabes»), el uso que harán de ellas las proyecta sobre otro eje de valores y, por tanto, las dota de un significado diferente. Los viajeros ingleses y franceses, como bien observó Azara, se proponían exaltar los logros de los «moros españoles» para atacar los fundamentos de una civilización que, por su desdén por la ciencia y su espíritu inquisitorial, había conseguido arruinar los extensos territorios bajo su dominio, incluyendo el suyo propio. Lo que les interesaba era ridiculizar al enemigo debilitado y vengar las ofensas recibidas en otro tiempo. Pero cuando los liberales españoles del siglo XIX asumen una interpretación similar, su propósito es radicalmente diferente. Confrontados con el intento conservador de monopolizar el concepto de España, los progresistas se ven en la necesidad de atacar los fundamentos de esa identidad excluyente, afirmando la existencia de una idea alternativa del país más abierta y tolerante. Una idea, sin embargo, que, para desmentir la procedencia extranjera que se les reprochaba, no podía presentarse tan sólo como un programa de futuro, sino como una tradición truncada. Esto es lo que les lleva, según vimos, a idealizar a los comuneros como defensores de la libertad española frente al absolutismo de los Austrias, o a reivindicar la importancia de los fueros aragoneses y catalanes como un modelo de convivencia similar al que ellos defendían. En ambos casos, siguiendo una dinámica habitual en la creación de los mitos, proyectan el futuro sobre el pasado, planteando como una tradición nacional lo que, de hecho, implicaba una propuesta revolucionaria de cambio.

Una dinámica similar puede observarse en la creación del mito de al-Andalus, sólo que ahora la ruptura causada en el imaginario colectivo es aún más radical. Si la idealización de los comuneros y de los fueros aragoneses les había servido a los liberales para cuestionar que el absolutismo estuviera arraigado en la historia nacional, afirmando que sólo pudo implantarse con la llegada de dinastías extranjeras, el mito de al-Andalus les sirve para desmentir y contrarrestar el mito de la Reconquista, pieza clave en la configuración de la España oficial[44]. Y no porque nieguen que el país se hubiera formado a lo largo de una prolongada contienda que a lo largo de varios siglos enfrentó a cristianos y musulmanes, sino porque consideran que ese enfrentamiento no consistió en una empresa de reconquista frente a un invasor venido de fuera, sino en una guerra civil entre hermanos. Una guerra, además, que, para mayor desgracia, terminó con la victoria del bando que menos lo merecía. Exactamente como acababa de suceder en el siglo XIX. El resultado será la creación de dos interpretaciones opuestas de lo español, cada una con sus propias tradiciones, mitos y héroes. La gravedad del hecho para la plasmación de cualquier proyecto de convivencia futura es difícil de exagerar.

El mito de al-Andalus, por su radical oposición a todo lo que España había representado hasta ese momento, resultaba difícil de congeniar incluso con el resto de la mitología liberal. Estanislao de Kostka Vayo, según acabamos de ver, se sentía obligado a condenar la ignorancia y barbarie de los aragoneses, afirmando que, al igual que los castellanos, de los que apenas se diferenciaban, habían arruinado la sabia organización social instaurada por los musulmanes. Pero, si era así, ¿cómo explicar que esas gentes bárbaras hubieran conseguido crear, según proponía el mito de los fueros medievales (refiriéndose principalmente a los territorios de la antigua corona de Aragón), sociedades sabiamente organizadas, que, de no ser por la incidencia de dinastías extranjeras, habrían llegado a convertirse

---

[44] El hecho de que la nueva propuesta afecte al mito fundamental de la nación española (y por tanto a un componente esencial de su identidad) explica el enconamiento que aún hoy provoca. Véanse, por ejemplo, Márquez Villanueva, Fanjul, González Alcantud, Perceval, Subirats. Este último afirma que la existencia «de una realidad multiétnica y plurirreligiosa en la España anterior al estado católico de 1492 sólo la han planteado abiertamente voces intelectuales exiliadas» como Blanco White y Américo Castro (SUBIRATS, 2003, p. 39). Pero CASTRO considera que la españolidad es una cuestión de conciencia colectiva: «Es español quien se siente estarlo siendo en compañía de otros, o es reconocido como tal por quienes se ponen en contacto con él» (1973, p. I). La definición creo que puede ser un buen punto de partida para acercarnos al tema. En este sentido, CARDAILLAC observa que, incluso en el siglo XVI, cristianos y musulmanes se identificaban con dos comunidades diferentes: «si el cristiano celebra las victorias conseguidas por las tropas españolas sobre el infiel, el morisco se entristece» (1979, pp. 80-81). Obviamente, aun aceptando que las cosas fueran así, esto no justificaría en modo alguno su expulsión, sino que evidenciaría el fracaso o la inexistencia de un proyecto de convivencia (MÁRQUEZ VILLANUEVA, 1991, p. 195).

en el asombro de Europa?, ¿acaso se trataba de que sus talentos incumbían a la legislación, pero no al comercio o a la agricultura?, ¿o es que las sociedades que crearon no eran tan ideales como el mito de los fueros hacía suponer? El problema parecía de difícil solución, pero hubo escritores, como Vicente Boix, que lo intentaron. Y lo hicieron desde posiciones claramente catalanistas.

En su novela *Omm-al-Kiram o La expulsión de los moriscos* presenta el autor los sucesos a que alude el título y lo hace en términos aparentemente muy similares a los de Conde y Mendíbil. Así, reproduciendo el planteamiento de esos autores, el morisco Antar se queja de que la historia la escriben los vencedores, por lo que, si son derrotados, «la historia nos cubrirá de baldón. Nosotros no tenemos quien defienda ni nuestra memoria ni nuestra razón» (s. f., p. 67)[45]. Otro morisco, a su vez, expresa un lamento similar al que dirigiera El Zaguer a Felipe II con ocasión de la pragmática que provocó la rebelión de Las Alpujarras[46]. Afirma Joaquín Malchich que los cristianos les habían obligado a cambiar sus nombres y a entregar sus hijos «a los sacerdotes para que les hagan cristianos; y por fin, nos han mandado olvidar también nuestra lengua y arrojar nuestros trajes, para vestir estos que nos distinguen de todos» (*ibid.*, p. 13). Hasta aquí, podría decirse que la denuncia de Malchich no tiene nada de original. Pero su parlamento adquiere una connotación nueva, cuando añade que «esta es la patria de nuestros mayores, donde tantos siglos hemos permanecido bajo el amparo de las leyes, publicadas bajo los gloriosos y bienaventurados reyes de Aragón» (*ibid.*, p. 13). Cristianos y moriscos vivieron durante siglos en paz y, significativamente, se comunicaban todos en «lemosín» (*ibid.*, p. 5). La armonía en la que vivían sólo comenzó a destruirse cuando vinieron a sentarse en el trono de Aragón monarcas de una

---

[45] Miguel LAFUENTE ALCÁNTARA, siguiendo asimismo a Conde, afirma que los «vencedores, que no siempre son imparciales ni generosos, proscribieron a los enemigos de su religión, y condenaron también al desprecio y al olvido las memorias de sus estudios y sabiduría» (1843, p. 275).

[46] HURTADO DE MENDOZA, como es sabido, lo incluyó en su relación de los hechos (1776, p. 30), y MENDÍBIL lo reproduce en su artículo de 1826 (VI, p. 72). El libro de CONDE no puede hacerlo, por terminar con las capitulaciones de Granada, pero inserta al final el discurso de un dirigente musulmán (Muza) con razonamientos similares (1820-1821, III, pp. 256-257).

dinastía extranjera. Desde entonces, «los moriscos son considerados como parias y han sido incesantes las persecuciones» (*ibid.*, p. 13). Según la interpretación de Boix, el problema de convivencia no lo habrían causado los cristianos peninsulares en general, sino, más específicamente, los cristianos castellanos. En este contexto, el adjetivo «extranjero» posee una referencialidad ambigua, ya que puede aludir tanto a los Austrias como a Castilla[47].

Si tenemos en cuenta, además, que el narrador lamenta repetidas veces que se está perdiendo el uso de la «lengua lemosina», por el mayor prestigio del castellano, el parlamento de Malchich adquiere una significación que no tenía en Mendoza ni en Mendíbil. No se trata aquí de criticar la intolerancia de los cristianos en general, sino, más concretamente, el afán excluyente de los castellanos. Ellos son los responsables de haber acabado con una sociedad en la que ambos grupos vivían en armonía, así como con una cultura que tenía derecho a ser diferente. El enfrentamiento básico, por tanto, no es entre cristianos y moriscos, sino entre dos tipos de españoles: unos con mentalidad abierta (musulmanes y aragoneses) y otros de temperamento autoritario (castellanos). Estos últimos, en su deseo de acabar con todo aquello que amenazara su hegemonía, decidieron expulsar a los moriscos y estaban a punto de acabar con la cultura catalana. Ambos procesos se percibían como íntimamente ligados y, en cierto modo, complementarios. Frente al autoritarismo de Castilla, Aragón representaba un espacio de tolerancia y respeto en el que habían convivido armónicamente durante siglos pueblos de distintas religiones. El padre de Omm-al-Kiram le dice a Centelles, cuando se entera de la expulsión,

---

[47] En *Zelim-Almanzor o los moriscos valencianos,* novela publicada en 1853, trata Pardo de la Casta de la rebelión de los moriscos de esa región, sólo que referida ahora a la sucedida en tiempos de Carlos V y con otro enfoque. La responsabilidad de la represión recae en el emperador, que se presenta como un monarca extranjero obsesionado con su gloria personal. Contribuye a eximir al pueblo español de toda responsabilidad el hecho de que, para sofocar la revuelta, envíe un ejército de diez mil alemanes. La rebelión de los moriscos, de hecho, se ve como una continuación de la de los comuneros. QUINTANA, en cambio, en la oda «A Juan de Padilla» consideraba que la opresión de Carlos V continuaba la de los musulmanes: «Lanzado en vano/ Fue de Castilla el árabe inclemente,/ Si otro opresor más pérfido y tirano/ Prepara el yugo a su infelice frente» (1946a, p. 3). Como se ve, hubo vacilaciones entre los liberales. Los diferentes elementos de la nueva mitología tardaron en integrarse, si es que lo hicieron.

que mientras existieron los reyes de Aragón, los moriscos «fuimos respetados, buscados, considerados, y nosotros, por nuestra parte, fuimos leales, fieles y sinceros servidores del Estado» (*ibid.,* p. 107). Por el contrario, cuando accedió al trono la dinastía de los Austrias, la situación cambió y, con la colaboración de Castilla, comenzó una época de persecuciones y destierros que estaba a punto de culminar de manera trágica (*ibid.*). Frente al absolutismo y el centralismo, los territorios de la corona de Aragón representan para Boix un espacio de libertad y tolerancia que, desgraciadamente, había ido perdiendo terreno durante los últimos siglos. La expulsión de los moriscos no era sino un paso más en el proceso hacia la uniformidad que pretendía acabar paulatinamente con todos aquellos grupos que representaran algún tipo de diferencia, ya fuera ideológica, lingüística o religiosa.

La novela de Boix integra dos de los principales mitos del pensamiento liberal, en una propuesta que, por razones obvias, debía de resultar atractiva para el incipiente nacionalismo catalán. Sobre este particular, es interesante constatar que Víctor Balaguer establece también en algunas de sus obras una asociación similar. En *Los Pirineos,* obra de madurez cuya acción se enmarca en el contexto de la cruzada francesa contra los albigenses y que ha sido considerada por algunos críticos como su proyecto más ambicioso, los franceses representan el espíritu opresor e inquisitorial. En sus hogueras, «permanentemente encendidas, morían cuantos estaban tachados de herejes, y también cuantos eran partidarios de la independencia de la patria» (1894, p. 85). Los albigenses, en cambio, asociados con la corona de Aragón, se identifican con la lucha por la libertad: los Pirineos, símbolo de esa gran civilización que se extiende a los dos lados de la cordillera, salieron del mar «para ser libres, para tener libertad [...] y para darla» (*ibid.,* p. 137). Pero sorprendentemente (o tal vez no tanto, si es que integramos este elemento en el contexto de la propuesta que vengo desarrollando), quien encarna el espíritu local más genuino no es un personaje autóctono, sino una morisca. Rayo de Luna fue capturada durante la batalla de las Navas de Tolosa, y confiesa que, aunque nació en Granada, «aquí me trajeron cuando niña, y de entonces más los Pirineos fueron mis padres [...] Vivo en ellos, y ellos en mí. Yo amo estos montes, y los siento» (*ibid.,* p. 136). Los moriscos y los catalanes son víctimas de una misma opresión y luchan por una misma causa. Aplicado a la realidad española, las equivalencias son fáciles de establecer[48].

Independientemente de este desarrollo secundario (aunque lo considero de gran importancia para la formación del pensamiento liberal), el mito de al-Andalus evidencia una identificación emocional revolucionaria con los «moros españoles», ya que implica el convencimiento de que los musulmanes que habitaron la Península Ibérica durante la Edad Media eran tan españoles como los cristianos. Así vimos que lo expresaban, entre otros, José Antonio Conde, José Joaquín de Mora, Pablo de Mendíbil, Jaime Villanueva y Estanislao de Kostka Vayo. Todos ellos exiliados liberales, que, para escapar a la represión, se vieron forzados a abandonar el país en tiempos de Fernando VII. Otro exiliado, José María Blanco White, expresó asimismo repetidas veces ese mismo convencimiento. Para alguien tan crítico con la España tradicional, y tan deseoso de atacar las bases del régimen fernandino, es fácil imaginar la impresión que le causó la lectura del libro de Conde. La nueva versión de la historia de España que presentaba le interesó vivamente, ya que narraba los hechos desde una perspectiva opuesta a la convencional y le ofrecía la posibilidad de reivindicar una cultura que, hasta ese momento, tal vez ni siquiera se había imaginado que pudiera considerar suya. Una cultura que representaba el enemigo por antonomasia de la España que él odiaba, ese país heredero de la Reconquista que aplastaba toda disidencia y en el que la Iglesia católica controlaba todos los resortes del poder.

Por otra parte, si bien la sociedad que Blanco admiraba era la inglesa, hasta tal punto que se esforzó por asimilar su idiosincrasia con fervor de convertido, la «España islámica» que reflejaba el libro de Conde encarnaba valores muy parecidos a los de su país de adopción. Antes de la reseña de *Variedades,* publicó varios escritos en los que puede rastrearse la huella del ilustre arabista. Por ejemplo, en «Opresión del entendimiento en España», un artículo

---

[48] Según MIRALLES, subyace a la obra «el sueño nacionalista de una hermandad política entre Provenza y Cataluña» (1999, p. 100). PERCEVAL observa la tendencia que existe a relacionar a los moriscos «con diversos grupos inasimilables dentro del proyecto "español"» (2010, p. 121). Para la representación de los catalanes como musulmanes, véase PERCEVAL (1997, p. 16).

que apareció en esa misma revista dos años antes, afirmaba que los moros «(con vergüenza y dolor lo digo) eran mucho más tolerantes» que los cristianos (1823b, I, p. 112), y en otro artículo de ese año consideraba español a Abderramán III, recurriendo como prueba a unos versos sacados del romancero: «Si es español Don Rodrigo,/ español fue el fuerte Abdalla» (1823a, I, p. 138). Es interesante constatar que esta cita procede de la respuesta, escrita con toda probabilidad por un morisco a finales del siglo XVI, al romance jocoso que comenzaba: «Tanta Zayda y Adalifa,/ tanta Draguta y Daraxa» (*Romancero,* 1947, p. 220)[49]. Lo que confirma las conexiones entre la mitificación de al-Andalus que se realiza a principios del siglo XIX y la literatura filomorisca de la época inmediatamente anterior a la expulsión.

La primera parte de la reseña del libro de Conde, que es la que nos interesa, apareció en enero de 1825 y evidencia desde el principio una gran admiración por la obra. Considera que está escrita con soltura y ofrece una visión extraordinariamente novedosa, aparte de que se llena con ella «un vacío que existía en la historia de España; pues los historiadores cristianos de aquel reino no dicen de los árabes, que por muchos siglos fueron los principales habitantes de él, sino lo poquísimo que se halla en las crónicas» (*Variedades,* 1823-1825, 2, p. 44). El concepto de España que refleja este párrafo es discutible, como también lo es el de Conde, ya que ambos equiparan país y territorio, como si la idea de nación se fundamentara en una realidad geográfica y no en un proceso histórico. Un proceso que llevan a cabo ciertos grupos en circunstancias concretas, y que implica la creación de una identidad colectiva, con determinadas

---

[49] El romance burlesco reprochaba a los poetas que no cantaran a los héroes españoles: «Dexáis un fuerte Bernardo,/ vivo honor de nuestra España,/ asombro de la morisma,/ temor general de Francia;/ dexáis un Cid campeador,/ [...] Celebran chusmas moriscas/ vuestros cantos de cigarra,/ hechos pobres mendicantes/ del Albaicín al Alhambra» (*Romancero,* 1947, p. 220). El autor anónimo de la contestación (muy probablemente un morisco, como acabo de decir), le reprocha a su adversario: «Si es español don Rodrigo,/ español el fuerte Audalla,/ y sepa el señor Alcalde/ que también lo es Guadalara./ Si una gallarda española/ quiere bailar doña Iuana,/ las zambras también lo son,/ pues es España Granada» (*ibid.,* p. 221). Los dos versos que menciona Blanco aparecen asimismo en la introducción a *Ancient Spanish Ballads* que publicó en 1823 William BLACKWOOD, advirtiendo que vienen de un poema «in the *Romancero General*» (p. XXV).

tradiciones, mitos y héroes. Y también, por supuesto, contra otros grupos que se perciben como enemigos.

Pero lo que me interesa no es denunciar su inexactitud, sino identificar su propósito. Y, en este sentido, es indudable que existe la voluntad de incorporar a los árabes en la nueva identidad nacional que los liberales querían crear. Su inexactitud, por tanto, es relativa. Lo es en un sentido histórico, de acuerdo con el concepto de España que había prevalecido hasta esos momentos, pero no lo es en un sentido mítico, con relación a la idea de España que los liberales proponen. Porque los árabes, que representaban para la España oficial el enemigo por antonomasia, empezarán ahora a ser considerados, según vimos en Mora y en Mendíbil, uno de los pilares básicos de la identidad nacional[50]. En este sentido, advierte Blanco que el metro más genuinamente español (el romance) es de origen árabe, así como también lo son muchos rasgos de carácter que hasta ese momento se habían asociado con los godos. Pero no sólo eso. La lengua española, y aquí Blanco cita a Conde, «debe tanto a la arábiga [...]. que puede mirarse, en esta parte, como un dialecto arábigo aljamiado» (*Variedades,* 1825c, II, p. 46).

La distancia que separa esta nueva interpretación de la tradicionalmente aceptada es difícil de exagerar[51]. Los musulmanes pasan, de ser los enemigos seculares de la nación, tal como los caracterizaba Blanco en el «Sermón de la fiesta de San Fernando» que pronunció en 1802 en la catedral de Sevilla, a convertirse en el fundamento mismo de su identidad[52]. Evidentemente, los conser-

---

[50] Las «tradiciones inventadas», como lo es ésta, responden siempre a un propósito específico (HOBSBAWM, 1983, P. 2). No deberíamos identificar esta tendencia con una realidad histórica determinada, como hace MANZANARES DE CIRRE (1972, pp. 201-202). La realidad islámica que existió en la Península Ibérica, o la huella que dejó, no debe confundirse con el mito que crean los liberales.

[51] Esta nueva interpretación, que no es privativa de Blanco, será asumida por Juan GOYTISOLO (2005, p. 23). En fechas aún más recientes véase, por ejemplo, el libro de José María RIDAO (2009). Pero hay que diferenciar la actividad mítica de Conde, Blanco y Mendíbil de la interpretación histórica que aparece en Américo Castro. Para él, los musulmanes medievales no eran españoles, como tampoco lo eran los romanos o los visigodos.

[52] Afirmaba BLANCO en el sermón que, tras la invasión musulmana, España debió de pasar por largos siglos de penalidades hasta que los cristianos consiguieron liberar «la tierra empapada en la sangre de millares de víctimas que el feroz fanatismo de unos bárbaros opresores había derramado sin medida» (1971a, p. 122).

vadores encontraron en esta teoría una razón más para acusar a los liberales de traidores y renegados. Blanco parece responder a esta acusación en la novela *Luisa de Bustamante,* cuando, tras entregarle el narrador a la protagonista varios libros españoles para que los lea, nos advierte que, de todos ellos, «ninguno le interesó más que la *Historia de los árabes españoles* por Conde» (1975, p. 54). Se nos informa a continuación que Luisa mostraba tal simpatía por los personajes heroicos de aquella noble raza, «que era una chanza establecida entre nosotros decirle que si hubiera vivido en aquellos tiempos se habría pasado a los moros» *(ibid.).* Pero la protagonista reacciona airada ante la mera insinuación de traición, por más que se formulara en tono festivo, «y con gran ardor se empeñaba en asegurarnos que antes se habría expuesto a morir quemada por los cadís fanáticos de que Conde nos da noticia que renunciar a su España» *(ibid.).* Como puede observarse, al autor le preocupa dejar claro que la interpretación histórica propuesta por Conde no estaba en modo alguno reñida con un auténtico patriotismo. Luisa, nacida en España, pero hija de liberales y educada en Inglaterra, representa en la acción el *alter ego* del autor o, de manera más amplia, la imagen de ese español ideal que a Blanco le habría gustado formar mediante sus escritos. El patriotismo de Luisa es indudable, pero se trata de un patriotismo tolerante, respetuoso con los que no son o no piensan como ella. La admiración de Luisa por los árabes españoles no evidencia un conflicto de lealtades, sino una actitud abierta. En su opinión, los cristianos actuaron de manera poco inteligente, ya que, en vez de tratar a los moros con desprecio, «hubieran hecho mejor en mirarlos como paisanos, pues lo fueron en verdad en el discurso de pocos años» *(ibid.).*

La valoración positiva del papel de los árabes en la historia de España aparece también en «El alcázar de Sevilla», una obra que publicó en 1825 en la revista *No me olvides.* El narrador comienza el artículo hablando de la nostalgia que experimenta a veces por su nativa Andalucía, de los recuerdos y sensaciones que embargan su ánimo y «que, como heridas mal cerradas en el corazón del desterrado, echan sangre cada vez que se las examina» (1971b, p. 296). Una de las impresiones que más vivamente tiene grabadas se refiere a los agradables momentos pasados en los jardines del Alcázar de Sevilla. Pero antes de proceder a describir el *locus amoenus* de su juventud, considera necesario aclarar que no va a hacerlo con una sensibilidad extranjera. Para un inglés, advierte, es muy posible que los jardines del Alcázar sólo tengan el encanto de la novedad y que todo en él le parezca artificial y afectado, desde las plantas y las flores organizadas simétricamente, hasta la geometría perfecta de los arrayanes, los ladrillos alineados en el suelo y los arbustos recortados en figuras amaneradas. Pero un andaluz como él ve la cuestión de otro modo, ya que no busca en la ciudad los encantos de la vida campestre ni pretende que haya en medio de llanuras abrasadas por el sol verdes praderas y bosques majestuosos. Cada clima requiere una forma de adaptación y un tipo de cultura. Los jardines del Alcázar son menos ostentosos que los de Inglaterra, pero están perfectamente integrados en la naturaleza que los rodea, son espacios recónditos en los que se disfruta de la frescura de la sombra, de la fragancia de las flores y del murmullo del agua. Esos placeres «son harto diferentes de los que se gozan en la fría y vasta soledad de un parque: pero ¡oh, cuánto realce les da la misteriosa estrechez de un jardín morisco!» (*ibid.*, p. 297). Por lo que a él respecta, evoca con nostalgia las horas enteras que solía pasar sumergido en el ambiente voluptuoso de ese espacio recóndito, anegado en sensaciones agradables, y concluye que no habría cambiado «los altos muros, incrustados de rústicos arabescos en su parte superior y forrados en la inferior de espesas varas de naranjos y limoneros, por el más grandioso de los parques que después he visto y he aprendido a admirar en Inglaterra» (*ibid.*, p. 298).

Recordemos que el artículo se escribió en 1825, en una época en que la fascinación de Blanco por todo lo inglés alcanza su máxima intensidad. Sin embargo, el concepto de lo árabe le sirve aquí para resaltar la superioridad de un aspecto específico de la cultura andaluza que considera digno de preservar. El jardín morisco, caracterizado por la proliferación de humildes fuentes y rústicos arabescos, es un modelo ajeno a la sensibilidad inglesa, pero perfectamente adaptado a la realidad de su entorno y, por tanto, no menos valioso que los ostentosos parques de Londres. Blanco White, tan rotundo en esa época en su afirmación de la superioridad de lo inglés, se inclina aquí del lado de una estética diferente. Reivindica las sutilezas de una antigua tradición hispano-árabe casi desaparecida, que los cristianos vencedores se habían empeñado durante siglos en sustituir por modelos ajenos a sus costumbres, pero de la que, por suerte, aún quedaban valiosos vestigios[53]. Los jardines del Alcázar simbolizan los primores de un saber oriental que se extendía antiguamente por toda la Península y que los españoles harían bien en recuperar, ya que, como diría el también exiliado Mendíbil en un artículo publicado un año más tarde, se hermanaban de manera natural con su carácter y con sus «disposiciones mentales» (1825, III, p. 294).

En el ambiente sabia y genuinamente español del jardín morisco, el narrador traba amistad con un personaje que le atrae por sus modales elegantes y por su vasta cultura. Don Antonio Montesdeoca es un caballero sevillano, más bien chapado a la antigua, que tiene aficiones parecidas a las suyas y que está profundamente familiarizado con la historia y las tradiciones de la ciudad. Le cuenta picantes anécdotas amorosas de los reyes castellanos, de infidelidades, celos y venganzas, y salpica todo ello con relatos de hechicerías asociadas con los antiguos dominadores musulmanes. Blanco nos va conduciendo así, poco a poco, como en un arabesco literario, al tema central que le interesa, el de las dos culturas que compartieron durante siglos con los cristianos el espacio de la ciudad de Sevilla y que, más tarde, por los prejuicios y la intolerancia de los vencedores, fueron segregadas del tronco común. Según explica don Antonio, después de que la ciudad fuera reconquistada por los reyes castellanos, permitieron a moros y judíos seguir viviendo en ella, aunque para evitar peligrosos contactos les obligaron a establecerse en determinados barrios. Ambos grupos estaban «mucho más instruidos que los españoles, ocupados entonces únicamente en la guerra» (*ibid.*, p. 306), pero esa misma superioridad los expuso frecuentemente a las sospechas supersticiosas del vulgo, ya que juzgaban que sus pócimas, redomas y alambiques eran cosas de brujería. Esa opinión se mantuvo durante siglos, por lo que,

---

[53] Según LAWLESS, la adopción por parte de Blanco de una identidad española en este relato «is partial, in so far as it is shown to be part of a world lost to Blanco» (2011, p. 210). Pero los jardines del Alcázar no representan un mundo perdido sólo para Blanco, sino para la civilización española. Su propuesta implica que, si quiere renovarse, debe recuperar la conexión con sus raíces árabes. Véanse, en este sentido, LLORÉNS (1979, pp. 318-319) y MURPHY (1979, pp. 127-128). Borja RODRÍGUEZ considera que el relato es una mera «evocación nostálgica de Sevilla, hecha por un desterrado que llora su tierra perdida» (2004, p. 147). Es eso, por supuesto, pero mucho más.

cuando los moriscos fueros expulsados de España «de un modo tan cruel e impolítico, prevaleció entre el pueblo la idea de que habían dejado muchos tesoros ocultos, y de que los guardaban por medios sobrenaturales» (*ibid.*, p. 307)[54]. Las historias de encantamientos y riquezas ocultas eran entonces en España «tan comunes como en algunas partes de Alemania» (*ibid.*). A propósito de esta observación de don Antonio, el narrador lamenta que no se haya formado hasta ese momento en España una buena colección de cuentos de magia, como se había hecho en otros países, en una clara alusión a la moda romántica[55].

Precisamente en ese momento advierte don Antonio que se encuentran frente a la Casa del Duende, una antigua mansión en la que, según la superstición popular, se aparece todas las noches el fantasma de una mora. El narrador sugiere que probablemente la historia pertenezca al género ridículo de la literatura de espectros, pero don Antonio se apresura a desmentirlo: cierta o falsa, asegura, la historia tiene un indudable fondo trágico. Y procede acto seguido a relatarla. Entre los moriscos que fueron expulsados de España en 1610, dice, figuraba un rico labrador de Sevilla que, antes de partir, ocultó sus riquezas en una bóveda bajo su casa y la selló con artes mágicas. Lamentablemente, permaneció el resto de su vida en el destierro, sin poder regresar, pero antes de morir le confió el secreto del tesoro a su hija. Cuando ella enviudó, decidió encaminarse a Sevilla

---

[54] Si bien es cierto que Blanco desdeñaba por lo general la superstición y propugnaba un comportamiento racional, lo que «lo coloca claramente en una posición iluminista» (CALVELO, 2000, p. 120), con relación a la literatura no se comportaba así. SEBOLD considera que en la superstición ve «una nueva mitología mucho más fecunda que la clásica para la literatura moderna» (1994, p. XXX).

[55] En «Sobre el placer de imaginaciones inverosímiles», propone Blanco que los españoles adquirieron de los árabes el gusto por las narraciones fantásticas, hasta que Cervantes lo ridiculizó. Los alemanes, por el contrario, no se cansaban de ese tipo de historias. Sin ellas, según BLANCO, «no puede existir el género novelesco, o romántico, que, ya sea en verso, ya en prosa, es el verdadero manantial, y la única mina de que la poesía moderna ha sacado, y ha de sacar sus mejores y más atractivos adornos» (1824b, p. I, 415). LLORÉNS afirma en *Liberales y románticos* que Blanco vio «en el romanticismo la posibilidad de una renovación, la única capaz de vivificar con espíritu moderno la raíz de la tradición española» (1979, p. 422). A pesar de lo mucho que se ha avanzado, sigue siendo cierta la afirmación de Ángel DEL RÍO, formulada hace más de medio siglo, de que «todavía estamos lejos de comprender la confusa y variada naturaleza de la década romántica española» (1989, p. 215).

para recuperar lo que legítimamente le correspondía, acompañada a su vez de una hija a la que había enseñado español, «a fin de que en lo sucesivo pasase por natural de aquel país» (*ibid.,* p. 308). Adoptaron nombres cristianos, se vistieron como españolas y llegaron a la casa indicada. Se ganaron la confianza de sus moradores y un día bajaron al sótano y abrieron la cripta con un conjuro, pero cuando la pequeña metía las monedas en una cesta, se acabó el sortilegio y quedó sepultada en vida. La obra termina con la madre muerta de dolor, mientas escucha el lamento de su hija gritando: «Madre mía, madre mía, no me dejéis a oscuras» (*ibid.,* p. 310).

La historia está cargada de evocativas sugerencias. La mora enterrada parecería representar, no sólo al autor, sino también a los liberales exiliados de principios del siglo XIX o, de manera más general, a todos aquellos que la España oficial, fanática e intolerante, había excluido de la realidad nacional a lo largo de los siglos. Simboliza la imagen de una España posible, silenciada o desterrada, que los grupos en el poder habían relegado al olvido, eliminándola incluso del imaginario colectivo, y que esperaba salir a luz para mostrar sus riquezas[56]. Algunas de ellas aparecen ya esbozadas en el texto: una sensibilidad peculiar, representada por el jardín morisco, capaz de producir una cultura que pudiera competir ventajosamente con la de los países europeos más avanzados. También un gusto innato por lo fantástico y maravilloso, que Cervantes cortó de raíz con su obra maestra, pero que debería servir ahora para renovar la literatura española desde dentro, de manera autóctona, e integrarla con carácter propio en la corriente romántica que triunfaba en aquellos momentos por toda Europa[57].

La España alternativa propuesta por Blanco difería radicalmente de la existente en aquel tiempo, pero estaba conectaba en

---

[56] La literatura de terror de esa época, según HERRERO, procedía de fuentes populares y despertaba un poderoso eco en el corazón de aquellos que «habían vivido una existencia de persecuciones, dudas, ansiedades, exilios, no muy distinta de la de héroes de esa literatura» (1988, p. 151).

[57] Pablo de Mendíbil, según vimos, era de la misma opinión. Curiosamente será un escritor americano quien se apresure a aprovechar esos tesoros. *Tales of the Alhambra* de Washington Irving contiene al menos dos relatos claramente endeudados con la historia de Blanco: «Legend of the Moor's Legacy» y «The Adventure of the Mason». Siguiendo sus pasos, escribirá Zorrilla más tarde el extenso poema narrativo *Granada*.

cambio (y esto es importante) con la realidad de los países modernos. Representaba una posibilidad que había quedado truncada en el pasado, por el fanatismo religioso de una clase dirigente que impuso su visión de una sociedad cerrada, pero que ahora, si el país quería sintonizar con la Europa moderna, necesitaba ser activada de nuevo. Pero el hecho de que ese modelo de sociedad encontrara sus raíces en los reinos musulmanes peninsulares, no en los cristianos, provocaba un conflicto de difícil solución. Porque la imagen de España elaborada a lo largo de los siglos por los cristianos (la única que había existido hasta entonces) se formó tomando precisamente a los musulmanes como adversarios, como punto de referencia negativo, en el contexto de una guerra de religión que, tras un prolongado enfrentamiento, terminó con su «justa» expulsión al norte de África. Para la España oficial, los musulmanes no eran en modo alguno españoles, todo lo contrario: representaban el odiado invasor que los había dominado por siglos y había estado a punto de destruir su identidad, hasta que fueron finalmente arrojados al otro lado del Estrecho, de donde procedían. Eran el principal responsable de la «pérdida de España», el enemigo por antonomasia de todo lo que el país era y con lo que se identificaba.

Los liberales, confrontados con el fanatismo de una sociedad que pretendía negarles su condición de españoles, como había hecho antes con los musulmanes, reaccionaron radicalmente y comenzaron a identificarse con ese mismo grupo que la España oficial consideraba su máximo enemigo[58]. Pero el mito de al-Andalus no sustituye al de la Reconquista, sino que se superpone a él, fracturando la identidad nacional en dos mitades que, a partir de ese momento, coexistirán enfrentadas. Las obras que hemos comentado afirman que los musulmanes de la Península Ibérica eran también españoles, desmintiendo la creencia tradicional que los catalogaba como una amenaza para la nación. A este respecto, no es casual que la mayoría de ellas se centre en la expulsión de los moriscos, no en

---

[58] Considero a Blanco, sin duda, un liberal, a pesar del cambio que experimentó al instalarse en Inglaterra. André PONS, en *Blanco White y España,* no sabe si catalogarlo como un liberal moderado o un conservador liberal, concluyendo que se encuentra en él «un liberalismo *sui generis*» (2002, p. 410).

la conquista, lo que les permite caracterizarlos como víctimas, no como agresores[59]. Pero junto a esas obras se siguen publicando en la primera mitad del siglo XIX otras que, en consonancia con la versión oficial, y con la literatura del siglo anterior, presentan a los musulmanes como invasores venidos del norte de África. En los años treinta y cuarenta aparecen, por ejemplo, *El Pelayo,* de José Espronceda; *El conde don Julián,* de Miguel Agustín Príncipe; «El último Abderramén», de García Gutiérrez; *Los árabes en España, o Rodrigo, último rey de los godos,* de García-Baamonde; *La madre de Pelayo,* de Hartzenbusch; «El conde don Julián», de Gil y Carrasco; el *Guzmán el Bueno,* de Gil y Zárate; «Las Navas de Tolosa», de Pablo Piferrer; *Guzman the Good,* de Telesforo Trueba; el *Parangón heroico,* de Mor de Fuentes; el *Sancho García* y *El puñal del godo,* de José Zorrilla, y el *Boabdil el Chico,* de Ruiz del Cerro. La lista es larga, pero podría fácilmente ampliarse. Aunque el tratamiento del tema de la Reconquista varía en cada una de ellas, todas presentan a los musulmanes como africanos y, por tanto, los desvinculan de la identidad nacional. Para sus autores, los únicos españoles son los cristianos que lucharon por defender a su patria contra la amenaza de un enemigo exterior[60].

Esta interpretación convencional, sólidamente arraigada entre los españoles, es la que se proponen suplantar los liberales. Y lo hacen por encontrarse en una situación aparentemente similar a la de los moriscos, a partir de circunstancias concretas en las que las

---

[59] Afirma CARRASCO URGOITI que el personaje de la historia granadina que más interesó a los dramaturgos del Romanticismo no fue el cristiano que cerca la ciudad, ni el moro que la defiende, «sino su descendiente, el morisco, que resulta siempre una figura de hondo patetismo» (1989, p. 319). Por esos años se centran también en el mismo tema obras como: *El último abencerraje* de Pezuela y Ceballos, *Adel el Zegrí* de Gaspar F. Coll, *Cristianos y moriscos* de Estébanez Calderón, *The Mountain King* de Trueba, *La morisca de Alajuar* del duque de Rivas, *Un rebato en Granada* de Manuel Cañete, *La mancha de sangre* de Fernández González o *Abenabó* de Sánchez del Arco. Algunas de ellas evidencian la influencia de Chateaubriand, si bien, como hiciera antes el autor francés con la literatura morisca española, dotan a sus personajes de un significado diferente. Ilustran así «ese interesante fenómeno llamado por Díaz Plaja "el viaje de ida y vuelta" de los temas españoles» a otras literaturas europeas (DEL RÍO, 1989, p. 227).

[60] Según López-Vela, para los historiadores españoles del siglo XIX, fueran o no liberales, «la Edad Media está caracterizada por la lucha contra la presencia de los musulmanes [...] Unánimemente la Reconquista es descrita con tonos heroicos» (2004, p. 220). En este capítulo vemos que no es así.

fuerzas reaccionarias pretenden excluirlos de la identidad nacional. Víctimas de la persecución del régimen de Fernando VII, obligados a silenciar sus ideas o a llorarlas en la cárcel, cuando no a pasar por las penalidades del destierro, empiezan a pensar que el problema de España radica en la misma esencia de la nación, en la forma en que se configuró el país en la Edad Media, como resultado de una larga guerra de religión que imprimió en sus habitantes una lamentable tendencia al fanatismo. Sólo así podía explicarse el enorme ascendiente que tenía en él la Iglesia católica y la tendencia a interpretar toda crítica, por fundada que fuera, como una herejía que era necesario erradicar. Identificados emocionalmente con los musulmanes vencidos, los liberales proyectan sobre ese grupo sus ideas y sus aspiraciones, proponiendo que habían logrado crear en su día una sociedad similar a la que ellos querían implantar. Esa imagen de los «musulmanes españoles», que coincide con la que habían desarrollado a lo largo del siglo XVIII los países rivales de España, aunque con distinta intención, se propone como una especie de visión utópica que afecta a todos los órdenes de la vida social: desde la política y la economía, hasta el arte, la ciencia y la cultura. Los musulmanes de la Península Ibérica se convierten, así, en imágenes ideales de tolerancia y de ilustración, en modelos de progreso y de modernidad, tanto en un sentido político y social, como científico, artístico y literario (en este último caso, como precursores del Romanticismo)[61]. En la nueva propuesta liberal, representan una cultura abierta y sofisticada que fue truncada por el brutal fanatismo de los cristianos, pero que ahora, en las nuevas circunstancias que vivía el país, sumido en una crisis profunda y necesitado de un remedio urgente, debería servirles de modelo para el futuro. Por ser un espejo del pensamiento liberal, cumple su misma función: ofrecer una salida a los problemas que confrontaba el país, sacarlo de su atonía, y, sobre todo, neutralizar la actitud de las fuerzas conservadoras que, con su actitud cerrada e intransigente, imposibilitaban cualquier solución.

---

[61] MONROE considera que Conde fue «a forerunner of that latent Romantic enthusiasm for the Moors of Granada which his work was destined to nourish to no small extent» (1970, p. 52). Pero también sirvió para alimentar un mito que responde a otro tipo de problemas. No hay que olvidar que el arabismo literario español es muy diferente del orientalismo estudiado por Edward Said. Véase también SEBOLD (1997, p. 97). El crítico americano no observa la diferencia que señalo aquí.

El mito de al-Andalus no refleja la realidad de los musulmanes que habitaron la Península durante la Edad Media, sino la de los liberales que lo crearon a principios del siglo XIX[62]. Evidencia sus frustraciones y, en el ambiente polarizado que vivió España durante el reinado de Fernando VII, en un entorno de persecuciones, cárceles y exilios, transparenta asimismo sus deseos. Como hicieran los creadores del mito de la Reconquista, al que se opone, más que describir una realidad que existiera en esos momentos (o que hubiera existido en el pasado), se propone crear una realidad nueva. Las causas de su gestación pueden determinarse con claridad. Frente a la intolerancia de la España del Altar y el Trono, que pretendía monopolizar la identidad nacional y excluir de ella a todos los que se oponían a sus ideas, los liberales, si no querían convertirse en unos desarraigados, se vieron obligados a crear una imagen alternativa de país en la que su proyecto tuviera cabida. El problema es que, de ese modo, crearon una identidad española que se oponía radicalmente a la que había existido hasta ese momento. No sólo por ofrecer una visión distinta de lo que debería ser el país, sino por basarse en mitos que suponían una inversión de aquellos con los que la inmensa mayoría de los españoles se identificaban. A partir de principios del siglo XIX existirán, por tanto, dos interpretaciones opuestas de la identidad española, cada una con un proyecto de futuro, pero, más decisivo aún, cada una con una visión peculiar de la historia y, en consecuencia, con distintos héroes, mitos y tradiciones. Es una fractura que, a pesar de las tensiones que originó, muchos españoles consideraron inevitable. Porque cambiar la realidad era para ellos la única posibilidad de identificarse con un entorno al que pertenecían, pero del que se sentían excluidos, tal como ilustran los casos de José María Blanco White y Mariano José de Larra.

---

[62] Esto, en gran medida, sigue siendo cierto hoy. Cuando GONZÁLEZ ALCANTUD expresa su deseo de que «este libro pueda servir para alcanzar la pluralidad que muchos, quizás hoy en día la mayoría, hubiésemos deseado que no desapareciese de aquella España mudéjar de siglos precedentes» (2002, p. 10), su voluntad podría hacerse extensiva a la mayoría de los estudios sobre al-Andalus. No pretenden explicar, sino criticar o construir. Si bien esa aproximación merece todo mi respeto, no es ciertamente la que he pretendido emplear aquí.

Capítulo 4
EXTRANJEROS EN SU PATRIA: BLANCO WHITE Y LARRA

> «It was therefore my most constant and earnest endeavour to re-cast my mind, as much as possible, in an English mould —to re-educate myself as an Englishman. I well knew that no effort, however desperate, could make me attain that object fully [...] that to the last day of my life I could not consider myself completely *at home*» (BLANCO WHITE, 1845, I, p. 249).

Aunque su nacimiento estuviera separado por varias décadas de distancia y siguieran una trayectoria vital diferente, las figuras de Blanco White y Larra ofrecen significativas coincidencias. Ambos tenían una opinión muy negativa de la sociedad de su entorno y ambos emplearon buenas dosis de energía en intentar cambiarla, procurando aproximar la realidad española a la imagen ideal que ellos tenían de lo que debería ser el país. Ambos también juzgaron en un determinado momento que su empresa estaba condenada al fracaso, y experimentaron como consecuencia una profunda crisis personal. Desde su exilio en Londres, Blanco White se consolará algún tiempo con la idea de que existía en las nuevas naciones independientes de América una España menos intolerante que la que él odiaba, si bien será su decisión de convertirse en inglés la que moldeará la faceta más conocida de su personalidad. Larra, por otra parte, tras convencerse de la imposibilidad de hacer de España un país sofisticado y moderno, al menos a corto plazo, cayó en un sombrío pesimismo que, acentuado con problemas de índole sentimental, le llevaría a un final trágico. Uno de los rasgos que más acerca a ambos autores, aparte de la inquebrantable lucidez que mostraron en todo momento, es el hecho de que los dos se sintieron extraños en su propia patria. La desconexión que experimentaron entre las dos dimensiones de su identidad, la individual y la colectiva, provocó en ellos una fractura interna que, si bien intentaron resolver recurriendo a diversos medios, nunca lograron integrar de manera satisfactoria.

La existencia de españoles que se sentían poderosamente atraídos hacia la realidad de otros países europeos, por decirlo en los términos en que lo expresó Feijoo un siglo antes (1952, p. 45), no era en modo alguno algo nuevo a principios del siglo XIX. Si bien es preciso aclarar que no todos ellos deberían incluirse en el mismo apartado. Necesitamos distinguir entre los que se apresuraban a imitar servilmente las modas procedentes del otro lado de los Pirineos, sin discernir entre lo útil y lo superfluo (los denominados petimetres), y aquellos otros, que, conscientes del atraso del país, consideraban indispensable acometer una reforma en profundidad de sus estructuras para modernizarlo. Y eso implicaba, en su opinión, seguir el camino andado por otras naciones. Esta propuesta provocó que los ilustrados tuvieran que soportar con frecuencia la acusación de traidores y afrancesados que les aplicaban sus enemigos, aunque ellos se defendieron argumentando que se trataba de una mera estrategia para desprestigiar su proyecto. Porque, si bien es cierto que experimentaban por las sociedades modernas (en especial por la francesa) una gran atracción, eso no implicaba en absoluto, como ellos mismos se encargaron de advertir, que carecieran de espíritu patriótico. Todo lo contrario. Precisamente porque sentían un profundo amor a España, se empeñaban en seguir el modelo de las naciones más avanzadas. Sólo de ese modo creían posible sacar al país de su atonía. Pero los grupos conservadores que habían monopolizado el poder por siglos se resistían a perder sus privilegios y, sintiéndose amenazados, reaccionaran agresivamente contra cualquier intento de cambiar la situación.

La política moderada de los Borbones hizo creer por un tiempo que sería posible modernizar el país sin crear graves conflictos sociales, pero ese convencimiento perdió peso tras la Revolución Francesa. En una sociedad como la española, tan influida desde el siglo XVIII por las ideas que venían de fuera, los sucesos que agitaron el país vecino en la década de los noventa tendieron a polarizar a sus miembros en dos bloques opuestos. Los progresistas de ideas más extremas se desplazaron hacia posturas claramente revolucionarias, mientras que otro grupo (formado por los conservadores, pero también por ilustrados de tendencias moderadas) propuso la adopción de medidas drásticas para evitar toda posible contaminación. Por otra parte, la retórica bonapartista de justificar la invasión francesa como un paso necesario para modernizar el país, unida al apoyo que ese proyecto generó entre las élites progresistas, desprestigió las actitudes modernizadoras y favoreció la identificación de sus defensores con el odiado enemigo al que se combatía. Los conservadores se encontraron así de repente con un argumento que (según no tardarían ellos en advertir) les era extraordinariamente útil para justificar sus posiciones inmovilistas. A partir de la invasión napoleónica, puede afirmarse que la modernización del país confrontará obstáculos aún más formidables que en el siglo XVIII.

La peculiaridad de la nueva situación, caracterizada por una mayor radicalización de las posturas y por el intento conservador (exitoso, en parte) de monopolizar el concepto de lo español, ocasionará cambios importantes en la realidad socio-política del país. Tras la derrota del ejército francés y la vuelta al trono de Fernando VII, los grupos en el poder intentarán excluir de la sociedad española a un importante sector de la población, como habían hecho siglos antes con los judíos y los musulmanes, continuando una dinámica de conflictos civiles y exilios que se prolongará hasta bien avanzado el siglo XX[1]. Los principales afectados serán ahora los españoles de ideas progresistas, tanto si habían colaborado con Napoleón como si habían luchado en su contra, creando una fractura social que tendrá graves repercusiones para cualquier proyecto futuro de convivencia. Confrontados con la interpretación monolítica de la identidad española que intentaban imponer sus enemigos, muchos liberales se sintieron excluidos de una realidad con cuyos

---

[1] La exclusión de un grupo puede llevarse a cabo por motivos religiosos, políticos o culturales. Jo LABANYI, tal vez buscando un denominador común, afirma que los intentos de suprimir en España «cultural diversity have led to successive waves of exiles» (2004, p. 35). Pero a principios del siglo XIX, el intento de exclusión tiene una motivación política más que cultural.

valores no se identificaban. Ortega y Gasset se referirá a ese fenómeno un siglo más tarde (probando que el problema persistía en su tiempo), cuando afirma en las páginas de *El Espectador* que muchos españoles, «y entre ellos no pocos de los mejores, sienten su vida aniquilada por el mero hecho de verse forzados a habitar en *España* [...] En cambio, estiman altamente las cosas y modos de *Francia o Inglaterra,* hasta el punto de pensar que si pudiesen radicalmente trasladar a esos países su vida, quedaría ésta por completo lograda» (1983a, p. 377).

Curiosamente, en un determinado momento parecería como si ciertos españoles de ideas progresistas terminaran internalizando las tesis excluyentes de sus adversarios y consideraran, no sólo que el país era profundamente conservador en sus días, sino que, por las circunstancias históricas en que se había configurado, estaba condenado a seguir siéndolo indefinidamente. Era lógico que los que así pensaban no vieran una salida a la situación. Atrapados en un conflicto al parecer insoluble entre las ideas con las que se identificaban y la realidad del país al que pertenecían, la fractura interna que experimentaron, si excluimos la posibilidad de modernizar España, sólo podía resolverse instalándose en un país moderno. O, más exactamente, según veremos en el caso de Blanco White, identificándose emocionalmente con él.

La figura del escritor sevillano, que a una edad relativamente avanzada decidió convertirse en inglés (no sólo adquiriendo esa nacionalidad, sino asimilando su lengua, sus costumbres e incluso su religión), ha sido objeto de numerosos malentendidos y tergiversaciones. Los conservadores lo consideraron un traidor y un apestado, puesto que, en definitiva, se trataba de un enemigo acérrimo de sus creencias, pero los liberales de su tiempo no parece que tuvieran por él mayores simpatías. De hecho, el estudio que le dedicó Menéndez Pelayo medio siglo después de su muerte, a pesar de la evidente animosidad que experimenta hacia un personaje cuyo comportamiento no podía en modo alguno comprender, y mucho menos justificar, es el primero que situó su nombre en el panorama cultural español del siglo XIX[2]. ¿Por qué no lo habían hecho antes

---

[2] El estudio de Menéndez Pelayo transparenta, pese a todo, una indiscutible admiración hacia el escritor sevillano. Alaba la calidad literaria de sus *Letters from Spain*

sus presuntos correligionarios?, ¿por qué ese prolongado silencio con relación a Blanco por parte de aquellos que se supone que deberían haber sido los más interesados en reivindicar su figura? Probablemente porque los liberales de su época le consideraron un apátrida y un vendido, y esa opinión, en un país caracterizado por la inercia mental, fue determinante para condenarlo al olvido durante varias generaciones. Aunque también es cierto que no le fueron mejor las cosas en su país de adopción. Según afirma Nanora Sweet, los ingleses de la época victoriana lo consideraron un excéntrico y un desequilibrado, e hicieron su nombre «synonymus with religious apostasy and mental malady» (2010, p. 167).

En las últimas décadas, sin embargo, ciertos críticos españoles de ideas avanzadas, gracias a la labor pionera de Vicente Lloréns y Juan Goytisolo, han dedicado numerosos estudios a reivindicar su obra. Pero, como suele suceder en estos casos, se ha pasado de un extremo al otro[3]. El renegado, el traidor, el apóstata cuyo nombre no podía pronunciarse sin añadir un insulto, se ha convertido de repente en el héroe sin tacha, en el mártir que sufrió un duro calvario por mantenerse fiel a sus ideas, en el modelo irreprochable de integridad espiritual que encarna las mejores cualidades del liberalismo español. Como indica Martin Murphy, parece haber sido el destino de Blanco ser manipulado por unos y otros «for their political, or theologico-political, ends» (1989, p. 177). Pero Blanco no fue un monstruo execrable, ni un espíritu puro, sino un español de su época que, por las circunstancias que le tocó vivir, se vio forzado a tomar decisiones traumáticas. Separado de una sociedad que amaba y odiaba a partes iguales, intentó mantenerse alejado de todo tipo de dogmas y tuvo que pagar un alto precio por ello. No es necesario idealizar al personaje para calibrar su enorme calidad humana, así como su excepcional perspicacia para entender los problemas que aquejaban al país en las primeras décadas del siglo XIX. Tal vez haya llegado el momento de superar demonizaciones y hagiografías y

---

y considera que tiene «el mérito de haber sido uno de los primeros iniciadores de la crítica moderna en España» (1963b, p. 187).

[3] LOUREIRO piensa que la interpretación que hace Goytisolo de la figura de Blanco White «is as biased as that by Menéndez» (2000, p. 63). DE MENEZES, por su parte, califica la edición que hace Goytisolo de la obra de Blanco como «textual appropriation» (2003, p. 334).

hacer sobre Blanco White un tipo de crítica «equidistante de esos dos extremos» (Fernández Cifuentes, 2005, p. 29).

La biografía del escritor andaluz posee rasgos tan singulares que, a primera vista al menos, podría discutirse que sea representativa de la España de su tiempo. Su vida estuvo marcada por dos hechos importantísimos. La temprana decisión que tomó de ordenarse sacerdote, unida a la crisis religiosa que experimentó más tarde, así como su negativa a contemporizar con un ambiente de relajación que consideraba esencialmente inmoral (como hacían otros clérigos amigos suyos), le empujaron a renegar de los hábitos y a buscar en el extranjero una forma de vida más sincera que la que había llevado hasta ese momento. Por otra parte, la procedencia irlandesa de su familia paterna, que le permitió aprender inglés de niño y adquirir más tarde la nacionalidad británica, diferenciará radicalmente su exilio del de otros españoles contemporáneos, ya que facilitó de manera decisiva su integración en la sociedad inglesa. Sin embargo, esas mismas circunstancias posibilitaron la escenificación de una ruptura emocional con su país de origen que sabemos que existió en otros muchos españoles de su época, pero que en ninguno de ellos llegó a expresarse con la claridad con que se observa en nuestro autor[4].

En febrero de 1810, con los franceses ya en Andalucía, Blanco se resolvió a poner en práctica una idea que venía acariciando desde hacía tiempo, pero que, por sus circunstancias personales, nunca se había sentido con fuerzas para llevar a cabo. La decisión de abandonar el país, aunque pretendía que se trataba de un hecho puntual, poseía para él una significación de mayor calado. No se trataba, como hizo creer a sus padres, de una decisión provocada por la coyuntura de la guerra, y que quedaría sin efecto nada más que acabara el conflicto. Por el contrario, desde el mismo momento en que se embarcó en Cádiz, Blanco era consciente de que no volvería a pisar tierra española. Al menos, ésa era su determinación.

---

[4] Tiene razón Durán cuando afirma que la mayoría de los estudios sobre Blanco se han centrado en su problemática relación con España y han ignorado la cuestión religiosa. Sin embargo, no estoy de acuerdo con él en que esto implique empobrecer su figura y negar su universalidad (DURÁN LÓPEZ, 2005, p. 17). En mi opinión, los problemas de identidad de Blanco tienen mayor actualidad y relevancia que sus problemas religiosos. Véase también GONZÁLEZ TROYANO (2007, p. 42).

En uno de los escritos autobiográficos que dirigió más tarde a Richard Whately, arzobispo anglicano de Dublín con el que le unía una gran amistad, comenta el hecho y aclara el estado de ánimo que le impulsó a emprender el viaje. Siendo sacerdote católico, y habiendo llegado al convencimiento de que la Iglesia de Roma estaba dominada por el fanatismo y la corrupción de costumbres, experimentaba la necesidad de acometer un cambio radical. En esas circunstancias, su carácter le impedía actuar de manera hipócrita y llevar una doble vida, como hacían otros clérigos amigos suyos. Igualmente, renunciar a los votos religiosos tampoco era una opción, ya que las normas de la Iglesia católica vedaban esa posibilidad. La única salida que se le ofrecía era abandonar España e instalarse en un país de otra confesión. Pero si daba el paso sin una razón convincente que lo justificara, temía ocasionar un golpe mortal a sus padres, ya que ambos eran profundamente religiosos (1845, I, p. 112). Ese escrúpulo era el que le había desaconsejado hasta entonces emprender el viaje. La invasión napoleónica le proporcionó el pretexto que necesitaba.

En varios de sus escritos autobiográficos se complace en recordar el júbilo que le embargaba durante toda la travesía, como un prisionero que ve la luz del sol tras una larga temporada entre rejas. Se refiere al alivio que experimentó cuando se embarcó en Cádiz y se sintió protegido por los colores de la bandera británica, y caracteriza repetidamente el viaje como una especie de liberación personal (*ibid.,* I, p. 162)[5]. Por fin, declara en sus memorias, le estaba permitido sacudirse el triple yugo que había amargado su vida desde edad muy temprana: la temible Inquisición, el gobierno que la sostenía y «la errada opinión pública, eco de las máximas de entrambos —tres monstruos que habían hostigado mi alma hasta reducirme a una especie de delirio; todos quedan del lado allá del mar» (1823-1825, I, p. 17)[6]. Por fin, asimismo, siente que la «lengua de la libertad resuena en mis oídos, y ya respiro bajo la protección de sus leyes» (*ibid.*).

---

[5] En su *Examination* de 1818 afirma que «Many, indeed, have been the trials and struggles I have been obliged to endure in the interval. Yet, I have not once felt the least shadow of hesitation in thinking my removal to England the *happiest* event of my life» (1999, p. 28).

[6] No parece que decidiera exiliarse «por su lúcida incapacidad para identificarse con las dos opciones que el país en esos años ofrecía» (GONZÁLEZ TROYANO, 2006,

Comienza así un periplo físico que le llevará inicialmente al puerto de Falmouth y a la ciudad de Londres, pero también un viaje interior, más decisivo aún que el geográfico, que le alejará paulatinamente de sus señas de identidad españolas. Que ése fuera su propósito al abandonar Cádiz, no puede afirmarse con seguridad, si bien algunos datos nos permiten suponer que desde fecha muy temprana le atrajo la idea de un cambio de identidad. En el «Prospecto» con que inicia la publicación de *El Español,* apenas dos meses tras su llegada a Londres, se caracteriza como «Mr. White, conocido en España por la traducción de su appellido [*sic*] en *Blanco,* es de una familia Irlandesa establecida en Sevilla» (1810-1814, I, p. 1).

De hecho, esta declaración marcará su primer desencuentro con los liberales gaditanos, que se sintieron molestos al advertir que el andaluz que ellos habían tratado quería ahora hacerse pasar por británico. ¿Significaba que se avergonzaba de su identidad española?, pensaban con evidente disgusto[7]. La reacción puede parecernos excesivamente puntillosa, pero la sospecha que la ocasionaba no dejaba de tener fundamento. El mismo Blanco reitera en varios de sus escritos que desde sus primeros días en Inglaterra se sintió atraído por la calidad humana de sus habitantes y se hizo el firme propósito de remodelar su personalidad de acuerdo al molde anglosajón (1845, I, p. 173). El hecho de que su familia paterna procediera de Irlanda le pareció un regalo del cielo, ya que, como confiesa en una carta posterior a sus padres, eso le permitía no ser extranjero del todo en el gran país que se había dignado acogerlo (1971a, p. 325). Aunque también es cierto que la carta la escribió en septiembre de 1812, cuando ya algunos de los que creía sus mejores amigos españoles le habían declarado la guerra. Las críticas de Blanco a los liberales de Cádiz, denunciando su incompetencia y su falta de sentido práctico, así como sus vehementes artículos en los que justificaba el deseo de libertad de los hispanoamericanos (por más que aclarara repetidamente que se oponía asimismo a su

---

p. 281). Como prueba la evolución de *El Español,* sus problemas con los liberales serán posteriores.

[7] QUINTANA refleja bien esta reacción. En carta del 7 de mayo de 1810 le dice a Lord Holland que «su patria y sus amigos nos dolemos siempre de que dé tanto valor a su apellido y origen irlandés, renegando, por decirlo así, de todos nosotros» (1990, p. 330).

independencia), provocaron una encendida reacción en su contra que desembocó en graves insultos personales[8].

La injusticia con que pensaba que le habían tratado sus amigos españoles, a la que alude en esa misma carta, debió de influir poderosamente en su decisión de nacionalizarse inglés. Es precisamente en *El Español* donde empezará a firmar algunos de sus artículos con el pseudónimo de Juan Sin Tierra, y será allí también donde, confrontado con una sociedad que parecía empeñada en tergiversar el sentido constructivo de sus críticas, radicalizará sus tendencias anglófilas. En una carta de septiembre de 1810, alarmado por los brutales ataques que le dedicaba la Regencia, y con la intención de protegerse de posibles represalias, pedirá a lord Holland que le aconseje sobre los pasos que debía seguir para nacionalizarse inglés. Pero su decisión poseía ya por aquel entonces un mayor calado que la tramitación de un simple documento burocrático. Lo que se proponía, a fin de cuentas, era una profunda transformación que adaptara su personalidad a las pautas mentales y emocionales del pueblo británico. Así, justifica la decisión de escribir en inglés su diario personal, porque piensa que le obligará a pensar en la lengua del país «which I intent to make my own till death» (1845, I, p. 241)[9]. No se trataba tan sólo, por tanto, de mejorar una lengua que necesitaba para su vida diaria, sino de querer pensar y escribir exclusivamente en ella[10]. Y subrayo la palabra «exclusivamente». Con asombrosa tenacidad, Blanco White emprenderá un proceso de remodelación que, según él mismo afirma, se proponía cambiar sus hábitos personales y sus estructuras mentales, para convertirse en una nueva persona. Y en gran parte, al menos en lo relativo a la lengua, puede decirse que lo logró. En los treinta años que le quedaban de

---

[8] BLANCO es claro en este punto. En la «Conclusión» al primer tomo de *El Español* explica que «en la famosa cuestión de la revolución de América, jamás ha sido mi intención aconsejar a aquellos pueblos que se separen de la corona de España. Es menester ser ciego para no ver lo contrario en cuanto he dicho» (1810-1814, I, p. 490). No está justificada la creencia, expresada por ABELLÁN, de que Blanco «era plenamente partidario de la independencia de las colonias» (2011, p. 120).

[9] Su primera entrada en el diario es del 28 de septiembre de 1812.

[10] Es sorprendente el extremismo con que pretende efectuar la ruptura. LLORÉNS lo entiende como una paradójica consecuencia de su educación española: al sevillano «no le bastaba adaptarse de un modo más o menos convencional. Aspiraba a más; quería, como él mismo dijo, *to make myself an Englishman,* es decir, hacerse inglés de un modo muy español: identificándose con Inglaterra total y plenamente» (1967, p. 183).

vida, el inglés se convirtió, salvo contadas excepciones, en el vehículo exclusivo en el que articuló sus ideas y expresó sus sentimientos. En enero de 1818, por ejemplo, confiesa sus temores a escribir en español por miedo a corromper su inglés (*ibid.*, III, p. 353), y cuatro años más tarde, cuando Ackerman le propone la publicación de una revista destinada a las nuevas repúblicas hispanoamericanas, se siente tentado a rechazar la oferta, ya que, según dice, desde que finalizó la publicación de *El Español* apenas había escrito nada en su lengua materna. Consecuentemente, había perdido el hábito de pensar en ella, y el intento de renovarlo «was always very painful. I feel on similar occasions puzzled as to my own identity» (*ibid.*, I, p. 394).

La decisión de convertirse en inglés implicaba para Blanco renunciar a sus señas de identidad españolas. Ambos movimientos eran, en su opinión, opuestos y complementarios. No podía llevar a cabo plenamente el primero sin efectuar el segundo. Se trataba de crear una nueva persona, no de mejorar ciertos aspectos de la anterior. En 1812, dos años después de llegar a Londres, y coincidiendo con los ataques que le llegaban de España y su distanciamiento cada vez mayor de un país que le irritaba con sus despropósitos, decidió asimismo convertirse al anglicanismo. En fecha tan temprana, por tanto, no sólo había empezado a escribir un diario personal en su nueva lengua y había cambiado de religión, sino que, más allá de esos detalles, a pesar de su enorme importancia, había emprendido una profunda transformación interior para reconfigurar su identidad de acuerdo al molde anglosajón. En cuanto al nombre, si bien al principio pareció simplemente inclinado a sustituir el Blanco por White, más tarde consideró los inconvenientes de un cambio tan radical y se decidió por una solución intermedia. Como expresa en carta a sus padres de septiembre de 1812, la «necesidad de no perder mi verdadero nombre en la tierra de su origen y la de no ocultar el que el uso general me había dado, me hizo adoptar el de *Blanco White* sin la pesada y ridícula adición del (*alias*)» (1971a, p. 326). Curiosamente, será este nombre duplicado, traducido, que no es español ni inglés, sino un compuesto de ambos, el que mejor refleje las consecuencias y los límites de su proyecto[11].

---

[11] DOMERGUE considera que, mediante la duplicación, Blanco se anuncia de entrada «comme un *Janus bifrons*, un être double [...] deux modalités de la même chose» (1982, p. 119).

Los primeros años de Blanco en Londres son esenciales para entender los motivos que lo abocaron a esa situación. Es indudable que existía en él una predisposición mental a convertirse en inglés, como acabamos de ver más arriba, pero ciertos factores contribuyeron a acelerar o a radicalizar el proceso. Las circunstancias que rodearon la publicación de *El Español,* empresa que inició nada más llegar a Inglaterra y a la que dedicó durante años lo mejor de sus energías, evidencian las contradictorias tensiones que experimentaba el autor sevillano en esos momentos. La revista se dirigía a lectores españoles, pero, aunque se centraba casi de manera exclusiva en examinar la situación de su país de origen y en proponer soluciones a los graves problemas que lo aquejaban, lo hacía desde un lugar decisivamente alejado de esa realidad. Entendiendo la lejanía no sólo en un sentido físico, sino también mental.

Blanco se juzgaba a salvo en Inglaterra, tanto por lo que respecta a su seguridad personal como a sus necesidades financieras, puesto que la revista era costeada por organismos ingleses, por lo que podía mantener una total independencia de criterio respecto a sus lectores españoles. No necesitaba negociar con nadie (al menos en España), no tenía por qué imponerse ningún freno ni cortapisa. Escribir en libertad implicaba para él escribir de acuerdo a lo que pensaba en su fuero más íntimo, en una especie de burbuja ideal, incontaminada, libre de restricciones, como si, para que sus ideas fueran efectivas, no necesitara tener en cuenta las circunstancias específicas de aquellos a quienes se dirigía: su formación, sus lecturas y sus creencias, pero también sus prejuicios y sus susceptibilidades. Incurre así Blanco en el mismo error que achacó repetidas veces a los diputados liberales de Cádiz[12]. Si ellos se empeñaban en aplicar las ideas francesas a la realidad española, ignorando las grandes diferencias que existían entre ambos países, Blanco hace en gran medida otro tanto. Adopta las ideas inglesas y, convencido de su superioridad, las aplica al análisis de la situación española.

---

[12] Según James FERNÁNDEZ, «the medium against which Blanco White most earnestly rebels is the institution, the complacent, immobile community of readers —be they readers of texts, or of selves. He eventually comes to see membership in any of these communities as a threat to truth and identity» (1992, p. 72). Se explicarían así sus frecuentes rupturas con el entorno.

Por consiguiente, si bien es cierto que sus escritos confrontaron una actitud hostil en España, también lo es que él no hizo mucho para evitarlo. Simular una identidad inglesa y asumir el punto de vista anglosajón para atacar y ridiculizar a sus paisanos no eran, ciertamente, la mejor manera de ganarse adeptos.

La transformación de Blanco implica a fin de cuentas sustituir las ideas francesas que poseía antes de ir al exilio, por otras adquiridas mediante el contacto con el mundo anglosajón. El problema es que, a diferencia de las primeras, que le encuadraban en un grupo de españoles con un bagaje cultural similar al suyo, las segundas no gozaban de ninguna difusión en España y, por tanto, carecían de seguidores. Si, además, añadimos que Blanco las apadrinó con fervor de convertido, adoptando una falsa identidad británica y dejando ver claramente que para él la sociedad inglesa era muy superior a la española en todos los aspectos, desde la literatura y la economía hasta la administración, el ejército y el sentido moral, pasando obviamente por la actividad política, no puede extrañarnos que las páginas de *El Español* tuvieran que confrontar desde el principio una abierta hostilidad en España. La animadversión, en todo caso, se dio por las dos partes. Los diputados a Cortes anatemizaron públicamente a Blanco, pero también es cierto que él atacó y ridiculizó a los liberales sin el menor tacto, ganándose el encono de los únicos españoles con los que poseía una cierta comunidad de intereses[13].

El creciente antagonismo que experimentó en esos años por parte de sus lectores españoles es una consecuencia inevitable de su anglofilia y de su insistencia en asumir una identidad británica. En numerosas ocasiones, tanto en diarios como en cartas personales, según acabamos de ver, expresa su decidido propósito de pensar y escribir exclusivamente en inglés. También, dejando

---

[13] Su enfrentamiento con los liberales fue tan violento que dio lugar a curiosos malentendidos. MORENO ALONSO documenta que, tras la vuelta de Fernando VII, el gobierno español le ofreció una compensación monetaria para que espiara a los liberales en Londres (1997, p. 319). También en ese mismo año, Frasquita Larrea le dirigió unas cartas para incitarle a que prosiguiera «la gran tarea de *El Español* ahora que la restauración fernandina lo hacía más necesario» (DURÁN LÓPEZ, 2005, p. 229).

entrever que el cambio no se reducía a la lengua, pide orientación a sus amigos de Londres y les agradece sus sabios consejos. Como consecuencia de ello, entre los primeros números de *El Español* y los de años posteriores se observa un cambio de ideas tan radical que el mismo Blanco se sintió obligado a justificarlo. En «Variaciones políticas del Español», un artículo de enero de 1813, afirma que sus antiguos errores de apreciación en cuestiones políticas (o lo que él denomina sus errores) habían sido y eran moneda común en la España de su tiempo. De hecho, continúa, si no se hubiera exiliado en Inglaterra, es muy posible que siguiera pensando de ese modo. Pero, afortunadamente, su vida en Londres le permitió entrar en contacto con una forma de pensamiento más profunda y sofisticada, y eso había cambiado su forma de percibir los problemas. El desengaño se había producido al comparar la realidad española con la de «la primera nación del mundo en punto a instituciones civiles» (*El Español,* 1810-1814, VI, p. 5). Además, por hallarse fuera del país y no tener la intención de regresar a él, «ni puedo deslumbrarme con esperanzas, ni arredrarme con temores, ni irritarme con opresión, emulaciones, ni envidias» (*ibid.*, VI, p. 5).

Estas últimas palabras reflejan muy bien la índole de la revista y su singularidad en el ámbito español, así como sus evidentes limitaciones. Blanco White escribe voluntariamente alejado de la sociedad española, sin sentirse condicionado por sus tensiones ni por sus intrigas, sin temer nada de ella ni esperar nada a cambio, pero esa desconexión origina también una de sus mayores carencias. Explica, entre otras cosas, por qué sus ideas, a pesar del enorme valor intrínseco que poseen, apenas hallaron repercusión en la sociedad a la que se dirigían. Y es que *El Español,* a pesar de escribirse en lengua española y orientarse a lectores de esa nacionalidad, puede afirmarse que se trata de un periódico inglés. Analiza la realidad española, pero lo hace desde el punto de vista de su nuevo país, a partir de lecturas inglesas e incluso defendiendo los intereses de esa nación. De hecho, hay datos que indican que el proyecto estuvo tutelado por sus amistades londinenses.

En este sentido, si bien el autor manifiesta una total independencia de acción frente a sus colegas españoles, enfrentándose a ellos con ofensiva arrogancia, la actitud que manifiesta frente a sus nuevas amistades londinenses es mucho más tímida[14]. Les pide consejo respecto a la resolución de problemas, y, consciente de sus limitaciones, escucha sus opiniones y devora los libros que le recomiendan. Así, por ejemplo, en una carta a lord Holland del 31 de julio de 1810, le promete que está haciendo lo posible para eliminar su antigua propensión a moverse en el terreno de las ideas abstractas (en clara alusión a su anterior afrancesamiento), afirmando que en los cinco meses que lleva en Londres, «I have been studying and admiring the practical wisdom of the English system of politics» (1845, III, p. 326). También le pregunta al aristócrata inglés lo que piensa sobre la mejor manera de convocar Cortes en España e indaga su opinión sobre algunos artículos incluidos en la revista. Y concluye con estas palabras de alumno aplicado: «I hope you will have the goodness to let me know your opinion upon the subject, and to suggest me what you think most convenient in the present complicated circumstances» *(ibid.)*. En esta misma línea, agradece en otras cartas los consejos recibidos, menciona libros que le envían sus amigos o conocidos ingleses (el 23 de octubre le llega uno de Jeremy Bentham) y se refiere a la radical transformación que experimentan sus ideas como consecuencia de todo ello.

Los únicos lectores a los que Blanco toma realmente en consideración son los ingleses, a ellos les pide opinión y les agradece los consejos. Dice escribir para los españoles, pero no lo hace situándose a su nivel, adoptando una postura de interacción y respeto. La única opinión que parece importarle es la de sus amigos de Londres. En este sentido, su propósito de convertirse en británico, reconfigurando sus ideas en el molde anglosajón, le acerca a la sociedad que tanto admira, pero le distancia inevitablemente de sus paisanos. Que todo esto lo hizo convencido de que la organización socio-política inglesa era superior a ninguna otra, y no por intereses mezquinos de ninguna índole, parece fuera de duda[15]. Pero eso no

---

[14] DOMERGUE habla de «sumisión» y «docilidad» frente a lo inglés (2001, p. 185).

[15] Existe, no obstante, un curioso pasaje en *The Examination of Blanco by White* (1818) que revela que la «conversión» de BLANCO dependió en gran parte de circunstancias externas y pudo haber seguido cauces distintos. Afirma el autor sevillano que al llegar a Inglaterra le sorprendió el carácter religioso de sus habitantes y eso le hizo reconsiderar su actitud frente al cristianismo. En cambio, si hubiera buscado refugio

evita que su admiración incondicional por Gran Bretaña le hiciera adoptar planteamientos que, en el mejor de los casos, no tenían en cuenta la sensibilidad de los españoles a los que se dirigía. El gobierno británico debía de estar encantado, sin duda, al comprobar que un escritor español de la talla de Blanco White defendía con firmeza su política, y lo hacía, además, sinceramente, de manera visceral, con absoluto convencimiento de que eso era lo mejor para España[16]. ¿Debemos extrañarnos, por tanto, que sus antiguos amigos liberales reaccionaran frente al anglicismo de Blanco con una buena dosis de suspicacia? En carta a lord Holland del 22 de mayo de 1813, se lamenta el sevillano de que estaba creciendo en Cádiz un partido, posiblemente apoyado por el gobierno español, empeñado en fomentar la animosidad contra sus aliados británicos. En ese contexto, continúa, acababa de aparecer un libelo contra el gobierno inglés, «which has been published in the second number of a new journal called *El Español Libre*. The title makes me think that it is meant as a counter-poison against the *Español Esclavo en Londres*!» (1845, III, p. 338). Los temores de Blanco probablemente fueran fundados. Su falta de tacto al defender incondicionalmente lo inglés provocó que creciera en Cádiz el convencimiento de que estaba siendo pagado por el gobierno británico y eso generó sospechas de manipulación y restó autoridad a sus análisis.

El enfrentamiento que Blanco mantuvo con los liberales motivó que algunos de sus antiguos amigos formularan graves acusaciones contra él en las sesiones de Cortes. Lo que, aparte de herir su orgullo, debió de ocasionarle dudas sobre la relevancia de su misión. ¿Para quién escribía?, ¿quiénes eran sus lectores? Los conservadores quedaban totalmente descartados, por motivos obvios, así como también los afrancesados, ya que Blanco había adoptado desde el principio una clara postura contraria a la invasión. Su influencia, por tanto, sólo podía ejercerse sobre el pequeño número de liberales que pocos meses antes formaban parte de su círculo de amigos y leían los artículos del

---

en Francia, «I have reason to suppose that my habits of dissipation would have been confirmed by the levity of French manners» (1999, p. 29).

[16] Según André Pons, aunque no podemos dudar de la sinceridad de Blanco en la defensa de sus ideas, hay que reconocer «que la tesis y la actitud de *El Español* eran las mismas que habrían sido adoptadas si el periódico hubiera recibido instrucciones directas del Foreign Office» (2006, p. 69). Véase también Cross (1984, pp. 27-28).

Semanario. Ése era su público natural, ésos eran los únicos en los que podía razonablemente tratar de influir. Pero, con una absoluta falta de sentido práctico, no supo comprender que su proyecto personal de convertirse en inglés, reconfigurando su identidad de acuerdo al molde anglosajón, chocaba frontalmente con su proyecto de hacerse oír por los españoles[17]. Si lo que quería era ser efectivo, debía haber estado dispuesto a transigir, a encontrar puntos de acuerdo que hicieran sus ideas más aceptables para el público al que se dirigía. Pero, en lugar de ajustarse a ese objetivo, el sevillano decidió actuar de manera inflexible y defender su punto de vista sin ningún tipo de concesiones[18]. Logró así redactar un periódico que resulta hoy admirable por su clarividencia y por la profundidad de sus análisis, pero que no pudo llevar a cabo la labor práctica para la que se fundó. No fue capaz de participar activamente en la política española, ni de orientar la opinión pública y, a través de ella, influir en los debates parlamentarios que se estaban produciendo en Cádiz. Los textos de *El Español* contienen análisis perspicaces y propuestas acertadas, pero se agotan en sí mismos, encerrados en una especie de brillante solipsismo que no consiguió ser fructífero. Nos resultan ahora útiles para conocer la evolución de Blanco, así como para identificar los graves errores en que incurrieron los liberales doceañistas, pero lamentablemente no pudieron contribuir a evitarlos. Son útiles para comprender la España de aquel tiempo, pero no lo fueron para cambiar su dinámica.

---

[17] El periodista del *Semanario Patriótico,* por polémicos que fuesen sus artículos, actuó como portavoz de una importante minoría. El del *Español,* por el contrario, será leído desde España «como una voz que clama desde el desierto; o, peor aún, desde la perspectiva interesada del Foreign Office británico» (González Troyano, 2007, p. 44). Esta desconexión pone en entredicho la creencia de que Blanco es «el más grande de los educadores y reformadores de España» (Moreno Alonso, 2001, p. 200). *El Español* constituye, sin duda, «un modelo de periodismo informativo y crítico único en su tiempo» (Goytisolo, 2010, p. 80), pero Murphy ya observó su desconexión con el público al que se dirigía: el periódico «was a monologue, albeit an eloquent, passionate and brilliantly argued monologue, unique in the history of Spanish journalism» (1989, p. 65).

[18] Murphy se percató del problema. Recordando que Blanco llegó a pedir a las Cortes en 1812 que pusieran la regencia de España en manos de Wellington, concluye: «Blanco, so susceptible himself, was insensitive to the susceptibilities of others» (1989, p. 83). La tendencia de Blanco a analizar los problemas desde posiciones teóricas le hizo también tomar partido por la Iglesia de Inglaterra contra los católicos irlandeses, una decisión que más tarde lamentaría.

A pesar de su creciente desconexión con la realidad española, Blanco prolongó varios años más su empresa periodística, convencido, contra toda evidencia, de que sus escritos lograrían tarde o temprano incidir en la vida política del país. Sólo cuando Fernando VII regresó a la Península y expresó sin ambages su deseo de restaurar el absolutismo, se dejó dominar por el desaliento e interrumpió definitivamente la publicación. La «Conclusión de esta obra», con la que se cierra el último número de la revista en junio de 1814, rezuma una amarga melancolía. No sólo porque anuncie el final que refleja el título, sino porque constata la inevitable ruptura de su relación con España, como si no le cupiera ya la menor duda de que, en las actuales circunstancias, ese país no podía ser el suyo, que no quedaba ya nada que le permitiera establecer con sus habitantes una cierta comunión espiritual. Hasta ese momento, había albergado la esperanza de que sus artículos se leerían en España e influirían en sus debates, se había hecho la ilusión de que «podría esparcir entre los españoles algunas ideas útiles, que he procurado aprender en el país donde la ciencia política se sabe mejor que en ningún otro del mundo» (1814, p. 307). Pero ahora, implantada de nuevo la monarquía absoluta, no tenía sentido seguir intentándolo. Preconiza años negros para una España dividida en dos grupos hostiles, que intentarán destruirse mutuamente sin que ninguno de ellos posea la fuerza suficiente para eliminar al contrario, pero ese futuro no será ya el suyo.

Desde su llegada a Inglaterra se había debatido entre su condición de español y el deseo de convertirse en inglés, había estado, por así decirlo, navegando entre dos aguas, avanzando en un proceso de transformación personal, y, al mismo tiempo, usando ese proceso para instruir a sus paisanos, como si pensara que ambos niveles conducían en la misma dirección y eran en gran parte complementarios. Ahora, con la vuelta de Fernando VII, se veía obligado a elegir. Y la decisión estaba clara. España no podía seguir siendo su país, no había nada allí con lo que se identificara, ningún grupo afín, ningún proyecto que pudiera considerar suyo. El deseo de servir a su país nativo persistirá aún vivo a lo largo de los años, emergiendo repetidas veces cuando la ocasión política se lo permita, pero en ese momento, habiéndose convencido de que la realidad española había vuelto la espalda a cualquier intento de renovación, «it could no longer be my duty to waste my strength. Every political link between myself and Spain was broken» (1845, I, pp. 247-248). A partir de ahí, dedicará sus mejores energías a reconfigurar su mente de acuerdo al molde anglosajón, reprimiendo en la medida de lo posible los inevitables resabios que le quedaban de su identidad anterior. Se impone como una obligación pensar y escribir en inglés, y, salvo contadas excepciones (aunque ésas sean muy significativas), las sucesivas alternativas y evoluciones de su vida espiritual posterior se expresarán exclusivamente en esa lengua.

Años más tarde, al escribir sus cartas autobiográficas al arzobispo Whately, afirmará que, si bien había tenido que pasar por situaciones muy duras en su país de acogida, en ningún momento fueron tan graves como para lamentar su decisión de convertirse en inglés. De todas las cosas que se vio obligado a abandonar, confiesa, la única pérdida que realmente lamentaba era la de su lengua nativa (*ibid.*, I, p. 175). Los motivos que le asistieron para dejar de cultivarla los detalla en otro escrito autobiográfico compuesto poco después de realizar esta afirmación. En *A Sketch of His Mind in England* (1834) argumenta que, al plantearse la necesidad de escribir su diario, decidió recurrir exclusivamente al inglés porque la artificial fraseología religiosa del español le resultaba insufrible. Se añadía a ello, además, la dificultad de llevar a cabo su tarea en una lengua que casi nunca había sido usada «as an instrument of close reasoning» (*ibid.*, I, p. 247), así como el hecho de que, por haber decidido no regresar nunca más a España, consideraba Inglaterra su país, «and my mental powers were to be directed to usefulness in this —the country of my free choice» (*ibid.*). Claramente, quien así razonaba lo hacía no ya como español sino como inglés. En 1812, por lo tanto, cuando todavía contemplaba la posibilidad de influir en la vida política gaditana a través de sus artículos de *El Español,* Blanco sentía que sus lealtades más íntimas no estaban dirigidas hacia la sociedad en que había nacido, sino hacia su país de adopción. Sólo así puede entenderse su voluntad (insisto, antes de que regresara a España Fernando VII) de adoptar el inglés como lengua exclusiva de introspección[19]. Porque esto lo hace un autor que en la Carta XI

---

[19] Afirma en *A Sketch* que mientras escribió *El Español,* «I thought, of course, in Spanish, during the act of writing. But with such perseverance did I carry on my silent

de sus *Letters from Spain* (1822) aconseja a sus paisanos que, si quieren ajustar la lengua española a las necesidades de los nuevos tiempos, deben pensar por sí mismos, «in our own language —to *think,* I say, and express our thoughts with clearness, force, and precision» (1825d, p. 343). Precisamente lo que él intentaba hacer en su diario personal, sólo que recurriendo al inglés.

Se embarca así en una difícil singladura, ya que se condena a vivir en un espacio extraño, ajeno, en el que nunca terminará de sentirse totalmente cómodo. A pesar de que sus esfuerzos por dominar el inglés fueron muy eficaces, hasta el punto de que algunas de sus composiciones merecieron ser antologizadas entre las mejores de esa lengua, nunca consiguió adquirir en ella la soltura de un escritor nativo. Lo que sí logró, por el contrario, fue que su español perdiera espontaneidad y se anquilosara por falta de uso. La frustración que experimentó frente a esta doble limitación, que él mismo se impone, la aireó en una carta de 1829 que nunca pensó enviar a su destinatario, pero que, significativamente, decidió incorporar a las páginas de su diario. El asunto que trata está relacionado con una humillante anécdota personal que le sucedió poco antes y que debió dejarle un mal sabor de boca. A propósito de un escrito que Blanco acababa de publicar en la prensa inglesa sobre la «Oxford election», una personalidad conocida le recriminó en público que, siendo extranjero, se atreviera a criticar la política del país que tan generosamente le había brindado refugio. Dolido por la injusticia del ataque, así como por la forma y el lugar en que se llevó a cabo (la persona, al parecer, le gritó en la sala de lectura del Athenaeum), Blanco narra el incidente en detalle y pasa después a destilar sus amarguras de desterrado. Suponga usted, le dice a su insensible censor, hablando en segunda persona, aunque refiriéndose a sí mismo, que las leyes de un país, por los lazos de sangre que le unen con sus habitantes, le han invitado a disfrutar de los mismos privilegios que ellos poseen; suponga usted también, continúa, que,

---

thoughts by means of English words, that before the conclusion of the publication I had nearly to translate my mental conceptions into Spanish [...] English words, exclusively, have been for many years the forms in which my thinking powers have exerted themselves» (1845, I, pp. 249-250).

como consecuencia de esa invitación, aparte del profundo afecto que siente por el país,

> «you had with pains which but few have experienced or can imagine, remodeled your mind and habits so that even your native language had lost its original fast hold on your ideas —without however the acquired one having become the easy and natural instrument of thought which that you had neglected had been to you» (1845, I, p. 461).

La angustia que transparenta este párrafo sobre las limitaciones que debió sufrir por su decisión de convertirse en inglés explica probablemente los constantes problemas de salud que padeció desde su llegada a Londres. No es casual que en su producción aparezcan frecuentes referencias a jaquecas, dolores, enfermedades y molestias físicas[20].

Pero, a pesar de las incertidumbres que experimentó en su nueva etapa, Blanco nunca lamentó la decisión de instalarse en Inglaterra. O al menos nunca lo reconoció. Hasta el final de su producción, con escasas dudas ocasionales, consideró el viaje a Falmouth el evento más feliz que le había sucedido en su vida. Lo que, indirectamente, nos ayuda a entender la fuerza de su animadversión hacia la España oficial. El rechazo, según él mismo se encargó de especificar en numerosas ocasiones, no estaba motivado por la calidad humana de sus habitantes (que, por lo general, suele valorar positivamente), sino por la índole represiva de sus instituciones. En la Carta II de las *Letters from Spain,* afirma que los españoles poseen cualidades más nobles que pueblo alguno, pero, a pesar de ello, «we are worse than degraded —we are depraved, by that which is intended to cherish and exalt every social virtue. Our corrupters, our mortal enemies, are religion and government» (1825d, p. 51). No debe extrañarnos, por tanto, el énfasis que pone en la necesidad de cambiar el gobierno y educar al pueblo, una empresa en la que Blanco intentó colaborar cada vez que las circunstancias históricas

---

[20] FERNÁNDEZ CIFUENTES observa que los escritos de Blanco están poblados de referencias a enfermedades o, cuando menos, filtrados por el estado de ánimo de un enfermo. En este sentido, percibe «una dicotomía muy significativa: en España y en la proximidad del hogar familiar, el cuerpo de Blanco resulta ser un cuerpo fundamentalmente sano [...] El cuerpo solitario y crónicamente enfermo es el que se ha alejado de la familia» (2005, p. 62). Véase también CROSS (1984, p. 29).

parecieron mostrarse propicias[21]. *El Español* tal vez sea el ejemplo más relevante, pero no el único.

Si el regreso de Fernando VII le convenció de que debía cortar amarras con el pasado, bastó con que triunfara el pronunciamiento de Riego de 1820 para que Blanco White, ilusionado otra vez con la perspectiva de un cambio, se propusiera colaborar en el nuevo proyecto. En carta a su hermano del 6 de julio de ese año, afirma con expansivo entusiasmo, por más que reconozca que la idea es imposible de realizar, que si pudiera «desfigurarse la cara y la voz de modo que nadie me conociese [...] nada me daría más placer que el verte con tu mujer y tu niña y emplearme en instruir la juventud de mi nación en los ramos importantes en que he procurado instruirme en Inglaterra» (Méndez Bejarano, 1920, p. 137). Anticipando una posible colaboración con los liberales, intenta limar asperezas con aquellos con los que se había peleado poco antes y recuerda que sus pasados desencuentros, por más que parecieran graves, nunca se habían debido a cuestiones de fondo. Sus críticas contra las medidas aprobadas en las Cortes habían sido duras, sin duda, pero, lejos de atentar contra los principios progresistas en que se basaban, nacían precisamente del temor de que fracasaran «por falta de enmienda en ciertos puntos esenciales» (*ibid.*, p. 136). De lo que se trataba, por tanto, era de encontrar la estrategia más efectiva para lograr unos objetivos comunes que todos compartían. Curiosamente, el entusiasmo que le produce la nueva situación repercute asimismo en su actitud frente al idioma. Después de seis años en que, según afirma, ni por casualidad se le había ocurrido escribir una sola palabra en su lengua materna, «la revolución soltó los diques a mis ideas españolas, y casi no pasa día en que no escriba algo en nuestra hermosa aunque descuidada lengua» (*ibid.*, p. 135). Lo que confirma que su decisión de abandonar el español estuvo motivada, más que por limitaciones intrínsecas del idioma, por el convencimiento de que en él carecía de lectores. Confrontado con la posibilidad de

---

[21] La importancia que tiene la educación para Blanco ha sido enfatizada por Carol L. TULLY, quien advierte que «Blanco envisioned an educated Spanish middle class as the means to revive cultural identity» (1997, p. 104). Véase también MURPHY (1989, p. 78). En esto, como veremos, Blanco coincide con otros liberales como Larra.

prolongar indefinidamente un monólogo sin sentido, cambia de lengua para intentar llegar a otro público.

En 1820 también, y con el propósito de educar a los españoles en la nueva etapa iniciada por el levantamiento de Riego, comienza la redacción de las *Cartas sobre Inglaterra*. Más adelante afirmará que, aunque no tenía la más mínima intención de regresar al país, las noticias que le llegaban de España infundían en él grandes esperanzas y le hacían querer compartir con sus paisanos los conocimientos adquiridos en su nueva patria. Con este objetivo en mente, tradujo la primera parte de *Criminal Law of England* de Charles Cottu, y, por iniciativa de lord Holland, escribió una carta a Quintana, aconsejándole que procurara introducir moderación en los debates parlamentarios. También, considerando que había llegado el momento de que un libro suyo sobre Inglaterra pudiera ser útil a sus paisanos, «I began a series of Letters, in which I intended to describe the manners, customs and principal institutions of this country» (1845, I, p. 376). Animado por la posibilidad de que se produjeran cambios decisivos en el país, Blanco abandonó su aparente desinterés hacia España y, rescatando su antigua idea de arraigar en ella los valores de la sociedad inglesa, volvió a ensayar su pluma en el cultivo de esa lengua[22].

Sin embargo, irónicamente, cuando se publicaron las *Cartas* en *Variedades,* se vio obligado a cambiar de destinatario. En enero de 1823, fecha en que apareció la primera entrega, la situación española se había deteriorado hasta tal punto que el proyecto revolucionario iniciado tres años antes amenazaba terminar en fracaso. Los continuos enfrentamientos entre liberales moderados y exaltados, unidos a los manejos secretos de Fernando VII en diversas Cortes europeas, desembocaron en abril de ese mismo año en la invasión de los Cien Mil Hijos de San Luis. Vuelto a instaurar el absolutismo, y con los liberales nuevamente en las cárceles o en el exilio, el proyecto educativo de Blanco tuvo que archivarse otra vez para

---

[22] Las *Lettres from Spain,* escritas por esas fechas, tenían un carácter totalmente diferente. Si en las *Cartas sobre Inglaterra* se proponía educar a los españoles, ofreciéndoles el modelo inglés como ejemplo, en las *Lettres* se presenta como reactivo el antimodelo español. En ellas, Blanco «identifies himself with the "us" of the Englishman by criticizing the "them" of the Spaniard» (LAWLESS, 2011, p. 205). Ambos proyectos pueden considerarse, en cierto modo, complementarios.

mejor ocasión. Además, el público que Ackermann tenía en mente para la revista no era el español, sino el de las nuevas repúblicas americanas. Una posibilidad que, en definitiva, también atraía al autor sevillano. Cuando recibió la propuesta, según confesará más tarde, estuvo tentado en un primer momento de rechazarla, ya que había perdido el hábito de pensar y escribir en su lengua materna, pero finalmente consideró que no podía dejar pasar «this opportunity of doing some substantial good to the Hispano-Americans» (1845, I, p. 395).

En *Variedades* aparecerán algunos de sus escritos más importantes en lengua española, como son las *Cartas sobre Inglaterra,* el ensayo «Sobre el placer de imaginaciones inverosímiles» o el estudio crítico de *La Celestina.* Pero en octubre de 1825, tras casi tres años de andadura, interrumpirá su colaboración y redactará una «Despedida del autor de las Variedades a los hispano-americanos» en que expone ideas muy similares a las del cierre de *El Español.* Pensar en su lengua materna, manifiesta de nuevo, cuando se acaba de suprimir otra vez la libertad en España y el pueblo sufre el doble yugo del fanatismo religioso y de la opresión política, le resulta una empresa insoportable. El mero sonido de sus palabras le evoca «el rumor lejano de una mazmorra en que hubiese sufrido encarcelamiento, grillos, heridas, e insultos; y donde hubiese dejado los amigos más queridos, sufriendo los mismos males sin remedio ni esperanza» (1825b, p. 300). Por otra parte, ¿para quién podía escribir en español?, ¿quién estaba interesado en escucharle? Si supiera que expresándose en ese idioma hacía un servicio a su comunidad de hablantes, si hubiera llegado a la conclusión de que, en alguno de los países en que se usaba, había un grupo, por pequeño que fuera, que podía aprovecharse de sus enseñanzas, habría persistido en su empresa. Pero no había esperanza de que así fuera, ya que «la lengua española ha llevado consigo la superstición, y esclavitud religiosa, donde quiera que ha ido» (*ibid.,* p. 300).

El problema de la falta de público vuelve a surgir aquí con brutal sinceridad. Y es lógico que así sea, ya que, dejando de lado los atisbos románticos que pueden rastrearse en algunas de sus obras, la escritura tenía para él un sentido didáctico. Cuando decidió abandonar el español, lo hizo porque creía que no había nadie en esa lengua que le escuchara y sus palabras estaban condenadas a quedar sin destinatario. Los que la hablaban, viciados por largos siglos de despotismo político y esclavitud religiosa, se apegaban firmemente a sus creencias y rechazaban de plano todo aquello que se saliera de sus cauces mentales. Además, aun cuando hubiera podido escribir con libertad en su idioma materno, sin ningún tipo de censura ni cortapisas, la distancia geográfica que le separaba de sus posibles lectores, privaba «a la imaginación del estímulo que nace del trato y vista de las personas para quienes se escribe» (*ibid.*, p. 301). Si en los primeros años del exilio había acariciado la esperanza de aprovechar las ventajas de su nueva situación para abrir los ojos a sus paisanos, presentándoles las excelencias del mundo anglosajón como ejemplo a seguir, y combinando su proceso de mejora personal con el de modernizar el país, el doble propósito se revela ahora una empresa íntimamente contradictoria. Instalarse en Inglaterra y convertirse en inglés implicaba sin remedio desvincularse de su comunidad de origen, renunciar a participar en los proyectos que allí se emprendieran, o hacerlo como un observador externo e inoperante, por lo que no tenía sentido perseverar en un plan condenado de antemano al fracaso.

En sus años finales, sin embargo, sintiendo la cercanía de la muerte, no deja de ser significativo que vuelva a experimentar de nuevo la necesidad de escribir en español. La visita que le hacen unos familiares de Sevilla a finales de 1839 remueve en él el poso de sus vivencias infantiles y comienza a sentirse alterado, nervioso, como si algo íntimo le desasosegara. En el diario del 21 de octubre comenta el fuerte deseo que le entró de escribir algo en su lengua materna, añadiendo que el día anterior había compuesto «two Spanish *Seguidillas* in connection with the character of a Spanish girl I want to draw up in a Spanish Tale» (1845, III, p. 108). La obra a la que se refiere es *Luisa de Bustamante,* una novela que tiene como protagonista a la hija de un liberal español exiliado en Londres y que, lamentablemente, nunca consiguió completar. El narrador se cree en la necesidad de justificar su decisión de escribir en español, después de tantos años de tener abandonada su lengua nativa, advirtiendo que la naturaleza es más fuerte que la costumbre y que «es ley bien conocida de la condición humana que, a medida que envejecemos, se rejuvenecen las impresiones de la niñez y de los verdes años» (1975, pp. 25-26). Agobiado por los dolores y las enfermedades, más aislado y más desengañado que nunca, incluso con relación a la sociedad inglesa (a la que ya no puede idealizar, por conocerla mejor), siente agolparse en su mente un desordenado flujo de imágenes de su infancia. Hasta en los sueños, que, según confiesa, habían tomado cuerpo por muchos años exclusivamente en su lengua adoptiva, comienzan ahora a emerger ciertos fragmentos en castellano (*ibid.*, p. 26).

Pero no se trata meramente de una cuestión de melancolía. Blanco tenía un concepto demasiado utilitario de la escritura como para limitarse a alimentar nostalgias. Al igual que en ocasiones anteriores, el deseo que le acomete de escribir en español evidencia una indudable intención pragmática. Reverdeciendo el antiguo plan docente que se había visto obligado a abandonar tantas veces, sin que nunca consiguiera hacerlo del todo, quiere ensayar de nuevo sus fuerzas en una obra que contribuya a inculcar en sus paisanos los valores de la tolerancia y el respeto a los demás. Una obra, en definitiva, que les ayude a superar sus problemas de convivencia (*ibid.*). El alejamiento que se había propuesto de su comunidad de origen revela no ser tan efectivo como en un principio habría deseado. A pesar de los reiterados intentos de convertirse en inglés, nunca dejó de sentirse profundamente español, y esa comunión espiritual, como en anteriores ocasiones, reaparece con fuerza cuando determinados acontecimientos históricos le hacen sentirse optimista. En 1833 había muerto Fernando VII, y «apenas oí que el representante de la tiranía, la superstición y la ignorancia había dejado de anublar la atmósfera española con su presencia, cuando el amor de mi suelo nativo se desplegó a la luz de la esperanza» (*ibid.*).

En este contexto hay que entender la composición de *Luisa de Bustamante,* única novela, aunque incompleta, que sabemos con seguridad que salió de su mano[23]. El planteamiento de la obra revela una actitud menos entusiasta hacia lo inglés. Finalmente, Blanco parece haber asimilado la lección de moderación que él mismo predicó con vehemencia en numerosas ocasiones (si bien rara vez la practicó), y ahora, al final de su vida, advierte que ninguna

---

[23] La autoría de *Vargas* aún se discute, si bien hay razones fundadas para pensar que se debe a su mano. Véanse Méndez Bejarano, Benítez, Murphy y Lawless. LLORÉNS, sin embargo, gran conocedor de Blanco, lo niega: según él, los diarios «de Blanco y su correspondencia, aparte del estilo de la obra, prueban que tal atribución es insostenible» (1971, p. 58).

sociedad puede considerarse ideal, que todas tienen sus virtudes y sus defectos. Queda ya lejos el arrobamiento casi religioso frente a lo anglosajón que impregnara muchas de sus páginas anteriores[24]. La sociedad inglesa que aquí aparece, presenta aspectos dignos de admiración, sin duda, pero también detalles sórdidos; ejemplos de generosidad e inteligencia, pero también de egoísmo, estupidez e hipocresía. Algo similar sucede con la española. El exilio de los padres de Luisa, así como los odios mezquinos que fermentan entre las distintas facciones de los liberales, incluso en la desgracia, revelan los graves problemas de convivencia que aquejan al país. Pero Luisa simboliza lo mejor de la naturaleza española cuando, libre del influjo de la Iglesia católica, recibe una educación apropiada[25]. Es atractiva e inteligente, tiene buen corazón, le gusta aprender y posee una elegancia innata. Cuando sus padres mueren, el narrador, junto con dos filántropos ingleses, se involucra activamente en su educación y modela su personalidad con esmero. Adquiere así las virtudes morales que caracterizan al pueblo inglés, pero sin dejar de sentirse española: es apasionada, pero aprende a controlar sus sentimientos; abriga firmes convicciones, pero respeta a los que no piensan como ella; posee un fuerte sentido patriótico, pero desprovisto de cualquier sombra de intolerancia[26]. El narrador le aconseja

---

[24] Contribuyó a ello su mejor conocimiento de la sociedad inglesa. En 1832 escribe que, tras haber abandonado todo lo que más quería en España, «here I find myself surrounded by the most violent bigotry, in a land from which my ancestors were driven» (1845, I, p. 493). Su convencimiento de que la Iglesia de Inglaterra era similar a la de Roma le llevó a romper con su amigo Whately y a empezar una nueva vida en Liverpool. Esta ruptura fue más dolorosa que la anterior, «ya que al salir de España, el dolor de la separación fue atemperado al menos por el descubrimiento del "país de la libertad"» (GARNICA, 1988, p. 19).

[25] Incluso puede percibirse en esta obra una cierta autocrítica respecto a escritos suyos anteriores. En las *Letters from Spain* había dicho que los hombres del pueblo españoles usan el cuchillo a la menor provocación, y las mujeres «carry a poniard in a sheath, thrust within the upper part of the left stocking, and held up by the garter» (BLANCO WHITE, 1825d, p. 237). Ahora, cuando el narrador y la protagonista van a visitar a la grotesca familia Chub, una de las hijas teme que el hombre la ataque con un cuchillo, y la madre afirma refiriéndose a Luisa: «Dios me perdone si hago un mal juicio, pero juraría que esa niña lleva consigo un puñal español» (1975, p. 32).

[26] La tendencia de Blanco a equiparar imaginación y superstición, así como su convencimiento de que el ser humano debe controlar racionalmente sus emociones, le distancian del movimiento romántico. Sobre su carácter ilustrado véanse CALVELO (2000, p. 120) y KIRKPATRICK (2005, p. 78).

leer la obra de Conde sobre los árabes españoles y, tras hacerlo, experimenta una noble indignación contra el ciego fanatismo que ha privado al país de algunos de sus hijos más ilustres. Critica las expulsiones de musulmanes y judíos, y afirma que los cristianos, en lugar de haber tratado a esos pueblos como enemigos, debían haberlos considerado sus paisanos, puesto que realmente lo fueron con el tiempo (*ibid.*, pp. 53-54). Aquí, obviamente, la protagonista reproduce el revisionismo histórico de Blanco, quien, algunos años antes, en las páginas de *Variedades* había reseñado el libro de Conde en términos muy elogiosos. Luisa representa, en definitiva, la imagen de ese español ideal que el autor había pretendido modelar con sus escritos, aunque sin llegar a conseguirlo. Tratándose de una novela que escribe en edad avanzada, y que concibe como una especie de testamento espiritual para sus paisanos, la protagonista representa un *alter ego* ficticio del autor, de ese posible español que ha logrado reconstruir su personalidad en el molde inglés y que, profundamente renovado, se ofrece a las futuras generaciones como un modelo ideal a seguir.

La relación de Blanco con España estuvo caracterizada desde fecha muy temprana por una mezcla de amor y odio. Ama el elemento humano del país, representado por un pueblo que, en su opinión, posee cualidades intrínsecas inmejorables, pero odia las instituciones políticas y religiosas que durante siglos habían moldeado el país, creando una sociedad fanática e intolerante. Esas instituciones eran las que habían arruinado su vida, obligándole a exiliarse en un país extraño. El encono que experimenta hacia ellas no disminuirá jamás, ni siquiera cuando, en sus años finales, sienta renacer en su interior una fuerte añoranza por la patria perdida. Poco antes de morir, por ejemplo, incluye una referencia en su diario a la historia de los Reyes Católicos de Prescott, añadiendo que le parecía una obra de gran mérito, llena de enseñanzas útiles y de observaciones perspicaces. Pero, añade, no podía estar de acuerdo con la admiración del autor hacia lo español, ya que el triunfo «of the Spaniards is to me the triumph of evil. Wo! to the best interests of humanity in proportion of Spain gains ascendancy! [...] Catholicism is the great bane of the civilized world» (1845, III, p. 193).

Esta inquina contra todo lo que representa la España oficial es la que, en sintonía con lo que piensan otros liberales, le hace concebir la necesidad de elaborar una nueva interpretación de su historia[27]. La imagen heroica de una nación expansiva e imperial, de base castellana, es sustituida por otra, menos grandiosa, en la que la época medieval es considerada más libre y democrática y, por consiguiente, superior. Asimismo, la corona de Aragón sustituye a Castilla como centro de gravedad del nuevo país que se propone crear, por juzgar que sus instituciones habían sido similares a las de la España liberal. Esta constatación le lleva a lamentar que hubiera sido Castilla, y no Aragón, el reino que prevaleció en la unión de las dos coronas. Por otra parte, frente a la monopolización de lo español que pretendía llevar a cabo la Iglesia católica, los musulmanes «ilustrados» de al-Andalus comienzan ahora a considerarse no sólo plenamente españoles, sino superiores a los cristianos. De hecho, los judíos y moriscos que padecieron persecuciones y exilios por sus creencias se asocian por sus ideas y por su temperamento con los liberales del siglo XIX que han pasado por idénticas circunstancias.

El conflicto interior que experimenta Blanco, causado por un país con el que se identifica emocionalmente, pero cuyas instituciones odia, sólo podía haberse solucionado modernizando las estructuras de la sociedad española, creando una nación próspera, culta y tolerante, a imagen de esa Inglaterra que él tanto admiraba. Una España libre de extremismos, abierta, emprendedora, en la que las relaciones sociales estuvieran regidas por el libre intercambio de ideas y se garantizara el respeto a las actitudes y creencias de los demás. La decisión de convertirse en inglés sólo fue una solución parcial, ya que él mismo era consciente de que la empresa estaba condenada al fracaso. Por otra parte, la reiteración de su proyecto docente cada vez que la situación política española le hacía concebir esperanzas de cambio evidencia que el lazo emocional con España nunca llegó a desaparecer. En sus escritos finales, por más que fuera consciente de que el mensaje tal vez nunca alcanzaría su destino, siguió insistiendo en su voluntad de reconfigurar a sus paisanos de acuerdo al molde anglosajón. Eso era, por supuesto, lo que Blanco había hecho de manera individual, pero, para que

---

[27] Considero acertado el juicio de Dufour, cuando afirma que no se observa en Blanco una voluntad de ruptura con España, sino «con la España en la que le había tocado vivir» (2002, p. 17). Si bien el mismo Blanco no siempre establece la diferencia con claridad.

el proceso pudiera ser efectivo (no ya en él, sino en la España del futuro), necesitaba llevarse a cabo colectivamente. Sólo así podría evitarse que se repitiera indefinidamente la tragedia que él se había visto obligado a sufrir.

Ese español del futuro, desde luego, no sería Larra. Entre otras cosas porque, aunque vino al mundo varias décadas después que Blanco, decidió abandonarlo antes de que el autor sevillano escribiera *Luisa de Bustamante*. En la decisión de suicidarse, por otra parte, influyeron causas significativamente similares a las que empujaron a Blanco a emprender el camino del exilio. Ambos experimentaron un sentimiento de alienación frente a la realidad de su entorno y ambos se propusieron remediarlo por medio de la escritura. El objetivo que perseguían, a fin de cuentas, era mejorar a sus paisanos, acabar con el atraso en que se encontraba la sociedad española e inculcar entre sus miembros los valores de los países modernos. Igualmente, en un determinado momento se detecta en ambos el convencimiento de que los males del país no tenían remedio, al menos a corto plazo, por lo que tampoco lo tenía su problema. Pero mientras que Blanco decidió soslayarlo abandonando el país y adoptando otra patria, Larra nunca se planteó seriamente esa posibilidad. Enfrentado con las sombrías perspectivas que le ofrecía un país sumido en la ignorancia y el atraso, unido a las serias dificultades por las que atravesaba su vida sentimental, experimentó una grave crisis personal que le condujo al suicidio.

El hecho de que su padre fuera un afrancesado que debió abandonar el país tras la derrota de Napoleón, obligándole a vivir cinco años en el extranjero y a recibir parte de su educación en otra lengua, contribuyó sin duda a exacerbar su conciencia crítica. Cuando cruzó de nuevo los Pirineos, la España de Fernando VII que apareció ante sus ojos, sobre todo para alguien dotado con mirada francesa, no era ciertamente una nación que marchara a la vanguardia del progreso. Desde sus escritos iniciales en *El Duende* manifiesta Larra una recurrente preocupación por la marginalidad española y el deslumbramiento un poco provinciano que provocaba en el país todo lo francés. En «Una comedia nueva» (1828), por ejemplo, ridiculiza al público madrileño que no se atrevía a condenar un drama, aunque fuera malo, por haber sido aplaudido antes en Francia, y añade con sorna: «Se guardarán muy bien de silbar sino cuando se les mande» (1960, I, p. 22). Pero además de criticar el afrancesamiento superficial de una minoría culta que seguía con fascinación aldeana los dictados de París, ridiculiza también la obcecación nacionalista de un grupo más numeroso que, dejándose arrastrar por una pasión pueril, alababa desmedidamente lo propio y rechazaba en bloque todo lo relacionado con Francia. Ambos extremos eran igualmente nocivos, según nuestro autor, porque, aunque partían de puntos de vista opuestos, dificultaban la necesaria modernización del país. En un caso, porque se trataba de un grupo minoritario que, por su tamaño y la actitud extranjerizante de sus miembros, no podía en modo alguno representar al conjunto de la población. Según Larra, constituía un pueblo pequeño de hábitos extranjeros embutido en otro más grande de costumbres nacionales. En el otro, porque los que así hablaban ignoraban la evidencia del atraso que padecía el país, pretendiendo que estaba al nivel de las naciones europeas más avanzadas y no necesitaba imitar a nadie.

Frente a la polarización de estos dos grupos, Larra adopta una posición intermedia. Considera que España va a la zaga de Europa y que, para solucionar el problema, es ineludible imitar a las sociedades modernas, pero sin que eso implique renunciar al legítimo orgullo por todo lo que el país ha hecho de bueno[28]. El atraso, provocado en gran parte por la excesiva importancia de la Iglesia católica y por el monopolio de poder que detentan las fuerzas reaccionarias, constituye para él uno de los más acuciantes problemas que deben solucionar los españoles. Por otra parte, mantiene asimismo (y considero este punto de esencial importancia) que, por tratarse de un problema de índole colectiva, la solución no puede alcanzarse a nivel individual. Obviamente, ciertos españoles, entre los que seguramente se incluye, podían apropiarse de las ideas modernas y amoldar a ellas su comportamiento, pero hasta que la sociedad en su conjunto no lo hiciera, su modernidad sería en cierto modo impostada. El acceso pleno a la modernidad de un individuo, según Larra, está ineludiblemente ligado a la modernización general de su

---

[28] Blanco White coincide con Larra en que la solución está en imitar a las sociedades modernas. Cada nación debe aspirar a crear una identidad propia que pueda competir con las más avanzadas, pero necesitan empezar por el estudio de lo que otras han hecho (1823, I, p. 120).

país. En este sentido, para conseguir la modernización de España era indispensable educar a la generalidad del pueblo, contrarrestar la influencia negativa que sobre él ejercía la Iglesia católica y hacerle ver que las reformas liberales redundarían en su beneficio.

El gobierno de la nación debía desempeñar un papel esencial en el proceso, pero si no lo hacía, la élite cultural estaba obligada a asumir su parte de responsabilidad y ejercer de guía, sobre todo a través del teatro y la prensa periódica[29]. En «¿Qué cosa es por acá el autor de una comedia?» (1832) afirma el narrador que, aunque la sociedad en general tiene una vaga predisposición a adquirir el bien, necesita de alguien que la guíe para alcanzarlo. Y añade: «Esta obligación nos hemos impuesto, y la cumpliremos mientras podamos, como buenos españoles, que adoramos la prosperidad de nuestra patria» (1960, I, p. 92). Los escritores deben intentar remplazar las costumbres antiguas por otras más racionales, ya que, según señala en otro artículo del mismo año, en ellas reside el único apoyo «sólido y verdadero del orden y de la prosperidad de un pueblo» (*ibid.,* I, p. 123). Y añade con voluntarioso optimismo: «La luz de la verdad disipa, por fin, tarde o temprano las nieblas en que quieren ocultar la los partidarios de la ignorancia» (*ibid.,* I, p. 123).

Durante la mayor parte de su vida, Larra estuvo convencido de que el progreso era bueno y que él, como escritor conocido y respetado, debía ejercer un papel decisivo en fomentarlo. En ocasiones critica la sociedad española en términos muy duros, pero en el fondo su enfoque es marcadamente optimista, ya que, aunque piensa que tendrán que superarse grandes obstáculos, confía en que es posible hacerlo. Como afirma en «Vidas de españoles célebres», un artículo de 1834 en el que comenta el libro de Quintana del mismo título, «el hombre superior hace la fortuna; conocedor de las circunstancias que se oponen al logro de sus planes, las esquiva o las dirige, y las domina» (*ibid.,* I, p. 369). Según eso, el fracaso de un proyecto no debe achacarse a la fatalidad o a la

---

[29] En «Reflexiones acerca del modo de hacer resucitar el teatro español», un artículo de 1832, insiste en que para modernizar la sociedad es necesario educar al pueblo, y «si otras causas no concurren, como es de desear, a esta instrucción general tan necesaria, tomen sobre sí los que escriben para él tan ardua tarea» (LARRA, 1960, I, p. 128).

mala suerte, sino a la falta de capacidad de quien lo propugna para sortear los impedimentos que se le presenten[30]. Conseguir que España saliera de su atonía y se situara al nivel de las naciones europeas modernas era una empresa necesaria y, a pesar de su dificultad, viable. Si el gobierno se inhibía, los responsables de ejecutarlo eran en gran parte las élites intelectuales a las que él pertenecía.

Las ideas anteriores, presentes en muchos artículos de nuestro autor, están estrechamente emparentadas con el pensamiento ilustrado del siglo XVIII[31]. Larra así parece reconocerlo cuando encabeza su «Carta a Andrés escrita desde Las Batuecas» de 1832 con la siguiente cita de Miguel Antonio de la Gándara: «Rómpanse las cadenas que embarazan los progresos; repruébense los estorbos, quítense los grillos que se han fabricado del yerro de dos siglos» (*ibid.*, I, p. 80). El concepto de progreso que aparece en la mayor parte de su producción se expresa recurriendo a imágenes de educación y de luz: guiar a la sociedad, acabar con la ignorancia, disipar las tinieblas, avanzar por un camino que conduce a la felicidad, terminología toda típicamente ilustrada y que conecta a Larra con los pensadores progresistas del siglo anterior. En «De la sátira y de los satíricos», un artículo publicado en marzo de 1836, manifiesta aún su fe en la perfectibilidad del género humano, por más lentamente que se lleve a cabo, y reafirma su voluntad de «contribuir con nuestras débiles fuerzas a la perfección posible de la sociedad a que tenemos la honra de pertenecer» (*ibid.*, II, p. 164).

La confianza en la perfectibilidad del género humano es discutible que la mantuviera hasta el final de sus días, pero el convenci-

---

[30] Sólo con reparos puede aceptarse la afirmación de ROSENBERG de que la personalidad de Larra, como buen romántico, representa a lo largo de toda su carrera «the personification of alienation» (1993, p. 381). Su alienación es indudable, pero diferente de la de los románticos que rechazan los valores racionales y burgueses de la sociedad moderna. Larra, por el contrario, se sitúa en los márgenes de una sociedad marginal. Lo que ocasiona principalmente su alienación es la conciencia de que su país está dominado por la irracionalidad y el atraso.

[31] El «hombre superior» de Larra tiene más que ver con el empeño ilustrado de educar a las masas que con la idea romántica de genio tal como la define BLANNING (2010, p. 32). En fecha reciente todavía confesaba URRUTIA que no le quedaba claro si Larra era un romántico o un ilustrado (2009, p. 525).

miento de que es bueno progresar (lo cual no implica afirmar que el progreso sea intrínsecamente bueno) puede documentarse que nunca le abandonó. Veamos, por ejemplo, el artículo que escribió en junio de 1836 a propósito de la representación en Madrid del *Antony* de Alejandro Dumas, una obra que, según Larra, defendía en buena medida las ideas del Romanticismo triunfantes entonces en Francia. El artículo se considera uno de los más importantes de nuestro autor, como bien prueba la reiterada atención que ha merecido por parte de la crítica, si bien, por su aparente ambigüedad, se trata asimismo de uno de los de más difícil interpretación. En él se defiende que la literatura es un producto social que refleja los problemas y las tensiones del país en que se produce, por lo que una obra como la de Dumas, típico producto de la sociedad francesa, no sólo estaría fuera de lugar en España, sino que, dadas las profundas diferencias existentes entre ambos países, únicamente puede ocasionar efectos nocivos al otro lado de los Pirineos. Antes que nada, y sobre todo, porque no refleja las expectativas ni las necesidades de los españoles, si exceptuamos una exigua minoría afrancesada que se ha formado en gran parte en el extranjero. Pero esa minoría (en la que tal vez Larra se incluya) no tiene de española, en su opinión, más que el nombre.

Para representar la idea de progreso, recurre aquí Larra a una imagen convencional, la de recorrer un camino que proyecta las distintas sociedades sobre puntos más o menos avanzados en una línea ascendente. Legitima con ello las ideas de modernidad y de atraso, lo que ya de por sí implica un determinado juicio de valor, si bien se preocupa asimismo de documentar que en esa época empezaba en ciertos países a cuestionarse que el progreso ocasionara la felicidad. La vida es un viaje, dice el narrador, «el que lo hace no sabe adónde va, pero cree ir a la felicidad. Otro que ha llegado antes y viene de vuelta, se aboca con el que está todavía caminando,» y le dice: «¿Sabes lo que hay al final? Nada» (*ibid.,* II, p. 247). Es evidente que Larra comprende ahora lo que significa el Romanticismo, por más que en sus primeros escritos lo asociara con Calderón y el Barroco. Aquí lo caracteriza como un movimiento que sólo puede explicarse en las circunstancias concretas en que surge, emparentado con la Ilustración del siglo anterior y, al mismo tiempo, por oposición a ella, definiéndose contra sus principios y complaciéndose en denunciar sus lacras[32]. Si Larra compartiera esta actitud anti-ilustrada, lo lógico sería que, tras la afirmación anterior, recomendara a los españoles no avanzar por una línea que, en el mejor de los casos, sólo puede llevarles a un doloroso desengaño. Sin embargo, en lugar de hacerlo, adopta la postura contraria y afirma que, a pesar de todo, aunque el camino conduzca a la destrucción, «es fuerza andar, porque si la felicidad no está en ninguna parte, si al fin no hay nada, también es indudable que el mayor bienestar que para la humanidad se da está todo lo más allá posible» (*ibid.,* II, p. 247). La recomendación resulta a primera vista incongruente y, a no ser que aceptemos que existen en Larra contradicciones insolubles, exige una explicación.

La literatura que representa *Antony* es la de una sociedad moderna, más avanzada que la española, que se muestra decepcionada al comprobar que el progreso en el que había depositado todas sus esperanzas no acarrea la felicidad prometida. Pero Larra, aunque a nivel personal deja entrever que tal vez podría compartir ese convencimiento, en cuanto español se ve obligado a denunciarlo[33]. No por

---

[32] Durante las últimas décadas, y especialmente a partir de los influyentes estudios de Susan Kirkpatrick, se ha generalizado el convencimiento de que Larra experimenta al final de su vida una profunda decepción con el progreso y lamenta «las divisiones sociales y la deshumanización» que esa tendencia acarrea (1977, p. 12). El éxito de la teoría probablemente se deba a que ofrece del autor madrileño una imagen reconocible en el contexto europeo y lo integra en un movimiento general de características similares en todo el continente. Kirkpatrick lo incluye en una segunda generación romántica decepcionada con los resultados prácticos del liberalismo, argumentando que la frustración latente «in Larra's words bears a close affinity with the French Romantics' sense of the betrayal of their aspirations by contemporary reality» (1988, p. 27). En la misma línea, Álvarez Barrientos mantiene que Larra es ambiguo frente a la idea del progreso, para concluir que esa insatisfacción es un síntoma de modernidad y forma parte «de las paradojas y de las dudas de los mejores románticos del momento» (2011, p. 19). Véanse también Varela (1983, p. 216) e Iarocci (2006, pp. 141-142). Según José Escobar, la gran contradicción de los románticos progresistas (entre los que incluye a Larra) consiste en darse cuenta de que «la revolución que propugnan conduce a una civilización estéril hacia la cual se encamina España con retraso, pero irremisiblemente» (1988, p. 50).

[33] Estoy de acuerdo con Iarocci cuando afirma que, en Larra, el drama «of "Spanish difference" did not by any means inhibit responses to the drama of Spanish modernity itself» (2006, p. 148). Sin embargo, considero que es necesario distinguir entre las críticas a la modernidad como tal y las críticas a los liberales españoles por su ineficiencia. Además, según me propongo demostrar, su ambigüedad frente a la modernidad no implica oposición al progreso.

la idea en sí, sino por las circunstancias de la sociedad a la que pertenece. Para que quede clara su propuesta, reitera a continuación que «si el destino de la humanidad es llegar a la nada por entre ríos de sangre, si está escrito que ha de caminar con la antorcha en la mano quemándolo todo para verlo todo, no seamos nosotros los únicos privados del triste privilegio de la humanidad» (*ibid.*, II, p. 248). Las dos citas que acabamos de ver ofrecen coincidencias que considero significativas: se plantean la posibilidad de que el progreso conduzca a la desolación y al caos, pero a pesar de todo, aun suponiendo que la razón se convierta en una antorcha destructora que calcina todo lo que encuentre a su paso en su afán de iluminarlo, aconsejan vehementemente a los españoles que es preciso avanzar.

Resulta sorprendente que los críticos hayan tomado las dos citas anteriores como una prueba evidente de que las dudas empezaban a minar la fe en el progreso de Larra, cuando, analizadas en profundidad, demuestran justamente lo contrario[34]. Afirmar que, aunque origine sufrimiento, el progreso es bueno para los españoles evidencia una percepción tan positiva del término que neutraliza incluso el temor a sus posibles secuelas negativas. Cuando un ilustrado como Jovellanos, por acudir a un ejemplo significativo, defiende la necesidad de progresar, lo hace por creer firmemente que solucionará los males de la humanidad y unirá a «la gran familia del género humano en sentimiento de paz y amistad santa» (1880b, p. 202). Su actitud, por tanto, es coherente con ese convencimiento. Pero defenderlo como lo hace Larra parece intrínsecamente contradictorio. Si el progreso lleva a la destrucción, ¿qué sentido tiene aconsejar a los españoles un comportamiento que los hará sufrir?, ¿no sería más lógico escarmentar en cabeza ajena y evitar los errores de otros? Sin embargo, Larra incita a los españoles a avanzar, aun en el hipotético caso de que el progreso les ocasione todo tipo de males. ¿Cómo explicar esta aparente incongruencia? ¿Por qué afirma Larra que,

---

[34] KIRKPATRICK considera que en los artículos sobre *Antony* pueden observarse claros síntomas de una actitud negativa hacia el progreso que revela «to what extent the seeds of doubt were undermining Larra's liberal faith» (1977, p. 463). Analizando ese mismo texto, concluye Benjamin KLOSS que Francia, «el antiguo *país modelo* se había convertido para Larra en un lugar hostil, sin esperanzas ni ilusiones; hasta parece adecuado decir que el paraíso terrenal de Larra se había convertido en el infierno» (2002, p. 103). Mi argumentación deja claro lo que pienso al respecto.

aunque el progreso no ocasione la felicidad, e incluso si conduce al caos, en cualquier caso es indudable «que el mayor bienestar que para la humanidad se da está todo lo más allá posible» (1960, II, p. 247)? La dicotomía que Larra establece entre felicidad y bienestar es intrigante. ¿En qué consiste ese bienestar del que habla (o el «privilegio» que citamos en el párrafo anterior) y que al parecer está indisolublemente unido a la idea de progreso, incluso cuando el progreso puede destruir? Y digo puede, porque en ningún caso lo plantea como un hecho, sino como una posibilidad. El uso del condicional no debería ignorarse.

La respuesta se halla en la asociación que establece entre progreso y adquisición de fuerzas. Sobre ese particular, es indudable que la visión de Larra de la modernidad posee resonancias mucho menos optimistas, y asimismo más complejas, que la de Jovellanos. En un artículo de 1835, «El duelo», se distancia elegantemente del progresismo benevolente de los ilustrados del siglo XVIII, afirmando que, si bien las relaciones humanas se han caracterizado a lo largo de la historia por los continuos enfrentamientos entre pueblos, «ahora, en el siglo de la ilustración, es cosa bien difícil que haya una guerra en el mundo; así es que no las hay» (*ibid.,* II, p. 79). En el contexto de las traumáticas experiencias ocasionadas por la Revolución Francesa y las invasiones napoleónicas, la afirmación no deja de tener un dejo de amargura. Evidentemente, los últimos acontecimientos históricos en Europa habían obligado a los progresistas a reconsiderar su percepción idealizada de la razón como panacea. Larra es consciente ahora, tras los sucesos de las décadas anteriores, de que el espíritu ilustrado puede producir (y ha producido, de hecho) cambios sustanciales en grandes áreas de la vida humana, pero el deseo de dominar a los demás no es ciertamente uno de ellos. Más bien, los avances científicos suponen uno de los factores claves para determinar la hegemonía político-militar de un pueblo, y, en último término, su preeminencia literaria. No es de extrañar, en consecuencia, que la noción de fuerza condicione decisivamente la visión del progreso en su obra.

La asociación entre ambos conceptos puede observarse desde fecha muy temprana. En «El casarse pronto y mal», un artículo de 1832, incita el autor madrileño a los españoles a progresar y, con ese fin, les propone imitar el ejemplo de los países europeos modernos. Pero siendo al mismo tiempo selectivos en la imitación, tomando del extranjero «lo bueno, y no lo malo, lo que está al alcance de nuestras fuerzas y costumbres, y no lo que les es superior todavía» (*ibid.*, I, p. 112). Las imágenes que usa son muy significativas: compara el progreso con un camino que hay que recorrer (imagen, como dije antes, absolutamente convencional), pero también con sentirse superior y con ser más fuerte, estableciendo entre ambos conceptos una estrecha correspondencia. En la misma línea, critica unos párrafos más adelante al exiguo grupo de españoles que creen marchar a la par de las sociedades modernas, pero que, «sin robustez, sin aliento suficiente para poder seguir la marcha rápida de los países civilizados», se asemejan a un mal taquígrafo que no consigue seguir la voz del que dicta, limitándose a ser «el eco, la última palabra de Francia no más» (*ibid.*). Es curioso, como advertía antes, que no establezca diferencia alguna en el conjunto, sin duda heterogéneo, de los españoles, como si el vigor de todos ellos para modernizarse no estuviera determinado por la capacidad individual de cada uno, sino por el estado general del país. Relaciona progreso y fuerza, pero al mismo tiempo estima que tanto uno como otra sólo pueden alcanzarse a nivel colectivo, como resultado de un proceso que implica y afecta necesariamente a toda la sociedad. En consecuencia, si un español pretende a título individual ponerse al nivel de las naciones más avanzadas, su intento está sin remedio condenado al fracaso, ya que lo único que conseguirá será convertirse en un eco más o menos fiel de la «voz» de esas naciones.

El planteamiento de Larra establece una estrecha conexión entre los niveles personal y colectivo que acarrea decisivas consecuencias para él mismo como escritor, sobre todo si tenemos en cuenta que, de acuerdo a su percepción, la fuerza político-militar condiciona todos los otros niveles de la actividad humana[35]. En un artículo de 1833 sobre el «Discurso» de Agustín Durán, asegura Larra que a medida «que decayó nuestra preponderancia política, decayó nuestra supremacía literaria y con nuestros capitanes desaparecieron nuestros poetas» (*ibid.*, I, p. 206), como si, a pesar de tratarse de dos realidades aparentemente desconectadas, un extraño

---

[35] Se explica así que Larra se manifestara hasta el final preocupado por una realidad social «that he fundamentally repudiated» (ILIE, 1974-1975, p. 165). No podía ignorar algo que le condicionaba de manera tan esencial.

mecanismo las uniera[36]. El convencimiento de que existe una fatal relación entre el potencial político-militar de un país y su fuerza artística y literaria vuelve a aparecer en «Espagne poetique», un escrito de 1834, y dos años después, de manera más pormenorizada, en el ensayo «Horas de invierno»[37]. En «Espagne poetique», comentando las traducciones al francés de textos españoles que acababa de publicar Juan María Maury, considera que hubo un tiempo en que España dejó su marca en Europa y era temida y admirada por el resto de las naciones, pero cuando el país perdió su hegemonía y otros pueblos la suplantaron en esa posición, la cultura no pudo menos de resentirse de la crisis general y la literatura española sufrió las consecuencias «de nuestra decadencia política y militar» (*ibid.*, II, p. 378).

Pero es en «Horas de invierno», un escrito publicado el 25 de diciembre de 1836, pocas semanas antes de suicidarse, donde aparece expresada la idea con mayor claridad. Desde el principio del artículo, caracterizado por un sombrío pesimismo, afirma Larra que la tendencia a la traducción de la literatura española es un simple efecto de su prolongada decadencia, ya que el pueblo que no tiene suficiente fuerza para imponerse a los demás será indefectiblemente dominado por ellos. Se trata, en definitiva, de una tendencia natural en el ser humano, de una ley implacable de la naturaleza, que establece que, al igual que en el mundo animal, las relaciones entre las personas se resuelven inevitablemente en dos posibles resultados, o dominar o ser dominado, o devorar o ser devorado (*ibid.*, II, p. 290)[38]. No hay punto medio. El pueblo que sólo vive para sí, que no abruma con su plétora vital a los pueblos vecinos ni los inunda con los productos de su industria y de su ingenio, será dominado

---

[36] Según FLITTER, se debe a la influencia de Durán que Larra empezara a emplear de manera consistente «a historicist approach in his own literary criticism» (1992, p. 59).

[37] El establecimiento de una correspondencia similar aparece antes en otros muchos autores. Limitándonos a la segunda mitad del siglo XVIII, véanse GÁNDARA (1813, p. 249), SEMPERE Y GUARINOS (1782, p. 197), CAPMANY (1786, p. C), AZARA (1765, s. p.) y VARGAS PONCE (1785, p. 102). Pero ninguno de ellos extrae las negativas consecuencias de esa relación con la lucidez de Larra.

[38] La fuerza constituye para LARRA la «única garantía de alguna especie de orden con que selló la Providencia su obra» (1960, II, p. 284). Las luchas por el poder que me interesan aquí son las que afectan a las relaciones entre distintos países. Para un análisis de las relaciones de poder dentro de la sociedad española véanse los trabajos de IAROCCI (2006), ESTRUCH TOBELLA (2009) y SCHURLKNIGHT (2009).

por ellos; el pueblo que no es capaz de imponerse a los demás «está condenado a la oscuridad; y donde no llegan sus armas, no llegarán sus letras; donde su espada no deje un rastro de sangre, no imprimirá tampoco su pluma ni un carácter solo, ni una frase, ni una letra» *(ibid.)*. Las imágenes de luz, tan frecuentes en Larra para referirse al progreso, aparecen aquí íntimamente unidas al concepto de fuerza. El pueblo débil está condenado a la oscuridad, no sólo porque su cultura deje de interesar a los demás, sino porque no es capaz de producir nada de valor. La energía creadora de una nación, según eso, estaría decisivamente condicionada por su fortaleza política y militar. Larra lo expresa de manera inequívoca en el párrafo siguiente, cuando, lamentando la penosa atonía española, afirma:

> «Volvieran, si posible fuese, nuestras banderas a tremolar sobre las torres de Amberes y las siete colinas de la ciudad espiritual, dominara de nuevo el pabellón español el golfo de Méjico y las sierras de Arauco, y tornáramos los españoles a dar leyes, a hacer Papas, a componer comedias y a encontrar traductores. Con los Fernández de Córdoba, con los Espínolas, los Albas y los Toledos, tornaran los Lopes, los Ercillas y los Calderones» (1960, II, p. 290).

Obsérvese que no habla sólo de tener traductores, sino de concebir grandes obras. La relación que establece entre poder militar y fuerza creadora es sorprendente y significativa.

Teniendo en cuenta su manera de pensar, no es extraño el obsesivo afán de Larra por modernizar la sociedad española. Se trata, para él, de una empresa urgente, ya que de su éxito depende no sólo el vigor general de la nación, sino su posibilidad de convertirse en un escritor traducido y admirado. La palabra clave es educación. A lo largo de sus artículos insiste una y otra vez en que es necesario guiar al pueblo, educar su sensibilidad, mejorar sus hábitos sociales para situarlo al nivel de las naciones europeas más modernas. Con este fin, no duda en poner toda su energía al servicio de una literatura incisiva y didáctica en la que critica prácticas rutinarias que impiden al país modernizarse y, simultáneamente, propone modelos alternativos de comportamiento[39]. La constante atención que presta

---

[39] Varios críticos han señalado esta faceta de Larra. DÉROZIER afirma que su preocupación esencial consiste en «elevar la conciencia general» de los españoles (1983,

a la actividad teatral, que para él constituía una decisiva escuela de costumbres, así como el intento final de participar en política, son coherentes con este propósito regenerador. En la «Conclusión» con que anuncia el cierre de *El Pobrecito Hablador,* manifiesta su convencimiento de que las naciones son sólo lo que hacen de ellas la educación y el gobierno, por lo que ninguna está fatalmente predestinada a mantenerse en una situación determinada, sea buena o mala. Para probarlo, recuerda que ciertos países que antiguamente estaban constituidos por brutales hordas de bárbaros han llegado con el tiempo a situarse en la vanguardia del progreso humano, lo que confirma «que el cielo no ha monopolizado en favor de ningún pueblo la pretendida felicidad y preponderancia tras que todos corremos» (*ibid.,* I, p. 148).

Es interesante en el párrafo anterior que Larra asocie el concepto de progreso con el de felicidad, en línea con el pensamiento ilustrado del siglo XVIII, pero también con el de hegemonía. No se percibe aquí el progreso como una forma de acabar con los enfrentamientos entre pueblos y llegar a una armonía universal en la que todos los seres humanos colaborarán en una empresa común, sino como un medio de hacer un país más poderoso y, por tanto, más feliz que los demás. La felicidad se asocia con el poder, no con la solidaridad. Larra lanza así un enérgico mentís a los ilustrados que, con ingenuo optimismo, pensaban que la razón ayudaría a superar las tradicionales lacras que había tenido que confrontar la humanidad y potenciaría la creación de una gran familia unida en proyectos útiles para todos. La razón y el progreso ocasionan la felicidad, sin duda, pero no porque los seres humanos, al ser más ilustrados, comprendan que las guerras no tienen sentido, sino porque constituyen uno de los medios más efectivos de ganarlas. Sólo en este sentido puede entenderse la asociación de progreso y felicidad.

Hasta los últimos meses de su vida, si bien a veces se dejara llevar por el desánimo, Larra mantuvo el convencimiento de que era indispensable educar al pueblo para que el país se pusiera al nivel de las naciones europeas modernas. Su compromiso personal

---

p. 32) y BAKER observa que la escritura de artículos como «Jardines públicos» forma parte de un proyecto para transformar «las formas de ocio del Antiguo Régimen en ocio burgués» (1986-1987, p. 198).

con ese proyecto puede asegurarse que nunca le abandonó. En un artículo de mayo de 1836, en el que comenta el folleto que publicó Espronceda sobre el ministerio de Mendizábal, afirma que en la España de entonces la empresa de «regenerar» el país y hacerlo salir de su atonía exigía «interesar en ella a las masas populares, lo cual escasamente se puede conseguir sin hacerles comprender antes sus verdaderos intereses» (*ibid.,* II, p. 214). Lo que demuestra que, unos meses antes de su suicidio, aún consideraba Larra que era posible educar al pueblo y mejorar la situación general del país. De hecho, su corta carrera como periodista podría caracterizarse como un tenso pugilato con las clases menos ilustradas para sacarlas de su ignorancia y, con ello, salvar a España y salvarse a sí mismo. El problema, sin embargo, se agudizó cuando Larra comprendió que la empresa estaba condenada al fracaso. El cambio es evidente en «La nochebuena de 1836», un artículo que ha merecido una frecuente atención por parte de la crítica y que revela ser crucial para entender el sentido de su crisis final.

El contraste entre un narrador inteligente y corrosivo que se mueve incansable por los ambientes de Madrid, acompañado a veces por extranjeros que funcionan como *alter ego* suyos, y las personas ignorantes e indolentes que habitan esos espacios, es uno de los rasgos más característicos de una buena parte de su producción. Aparece en «El castellano viejo», en «Vuelva usted mañana», en «La fonda nueva» y en «¿Entre qué gentes estamos?», así como en la mayoría de sus ensayos de crítica teatral. En todos ellos es evidente que el comportamiento y la forma de pensar del narrador se ofrecen al lector, y en último término a la sociedad española, como una especie de modelo ideal a seguir. La visión negativa de lo que se critica se complementa con el convencimiento de que las cosas pueden cambiar y adecuarse a lo deseado. Ese convencimiento, sin embargo, desaparece en los últimos meses de su vida.

En «La nochebuena de 1836», Fígaro sale a caminar por las calles de Madrid, y cuando regresa a su casa, angustiado por sentirse solo en una noche tan significativa como ésa, tiene una conversación con su criado en la que se observan algunas interesantes inversiones. Antes de empezar el diálogo, el narrador ha dejado claro que su interlocutor no sólo es ignorante y bruto, sino que además está borracho, lo que, en buena lógica, debería contribuir a embotar aún más su entendimiento. Por otra parte, al entrar en casa se apaga la luz y quedan los dos a oscuras, «yo y mi criado, es decir, la verdad y Fígaro, aquélla en figura de hombre beodo arrimado a los pies de mi cama para no vacilar y yo a su cabecera, buscando inútilmente un fósforo que nos iluminara» (*ibid.,* II, p. 315). Sin embargo, paradójicamente, es en ese ambiente dominado por la oscuridad física y la torpeza mental donde surgirá «la verdad», pero no asociada con la voz del amo inteligente y culto, sino con la del criado ignorante y borracho.

Por supuesto, sabemos que cierto tipo de romanticismo propone que el pueblo bajo posee una visión profunda de las cosas que no alcanza a comprender la minoría culta, pero en ese caso se trata de un pueblo «sano», idealizado, no viciado por los estrechos juicios de una razón empobrecedora. Aquí, por el contrario, nos encontramos frente a un representante del pueblo bajo que posee todas las características negativas que le asignaban los ilustrados: es ignorante, bruto, casi animal en su comportamiento. Además, por si fuera preciso acentuar el simbolismo, está borracho y habla en la oscuridad. Diríase que Larra manifiesta un especial interés en rodear la verdad de todos los atributos que la Ilustración asociaba con el error y la superstición, pero, insisto de nuevo, sin cambiar la caracterización del personaje que expresa tal verdad, sin incurrir en ningún tipo de idealizaciones. Como si los personajes negativos que poblaban sus artículos anteriores (caleseros malcriados, sastres groseros, funcionarios incompetentes, zafios castellanos viejos) se regodearan en su cerrilidad y le gritaran a Fígaro con insolencia a la cara que, a fin de cuentas, ellos tenían razón, que la empresa de cambiarlos era una quimera, que el país es y seguirá siendo una proyección de su brutalidad, no la consecuencia de un afán idealista de mejora. Es hasta cierto punto lógico, por tanto, que el narrador se compare con don Quijote, porque lo que constata a fin de cuentas es que la realidad es más fuerte que él y que, por angustioso que sea, no le queda otro remedio que claudicar. El hombre superior no siempre consigue modificar las circunstancias y adaptarlas a sus deseos, como creía poco antes, sino que en ocasiones es dominado por ellas[40].

---

[40] Como observa TEICHMANN, la comparación del narrador de Larra con don Quijote es frecuente a lo largo de toda su producción (1986, p. 82). Pero sólo en sus

La crisis final de Larra no está causada por su falta de fe en el progreso, sino por su falta de fe en que la sociedad española pudiera progresar, lo cual es muy diferente. El convencimiento de que era necesario modernizar el país no le abandonará nunca, ni siquiera cuando se haga eco de las teorías románticas que llegaban del otro lado de los Pirineos asegurando que el progreso ocasiona la destrucción. Porque la alternativa a la realidad de los países más avanzados, por conflictiva que fuera, era otra realidad, no menos conflictiva sin duda, caracterizada por la debilidad y la imitación, la marginalidad y la atonía creadora. Y los problemas de esa realidad eran para Larra infinitamente más insoportables que los de las sociedades modernas.

Las consecuencias que acarrea la marginalidad para la sociedad española, y concretamente para él en cuanto escritor, aparecen con claridad especificadas en las páginas de «Horas de invierno», el artículo que empezamos a comentar más arriba y sobre el que propongo volver ahora. Según observábamos, en él establece Larra una estrecha conexión entre la marginalidad de una nación y la endeblez de su cultura. La fortaleza de un país (asociada con su mayor modernidad) funciona como una caja de resonancia que magnifica todo lo que ese país produce, incluyendo su arte y su literatura. En cambio, los escritores de una sociedad débil carecen de proyección, incluso en su propio ámbito, y esa falta de eco no sólo afecta a la difusión de su obra, sino, más decisivo aún, a la creación literaria como tal. El genio, según advierte Larra, angustiado por lo que implican sus palabras, «ha menester del eco, y no se produce eco entre las tumbas» (*ibid.*, II, p. 290)[41]. El desánimo que le produce esta constatación no puede expresarse con mayor claridad que con las palabras que copio a continuación y que figuran, por mérito propio, entre las más citadas de nuestro autor:

últimos artículos implica una conciencia de fracaso. No creo que la frustración final de Larra provoque un decisivo cambio de valores en su escritura (PERRY, 1982, p. 87), lo que sí cambia es su creencia de que esos valores puedan ser implantados en la sociedad española.

[41] Las quejas sobre la escasa difusión de que disfrutaban los autores españoles, incluso en su propio país, son frecuentes en Larra. Véanse SUTHERLAND (1990, p. 106) y TORRECILLA (1996, pp. 77-102).

«Escribir y crear en el centro de la civilización y de la publicidad, como Hugo y Lherminier, es escribir. Porque la palabra escrita necesita retumbar [...] necesita irradiarse, como la luz, del centro a la circunferencia. Escribir como Chateaubriand y Lamartine en la capital del mundo moderno es escribir para la humanidad; digno y noble fin de la palabra del hombre, que es dicha para ser oída. Escribir como escribimos en Madrid es tomar una apuntación, es escribir en un libro de memorias, es realizar un monólogo desesperante y triste para uno solo» (*ibid.*, II, p. 290).

Al proponer que la aparición del genio sólo puede darse en sociedades fuertes, el párrafo asocia la creación con la hegemonía, pero también con la recepción, como si las tres estuvieran estrechamente relacionadas. La escritura necesita retumbar, propagarse, encontrar una audiencia, y sólo quien escribe en esas condiciones puede producir obras maestras. Si falta el eco, no aparecerá el genio. Escribir en París es escribir para la humanidad, porque París es el centro de Europa y eso explica que existan en Francia autores de la talla de Hugo, Chateaubriand y Lamartine. Escribir en Madrid, por el contrario, es pronunciar un desesperante monólogo que a nadie interesa y que se agota en sí mismo. Por tanto, si los lectores españoles, deslumbrados por el prestigio de la literatura que viene del otro lado de los Pirineos, piden traducciones de obras francesas, lloremos, «pues, y traduzcamos, y en este sentido demos todavía las gracias a quien se tome la molestia de ponernos en castellano, y en buen castellano, lo que otros escriben en las lenguas de Europa; a los que, ya que no pueden tener eco, se hacen eco de los demás» (*ibid.*, II, p. 291). La conexión entre el poder socio-político de un país y la fuerza creadora de sus escritores no puede resultar más explícita.

Se explica así que Larra considerara en un determinado momento la posibilidad de instalarse en París y probar fortuna en francés, como hizo Blanco White en Inglaterra. Debemos tener en cuenta que, aunque la afirmación sea discutible, en una carta de agosto de 1835 le confesaba a Manuel Delgado, el editor de toda su obra, que «el francés fue mi primera lengua» (Seco Serrano, 1960, p. VIII). Si Blanco logró escribir el inglés con maestría, a pesar de su deficiente dominio de esa lengua al llegar a Londres, Larra indudablemente podría haber hecho lo mismo con el francés. Pero, a diferencia del sevillano, Larra pensaba que su carrera como escritor sólo podía llevarse a cabo en España. Las razones que tenía para pensar así las explicita en una carta a sus padres de septiembre de 1835, así como en un artículo de principios de 1836, publicado a su regreso de un viaje que muchos pensaban que sería sólo de ida. En «Fígaro de vuelta: Carta a su amigo residente en París», afirma el narrador que ha regresado a España por voluntad propia, añadiendo que, digan «lo que quieran acerca de la superioridad de esos países, la patria es para un español más necesaria que una iglesia» (*ibid.,* II, p. 125). Dentro de la ironía general del artículo, la comparación de España con una iglesia por parte de quien aireó repetidas veces sus sentimientos anticlericales sólo puede interpretarse como una especie de burla que oculta los verdaderos motivos. Pero si es así, si tenía un concepto tan negativo de España, ¿por qué regresó? En la carta a sus padres es más explícito en especificar las razones. Su decisión de volver a Madrid, dice, se debe a que hacer fortuna en la capital del Sena, donde se encuentra en esos momentos, «es casi imposible, porque me falta la fe, es decir, la voluntad de amarrarme a la cadena en París muchos años para lograr o no lograr lo que en España ya tengo conseguido» (*ibid.,* IV, p. 278). El éxito que había conseguido en España, por relativo que fuera cuando lo comparaba con el de los grandes escritores franceses, parece que pesó decisivamente en la balanza. Pero hay un motivo más. Su voluntad de regresar se debe también a que, viendo cómo se encuentra en esos días la situación del país, tiene el convencimiento de que las cosas están a punto de cambiar y «ha llegado el momento de que mi partido triunfe completamente» (*ibid.*).

Como vimos que sucedía con Blanco, el escritor madrileño tenía esperanzas de que los que pensaban como él se hicieran finalmente con el poder y, en ese contexto, creía que su propósito de construir una sociedad moderna podía llevarse a cabo. Además, le costaba imaginar que tenía que empezar de cero en Francia y renunciar a la fama que había conseguido forjarse en Madrid, dando un paso que no sabía muy bien cómo se resolvería. Lo que diferencia su caso del de Blanco son cuestiones de detalle, no de fondo. Si se hubiera encontrado en otras circunstancias, tal vez Larra habría tomado decisiones en la línea de las del autor sevillano. Aunque es necesario puntualizar que Larra nunca idealizó a Francia de la manera que Blanco hizo con Inglaterra. Pero independientemente de las razones que tuviera para dar ese paso, la cuestión es que, con la decisión de volver a España, su suerte quedó irremisiblemente ligada a la de la sociedad que lo vio nacer. Una sociedad que intentó una y otra vez cambiar, con una fe que se mantuvo firme a lo largo de más de una década, pero que, cuando se convenció de que la tarea era quimérica, se le impuso al final como un lastre insoportable.

Llegados a este punto, deberíamos preguntarnos de nuevo: ¿es romántico Larra? Ciertamente no podemos considerarlo un ilustrado. Su asociación de los conceptos de progreso y fuerza, así como su percepción de las relaciones humanas en términos de agresividad y deseo de poder, y su convencimiento de que el escritor está condicionado por el entorno social a que pertenece, le distancian sin duda de ese movimiento[42]. Pero, por otra parte, las definiciones vigentes del Romanticismo tampoco nos permiten considerarlo un romántico[43]. Esta doble exclusión ha provocado cierta perplejidad entre los críticos. Si no es ilustrado ni romántico, ¿dónde catalogarlo? Los intentos de definirlo como un romántico «convencional» no resultan convincentes, entre otras cosas porque se le aplican teorías que no explican satisfactoriamente su obra o, peor aún, le fuerzan a decir cosas que nunca dijo. Parten del convencimiento de que el Romanticismo es igual en todas partes, y van de la teoría al texto, no al revés[44]. Si convenimos en que la realidad

---

[42] Si bien esto no implica que Larra estuviera desconectado de la literatura española del siglo anterior, ya que hay autores en el siglo XVIII que pueden considerarse por muchos motivos sus antecedentes. Véanse los estudios de ESCOBAR (1973) y TORRECILLA (2008). Russell Sebold ha defendido incansablemente en varias obras que el Romanticismo se produce en España por evolución interna, no por importación. A modo de ejemplo véase SEBOLD (1983, p. 82).

[43] Parece indudable que Larra estaba en contacto con las corrientes literarias del momento e incorporó en sus escritos algunas características consideradas típicamente románticas, como el concepto de lo sublime (HAIDT, 2004, p. 54). Pero, en mi opinión, este tipo de romanticismo no explica la índole central de su obra.

[44] Ya en 1948 advertía Ángel DEL RÍO sobre los «dos grandes errores» que hemos de intentar evitar al aproximarnos al Romanticismo español: considerar el movimiento «aislado del movimiento general, o, en el otro extremo, establecer una serie de ideales, corrientes y temas válidos para el Romanticismo en general, y tratar de hacer que el Romanticismo español se ajuste a ellos, olvidando lo que es distintivo de la literatura española» (1989, p. 239). En la misma línea, IAROCCI propone modificar las «teorías generales» del Romanticismo para incluir a los países periféricos. La revisión debería intentar contestar a la pregunta: «What does southern Europe's path to the modern have to say, for example, to the grand historical narratives that sustain "European romanticism"?» (2006, p. 51). Una comprensión adecuada del Romanticismo español requiere ir de los textos a la teoría, no al revés.

europea no es homogénea y monolítica, aplicar a Larra ideas que han servido para explicar el Romanticismo en otros países, sin tener en cuenta las relaciones de poder que existían entre ellos, supone incurrir en un «anatopismo» similar al que nuestro autor criticó en sus artículos. Del mismo modo que, según Larra, la literatura romántica francesa estaba fuera de lugar en España por expresar conflictos que de ningún modo respondían a la realidad social del país, las teorías sobre el Romanticismo denominado «europeo», pensadas para explicar literaturas con problemáticas muy diferentes a la española, no consiguen explicar de manera satisfactoria la especificidad de nuestro autor[45].

El análisis de su actitud sobre el progreso así lo prueba. Larra en ningún momento cuestionó su conveniencia o, por decirlo con sus palabras, el «bienestar» general que producía entre las poblaciones que disfrutaban de sus ventajas. Constató, eso sí, la desilusión expresada por los románticos de otras naciones europeas frente a unas expectativas de felicidad que, en gran medida, habían resultado vanas, pero sólo para afirmar que esa reacción no podía producirse en España hasta que el país no se modernizara. Si se hiciera, se estaría traduciendo una actitud que venía de fuera. En este sentido, es significativo que incite a los españoles a progresar, aun cuando eso les lleve al sufrimiento y a la destrucción. Porque lo que le angustia principalmente no es la experiencia de una modernidad deshumanizada, sino la constatación de que, por pertenecer a un país atrasado, está condenado a experimentar problemas para él infinitamente más insoportables que los de las sociedades modernas.

Larra es un romántico por la forma trágica en que vive la modernidad y por su interpretación del progreso como una forma de fortalecimiento, así como por su convencimiento de que el escritor está decisivamente condicionado por la sociedad a que pertenece. Pero de la misma manera que su experiencia atormentada de la modernidad no implica una crítica del progreso, sino que se relaciona

---

[45] No quiero decir con esto, obviamente, que el romanticismo de Larra sea el único que se da en España, ni siquiera el más característico, lo único que pretendo es llamar la atención sobre una modalidad que no ha sido tomada en cuenta hasta ahora. Igualmente, es posible que los rasgos aquí estudiados se dieran en escritores de otros países, siempre que sus sociedades se encontraran en una situación histórica de marginalidad similar a la de España.

con la imposibilidad española para modernizarse, su convencimiento de que el escritor está indisolublemente ligado al país al que pertenece no se basa en la existencia de unas pretendidas esencias nacionales, sino en las cambiantes relaciones de poder entre las sociedades. O, por decirlo de otra manera, en los conceptos históricamente condicionados de hegemonía y marginalidad. Si comparamos sus ideas con las de Agustín Durán, basadas en el concepto de carácter nacional, constatamos claramente la diferencia[46]. El Romanticismo de Larra, para entenderlo en su justa medida, exige un replanteamiento de las teorías generales sobre ese movimiento[47]. En lugar de aplicarle ideas que han sido pensadas para sociedades en circunstancias históricas muy diferentes, y que, al proyectarlas sobre su obra, sólo consiguen desvirtuarla, deberemos modificar el marco teórico. De ese modo, no sólo entenderemos mejor a Larra, sino que percibiremos en el Romanticismo matices y complejidades que hasta ahora han sido escasamente explorados.

---

[46] El «Discurso» es claro deudor de las teorías alemanas que se habían divulgado por toda Europa. Según Durán, el carácter español es una mezcla de los pueblos del norte y los de oriente, por lo que la literatura española es una amalgama de ambos: «Sin ser tan exacta y filosófica como la de los franceses, es mucho más rica, brillante y fluida; y sin ser tan audaz y exagerada como la de los árabes, es más verosímil y razonable» (1971, p. 57).

[47] Hace más de setenta años, advirtió ya Courtney Tarr que en la figura de Larra, «in his concordances and discrepancies with his times, lies [...] the key to the understanding of romanticism in Spain and of Spanish romanticism» (1939, p. 34). La dificultad consiste en ofrecer de él una interpretación coherente. Los críticos suelen distinguir en España dos tipos de Romanticismo, uno conservador y otro liberal, aunque se refieran a ellos con distintos nombres. A modo de ejemplo, véanse Zavala (1982, p. 11), Shaw (1997, p. 314) y Romero Tobar (1994, p. 84). Pero la obra de Larra no se ajusta a ninguno de los dos. Otro grupo de estudiosos, como Fox (1983, p 73), King (1962, p. 3), Paz (1981, p. 117) y Ullman (1971, p. 4), consideran que el Romanticismo español fue un producto epidérmico, falso, de importación. Esta afirmación sólo podría aceptarse si partimos de una definición del término basada en lo que sucedió en otros países. Coincido con Picoche en que si «el romanticismo español no se ve, es que en realidad no se conoce tal como es» (1989, p. 297).

CONCLUSIONES

En la turbulenta etapa que enlaza los siglos XVIII y XIX se produjeron en Europa dos hechos decisivos que provocaron el nacimiento del liberalismo en España y condicionaron su evolución. La Revolución Francesa y las guerras napoleónicas dificultaron el arraigo de las ideas modernas en la Península, no sólo porque a partir de ese momento se asociaron con un proceso rupturista de consecuencias impredecibles, sino porque, asimismo, se identificaron con la actitud agresiva de una potencia extranjera. La Revolución Francesa, con su mezcla de utopía y desenfreno, polarizó la situación política española, llevando a ciertos progresistas a defender ideas mucho más radicales que las que habían sido comunes entre los ilustrados. Pero ese desplazamiento tuvo a su vez un doble efecto, ya que no sólo empujó a los conservadores a plegarse a posiciones de mayor firmeza, temerosos de que pudieran reproducirse en España los trastornos sucedidos al otro lado de los Pirineos, sino que también fragmentó las filas liberales en dos bloques hostiles. A partir de las primeras décadas del siglo XIX, la animosidad existente entre liberales exaltados y moderados definirá la vida política española, tanto o más que el enfrentamiento entre conservadores y liberales.

Por otra parte, si bien es cierto que durante el siglo XVIII los ilustrados tuvieron que confrontar la acusación de afrancesados que les aplicaban sus enemigos, será en el contexto de la Guerra de la Independencia cuando ese insulto adquirirá una mayor gravedad. Porque Napoleón justificó su invasión argumentando que se proponía ayudar a los españoles a crear un país dinámico y moderno, y logró, de hecho, con sus medidas iniciales atraerse el apoyo de una buena parte de las élites cultas. Pero esa estrategia, que tal vez ayudara a sus planes expansionistas, ocasionó un estigma a las ideas ilustradas que dificultó seriamente su implantación. Tras la derrota de los franceses, los conservadores supieron aprovechar bien la oportunidad que se les brindaba y, acusando a los que las defendían de ateos y traidores, los expulsaron simbólicamente del espacio nacional. No tardarían mucho en hacerlo físicamente. El objetivo que se proponían era eliminar a los incómodos adversarios que durante el siglo XVIII les habían disputado el poder, para, de ese modo, monopolizar el sentido de lo español. Poco importó que muchos liberales reaccionaran con firmeza frente a la invasión y la combatieran con todos los medios a su alcance. Al final de la guerra, Fernando VII hizo suyas las tesis más reaccionarias y, negándose a hacer distinciones entre afrancesados y patriotas, a pesar de que los últimos habían luchado en su nombre, los persiguió a todos con idéntico celo. Los liberales que quisieron eludir la represión se vieron obligados a exiliarse.

Pero no se trataba tan sólo de que los progresistas tuvieran que confrontar el poder de sus enemigos políticos, por formidable que fuera. El entusiasmo con el que la mayoría del pueblo celebró el regreso del *Deseado,* así como la evidente apatía (cuando no hostilidad) con que acogió la nueva Constitución, convenció a los liberales de que la generalidad de los españoles, lejos de haber luchado contra Napoleón por los ideales que ellos apadrinaban, lo habían hecho manipulados por la Iglesia católica en defensa de sus intereses. Si alguna duda les quedaba al respecto, servirán de confirmación los motines populares orquestados por los frailes contra ellos inmediatamente después del conflicto, así como los insultos callejeros a los que se vieron sometidos con insistente frecuencia, las amenazas, las agresiones personales y los ataques a sus casas y propiedades. Verse objeto de la animosidad popular les ocasionó una gran decepción y agravó enormemente sus amarguras, tal y como se encargaron de reflejar muchos de ellos en sus escritos autobiográficos. Pero, más allá de los sentimientos personales que pudieran experimentar, los situó también en una situación paradójica, ya que el sistema que pretendían establecer se basaba precisamente en el concepto de soberanía popular.

No era, por tanto, lisonjera la situación con la que se encontraron los liberales a principios del siglo XIX. Pero, por otra parte, aun siendo conscientes de que representaban una minoría y de que se encontraban en una posición de desventaja, poseían el firme convencimiento de que sus ideas eran indispensables para solucionar los males del país. Ahí residía su fuerza. Por eso, a pesar de las dificultades y de los riesgos, sobreponiéndose a las tragedias personales y a las persecuciones, a las cárceles y a los exilios, se embarcaron en un ambicioso proceso reformador (aunque, por sus objetivos, sería más adecuado calificarlo de revolucionario) que, a la larga, se proponía reconfigurar las bases en que se asentaba la sociedad española, rescribir su historia, proponer nuevos mitos y cambiar las señas de identidad colectivas de la nación. Construir un país nuevo, en definitiva. Los obstáculos que debían salvar eran formidables. Por una parte, estaban obligados a desmentir el generalizado convencimiento de que sus ideas procedían de Francia y eran ateas y revolucionarias. Pero, al mismo tiempo, debían también liberar al pueblo de la tutela de la Iglesia y ganárselo para su causa.

Si no querían renunciar al principio de soberanía popular, que constituía uno de los ejes fundamentales de su proyecto, estaban obligados a restructurar los hábitos mentales del pueblo español. O, como alternativa, a cambiar los términos en que se definía el concepto. Así, en gran parte como reacción a la situación desairada en que se encontraron al final de la guerra (y que se acentuaría más tarde, tras el fracaso del Trienio), algunos liberales decidieron establecer una diferencia entre pueblo y populacho, argumentando que no se podía aplicar una denominación de resonancias tan elevadas a la masa ignorante y embrutecida. El pueblo lo constituían, según ellos, las personas con un cierto nivel de educación, los profesionales y las clases medias que podían analizar lúcidamente los problemas y proponer soluciones inteligentes, no las clases bajas que carecían del hábito de pensar y se dejaban manipular fácilmente por desaprensivos sin escrúpulos. Otros liberales, en cambio, no contentos con un planteamiento que dejaba fuera del término a la mayoría de los españoles que habían luchado heroicamente contra Napoleón, intentaron radicalizar a las masas en sentido contrario, inculcando en ellas un fanatismo anticlerical similar al que habían empleado los frailes durante siglos contra todos los que se oponían a sus intereses. El mismo fanatismo, por cierto, que acababan de experimentar ellos en carne propia. Pero la mayoría de los liberales comprendieron que, si querían solucionar realmente el problema, se imponía la necesidad de educar al pueblo, de cambiar las estructuras mentales de esas denostadas clases bajas que, inmersas en un mundo de supersticiones y creencias absurdas, se dejaban arrastrar por las soflamas de los púlpitos. Sólo logrando ese ambicioso objetivo conseguirían solucionar el problema de manera efectiva. Ésa será la alternativa que propondrán, entre otros, autores como Blanco White, Larra o Somoza. Que no se trataba de una empresa fácil de llevar a cabo, ellos mismos tendrían la ocasión de comprobarlo.

La doble necesidad de arraigar el proyecto en la tradición peninsular y, al mismo tiempo, conseguir que lo apoyara la mayoría del pueblo, obligaba a los liberales a crear unas nuevas señas de identidad colectivas. Se trataba de ofrecer una nueva interpretación progresista del carácter español, de su esencia y de sus tradiciones, de sus orígenes y de su historia, sustituyendo la versión oficial que existía entonces, y que había sido impuesta por las fuerzas conservadoras en defensa de sus intereses, por otra más acorde con el pensamiento liberal. Pero, puesto que se trataba también de conseguir que el pueblo se identificara con ella, no bastaba con elaborar una propuesta racionalmente convincente, con apoyo documental de fuentes, citas y datos, sino que había que introducir en el planteamiento un componente humano que lo aproximara a la sensibilidad de los destinatarios. Las ideas tenían que tomar cuerpo, respirar, sufrir, enardecerse, dotarse de sentimientos y de pasiones, apelar a la emotividad y al entusiasmo de las masas. Debían, en definitiva, convertirse en mitos, encarnarse en personas con las que la generalidad del pueblo pudiera identificarse. Para ello, los historiadores necesitaban el concurso indispensable de los literatos. No es de extrañar, por consiguiente, que las primeras décadas del siglo XIX contemplaran la aparición de un buen número de obras de ficción (novelas, poesías, teatro) que respondían implícitamente a ese propósito de refundar las bases de la nación.

El mito de los comuneros, así como el de los fueros medievales y el más radical aún de al-Andalus, surgen en ese contexto y como respuesta a esa necesidad. Para dotar de legitimidad a su proyecto y desmentir las acusaciones de subversivos y afrancesados que les aplicaban sus enemigos, los liberales localizaron su visión ideal de

España en la Edad Media, como si, más que proponerse llevar a cabo un plan esencialmente revolucionario, se tratara de rescatar una tradición interrumpida. Elaboraron así una nueva versión de la historia, claramente rupturista, que reaccionaba contra el intento conservador de monopolizar la identidad española y se oponía punto por punto a la que ese grupo había creado. Desde comienzos del siglo XIX existirán, por tanto, dos interpretaciones de España que se disputarán la posesión del espacio nacional, cada una con su peculiar (y diametralmente opuesta) forma de entender la historia. Cada una también con sus diferentes tradiciones, mitos y héroes. La grave división que esta dualidad ocasiona de cara a una necesaria convivencia futura es difícil de exagerar.

No quiero decir con ello que con anterioridad a ese proyecto existiera una interpretación monolítica de la identidad española y de su historia, ya que es indudable que no fue así. Pero el pensamiento progresista del siglo XVIII, por importantes que fueran los reparos que hizo a la versión oficial de la historia, no ocasionó una ruptura significativa en las señas de identidad colectivas. Los ilustrados siguieron compartiendo con los conservadores hasta finales del siglo las mismas creencias básicas sobre la historia de España y los mitos fundacionales de la nación. Por supuesto podría reprochárseme que el austracismo preludia algunos de los planteamientos que caracterizarán el pensamiento liberal de principios del siglo XIX, pero, sin querer entrar en el debate, considero discutible que se pueda aplicar al austracismo el calificativo de progresista. Es cierto que el pensamiento liberal de la época en que me ocupo (1790-1840) enlazará con el austracismo y el fuerismo, como lo hará asimismo con las actitudes filomoriscas del siglo XVI, pero debemos distinguir entre las actitudes fueristas, austracistas y filomoriscas de los siglos anteriores y el uso que harán de ellas los autores progresistas de principios del XIX para crear una mitología nueva. Al integrarlas en sus planteamientos rupturistas, cambiarán su significado y las integrarán en un marco conceptual diferente.

Si progresistas y conservadores, con las salvedades a que me acabo de referir, coincidían en líneas generales durante el siglo XVIII en interpretar la historia de España de una determinada manera, esta concordancia va a desaparecer en la decisiva etapa que se inicia en la última década del siglo. A raíz de la Revolución Francesa, ciertos españoles de temperamento radical se mostraron dispuestos a trasplantar su acción subversiva al otro lado de los Pirineos y, para eliminar reticencias y facilitar su aclimatación, juzgaron necesario enraizarlas en la tradición nacional. Iniciaron así una nueva interpretación progresista de la historia de España que se oponía a la tradicional y acarrearía consecuencias decisivas para el futuro del país. En ese contexto surge la idealización inicial de Padilla y sus compañeros.

El mito de los comuneros aparece casi de manera simultánea en el panfleto de Marchena *A la nación española* y en el *Avis aux Espagnols* de Condorcet, así como, muy poco después, en la «Oda a Padilla» de Manuel José Quintana. Propone que la España más auténtica no es la de los Austrias y los Borbones, esa sociedad centralizada y absolutista que pretendía monopolizar el sentido de lo español, sino el país libre y democrático que existía en la época medieval. La organización primitiva de la nación se basaba, según ellos, en una idea pactada del poder que era genuinamente española, pero que las dinastías extranjeras que habían ocupado el trono a partir de principios del siglo XVI se empeñaron en destruir. Los Austrias y los Borbones importaron el absolutismo, una forma de gobierno radicalmente extraña a los usos del país, y acabaron con un espíritu de libertad que había sido el fundamento principal de su grandeza. Para solucionar la crisis originada por esa injerencia (y cuyos resultados aún estaban a la vista), era ineludible rescatar las prácticas ancestrales del pueblo español.

Los comuneros representaban, por tanto, una imagen de España libre y democrática, pero también auténtica, ya que, contra lo que afirmaban los conservadores, estaba firmemente enraizada en la tradición. Como se ve, los liberales revertían así la acusación de extranjerismo que les hacían sus rivales, acusándoles a su vez a ellos de nutrirse de ideas de fuera. A raíz de la invasión francesa, sobre todo, se pondrá mayor énfasis en el carácter extranjero de Carlos V, estableciendo un paralelismo entre su personalidad y la del Napoleón que no dejaba en buen lugar al vencedor de Pavía. En el otro extremo del arco, lógicamente, el paralelismo se correspondía con una asociación entre los comuneros castellanos y el heroico pueblo español que había defendido sus libertades ancestrales frente a los franceses con valor admirable. *La viuda de Padilla* de Martínez de la Rosa representa bien este planteamiento, si bien otros muchos autores contribuyeron a afianzar el mito. Más tarde, durante el

Trienio Liberal, Padilla y sus compañeros fueron celebrados en multitud de poesías y discursos, obras de teatro, artículos periodísticos, homenajes políticos y actos de desagravio. Que no se trató de una moda irrelevante o pasajera, lo prueba el hecho de que, mucho más adelante, en los inicios de la Segunda República, se añadirá a la bandera española una tercera franja con el color del pendón por el que supuestamente lucharon los héroes de Villalar.

Pero el mito de los comuneros, estrechamente enlazado con el de los fueros medievales, posee un segundo significado que lo proyecta sobre un nivel diferente. Los comuneros no sólo representan la lucha contra una tiranía impuesta desde fuera, sino también la defensa de una España plural frente al afán centralizador de Castilla. En este sentido, la derrota de Villalar se interpretó como el comienzo de un proceso uniformador que se completaría más tarde con la abolición de los fueros aragoneses y de las libertades catalanas. La responsabilidad de esa transformación, que tendría graves consecuencias para el país, había que achacársela a la influencia extranjera de los Austrias y los Borbones, pero también a la decisiva colaboración de Castilla. Porque, sin un aliado interior, el cambio no habría sido posible. Esa región, que a comienzos del siglo XVI había luchado heroicamente en defensa de sus fueros, decidió más tarde, por razones egoístas, aliarse con los tiranos extranjeros para reducir al resto de las regiones a su mismo estado de esclavitud. Y había recibido un premio por ello, ya que consiguió en el proceso que la identidad española quedara sometida a su tutela.

Este segundo desarrollo del mito no deja de ser paradójico, ya que, aunque sus protagonistas eran específicamente castellanos, se empleó para denunciar la actuación histórica de Castilla y cuestionar su hegemonía. El mito se proyectó en dos direcciones diferentes. Por un lado, en el contexto del grave enfrentamiento entre conservadores y liberales que se produjo tras la restauración del absolutismo, ciertos liberales interpretaron la eliminación de los fueros aragoneses y catalanes como una guerra civil entre españoles que anticipaba la realidad del siglo XIX. Así, durante las graves turbulencias del Trienio Liberal, en las que participó activamente, escribió el duque de Rivas *Lanuza,* una obra de corte revolucionario en la que el protagonista defendía las ideas liberales del autor. Pero los violentos sucesos del reinado de Felipe II, tal y como aparecen en la obra, no sólo enfrentan dos formas de entender el gobierno, sino también dos regiones específicas: una absolutista y centralizadora, representada por el poderoso ejército castellano, y la otra, amante de los fueros y de las libertades tradicionales, asociada con los patriotas aragoneses.

En la interpretación del duque de Rivas, y de otros muchos liberales de su tiempo, los territorios de la antigua corona de Aragón pasan a representar una España libre y democrática, fiel a sus orígenes, frente al absolutismo extranjerizante de Castilla. La guerra civil que vivía España a principios del siglo XIX entre conservadores y liberales se espacializa así, convirtiéndose en un enfrentamiento entre dos regiones específicas, Aragón y Castilla. En otros casos, sin embargo, la reivindicación de los antiguos fueros no representa tan sólo la defensa de una España primitiva constitucionalista o demócrata, sino también plural. Se explica así que el mito comunero enlazara con el pensamiento austracista del siglo anterior (aunque modificando sustancialmente su significado) y que contribuyeran a desarrollarlo escritores de lo que había sido el reino de Aragón. Muy especialmente, políticos e intelectuales catalanes asociados con los orígenes de la Renaixença, como Antonio Puigblanch y Víctor Balaguer.

Tanto en un sentido como en el otro, ya se usara para reivindicar las antiguas libertades españolas frente al absolutismo importado por monarquías extranjeras, ya para defender la diversidad regional de la Península frente al propósito centralizador de Castilla, el mito comunero gozó de un amplio cultivo a lo largo del siglo XIX y tuvo una enorme repercusión en la realidad de la época. En el Trienio Liberal alcanzó la cumbre de su popularidad, si bien su influencia, como acabo de mencionar, se extiende hasta la Segunda República. De hecho, si nos atenemos a las asociaciones en que se basa y al objetivo que se propone, puede afirmarse que algunos de los problemas que revela están aún muy presentes en la realidad actual.

Pero los liberales no tardaron en darse cuenta de que el mito comunero dejaba sin tocar un factor que, como ellos mismos tuvieron la ocasión de verificar, constituía el más firme baluarte de la España oficial. El mito de la Reconquista, fuente y raíz de todos los demás, caracterizaba la época medieval como un largo enfrentamiento religioso contra invasores musulmanes venidos del otro lado del Estrecho que, tras dominar el país por siglos, fueron expulsados de la Península. Interpretaba la historia de España como una epopeya con marcados tintes providencialistas y, de ese modo, justificaba el enorme poder de que gozaba la Iglesia católica. El prestigio del clero se había usado a lo largo de los siglos para cimentar un sistema opresivo, aprovechándose los grupos en el poder del enorme ascendiente de que gozaba la Iglesia en el conjunto de la población para neutralizar cualquier iniciativa que amenazara con socavarlo. La alianza del Altar y el Trono era la columna vertebral que garantizaba la estabilidad del régimen. Por eso, si se querían minar sus cimientos y crear una sociedad sobre bases nuevas, se imponía la necesidad de destruir esa alianza. La urgencia del intento se les hizo a los liberales más evidente cuando, tras la expulsión de las tropas napoleónicas, los frailes acaudillaron la reacción conservadora y movilizaron al pueblo en su contra. Desde la cárcel o desde el exilio, viéndose injustamente perseguidos por defender ideas que, además, consideraban imprescindibles para solucionar los males del país, los liberales comenzaron a identificarse con todos aquellos grupos que habían sido excluidos de la realidad española a causa de sus creencias. Y no sólo se identificaron con ellos, sino que los hicieron partícipes de sus ideas, como si confrontar el mismo enemigo y padecer el mismo tipo de represión, estableciera entre ellos una comunidad de pensamiento.

No es casual, teniendo en cuenta lo que acabo de decir, que el cuestionamiento del mito fundacional de la Reconquista, así como su sustitución por otro que se le oponía (y que yo he denominado de al-Andalus), hiciera su aparición inicial entre los exiliados del régimen fernandino. José Antonio Conde, un afrancesado que tras la derrota de Napoleón debió abandonar el país y pasó por todo tipo de penurias antes de morir en la miseria, publicó en 1820 una obra en la que pretendía ofrecer a sus lectores la historia medieval española desde el punto de vista de los vencidos. No se trataba únicamente de reivindicar los grandes logros de la civilización musulmana en la Península ni de exaltar el alto nivel científico y literario adquirido por unos ilustres antepasados de los que los españoles debían sentirse orgullosos. Esto ya lo habían hecho antes otros muchos autores a lo largo del siglo XVIII. Pero la reivindicación del siglo anterior se había producido en un contexto apologético, destacando el valor de «nuestros árabes» para desmentir las tendenciosas acusaciones venidas de fuera de que España había permanecido ajena a la formación del espíritu moderno. El objetivo de la obra de Conde iba en otra dirección. Lo que se proponía el arabista castellano no era meramente reivindicar las glorias de los musulmanes peninsulares, sino identificarse con ellos, adoptar su punto de vista, asumir su personalidad. Y hacerlo en cuanto enemigos de la España oficial, tomando prestada su forma de ver los hechos para ofrecer una versión de la historia que cuestionara la generalmente aceptada. Su obra no debe situarse, por tanto, en el contexto de las apologías del siglo XVIII, sino en el de la literatura filomorisca del siglo XVI. Es muy significativo en este sentido que la obra de Conde comience con un desgarrado lamento sobre las injusticias que deben sufrir los vencidos. La magnitud de la tragedia que deben confrontar, dice, sólo puede entenderse correctamente si consideramos que implica una doble humillación. Además de pasar por la dolorosa experiencia de la derrota, plagada de abusos y de amarguras, se ven obligados a aceptar en silencio, sin posibilidad de contradecirla, la versión tendenciosa de la historia impuesta por los vencedores. Considerando la larga serie de penalidades que se vio obligado a sufrir desde el regreso de Fernando VII, es imposible no percibir en estos párrafos (y en el proyecto general de la obra) una alusión indirecta a su situación personal.

El libro de José Antonio Conde gozó de una amplia difusión en los ambientes progresistas, sobre todo cuando, tras el fracaso del Trienio Liberal, miles de españoles se vieron obligados a abandonar nuevamente el país para evitar represalias. Su influencia puede percibirse en los escritos de Pablo de Mendíbil y Jaime Villanueva, así como en los de José Joaquín de Mora, Juan Florán y José María Blanco White. Tras la lectura del libro de Conde, todos ellos comenzaron a identificarse con los árabes vencidos y, al igual que había hecho el ilustre arabista, se plantearon la Reconquista como una guerra civil entre hermanos. Una guerra, en la que, para colmo de males, había sido derrotado el bando que menos lo merecía. Exactamente igual que les acababa de suceder a ellos. Si los cristianos aparecen en las obras de estos autores como supersticiosos, fanáticos e intolerantes, los musulmanes encarnan las mejores cualidades del espíritu ilustrado: son cultos y progresistas, amantes del saber y respetuosos con los que no comparten sus creencias. Evidentemente, los exiliados liberales proyectaron sobre la Edad Media el enfrentamiento que se vivía a principios del siglo XIX, convirtiendo al-Andalus en una imagen ideal de la España que ellos deseaban crear.

El replanteamiento del mito de la Reconquista, al igual que la identificación de los liberales con los moriscos vencidos, aparece también en la obra de otros escritores exiliados. Puede observarse, por ejemplo, en la *Florinda* del duque de Rivas, así como en los artículos publicados por Pablo de Mendíbil en *Ocios de españoles emigrados*, en el *Abén Humeya* de Martínez de la Rosa, en la *Historia de los árabes* de José Joaquín de Mora, en «El alcázar de Sevilla» de José María Blanco White o en *Los expatriados o Zulema y Gazul* de Estanislao de Kostka Vayo. Desde distintos ángulos y con diferentes enfoques, lo que se proponen todos ellos es invertir la versión de la historia divulgada por los conservadores en defensa de sus intereses. Si los ilustrados del siglo XVIII habían alabado a los musulmanes españoles para defender la nación de los ataques de sus enemigos, sin pararse a pensar que la España a la que ellos pertenecían se había configurado luchando precisamente contra esos mismos musulmanes que, según decían, la representaban, los liberales que aquí analizamos, más conscientes de la incongruencia, enaltecen a los árabes en cuanto enemigos de España. O, más exactamente, de la España oficial. Lo que sucede es que ellos, en lugar de identificarse con la imagen del país creada a lo largo de los siglos por fuerzas hostiles a sus ideas, se identifican precisamente con sus enemigos, asumiendo así, aunque para dotarlo de un significado positivo, el injusto reproche que con tanta frecuencia les hacían los conservadores. De ese modo, los musulmanes medievales de la Península Ibérica se convierten en un reflejo idealizado de lo que ellos eran.

El mito de al-Andalus que se crea a principios del siglo XIX alcanzó una gran solidez, no sólo porque constituyera uno de los fundamentos del pensamiento progresista, sino porque reproducía ideas que habían sido divulgadas anteriormente por otros muchos autores, tanto españoles como extranjeros. Si bien el propósito que perseguían en cada caso variaba sustancialmente. A la literatura filomorisca del siglo XVI, que se proponía dignificar la población morisca para facilitar su integración, se añadió en el XVIII la alabanza de los musulmanes españoles con fines apologéticos a que me acabo de referir, así como, en esa misma centuria, la visión idealizada de la España musulmana por parte de autores extranjeros. Pero cuando los viajeros franceses e ingleses acusan a los cristianos de haber destruido la brillante civilización árabe de la Península, sustituyéndola por un país fanático y empobrecido, lo hacen en un contexto de animosidad contra el enemigo secular que hasta poco antes había supuesto una amenaza para su nación. La alabanza les servía de excusa para atacar al temido adversario venido a menos. El objetivo de los liberales, en cambio, no era obviamente atacar España, un país al que pertenecían y con el que se identificaban, sino impedir que los conservadores monopolizaran el concepto de lo español. Su identificación con los musulmanes obedece a que ellos también habían sido vencidos y difamados, perseguidos por las fuerzas del Altar y el Trono, y finalmente expulsados del territorio nacional.

Existió, además, una nueva (y significativa) reivindicación de los musulmanes peninsulares, desde otro ángulo y con objetivos diferentes. Diversos autores catalanistas, como Vicente Boix y Víctor Balaguer, contribuyeron a fortalecer el mito, afirmando que la situación de los habitantes de la corona de Aragón, en cuanto vencidos y marginados, era esencialmente similar a la de los antiguos moriscos. El intento por parte de las autoridades de privar a ese pueblo de su cultura les recordaba su propia situación. La idealización de los musulmanes implicaba en este caso un ataque contra la España oficial, pero no en cuanto dominada por el absolutismo y la intolerancia religiosa (o no principalmente), sino en cuanto sometida a la tutela de Castilla. Lo que dota de gran fuerza a este planteamiento es que integra los dos mitos centrales del pensamiento progresista español en un discurso coherente. Ambos parecerían ser en principio mutuamente excluyentes, ya que el mito de los fueros medievales proponía algo que el de al-Andalus negaba: que los reinos cristianos de la Península Ibérica constituían un lejano precedente de la sociedad progresista que querían implantar los liberales. Pero la contradicción se resuelve aquí de manera coherente. Boix y Balaguer proponen que tanto aragoneses como musulmanes eran pueblos cultos, tolerantes y amantes de la libertad, y que la sociedad catalano-aragonesa estaba tan sabiamente organizada como la de al-Andalus, sólo que bajo reyes cristianos. La responsable de todos los males de España era Castilla, esa región fanática e intolerante, que, respaldada por poderosos aliados, había acabado con culturas superiores a la suya.

Tanto el mito de los comuneros y los fueros medievales como el de al-Andalus, poseen una doble referencialidad que los proyecta sobre dos niveles distintos. Hasta el punto de que tal vez deberíamos hablar con propiedad en ambos casos de dos mitos diferentes.

Unos liberales se identifican con comuneros y musulmanes en cuanto enemigos de esa España absolutista y fanática que había estado dominada desde sus orígenes por los intereses de la Iglesia católica. Otros, en cambio, pertenecientes en su mayoría al área catalanohablante, se identifican también con esos dos grupos, pero en cuanto enemigos de una España uniforme y centralizada. En el primer nivel del mito, los autores muestran un interés central por el concepto de democracia, aunque la idea se asocie con los territorios de la corona de Aragón, mientras que el segundo reaccionan a una preocupación fundamentalmente identitaria, por más que el absolutismo se identifique con Castilla. Ambos niveles parecen a primera vista proponerse objetivos similares, pero, analizados en profundidad, prueban ser muy diferentes. El primero defiende la existencia de una tradición española tolerante y democrática que es necesario rescatar, implicando con ello una visión unitaria del país que todos los españoles deberían compartir, mientras que el segundo asocia libertad y democracia con Cataluña, como si los habitantes de la antigua corona de Aragón poseyeran una naturaleza menos fanática y autoritaria que el resto. La articulación de los dos niveles ha demostrado ser problemática hasta este momento.

Los orígenes del liberalismo en España, con todas sus tragedias, desgarros y contradicciones, están asimismo conectados con los orígenes del movimiento artístico y literario que define la primera mitad del siglo XIX. Aunque no constituía el objetivo fundamental de este libro, a lo largo de los diferentes capítulos he llamado la atención sobre casos específicos que prueban la gestación en España de un Romanticismo de naturaleza autóctona. *Centinela contra franceses* de Capmany defiende el apasionamiento y el primitivismo de los españoles, por oposición al racionalismo y la sofisticación de los franceses, y localiza la identidad nacional en el pueblo ignorante y las clases bajas. Además, expresa sus ideas de manera visceral y desorganizada, con una prosa que reniega de la lógica y sigue el vaivén de sus emociones. El libro representa en literatura el equivalente al cuadro *Los fusilamientos del tres de mayo* de Goya. Por otra parte, «El alcázar de Sevilla» de Blanco recurre a una supuesta tradición árabe española, caracterizada por el misterio y la magia, para crear una literatura similar a la que entonces se producía en Alemania. Esa modalidad indígena del Romanticismo le sirve para plantear problemas de identidad, tanto en un nivel personal como colectivo, y defender la necesidad de cultivar en España una estética adecuada a su naturaleza y a sus tradiciones. Finalmente, la atormentada forma en que vive Larra la marginalidad del país, sobre todo en sus artículos finales, deriva de su convencimiento de que la suerte del individuo está indisolublemente unida a la de comunidad a la que pertenece, por lo que, consciente de las conexiones existentes entre hegemonía política y creación literaria, verifica angustiado sus limitaciones como escritor. Los tres prueban que el Romanticismo nace en España mucho antes de lo que generalmente se cree y que lo hace conectado con las circunstancias específicas que experimenta el país en esos momentos.

Son esas circunstancias, como acabamos de ver, las que motivaron el intento de crear una identidad nacional nueva. El rechazo visceral de ciertos españoles hacia la sociedad en que les tocó vivir hizo que se sintieran exiliados en su propia patria, como si, sin necesidad de cruzar fronteras, se vieran forzados a vivir en un país extranjero. El caso más conocido es el de José María Blanco White. Habiéndose convencido de que el país al que pertenecía no podía cambiar, que el problema de España estaba imbricado en la forma en que se constituyó la nación durante la Edad Media, inmersa por siglos en un conflicto de índole religiosa, se vio forzado a buscar en otro clima una sociedad más afín a sus ideas. El desgarro que así experimentó, empeñado en un cambio de identidad que sabía irrealizable, revela muy bien el de otros muchos españoles que se encontraron en una situación parecida, si bien ninguno lo expresó con tanta claridad como él. El caso de Larra, aunque parezca muy diferente, presenta con el de Blanco significativas coincidencias. También el autor madrileño se sintió extranjero en su patria, pero en lugar de buscar una salida en el exilio, intentó por todos los medios cambiar la sociedad que le rodeaba. Se embarcó así en un proyecto docente que, a la larga, demostró ser tan inviable como el de Blanco. El final trágico de los dos autores, atormentados por problemas cuya solución quedaba fuera de su alcance, ilustra bien la pugna interna que experimentaron otros muchos progresistas de la época entre sus convicciones personales y su condición de españoles. Será esa tensión la que justifique la urgencia que sintieron por romper el monopolio de la identidad nacional que ejercían los conservadores, por más que provocaran con ello una grave fractura en la sociedad española que será fuente de innumerables conflictos en los siglos siguientes.

BIBLIOGRAFÍA

ABELLÁN, José Luis (2011), «El liberalismo gaditano: José María Blanco-White», *Studi Ispanici,* XXXVI, pp. 119-124.
AGUADO, Alejandro (1750), «Dictamen del Rmo. P. Mro. Don Alexandro Aguado», en Tomás ERAUSO Y ZAVALETA, *Discurso crítico sobre el origen, calidad, y estado presente de las comedias de España,* Madrid, s. e., s. p.
ALCALÁ GALIANO, Antonio (1818), «Artículo remitido», *Crónica Científica y Literaria,* 137, 21 de julio, pp. 3-4.
— (1955a), *Obras escogidas,* prólogo y edición de D. Jorge CAMPOS, 2 vols., Madrid, Ediciones Atlas.
— (1955b), «Memorias», en Antonio ALCALÁ GALIANO, *Obras escogidas,* prólogo y edición de D. Jorge CAMPOS, vol. I, Madrid, Ediciones Atlas, pp. 248-475.
— (1960), «Prólogo», en duque de RIVAS, *El moro expósito, o Córdoba y Burgos en el siglo XI,* Madrid, Aguilar, pp. 21-51.
ALENGRY, Franck (1904), *Condorcet, guide de la révolution française,* París, Giard & E. Brière.
Alguna cosa sobre Comuneros (1823), Cádiz, Imprenta de J. Roquero.
ALMODÓVAR, Francisco María Silva, duque de (1781), *Década Epistolar sobre el estado de las letras en Francia. Su fecha en París, año de 1780,* Madrid, Imprenta de Antonio Sancha.
ALVARADO, Francisco (1824), *Cartas Críticas, que escribió el Rmo. Padre Maestro Fr. Francisco Alvarado... o sea, el Filósofo Rancio,* t. I *(Contiene las diez primeras cartas),* Madrid, Imprenta de Aguado.
ÁLVAREZ BARRIENTOS, Joaquín (ed.) (2004), *Se hicieron literatos para ser políticos,* Madrid, Biblioteca Nueva-Universidad de Cádiz.
— (2011), «Proyecto literario y oficio de escritor en Larra», en Joaquín ÁLVAREZ BARRIENTOS, José María FERRI COLL y Enrique RUBIO

CREMADES (eds.), *Larra en el mundo. La misión de un escritor moderno,* Alicante, Publicaciones de la Universidad de Alicante, pp. 17-41.

ÁLVAREZ JUNCO, José (1967), «Capmany y su *Informe sobre la necesidad de una constitución (1809)*», *Cuadernos Hispanoamericanos,* 70, pp. 520-551.

— (2000), «La construcción de España», en Carlos REYERO y José MARTÍNEZ MILLÁN (coords.), *El siglo de Carlos V y Felipe II: la construcción de los mitos en el siglo XIX,* vol. II, Madrid, Sociedad Estatal para la Commemoración de los Centenarios de Felipe II y Carlos V, pp. 31-48.

— (2001), *Mater Dolorosa: La idea de España en el siglo XIX,* Madrid, Taurus.

AMOR DE SORIA, Juan (2010), *Enfermedad chrónica, y peligrosa de los Reynos de España y de Indias: sus causas naturales, y sus remedios.* En *Aragonesismo austracista (1734-1742), escritos del conde Juan Amor de Soria,* estudio introductorio de Ernest LLUCH, Zaragoza, Institución Fernando el Católico, pp. 173-372.

ANDERSON, Benedict (1991), *Imagined Communities,* Londres-Nueva York, Verso.

ANDIOC, René (1987), *Teatro y sociedad en el Madrid del siglo XVIII,* Madrid, Castalia.

ANES, Gonzalo (1962), «Ecos de la Revolución francesa en España», *Cuadernos de Historia de España,* XXXV-XXXVI, pp. 274-314.

— (1997), «La idea de España en el Siglo de las Luces», en *España. Reflexiones sobre el ser de España,* Madrid, Real Academia de la Historia, pp. 223-242.

ANGUERA, Pere (1998), «Nacionalismo e historiografía en Cataluña: tres propuestas en debate», en Carlos FORCADELL (ed.), *Nacionalismo e historia,* Zaragoza, Institución Fernando el Católico, pp. 73-88.

ARGÜELLES, Agustín de, *et al.* (1820), *Discurso Preliminar de la Constitución Política de la monarquía española promulgada en Cádiz, a 19 de marzo de 1812,* Madrid, Imprenta de Collado.

ARJONA, Manuel María de (1917), «España restaurada en Cádiz (oda dedicada a la memoria de Juan de Padilla)», en J. D. M. FORD (ed.), *A Spanish Anthology. A collection of lyrics from the thirteenth century down to the present time,* Nueva York, Silver, Burdett and Co, pp. 230-232.

ARTOLA, Miguel (1955), «La difusión de la ideología revolucionaria en los orígenes del liberalismo español, *Arbor,* XXXI pp. 476-490.

— (1976), *Los afrancesados,* Madrid, Turner.

— (2008), *La España de Fernando VII,* Madrid, Espasa.

ASQUERINO, Eusebio, y ROMERO LARRAÑAGA, Gregorio (1849), *Juan Bravo el Comunero,* Madrid, Imprenta de Tomás Fortanet.

Atalaya de la Mancha en Madrid (1814), Madrid.

AYERBE, Marqués de (1957), «Memorias del marqués de Ayerbe sobre la estancia de Fernando VII en Valençay y el principio de la Guerra de

la Independencia», en Miguel ARTOLA (ed.), *Memorias de tiempos de Fernando VII,* t. I, Madrid, Atlas, pp. 227-273.
AYMES, Jean René (2003), *La Guerra de la Independencia en España,* Madrid, Siglo XXI.
AZANZA, Miguel José de, y O'FARRILL Gonzalo (1957), *Memoria de D. Miguel José de Azanza y D. Gonzalo O'Farrill sobre los hechos que justifican su conducta política desde marzo de 1808 hasta abril de 1814,* en Miguel ARTOLA (ed.), *Memorias de tiempos de Fernando VII,* t. I, Madrid, Atlas, pp. 275-372.
AZARA, José Nicolás de (1765), «Prólogo», en *Obras de Garcilaso de la Vega,* edición de José NICOLÁS DE AZARA, Madrid, Imprenta Real de la Gaceta.
— (1782), «Artículos de Cartas de Don Joseph Nicolas de Azara, que servirán de Prólogo», en Guillermo BOWLES, *Introducción a la historia natural y a la geografía física de España,* 2.ª ed., Madrid, Imprenta Real.
BAKER, Edward (1986-1987), «El Madrid de Larra: del Jardín público a la necrópolis», *Sociocriticism,* 4-5, pp. 185-206.
— (2003), «Beyond a Canon: Antonio de Capmany on Popular Eloquence and National Culture», *Dieciocho,* 26-2, pp. 317-323.
BALAGUER, Víctor (1847), *Juan de Padilla,* Madrid, Imprenta de D. Vicente de Lalama.
— (1858), *La libertad constitucional. Estudios sobre el gobierno político de varios países y en particular sobre el sistema por el que se regía antiguamente Cataluña,* Barcelona, Imprenta nueva de Jaime Jepús y Ramón Villegas.
— (1868), *Vox in deserto?... Poesía catalana revolucionária, escrita per Don Víctor Balaguer, lo popular Trovador de Montserrat,* La Bisbal, Imprenta de El Faro Bisbalense.
— (1894), *Los Pirineos. Traducción en prosa castellana de la Trilogía escrita en verso catalán por D. Víctor Balaguer,* Madrid, Librería de Fernando Fe.
— (1915), *Obras poéticas, con un prólogo de Rafael Ginard de la Rosa,* Madrid, Biblioteca Universal.
BALAKRISHNAN, Gopal (ed.) (1996), *Mapping the Nation,* Londres-Nueva York, Verso.
BALFOUR, Sebastian, y QUIROGA, Alejandro (2007), *The Reinvention of Spain: Nation and Identity since Democrary,* Oxford, Oxford University Press.
BARRANTES, Vicente (1855), *Juan de Padilla, novela histórica,* t. I, Madrid, Imprenta de D. Ramón Campuzano.
— (1857), *La viuda de Padilla,* Madrid, Imprenta de D. Gabriel Alhambra.
BENÍTEZ, Rubén, y FRANCÉS, María Elena (1995), «Introducción», en José María BLANCO WHITE, *Vargas. Novela española,* traducción, introducción y notas de Rubén BENÍTEZ y María Elena FRANCÉS, Alicante, Instituto de Cultura Juan Gil-Albert, pp. 7-69.

BERLIN, Isaiah (1992), *The Crooked Timber of Humanity. Chapters in the History of Ideas,* Nueva York, Vintage Books.
BERNABÉ PONS, Luis F. (2009), *Los moriscos. Conflicto, expulsión y diáspora,* Madrid, Los Libros de la Catarata.
BERNAL, Martin (1994), «The Image of Ancient Greece as a tool for colonialism and European hegemony», en George CLEMENT BOND y Angela GILLIAM (eds.), *Social Construction of the Past. Representation as Power,* Londres-Nueva York, Routledge, pp. 119-128.
BERZAL DE LA ROSA, Enrique (2008), *Los comuneros. De la realidad al mito,* Madrid, Sílex.
BLACKWOOD, William (1823), «Introduction», en *Ancient Spanish Ballads: Historical and Romantic,* traducción de John Gibson Lockhart, L. L. B., Edimburgo-Londres, Blackwood & Cadell, pp. VII- XXVII.
BLANCO WHITE, José María (1809), *Semanario patriótico. Segundo trimestre. La parte histórica: por D. Isidoro de Antillón. La política: por D. Josef María Blanco,* Sevilla, Viuda de Vázquez y Compañía.
— (1810-1814), *El Español,* tt. I-VIII, Londres.
— (1813), «Variaciones políticas del Español», *El Español,* t. VI, enero, pp. 3-19.
— (1814), «Conclusión de esta obra», *El Español,* t. VIII, mayo-junio, pp. 295-311.
— (1823-1825), *Variedades o Mensagero de Londres: Periódico Trimestre. Por el Revdo. Joseph Blanco White,* 2 tomos, Londres, Ackermann.
— (1823a) «Apuntes históricos. Principios del reino de Aragón», *Variedades,* t. I, pp. 131-140.
— (1823b), «Opresión del entendimiento en España», *Variedades,* t. I, pp. 103-120.
— (1823c), «A Visit to Spain; detailing the Transactions which occurred during a Residence in that Country in the latter Part of 1822, and the first Four Months of 1823: with an Account of the Removal of the Court from Madrid to Seville; and general Notices of the Manners, Customs, Costume and Music of the Country. By Michael J. Quin», *The Quarterly Review,* XXIX, pp. 240-276.
— (1824a), «Studies in Spanish History. N. 1. Aragon», *The New Monthly Magazine and Literary Journal,* X, pp. 1-10.
— (1824b), «Sobre el placer de imaginaciones inverosímiles», *Variedades,* t. I, pp. 413-418.
— (1825a), «Consejos importantes, sobre la intolerancia, dirigidos a los hispano-americanos», *Variedades,* t. I, pp. 95-100.
— (1825b), «Despedida del autor de las Variedades a los hispano-americanos», *Variedades,* t. II, pp. 299-311.
— (1825c), «Revisión de obras. Historia de la dominación de los árabes en España. Sacada de varios manuscritos y memorias arábigas, por el Doctor Don José Antonio Conde», *Variedades,* t. II, pp. 43-60.

— (1825d), *Letters from Spain. By Don Leucadio Doblado,* 2nd ed., Londres, Henry Colburn.
— (1835), «Recent Spanish Literature», *The London Review,* I, Londres, Simpkin, Marshall, & Co, abril-julio, pp. 76-93.
— (1845a), *The Life of the Rev. Joseph Blanco White, Written by Himself; With Portions of His Correspondence,* edición de John HAMILTON THOM, 3 vols., Londres, John Chapman.
— (1845b), «A Sketch of His Life in England», en *The Life of the Rev. Joseph Blanco White,* t. I, pp. 239-406.
— (1971), «El alcázar de Sevilla», en José María BLANCO WHITE, *Antología de obras en español,* edición, selección, prólogo y notas de Vicente LLORÉNS, Barcelona, Labor, pp. 295-310.
— (1972), *Obra inglesa,* traducción y prólogo de Juan GOYTISOLO, Madrid, Alfaguara.
— (1975), *Luisa de Bustamante o la huérfana española en Inglaterra y otras narraciones,* Barcelona, Labor.
— (1999), «The Examination of Blanco by White, concerning his Religious notions and other subjects connected with them begun on Sunday, Dec. 20, 1818», introducción y notas de Ángel LOUREIRO, *Revista de Estudios Hispánicos,* 33.1, pp. 8-40.

BLANNING, Tim (2010), *The Romantic Revolution,* Londres, Weidenfeld & Nicolson.

BOIX, Vicente (1845), *Historia de la ciudad y reino de Valencia,* t. II, Valencia, Imprenta de D. Benito Monfort.
— (s. f.), *Omm-al-Kiram o La expulsión de los moriscos,* 2 tomos, Valencia, El Mercantil Valenciano.

BOND, George Clement, y GILLIAM, Angela (1994), «Introduction», en George CLEMENT BOND y Angela GILLIAM (eds.), *Social Construction of the Past. Representation as Power,* Londres-Nueva York, Routledge, pp. 1-22.

BUNES IBARRA, Miguel Ángel de (1983), *Los moriscos en el pensamiento histórico. Historiografía de un grupo marginado,* Madrid, Cátedra.

CADALSO, José (1981), *Cartas marruecas/Noches lúgubres,* Madrid, Cátedra.

CALDERÓN DE LA BARCA, Pedro (1881), *Amar después de la muerte,* en *Teatro selecto de Calderón de la Barca,* t. II., Madrid, Luis Navarro Editor, pp. 451-569.

CALVELO, Óscar (2000), «Razón, imaginación y fanatismo en la obra de José María Blanco White», en *Actas XIII Congreso AIH,* t. II, Madrid, Castalia, pp. 113-120.

CAMPOS, Jorge (1957), «Introducción», en *Obras completas del duque de Rivas,* Madrid, Atlas, pp. VII-LXXI.

CANAVAGGIO, Jean (1985), «William Robertson y las Comunidades de Castilla: un precursor de la interpretación liberal», en *Homenaje a*

José Antonio Maravall, t. I, Madrid, Centro de Investigaciones Sociológicas, pp. 359-369.

CANGA ARGÜELLES, José (1811), *Reflexiones sociales, o idea para la Constitución española, que un patriota ofrece a los representantes de Cortes, por D. J. C. A.,* Valencia, Imprenta de José Estévan.

CANTERLA, Cinta (ed.) (2006), *Nación y Constitución. De la Ilustración al Liberalismo,* Sevilla, Junta de Andalucía-Universidad Pablo de Olavide-Sociedad Española de Estudios del Siglo XVIII, pp. 277-282.

CAÑETE, Manuel (1845), *Un rebato en Granada,* Madrid, Imprenta de Antonio Yenes.

CAPMANY, Antonio de (1786), *Teatro Histórico-crítico de la Eloquencia Española,* t. I, Madrid.

— (1821), *Práctica y estilo de celebrar Cortes en el Reino de Aragón, principado de Cataluña y reino de Valencia, y una noticia de las de Castilla y Navarra,* Madrid, Imprenta de José Collado.

— (1963), «Comentario sobre el Doctor Festivo y Maestro de los Eruditos a la Violeta, para desengaño de los Españoles que leen poco y malo», en Julián MARÍAS, *La España posible en tiempo de Carlos III,* Madrid, Sociedad de Estudios y Publicaciones, pp. 181-218.

— (1967), «Informe presentado a la Comisión de Cortes por don Antonio de Capmany», en José ÁLVAREZ JUNCO, *Capmany y su Informe sobre la necesidad de una constitución (1809), Cuadernos Hispanoamericanos,* 70, pp. 533-551.

— (2008), *Centinela contra franceses,* edición de Jesús LAÍNZ, Madrid, Encuentro.

CARDAILLAC, Louis (1979), *Moriscos y cristianos. Un enfrentamiento polémico (1492-1640),* Madrid, Fondo de Cultura Económica.

CARNERO, Guillermo (coord.) (1997), *Historia de la Literatura Española,* Siglo XIX (I), Madrid, Espasa-Calpe.

CARO BAROJA, Julio (1969), *Ensayo sobre la literatura de Cordel,* Madrid, Editorial Revista de Occidente.

— (1970), *El mito del carácter nacional. Meditaciones a contrapelo,* Madrid, Seminarios y Ediciones.

— (1980), *Introducción a una historia contemporánea del anticlericalismo español,* Madrid, Istmo.

— (2003), *Los moriscos del reino de Granada,* Madrid, Alianza Editorial.

CARRASCO URGOITI, María Soledad (1989), *El moro de Granada en la literatura (del siglo XV al XIX),* edición facsimil, Granada, Universidad de Granada.

— (2005), *Estudios sobre la novela breve de tema morisco,* Barcelona, Edicions Bellaterra.

Cartas de un Español residente en París á su hermano residente en Madrid, sobre la Oracion Apologética por la España y su mérito literario, de Don Juan Pablo Forner (1788), Madrid.

Castro, Américo (1973), *La realidad histórica de España,* México, Porrúa.
Chateaubriand, François-René de (1869), «Le dernier Abencérage», en *Oeuvres choisies de F. de Chateaubriand,* París, Michel Lévy Frères, pp. 183-253.
Ciscar Pallarés, Eugenio (2009), «Los moriscos en Valencia», en Antonio Moliner Prada (ed.), *La expulsión de los moriscos,* Barcelona, Nabla Ediciones, pp. 147-177.
Coll, Gaspar Fernando (1838), *Adel El Zegrí,* Madrid, Imprenta de D. José María Repullés.
Comín, Tomás de (1825), *Ligera ojeada o breve idea del Imperio de Marruecos en 1822,* Barcelona, J. F. Piferrer.
Conde, José Antonio (1820-1821), *Historia de la dominación de los árabes en España,* 3 tomos, Madrid, Imprenta de García.
Condorcet (1804), «Avis Aux Espagnols», en *Oeuvres Complètes de Condorcet,* t. XVI, París, pp. 315-334.
Cooke, Peter (2011), «Nation, Myth, and History in *Ocios de españoles emigrados* (London, 1824-1827)», en Daniel Muñoz Sempere y Gregorio Alonso García (eds.), *Londres y el liberalismo hispánico,* Madrid, Iberoamericana-Vervuert, pp. 95-109.
Cortada, Juan (1860), *Cataluña y los catalanes,* 2.ª ed., Barcelona, Imprenta de Miguel Blanxart.
Crónica científica y literaria (1817-1820), Madrid.
Cross, Anthony J. (1984), *Joseph Blanco White: Stranger and Pilgrim,* Londres, s. e.
De Menezes, Alison Ribeiro (2003), «Purloined Letters: Juan Goytisolo, José María Blanco White, and the Cultural Construction of Marginal Identity», en Eric Caldicott y Anne Fuchs (eds.), *Cultural Memory. Essays on European Literature and History,* Bern, Peter Lang, pp. 327-340.
Del Río, Ángel (1989), «Tendencias actuales en el entendimiento y estudio del romanticismo español», en David T. Gies (ed.), *El romanticismo,* Madrid, Taurus, pp. 215-241.
Delgado, Sabino (ed.) (1979), *Guerra de la Independencia: Proclamas, Bandos y Combatientes,* Madrid, Editora Nacional.
Dérozier, Albert (1968), *Manuel Josef Quintana et la naissance du libéralisme en Espagne,* París, Annales Littéraires de l'Université de Besançon.
— (1983), «¿Por qué una revisión de Larra?», en *Revisión de Larra (¿Protesta o Revolución?),* Besançon, Annales Littéraires de l'Université de Besançon, pp. 13-34.
Diario Crítico General de Sevilla (1814), Sevilla.
Díaz-Andreu, Margarita (2007), *A World History of Nineteenth-Century Archaelogy. Nationalism, Colonialism, and the Past,* Oxford, Oxford University Press.
Diccionario razonado, manual, para inteligencia de ciertos escritores que por equivocación han nacido en España. Aumentada con más de cincuenta

voces, y una receta eficacísima para matar insectos filosóficos (1811), 2.ª ed., Cádiz, Imprenta de la Junta Superior.

Discurso Preliminar de la Constitución política de la monarquía española promulgada en Cádiz, a 19 de marzo de 1812 (1820), Madrid, Imprenta de Collado.

DOMERGUE, Lucienne (1982), «J. Blanco White (Seville 1775-Liverpool 1841): L'Obsession autobiographique chez un apostat», en *L'Autobiographie en Espagne, Études hispaniques,* 5, pp. 111-132.

— (1989), «Propaganda y contrapropaganda en España durante la revolución francesa (1789-1795)», en Jean-René AYMES (ed.), *España y la revolución francesa,* Barcelona, Crítica, pp. 118-167.

— (2001), «Blanco White: la hora inglesa (1808-1814)», en Alberto GIL NOVALES (ed.), *La revolución liberal,* Madrid, Ediciones del Orto, pp. 179-192.

DONÉZAR, Javier María (2000), «El "austracismo" de los historiadores liberales del siglo XIX», en Carlos REYERO y José MARTÍNEZ MILLÁN (coords.), *El siglo de Carlos V y Felipe II: la construcción de los mitos en el siglo XIX,* Madrid, Sociedad Estatal para la Commemoración de los Centenarios de Felipe II y Carlos V, pp. 311-342.

DOWLING, John D. (1966), «The Paris première of Francisco Martínez de la Rosa's *Abén Humeya* (July, 1830)», en *Homenaje a Rodríguez-Moñino,* Madrid, Castalia, pp. 147-154.

DUFOUR, Gérard (1999), *La Guerra de la Independencia,* Madrid, Historia 16.

— (2002), «Entre ilustrados y liberales», en Manuel MORENO ALONSO (ed.), *José María Blanco White y el problema de la intolerancia en España,* Sevilla, Caja San Fernando, pp. 17-28.

DURÁN, Agustín (1971), «Discurso sobre el influjo que ha tenido la crítica moderna en la decadencia del teatro antiguo español y sobre el modo con que debe ser considerado para juzgar convenientemente su mérito peculiar» (Madrid, 1828), en Ricardo NAVAS RUIZ, *El romanticismo español. Documentos,* Salamanca, Anaya.

DURÁN LÓPEZ, Fernando (2005), *José María Blanco White o la conciencia errante,* Sevilla, Fundación José Manuel Lara.

El Apologista Universal. Obra periódica que manifestará no sólo la instrucción, exactitud y bellezas de las obras de los Autores cuitados que se dejan zurrar de los semicríticos modernos; sino tambien el interés y utilidad de algunas costumbres y establecimientos de moda (1786), t. I, n. 1, Madrid.

El Censor, Obra periódica (1989), comenzada a publicar en 1781 y terminada en 1787, edición facsímil, con prólogo y estudio de José Miguel CASO GONZÁLEZ, Oviedo, Universidad de Oviedo-Instituto Feijoo de Estudios del Siglo XVIII.

El Censor, periódico político y literario (1820), t. II, Madrid.
El Cincinato, o el verdadero moderado liberal (1821), n. 2, Madrid.
El Constitucional: o sea, Crónica Científica, Literaria y Política (1820), Madrid.
El Defensor del Rey (1823), Sevilla.
El Eco de Padilla (1821), Madrid.
El emigrado observador. Periódico mensual, por una sociedad de españoles refugiados en Inglaterra y Francia (1828), Londres, publicado e impreso por M. Calero.
El Español, por D. J. M. Blanco White (1810-1814), 8 tomos, Londres.
El Español Constitucional o Miscelánea de Política, Ciencias y Artes, Literatura, &c (1818), t. I, Londres, Impreso por Enrique Bryer.
El Espectador (1821-1823), Madrid.
El Indicador de las novedades, de los espectáculos y de las artes (1822) Madrid.
El Patriota (1812), t. I, Madrid, Imprenta de Repullés.
El Procurador General de la Nación y del Rey (1814), Madrid.
El Redactor General de España (1813-1814), Madrid.
ELORZA, Antonio (1970), *La ideología liberal en la Ilustración española,* Madrid, Tecnos.
ESCOBAR, José (1973), *Los orígenes de la obra de Larra,* Madrid, Editorial Prensa Española.
— (1988), «Larra y la revolución burguesa», en John R. ROSENBERG (ed.), *Resonancias románticas: evocaciones del Romanticismo hispánico,* Madrid, Porrua, pp. 35-52.
— (1989), «Romanticismo y Revolución», en David T. GIES, *El romanticismo,* Madrid, Taurus, pp. 320-335.
ESDAILE, Charles J. (2001), *La quiebra del liberalismo, 1808-1939,* Barcelona, Crítica.
Espíritu de los mejores diarios literarios que se publican en Europa. Su autor Don Christoval Cladera (1787-1788).
ESPRONCEDA, José de (1954a), *Obras completas,* Madrid, BAE.
— (1954b), «Ensayo épico. Fragmento de un poema titulado *El Pelayo*», en José DE ESPRONCEDA, *Obras completas,* Madrid, BAE.
ESTEBAN DE VEGA, Mariano (2005), «Castilla y España en la *Historia general* de Modesto Lafuente», en Antonio MORALES MOYA y Mariano ESTEBAN DE VEGA (eds.), *¿Alma de España? Castilla en las interpretaciones del pasado español,* Madrid, Marcial Pons, pp. 87-140.
ESTÉBANEZ CALDERÓN, Serafín (1955a), «Cristianos y moriscos. Novela lastimosa», en *Vida y obra de D. Serafín Estébanez Calderón,* edición, prólogo y notas de Jorge CAMPOS, Madrid, BAE, pp. 99-131.
— (1955b), «Manual del oficial en Marruecos», en *Vida y obra de D. Serafín Estébanez Calderón,* edición, prólogo y notas de Jorge CAMPOS, Madrid, BAE, pp. 279-474.

ESTRUCH TOBELLA, Joan (2009), «Larra, en la transición del absolutismo al liberalismo», *Ínsula,* 756, diciembre, pp. 3-6.

«État politique, historique &, moral du Royaume d'Espagne l'an MDCCLXV» (1914), en *Revue hispanique,* XXX, núm. 78, pp. 376-514.

ÉTIENVRE, Françoise (2001), *Rhétorique et patrie dans l'Espagne des Lumières. L'oeuvre linguistique d'Antonio de Capmany (1742-1813),* París, Honoré Champion.

FANJUL, Serafín (2001), *Al-Andalus contra España. La forja del mito,* Madrid, Siglo XXI.

FARRÉS, Pere (1997), «Una lectura de les tragèdies de Víctor Balaguer», *Els Marges,* 59, pp. 5-22.

FEIJOO Y MONTENEGRO, Benito Jerónimo (1952), «Paralelo de las lenguas castellana y francesa», en Benito Jerónimo FEIJOO Y MONTENEGRO, *Obras Escogidas,* Madrid, BAE.

— (1980), «Voz del pueblo», en Benito Jerónimo FEIJOO Y MONTENEGRO, *Teatro crítico universal,* Madrid, Cátedra.

FERNÁNDEZ, James D. (1992), *Apology to Apostrophy: Autobiography and the Rhetoric of Self-Representation in Spain,* Durham-Londres, Duke University Press.

FERNÁNDEZ, Paz (1991), *Arabismo español del siglo XVIII: origen de una quimera,* Madrid, Instituto de Cooperación con el Mundo Árabe.

FERNÁNDEZ CIFUENTES, Luis (2005), «Las autobiografías de Blanco White: tres divergencias», en Eduardo SUBIRATS (ed.), *José María Blanco White: crítica y exilio,* Barcelona, Anthropos, pp. 25-67.

FERNÁNDEZ GONZÁLEZ, Manuel (1857), *La mancha de sangre,* Madrid, Fernando Gaspar.

— (1858), *El laurel de los siete siglos (Crónica del siglo XV-Conquista de Granada). Leyenda oriental,* Madrid, Fernando Gaspar.

FERNÁNDEZ-GUERRA ORBE, Aureliano (1840), *Reflexiones sobre la rebelión de los moriscos y censo de población. Insertas en el Boletín oficial de Granada, y reimpresas de órden de la Excma. Diputacion provincial,* Granada, Imprenta de Gómez y Compañía.

FERNÁNDEZ SEBASTIÁN, Javier (2011), «Guerra de palabras. Lengua y política en la revolución de España», en Pedro RÚJULA y Jordi CANAL (eds.), *Guerra de ideas. Política y cultura en la España de la Guerra de la Independencia,* Madrid, Marcial Pons, pp. 237-280.

FERRER DEL RÍO, Antonio (1850), *Decadencia de España, Primera Parte, Historia del levantamiento de las Comunidades de Castilla,* Madrid.

FERRI COLL, José María (2010), «Los dramas históricos de Martínez de la Rosa: memoria de un gran éxito», en Rafael GUTIÉRREZ SEBASTIÁN y Borja RODRÍGUEZ GUTIÉRREZ (eds.), *Desde la platea. Estudios sobre el teatro decimonónico,* Santander, Publican, pp. 23-33.

FERRO, Marc (1984), *The Use and Abuse of History, or How the Past is Taught,* Londres, Routledge & Kegan Paul.

FLITTER, Derek (1992), *Spanish Romantic literary theory and criticism,* Cambridge, Cambridge University Press.

FORNER, Juan Pablo (1844), «Discurso sobre el modo de escribir y mejorar la Historia de España», en *Obras de don Juan Pablo Forner,* recogidas y ordenadas por don Luis VILLANUEVA, Madrid, Imprenta de la Amistad, pp. 1-109.

FOX, Inman (1983), «"La amarga realidad" and the Spanish imagination», en Silvia MOLLOY y Luis FERNÁNDEZ CIFUENTES (eds.), *Essays on Hispanic Literature,* Londres, Tamesis, pp. 73-78.

FROLDI, Rinaldo (2004), «Proclamas, manifiestos y escritos políticos de José Marchena», *Salina,* 18, pp. 133-138.

FUCHS, Barbara (2009), *Exotic Nation. Maurophilia and the Construction of Early Modern Spain,* Philadelphia, University of Pennsylvania Press.

FUENTES, Juan Francisco (1989), *José Marchena. Biografía política e intelectual,* Barcelona, Crítica.

FUSI, Juan Pablo (1997), *La invención de España: Nacionalismo liberal e identidad nacional,* Madrid, Cátedra.

— (2000), *España. La evolución de la identidad nacional,* Madrid, Ediciones Temas de Hoy.

GALLARDO, Bartolomé J. (1820), *Alocución patriótica sobre el restablecimiento de la Constitución española,* Londres.

— (1822), *Diccionario crítico-burlesco, del que se titula «Diccionario razonado manual para inteligencia de ciertos escritores que por equivocación han nacido en España»,* Madrid.

GÁNDARA, Miguel Antonio de la (1813), *Apuntes sobre el bien y el mal de España,* Cádiz, Imprenta de D. Vicente Lema.

GARCÍA-BAAMONDE, Salvador (1832), *Los árabes en España, o Rodrigo, último rey de los godos,* Valencia, Imprenta de José de Orga.

GARCÍA CÁRCEL, Ricardo (coord.) (2004), *La construcción de las Historias de España,* Madrid, Marcial Pons.

— (2007), *El sueño de la nación indomable. Los mitos de la Guerra de la Independencia,* Madrid, Temas de Hoy.

— (2011), *La herencia del pasado. Las memorias históricas de España,* Barcelona, Galaxia Gutenberg.

GARCÍA ESCOBAR, Ventura (s. f.), *Los comuneros de Castilla,* Madrid, Imprenta Ed. Castro.

GARCÍA GUTIÉRREZ, Antonio (1842), «El último Abderramén», en *Luz y tinieblas. Poesías sagradas y profanas,* Madrid, Boix, pp. 5-16.

GARCÍA DE LEÓN Y PIZARRO, José (1998), *Memorias,* edición de Álvaro ALONSO-CASTRILLO, Madrid, Centro de Estudios Políticos y Constitucionales.

GARCÍA MALO, Ignacio (1788), *Doña María Pacheco, mujer de Padilla,* Madrid, Viuda de M. Escribano.

GARCÍA MONERRIS, Carmen (2001), «La diversidad de proyectos políticos en el primer debate preconstitucional español. Canga Argüelles, Ribelles y Borrull en el contexto de la política valenciana», en Alberto GIL NOVALES (ed.), *La revolución liberal,* Madrid, Ediciones del Orto, pp. 111-134.

GARCÍA SANJUÁN, Alejandro (2013), *La conquista islámica de la Península Ibérica y la tergiversación del pasado,* Madrid, Marcial Pons.

GARCÍA TASSARA, Gabriel (1868), «El Alcázar de Sevilla o las dos Españas» (1842), *Revista de España,* pp. 253-279.

GARELLI, Patrizia (2012), «Re-presentarse ante Europa: la producción teatral de los jesuitas expulsos en Italia», en José CHECA BELTRÁN (ed.), *Lecturas del legado español en la Europa ilustrada,* Madrid, Iberoamericana-Vervuert, pp. 159-184.

GARNICA, Antonio (1988), «Introducción», en José María BLANCO WHITE, *Autobiografía de Blanco White,* edición de Antonio GARNICA, Sevilla, Publicaciones de la Universidad de Sevilla, pp. 11-26.

GEARY, PATRICK J. (2002), *The Myth of Nations: The Medieval Origins of Europe,* Princeton-Oxford, Princeton University Press.

GELLNER, Ernest (1983), *Nations and nationalism,* Oxford, Basil Blackwell Publisher.

GIL Y CARRASCO, Enrique (1954), «El Conde Don Julián», en Enrique GIL Y CARRASCO, *Obras completas,* edición, prólogo y notas de Jorge CAMPOS, Madrid, BAE, pp. 447-452.

GIL SANJUÁN, Joaquín (1998), «Estudio preliminar», en Ginés PÉREZ DE HITA, *La guerra de los moriscos (segunda parte de las guerras civiles de Granada),* Granada, Universidad de Granada, pp. VII-XC.

GIL Y ZÁRATE, Antonio (1847), *Guzmán el Bueno,* Madrid, Imprenta de Repullés.

GINARD DE LA ROSA, Rafael (1915), «Víctor Balaguer», en Víctor BALAGUER, *Obras poéticas, con un prólogo de Rafael Ginard de la Rosa,* Madrid, Biblioteca Universal.

GODOY, Manuel (1908), *Cuenta dada de su vida política por D. Manuel Gody, Príncipe de la Paz, o sean Memorias críticas y apologéticas para la Historia del reinado del señor D. Carlos IV de Borbón,* t. I, Madrid, Gutenberg-Castro.

GÓMEZ DE ARTECHE, José, y COELLO, Francisco (1859), *Descripción y mapas de Marruecos,* Madrid, Francisco de P. Mellado.

GONZÁLEZ ALCANTUD, José Antonio (2002), *Lo moro. Las lógicas de la derrota y la formación del estereotipo islámico,* Barcelona, Anthropos.

GONZÁLEZ ANTÓN, Luis (1997), *España y las Españas,* Madrid, Alianza Editorial.

GONZÁLEZ DE GARAY, María Teresa (1983), «De la tragedia al drama histórico: dos textos de Martínez de la Rosa», *Cuadernos de Investigación Filológica,* 9, pp. 199-234.

GONZÁLEZ TROYANO, Alberto (2006) «Patriotas o cosmopolitas: una disyuntiva española: Marchena, Gallardo y Blanco-White», en Cinta CANTERLA (ed.), *Nación y Constitución. De la Ilustración al Liberalismo,* Sevilla, Junta de Andalucía-Universidad Pablo de Olavide-Sociedad Española de Estudios del Siglo XVIII, pp. 277-282.
— (2007), «Blanco White, rebelde, lúcido y errante», *Claves de Razón práctica,* 170, pp. 42-45.
GONZÁLEZ TROYANO, Alberto, y PALACIOS FERNÁNDEZ, Emilio (2004), «La pluralidad y la polémica: ensayistas y políticos de 1789 a 1833», en Joaquín ÁLVAREZ BARRIENTOS (ed.), *Se hicieron literatos para ser políticos,* Madrid, Biblioteca Nueva-Universidad de Cádiz, pp. 271-329.
GOYTISOLO, Juan (1998), *Crónicas sarracinas,* Madrid, Alfaguara.
— (2005), «Un escritor marginado: Blanco White y la desmemoria española», en Eduardo SUBIRATS (ed.), *José María Blanco White: crítica y exilio,* Barcelona, Anthropos, pp. 19-24.
— (2010), «Recuperación de una figura: José María Blanco White», en Juan GOYTISOLO, *Blanco White, «El Español» y la independencia de Hispanoamérica,* Madrid, Taurus, pp. 11-84.
GREENFELD, Liah (1992), *Nationalism: Five Roads to Modernity*, Cambridge, Harvard University Press.
GUTIÉRREZ NIETO, Juan Ignacio (1973), *Las comunidades como movimiento antiseñorial,* Barcelona, Planeta.
HAIDT, Rebecca (2004), «Gothic Larra», *Decimonónica,* 1.1, pp. 52-66.
HAMEL, Víctor (1842), *Los comuneros de Castilla, obra escrita en francés por Victor HAMEL, y traducida al castellano por D. C. de G. y F.,* Barcelona, Imp. de Juan Roca y Suñol.
HARTZENBUSCH, Juan Eugenio (1846), *La madre de Pelayo,* Madrid, Imprenta de D. José Repullés.
HAZARD, Paul (1963), *European Thought in the Eighteenth Century from Montesquieu to Lessing,* Cleveland, The World Publishing Company.
HERR, Richard (1964), *España y la revolución del siglo XVIII,* Madrid, Aguilar.
HERRERO, Javier (1971), *Los orígenes del pensamiento reaccionario español,* Madrid, Edicusa.
— (1988), «Terror y literatura; ilustración, revolución y los orígenes del movimiento romántico», José Luis VALERA (ed.), en *La literatura española de la Ilustración: Homenaje a Carlos III,* Madrid, Universidad Complutense, pp. 131-153.
HOBSBAWM, Eric (1983), «Introduction: Inventing Traditions», en Eric HOBSBAWM y Terence RANGER, (eds.), *The Invention of Tradition,* Cambridge, Cambridge University Press, pp. 1-14.
HOFFMAN, Léon-François (1961), *Romantique Espagne,* New Jersey, Université de Princeton.

HOFFSMEISTER, Gerhart (1990), «Exoticism: Granada's Alhambra in European Romanticism», Gerhart HOFFSMEISTER (ed.), *European Romanticism*, Detroit, Wayne State University Press.

HUMBOLDT, Wilhelm von (1998), *Diario de viaje a España 1799-1800*, edición y traducción de Miguel Ángel VEGA, Madrid, Cátedra.

HURTADO DE MENDOZA, Diego (1776), *Guerra de Granada, que hizo el rei D. Felipe II contra los moriscos de aquel reino, sus rebeldes*, Valencia, En la oficina de Benito Monfort.

IAROCCI, Michael P. (2006), *Properties of Modernity. Romantic Spain, Modern Europe, and the Legacies of Empire*, Nashville, Vanderbilt University Press.

ILIE, Paul (1974-1975), «Larra's Nightmare», *Revista Hispánica Moderna*, 38, n. 4, pp. 153-166.

— (1980), *Literature and Inner Exile: Authoritarian Spain, 1939-1975*, Baltimore, Johns Hopkins University Press.

IRVING, Washington (1840), *Tales of the Alhambra*, París, Baudry's European Library.

JEREZ, José Joaquín (2007), *Pensamiento político y reforma institucional durante la guerra de las Comunidades de Castilla (1520-1521)*, Madrid, Marcial Pons.

JIMÉNEZ, Dolores (1991), «Le discours révolutionnaire: analyse d'un exemple espagnol (*A la Nación española*, de José Marchena)», en Lucienne DOMERGUE, *Après 89 la révolution modèle ou repoussoir*, Toulouse, Presses Universitaires du Mirail, pp. 25-33.

JOVELLANOS, Gaspar Melchor de (1846), «Memoria dirigida por don Gaspar Melchor de Jovellanos, a sus compatriotas en defensa de los individuos de la Junta Central», en *Obras de Don Gaspar Melchor de Jovellanos*, t. V, Madrid, Mellado, pp. 81-590.

— (1880a), «Elogio de Carlos III», en Gaspar Melchor de JOVELLANOS, *Oraciones y discursos*, Madrid, Imprenta de Enrique Teodoro, pp. 79-105.

— (1880b), «Oración pronunciada en el Instituto Asturiano sobre el estudio de las ciencias naturales», en Gaspar Melchor de JOVELLANOS, *Oraciones y discursos*, Madrid, Imprenta de Enrique Teodoro, pp. 175-206.

— (1975), «Sátira segunda a Arnesto», en John H. R. POLT (ed.), *Poesía del siglo XVIII*, Madrid, CCa.

JURETSCHKE, Hans (1962), *Los afrancesados en la guerra de la Independencia*, Madrid, Rialp.

KAMEN, Henry (2008), *Imagining Spain: Historical Myth & National Identity*, New Haven-Londres, Yale University Press.

KING, Bruce (1980), *The New English Literatures*, Londres, Macmillan.

KING, Edmund L. (1962), «What is Spanish Romanticism?», *SiR*, II, n. 1, pp. 1-11.

KIRKPATRICK, Susan (1977a), *Larra: El laberinto inextricable de un romántico liberal*, Madrid, Gredos.

— (1977b), «Spanish Romanticism and the Liberal Project: The Crisis of Mariano José de Larra», *SiR,* XVI, n. 4, pp. 451-471.
— (1988), «Larra and the Spanish "Mal du siècle"», en John R. ROSENBERG (ed.), *Resonancias románticas: evocaciones del Romanticismo hispánico,* Madrid, Porrua, pp. 21-34.
— (2005), «Catolicismo, género y subjetividad moderna: Blanco White en el confesionario», en Eduardo SUBIRATS (ed.), *José María Blanco White: crítica y exilio,* Barcelona, Anthropos, pp. 69-80.
KLOSS, Benjamin (2002), «La imagen de Francia en los artículos de Mariano José de Larra», *Iberoromania,* 56, pp. 82-105.
La abeja madrileña (1814), Madrid.
La Alhambra (1839-1842), Granada.
La Colmena (1820), Madrid.
LABANYI, Jo (2004), «Love, Politics, and the Making of the Modern European Subject: Spanish Romanticism and the Arab World», *Hispanic Research Journal,* vol. 5, núm. 3, octubre, pp. 229-243.
— (2010), *Spanish literature. A very short introduction,* Oxford, Oxford University Press.
LAFUENTE ALCÁNTARA, Miguel (1843), *El libro del viajero en Granada,* Granada, Imprenta y Librería de Sanz.
LANTIER, M. de (1826), «Voyage en Espagne du Chevalier Saint-Gervais», t. II, en *Oeuvres Complètes de M. de Lantier,* vol. V, París, Arthus Bertrand.
LARRA, Mariano José (1960), *Obras,* edición y estudio preliminar de Carlos SECO SERRANO, 4 vols., Madrid, BAE.
LARRAZ, Emmanuel (1988), *Theatre et Politique pendant la Guerre d'Indépendance Espagnole: 1808-1814,* Aix en Provence, Université de Provence.
LAWLESS, Geraldine (2011), «Opposing Strategies in Blanco White's Fiction», en Daniel MUÑOZ SEMPERE y Gregorio ALONSO GARCÍA (eds.), *Londres y el liberalismo hispánico,* Madrid, Iberoamericana-Vervuert, pp. 203-214.
LEERSSEN, Joseph Th. (1989), «Outer and Inner Others: The Auto-Image of French Identity From Mme. De Stael to Eugene Sue», en Joseph Th. LEERSSEN y Manet van MONTFRANS (eds.) *France-Europe,* Amsterdam-Atlanta, GA, Rodopi, pp. 35-52.
LILLA, Mark (2009), «¿Qué es la contrailustración?», *Revista de Occidente,* 338-339, julio-agosto, pp. 25-41.
LINCOLN, Bruce (1999), *Theorizing Myth. Narrative, Ideology, and Scholarship,* Chicago-Londres, The University of Chicago Press.
LLOFRIÚ Y SAGRERA, Eleuterio (1861), *La Estrella de Villalar. Segunda época de Los Comuneros de Castilla,* Madrid, Imprenta de Pascual Gracia y Orga.
LLORÉNS, Vicente (1967), *Literatura, historia, política,* Madrid, Revista de Occidente.

— (1971), «Introducción», en José María Blanco White, *Antología de obras en español,* Barcelona, Labor, pp. 7-69.
— (1979), *Liberales y románticos: Una emigración española en Inglaterra (1823-1834),* España, Castalia.
Llorente, Juan Antonio (1820), «De la Constitución antigua del reino de Aragón, por C. J. A. Llorente», *Minerva nacional,* t. I, Madrid, Repullés.
Lluch, Ernest (2010), «Juan Amor de Soria y Ramón de Vilana Perlas: teoría y acción austracistas», en Juan Amor de Soria, *Aragonesismo austracista (1734-1742), escritos del conde Juan Amor de Soria,* Zaragoza, Institución Fernando el Católico, pp. 11-121.
Lomba y Pedraja, José R. (1904), «Estudio crítico preliminar», en José Somoza, *Obras en prosa y verso de D. José Somoza,* Madrid, Imprenta de la Revista de Archivos, Bibliotecas y Museos.
López, François (1969), «"Pan y Toros": Histoire d'un pamphlet. Essai d'attribution», *Bulletin Hispanique,* 71, n. 1-2, pp. 255-279.
López de Ayala, Abelardo (1855), *Los comuneros de Segovia. Zarzuela en tres actos y en verso,* Madrid, Imprenta de José Rodríguez.
López Baralt, Luce (2009), *La literatura secreta de los últimos musulmanes de España,* Madrid, Editorial Trotta.
López Espila, León (1835), *Los cristianos de Calomarde y el renegado por fuerza,* Madrid, Imprenta de Fernández Ángulo.
López Estrada, Francisco (1980), «Introducción», en *El Abencerraje (novela y romancero),* Madrid, Cátedra, pp. 9-100.
López-Vela, Roberto (2004), «De Numancia a Zaragoza. La construcción del pasado nacional en las historias de España del ochocientos», en Ricardo García Cárcel (coord.), *La construcción de las Historias de España,* Madrid, Marcial Pons, pp. 195-299.
Los comuneros de hogaño no son como los de antaño. Máximas de los unos e ideas de los otros. Conversación de don Antonio y don Blas. Por un amante del orden (1822), núm. 1, Madrid, Imprenta de D. León Amarita.
Loureiro, Ángel (2000), *The Ethics of Autobiography: Replacing the Subject in Modern Spain,* Nashville, Vanderbilt University Press.
Lucindo al Rey nuestro señor D. Fernando VII (1814), Sevilla, Imprenta del Correo Político y Mercantil.
Luna, Miguel de (1603), *La verdadera historia del rey don Rodrigo,* Zaragoza, Angelo Tavanno.
Manifiesto y otros documentos de la sociedad de Comuneros (1823), Cádiz, Imprenta Gaditana de D. Esteban Picardo.
Mansour, George P. (1967), «An Abén Humeya problem», *Romance Notes,* VIII, n. 2, verano, pp. 213-216.
Manzanares de Cirre, Manuela (1972), *Arabistas españoles del siglo xix,* Madrid, Instituto Hispano-Árabe de Cultura.

Manzano Moreno, Eduardo (2000), «La construcción histórica del pasado nacional», en Juan Sinisio Pérez Garzón et al. (eds.), La gestión de la memoria. La historia de España al servicio del poder, Barcelona, Crítica, pp. 33-62.
Maravall, José Antonio (1954), El concepto de España en la Edad Media, Madrid, Instituto de Estudios Políticos.
— (1963a), Las comunidades de Castilla. Una primera revolución moderna, Madrid, Revista de Occidente.
— (1963b), «Sobre el mito de los caracteres nacionales», Revista de Occidente, 3, junio, pp. 257-276.
— (1991), «Las tendencias de reforma política en el siglo XVIII español», Estudios de la historia del pensamiento español (siglo XVIII), introducción y compilación de M. Carmen Iglesias, Madrid, Mondadori, pp. 61-81.
Marchena, José (1946), «Memoria dirigida al ministro Le Brun», en Marcelino Menéndez Pelayo, El abate Marchena, Madrid, Espasa Calpe, pp. 46-49.
— (1985), Obras en prosa, Madrid, Alianza Editorial.
Márquez Villanueva, Francisco (1991), El problema morisco (desde otras laderas), Madrid, Libertarias-Prodhufi.
Martínez, fray Antonio, de la Orden de Predicadores (1813), Decreto definitivo sobre la Inquisición al gusto de los liberales, Cádiz, Imprenta de D. José María Guerrero.
Martínez Marina, Francisco (1813), Teoría de las Cortes, o Grandes Juntas Nacionales de los reinos de León y Castilla, monumentos de su Constitución política y de la soberanía del pueblo, Primera parte, t. I, Madrid, Imprenta de D. Fermín Villalpando.
Martínez de la Rosa, Francisco (1810a), «La actual revolucion de España, bosquexada en febrero del año 1810», El Español, n. VII, 30 de octubre, pp. 27-40.
— (1810b), «Continuacion del Discurso, Intitulado, La Actual Revolucion de España bosquexada en Febrero de 1810, interrumpido en la p. 40», El Español, n. VIII, 30 de noviembre, pp. 91-127.
— (1845a), «Abén Humeya o La rebelión de los moriscos», en Francisco Martínez de la Rosa, Obras completas, t. II, Obras dramáticas, París, Baudry, pp. 289-376.
— (1845b), «Bosquejo histórico de la guerra de las comunidades», en Francisco Martínez de la Rosa, Obras completas, t. II, Obras dramáticas, París, Baudry, pp. 31-48.
— (1845c), «La viuda de Padilla», en Francisco Martínez de la Rosa, Obras completas, t. II, Obras dramáticas, París, Baudry, pp. 27-72.
— (1845d), «Morayma», en Francisco Martínez de la Rosa, Obras completas, t. II, Obras dramáticas, París, Baudry, pp. 189-224.
Materna, Linda (1998-1999), «Prodigal Sons and Patriarchal Authority in Three Plays by the Duque de Rivas: Lanuza, Don Álvaro o la fuerza

del sino and *El desengaño en un sueño»*, *Letras Peninsulares,* 11.2, otoño, pp. 603-623.
MÉNDEZ BEJARANO, Mario (1912), *Historia política de los afrancesados,* Madrid, Sucesores de Hernando.
— (1920), *Vida y obras de D. José María Blanco y Crespo (Blanco-White),* Madrid, Tipografía de la Revista de Archivos, Bibliotecas y Museos.
MENDÍBIL, Pablo de (1825), «Influencia de los Árabes sobre la lengua y la literatura Española», en *Ocios de españoles emigrados,* vol. III, Londres, pp. 291-299.
— (1826), «Apéndice a la historia de los Árabes en España: rebeliones y expulsión de los moriscos», *Ocios de españoles emigrados,* vol. VI, Londres, pp. 61-75 y 147-161.
MENÉNDEZ PELAYO, Marcelino (1946), *El abate Marchena,* Madrid, Espasa Calpe.
— (1963a), *Historia de los heterodoxos españoles,* VI, Madrid, CSIC.
— (1963b), «Protestantes españoles en el primer tercio del siglo XIX. Don José María Blanco (White)», en Marcelino MENÉNDEZ, *Historia de los heterodoxos españoles,* VI, Madrid, CSIC, pp. 173-213.
MENÉNDEZ PIDAL, Ramón (1896), *La leyenda de los infantes de Lara,* Madrid, Imprenta de los hijos de José M. Ducazcal.
— (1974), *La epopeya castellana a través de la literatura española,* Madrid, Espasa-Calpe.
MESONERO ROMANOS, Ramón (1994), *Memorias de un setentón,* edición, introducción y notas de José ESCOBAR y Joaquín ÁLVAREZ BARRIENTOS, Madrid, Castalia.
Minerva nacional, t. I, Madrid, Repullés, 1820.
MIRALLES, Enrique (1999), «La causa nacionalista catalana en el teatro de Víctor Balaguer: *Los Pirineus* (1891)», *Salina,* 13, pp. 99-104.
MOLINA ROMERO, M. Carmen (2005), «Francisco Martínez de la Rosa: raconter en français, la séduction de l'autre langue», *Logosphère,* I, pp. 161-178.
MONROE, James T. (1970), *Islam and the Arabs in Spanish Scholarship (Sixteenth Century to the Present),* Leiden, E. J. Brill.
MONTOLIU, Manuel de (1962), *Aribau i el seu temps,* Barcelona, Alpha.
MOR DE FUENTES, José (1845), *Parangón heroico,* Barcelona, Imp Antonio Berdeguer.
— (1957), «Bosquejillo de la vida y escritos de D. José Mor de Fuentes», en Miguel ARTOLA (ed.), *Memorias de tiempos de Fernando VII,* t. I, Madrid, Atlas, pp. 373-428.
MORA, José Joaquín de (1826), *Historia de los árabes, desde Mahoma hasta la conquista de Granada,* t. I, Londres, Ackermann.
— (1840), «Don Opas», en *Leyendas españolas,* París, Librería de Don Vicente Salvá, pp. 423-589.

MORALES MOYA, Antonio, y ESTEBAN DE VEGA, Mariano (2005), «Introducción», en Antonio MORALES MOYA y Mariano ESTEBAN DE VEGA (eds.), *¿Alma de España? Castilla en las interpretaciones del pasado español,* Madrid, Marcial Pons, pp. 11-20.
MORANGE, Claude (1989), «La "révolution" espagnole de 1808 à 1814. Histoire et écritures», en Claude MORANGE *et al., La Révolution Française: Ses conséquences et les réactions du "public" en Espagne entre 1808 et 1814,* Besançon, Annales Littéraires de l'Université de Besançon, pp. 13-124.
MOREL-FATIO, Alfred (1890), «Don José Marchena et la propagande révolutionaire en Espagne en 1792 et 1793», *Revue historique,* 44, septiembre-octubre, pp. 72-87.
MORENO ALONSO, Manuel (1997), *La forja del liberalismo en España. Los amigos españoles de Lord Holland 1793-1840,* Madrid, Publicaciones del Congreso de los Diputados.
— (2001), «La aventura liberal de Don José María Blanco White», en Alberto GIL NOVALES (ed.), *La revolución liberal,* Madrid, Ediciones del Orto, pp. 193-201.
MORENO DE VILLALBA, Félix (1851), *De los árabes y hebreos españoles,* Madrid, Imprenta de D. B. González.
MUÑOZ MALDONADO, José (1837), *Antonio Pérez y Felipe II,* Madrid, Imprenta de don José María Repullés.
MURPHY, Martin (1989), *Blanco White: Self Banished Spaniard,* New Haven, Yale University Press.
NETTON, Ian Richard (1990), «The mysteries of Islam», en G. S. ROUSSEAU y Roy PORTER (eds.), *Exoticism in the Enlightenment,* Manchester-Nueva York, Manchester University Press.
NÚÑEZ SEIXAS, Xosé Manoel (1999), *Los nacionalismos en la España contemporánea (siglos XIX y XX),* Barcelona, Hipòtesi.
Ocios de españoles emigrados (1824-1827), Londres.
OJEDA ESCUDERO, Pedro (1997), *El justo medio. Neoclasicismo y romanticismo en la obra dramática de Martínez de la Rosa,* Burgos, Universidad de Burgos.
ORTEGA Y GASSET, José (1983a), «El espectador IV», en José ORTEGA Y GASSET, *Obras completas,* II, Madrid, Alianza Editorial.
— (1983b), «Goya y lo popular», en José ORTEGA Y GASSET, *Obras completas,* VII, Madrid, Alianza Editorial.
OSUNA, Rafael (1977), «Un español olvidado: Don José Marchena», *Papeles de Son Armadans,* LXXXV, n. 253, pp. 17-29.
PAGEAUX, Daniel-Henri (1989), «Un aspect des relations culturelles entre la France et la péninsule ibérique: Réflexions sur l'exotisme ibérique», en Joseph Th. LEERSSEN y Manet van MONTFRANS (eds.), *France-Europe,* Amsterdam-Atlanta, GA, Rodopi, pp. 1-14.

PARDO DE LA CASTA, Joaquín (1853), *Zelim-Almanzor ó los moriscos valencianos,* Madrid, Imprenta de A. Vicente.
PASTOR DÍAZ, Nicomedes (1894), «Vida del autor hasta el año de 1842», en *Obras completas de D Ángel de Saavedra, Duque de Rivas,* t. I, Madrid, Sucesores de Rivadeneira, pp. 3-86.
PAZ, Octavio (1981), *Los hijos del limo,* Barcelona, Seix Barral.
PERCEVAL, José María (1997), *Todos son uno. Arquetipos, xenofobia y racismo. La imagen del morisco en la Monarquía Española durante los siglos XVI y XVII,* Almería, Instituto de Estudios Almerienses.
— (2010), «Repensar la expulsión 400 años después: del "todos son uno" al estudio de la complejidad morisca», *Awraq,* 1, primer semestre, pp. 119-136.
PÉREZ, Joseph (1999), *Los comuneros,* Madrid, Historia 16.
PÉREZ DE LA BLANCA, Pedro (2005), *Martínez de la Rosa y sus tiempos,* Madrid, Ariel.
PÉREZ GARZÓN, Juan Sinisio (2007), *Las Cortes de Cádiz. El nacimiento de la nación liberal (1808-1814),* Madrid, Síntesis.
PÉREZ DE HITA, Ginés (1999), *Historia de los bandos de Zegríes y Abencerrajes (primera parte de las Guerras Civiles de Granada),* Granada, Universidad de Granada.
PERRY, Leonard (1982), «Ambivalencia en "La nochebuena de 1836", de Larra», *Arbor,* 112 (437), mayo, pp. 87-97.
PEYRON, Jean-François (1783), *Essais sur l'Espagne,* t. I, *Nouveau voyage en Espagne fait en 1777 et 1778,* Londres, Elmsly.
PI I MARGALL, Francisco (1877), *Las nacionalidades,* Madrid, Imprenta y Librería de Eduardo Martínez.
PICOCHE, Jean-Louis (1989), «¿Existe el romanticismo español?», en David T. GIES, *El romanticismo,* Madrid, Taurus, pp. 269-303.
PIFERRER, Pablo (1851), «Las Navas de Tolosa», en *Composiciones poéticas de D. Pablo Piferrer, D. Juan Francisco Carbó y D. José Semis y Mensa,* Barcelona, Imprenta de Pons y Cia.
PONS, André (2002), *Blanco White y España,* Oviedo, Instituto Feijoo de Estudios del Siglo XVIII.
— (2006), *Blanco White y América,* Oviedo, Instituto Feijoo de Estudios del Siglo XVIII-Universidad de Oviedo.
PONZ, Antonio (1785), *Viage fuera de España,* t. I, Madrid, Joaquín Ibarra.
PRÍNCIPE, Miguel Agustín (1839), *El Conde Don Julián,* Zaragoza, Imprenta del Coso. Se representó por primera vez en diciembre de 1838.
— (1847), «Ojeada histórico-crítica sobre la Inquisición española, desde el origen de este tribunal hasta su abolición en 1813», *Revista Científica y Literaria,* periódico quincenal, t. I, Madrid.
PUIGBLANCH, Antonio (1828), *Opúsculos gramático-satíricos del Dr. D. Antonio Puigblanch contra el Dr. D. Joaquín Villanueva, escritos en defensa*

propia, en los que también se tratan materias de interés común, 2 tomos, Londres, Imprenta de Guillermo Guthrie.
— (1968), «Les Comunitats de Castella», en Joaquim MOLAS (ed.), *Poesia neoclàssica i pre-romàntica,* Barcelona, Edicions 62, pp. 108-110.
QUINTANA, Eusebio (1750), «Dictamen del Rmo. P. Mro. Eusebio Quintana», en Tomás ERAUSO Y ZAVALETA, *Discurso crítico sobre el origen, calidad, y estado presente de las comedias de España,* Madrid, s. e., s. p.
QUINTANA, José (1946a), *Obras completas de Manuel José Quintana,* BAE, t. XIX, Madrid, Atlas.
— (1946b), «Cartas a Lord Holland», en *Obras completas de Manuel José Quintana,* BAE, t. XIX, Madrid, Atlas, pp. 531-588.
— (1946c), «Pelayo», en *Obras completas de Manuel José Quintana,* BAE, t. XIX, Madrid, Atlas, pp. 58-73.
— (1970), «La Suprema Junta Gubernativa del Reyno a la Nación Española», en Albert DÉROZIER. *Manuel Josef Quintana et la naissance du libéralisme en Espagne,* t. II, *Appendices,* París, Annales litteraires de l'Université de Besançon, pp. 161-174.
— (1990), «Carta a Lord Holland, 7 mayo 1810», en Manuel MORENO ALONSO, «Principios políticos y razones personales para la reforma del Estado en España (1805-1840). (De la correspondencia inédita de M. J. Quintana con Lord Holland)», *Revista de Estudios Políticos (Nueva Época),* núm. 70, octubre-diciembre, pp. 289-338.
RAILLARD, Matthieu (2009), «The Masson de Morvilliers Affair Reconsidered: Nation, Hybridism and Spain's Eighteenth-Century Cultural Identity», *Dieciocho,* 32.1, primavera, pp. 31-48.
Redactor general de España (1813-1814), Madrid.
REINOSO, Félix José (1816), *Examen de los delitos de infidelidad a la patria, imputados a los españoles sometidos baxo la dominación francesa,* Auch, Imprenta Vda. Duprat.
Revista de Madrid (1839 y 1844), tt. III y XIV.
REYERO, Carlos (2010), *Alegoría, nación y libertad. El olimpo constitucional de 1812,* Madrid, Siglo XXI.
RIBAO PEREIRA, Montserrat (2003), «Venecianos, moriscos y cristianos: la tiranía en Martínez de la Rosa, año de 1830», *Hispanic Review,* 71, pp. 365-391.
RIDAO, José María (2009), *Contra la historia,* Barcelona, Galaxia Gutenberg.
RÍOS SALOMA, Martín F. (2011), *La Reconquista. Una construcción historiográfica (siglos XVI-XIX),* Madrid-México, Marcial Pons-UNAM.
RIVAS, Ángel SAAVEDRA, duque de (1854), «Florinda», en *Obras completas de D. Ángel de Saavedra, Duque de Rivas,* t. I, Madrid, Imprenta de la Biblioteca Nueva, pp. 213-308.
— (1957a), *Obras completas,* edición y prólogo de Jorge CAMPOS, III, Madrid, BAE.

— (1957b), «Advertencia a los editores de *El moro expósito*», en Ángel Saavedra, duque de RIVAS, *Obras completas,* edición y prólogo de Jorge CAMPOS, III, Madrid, BAE, pp. 390-392.

— (1957c), «La morisca de Alajuar», en Ángel Saavedra, duque de RIVAS, *Obras completas,* edición y prólogo de Jorge CAMPOS, II, Madrid, BAE, pp. 423-481.

— (1957d), «Lanuza», en Ángel Saavedra, duque de RIVAS, *Obras completas,* edición y prólogo de Jorge CAMPOS, II, Madrid, BAE, pp. 89-122.

— (1960), *El moro expósito o Córdoba y Burgos en el siglo XI,* Madrid, Aguilar.

RIVIÈRE GÓMEZ, Aurora (2000), «Envejecimiento del presente y dramatización del pasado. Una aproximación a las síntesis históricas de las Comunidades Autónomas españolas (1975-1995)», en Juan Sinisio PÉREZ GARZÓN et al. (eds.), *La gestión de la memoria. La historia de España al servicio del poder,* Barcelona, Crítica, pp. 161-219.

ROBERTSON, William (1828), *The History of Charles V,* París, Baudry.

RODRÍGUEZ GUTIÉRREZ, Borja (2004), *Historia del cuento español (1764-1850),* Madrid, Iberoamericana-Vervuert.

RODRÍGUEZ MEDIANO, Fernando (2006), «Fragmentos de Orientalismo español del siglo XVII», *Hispania. Revista Española de Historia,* vol. LXVI, n. 222, pp. 243-276.

Romancero General (1600, 1604, 1605) (1947), t. I, edición, prólogo e índices de Ángel GONZÁLEZ PALENCIA, Madrid, CSIC.

ROMEO MATEO, María Cruz (2011), «Nuestra antigua legislación constitucional, ¿modelo para los liberales de 1808-1814?», en Pedro RÚJULA y Jordi CANAL (eds.), *Guerra de ideas. Política y cultura en la España de la Guerra de la Independencia,* Madrid, Marcial Pons, pp. 75-103.

ROMERO ALPUENTE, Juan (2009), «El grito de la razón al español invencible o la guerra espantosa al pérfido Bonaparte. De un togado aragonés con la pluma», en Ricardo MARTÍN DE LA GUARDIA (ed.), *La Nación se hizo carne. España 1808,* Madrid, Espasa Calpe, pp. 3-38.

ROMERO FERRER, Alberto (2006), «Ni viudas de Padilla ni Pelayos tras las Cortes de Cádiz», en Cinda CANTERLA (ed.), *Nación y Constitución: de la Ilustración al Liberalismo,* Sevilla, Junta de Andalucía, pp. 507-517.

— (2011), «José Joaquín de Mora: sus *Leyendas españolas* (Londres, París, México, Madrid, Cádiz, 1840) y la imagen romántica de España», en Daniel MUÑOZ SEMPERE y Gregorio ALONSO GARCÍA (eds.), *Londres y el liberalismo hispánico,* Madrid, Iberoamericana-Vervuert, pp. 165-180.

ROMERO LARRAÑAGA, Gregorio (1845), *Padilla ó el asedio de Medina. Drama lírico, en dos actos y tres cuadros: orijinal de D. Gregorio Romero Larrañaga, puesto en música por D. Joaquín Espín y Guillén,* Madrid, Imprenta de la Iberia Musical y Literaria.

ROMERO TOBAR, Leonardo (1994), *Panorama crítico del romanticismo español,* Madrid, Editorial Castalia.
ROSENBERG, John R. (1993), «Between delirium and luminosity: Larra's ethical nightmare», *HR,* 61, n. 3, pp. 379-389.
RUIZ DEL CERRO, Juan (1848), *Boabdil el Chico, último rey moro de Granada,* Madrid, Imprenta de J. González y A. Vicente.
RUIZ LAGOS, Manuel (1966), *El escritor don José Somoza (Ensayo literario sobre su vida y obra),* Ávila, Excma. Diputación de Ávila.
RUIZ RAMÓN, Francisco (1979), *Historia del teatro español,* Madrid, Cátedra.
RUMEU DE ARMAS, Antonio (1997), «El concepto de España bajo el signo del liberalismo doctrinario», en *España. Reflexiones sobre el ser de España,* Madrid, Real Academia de la Historia, pp. 292-314.
SAID, Edward (1979), *Orientalism,* Nueva York, Vintage Books.
SÁNCHEZ DEL ARCO, Francisco (1847), *Abenabó,* Cádiz, Imprenta de la Revista Médica.
SÁNCHEZ-LLAMA, Íñigo (2013), «El periodismo político de José María Blanco White sobre la Guerra de la Independencia», *Studi Ispanici,* XXXVIII, pp. 79-91,
SANTOS, José E. (2001), «Otredad y fundamentación nacional. La inversión sígnica en Antonio de Capmany», *Letras Peninsulares,* otoño, pp. 255-267.
SAVAL, José V. (2008), «Larra y el carlismo: El rechazo de un liberal hacia las clases populares campesinas», *Neophilologus,* 92, pp. 429-442.
SCHURLKNIGHT, Donald E. (2009), *Power and Dissent. Larra and Democracy in Nineteenth-Century Spain,* Lewisburg, Bucknell University Press.
SEBOLD, Russell (1983), *Trayectoria del romanticismo español,* Barcelona, Grijalbo.
— (1994), «Hacia Bécquer: vislumbres del cuento fantástico», en Gustavo Adolfo BÉCQUER, *Leyendas,* Barcelona, Crítica, pp. IX-XXXII.
— (1997), «Huida del presente y exotismo en las Letras románticas», en Guillermo CARNERO (coord.), *Historia de la Literatura Española. Siglo XIX (I),* Madrid, Espasa Calpe.
SECO SERRANO, Carlos (1960), «La crisis española del siglo XIX en la obra de Larra», en Mariano José de LARRA, *Obras,* I, Madrid, BAE, pp. V-LXXX.
— (1962), «Martínez de la Rosa: el equilibrio en la crisis», en Francisco MARTÍNEZ DE LA ROSA, *Obras,* edición de Carlos SECO SERRANO, I, Madrid, Atlas, pp. V-CXIII.
Semanario patriótico, segundo trimestre. La parte histórica, por D. Isidoro de Antillón; la política, por D. Josef María Blanco, Sevilla, Viuda de Vázquez y Compañía, 1809.
Semanario pintoresco español (1844), tercera serie, t. II.
SEMPERE Y GUARINOS, Juan (1782), *Reflexiones sobre el buen gusto en las ciencias, y en las artes. Traducción libre de las que escribió en italiano*

Luis Antonio Muratori, con un discurso sobre el gusto actual de los españoles en la literatura, Madrid, Antonio de Sancha.

SERRANO ALONSO, Javier (1996), «La poesía narrativa del Duque de Rivas», *Moenia,* 2, pp. 511-537.

SETON-WATSON, Hugh (1977), *Nations and States: An Enquiry Into the Origins of Nations and the Politics of Nationalism,* Boulder, Westview Press.

SHAW, Donald L. (1997), «El drama romántico como modelo literario e ideológico», en Guillermo CARNERO (coord.), *Historia de la Literatura Española. Siglo XIX (I),* Madrid, Espasa Calpe, pp. 314-351.

SILHOUETTE, Esteban de (1962), «Viaje de Francia, de España, de Portugal, y de Italia», en José García MERCADAL (ed.), *Viajes de extranjeros por España y Portugal,* III, *Siglo XVIII,* Madrid, Aguilar, pp. 185-275.

SMITH, Anthony D. (1991), *National Identity,* Harmondsworth, Penguin.

— (1996), «Nationalism and the Historians», en Gopal BALAKRISHNAN (ed.), *Mapping the Nation,* Londres-NuevaYork, Verso, pp. 175-197.

SOMOZA, José (1904a), *Obras en prosa y verso de D. José Somoza,* edición y notas de D. José R. LOMBA Y PEDRAJA, Madrid, Imprenta de la Revista de Archivos, Bibliotecas y Museos.

— (1904b), «Una mirada en redondo a los sesenta y dos años», en José SOMOZA, *Obras en prosa y verso,* edición y notas de D. José R. LOMBA Y PEDRAJA, Madrid, Imprenta de la Revista de Archivos, Bibliotecas y Museos pp. 8-16.

— (1904c), «El Risco de la Pesqueruela», en José SOMOZA, *Obras en prosa y verso,* edición y notas de D. José R. LOMBA Y PEDRAJA, Madrid, Imprenta de la Revista de Archivos, Bibliotecas y Museos pp. 19-22.

— (1904d), «El capón. Novela histórica y nacional», en José SOMOZA, *Obras en prosa y verso,* edición y notas de D. José R. LOMBA Y PEDRAJA, Madrid, Imprenta de la Revista de Archivos, Bibliotecas y Museos pp. 70-88.

SUBIRATS, Eduardo (coord.) (2003), *Américo Castro y la revisión de la memoria (El Islam en España),* Madrid, Ediciones Libertarias.

SUNY, Ronald Grigor (2001), «Constructing Primordialism: Old Histories for New Nations», *The Journal of Modern History,* 73, n. 4, diciembre, pp. 862-896.

SUTHERLAND, Madeline (1990), «The Literary Criticism of Mariano José de Larra», *REH,* 24, n. 1, pp. 103-119.

SWEET, Nanora (2010), «*The Forest Sanctuary*: The Anglo-Hispanic Uncanny in Felicia Hemans and José María Blanco White», en Joselyn M. ALMEIDA (ed.), *Romanticism and the Anglo-Hispanic Imaginary,* Amsterdam, Rodopi, pp. 159-182.

SWINBURNE, Henry (1787a), *Travels Through Spain, in the years 1775 and 1776,* vol. I, Londres, Printed by J. Davis.

— (1787b), *Voyage de Henri Swinburne en Espagne, en 1775 et 1776,* París, De l'Imprimerie de Didot L'Aîné.

TARR, F. Courtney (1939), «Romanticism in Spain and Spanish Romanticism: a critical Survey», *Bulletin of Spanish Studies,* XVI, pp. 3-37.
TEICHMANN, Reinhard (1986), *Larra: sátira y ritual mágico,* Madrid, Playor.
THIESSE, Anne-Marie (1999), *La création des identités nationales,* París, Éditions du Seuil.
TORENO, José María Queipo de Llano, conde de (1953), *Historia del levantamiento, guerra y revolución de España,* Madrid, BAE.
TORRE, Patricio de la (1787), *Ensayos sobre la Gramática y Poética de los Árabes,* Madrid, Antonio de Sancha.
TORRECILLA, Jesús (1996), *La imitación colectiva,* Madrid, Gredos, pp. 77-102.
— (2004), *España exótica: la formación de la imagen española moderna,* Boulder, Society of Spanish and Spanish-American Studies, University of Colorado.
— (2006), «Moriscos y liberales: la idealización de los vencidos», *The Colorado Review of Hispanic Studies,* 4, pp. 111-126.
— (2008), *Guerras literarias del XVIII español: la modernidad como invasión,* Salamanca, Ediciones Universidad de Salamanca.
TOWNSEND, JOSEPH (1791), *A Journey Through Spain,* Londres, C. Dilly.
TRUEBA, Telesforo (s. f. a.), «Guzman the Good», en *The Romance of History,* Londres, Frederick Warne and Co., pp. 284-304.
— (s. f. b.), «Padilla and the Comuneros», en *The Romance of History,* Londres, Frederick Warne and Co., pp. 464-476.
— (s. f. c.), «The Mountain King», en *The Romance of History,* Londres, Frederick Warne and Co., pp. 479-513.
TULLY, Carol Lisa (1997), *Creating a National Identity: A Comparative Study of German and Spanish Romanticism with Particular Reference to the Märchen of Ludwig Tieck, the Brothers Grimm, and Clemens Brentano, and the Costumbrismo of Blanco White, Estébanez Calderón, and López Soler,* Stuttgart, Heinz.
TWISS, Richard (1775), *Travels Through Portugal and Spain, in 1772 and 1773,* Londres, Robinson, Becket, and Robson.
UCELAY DA CAL, Enrique (2005), «El catalanismo ante Castilla o el antagonista ignorado», en Antonio MORALES MOYA y Mariano ESTEBAN DE VEGA (eds.), *¿Alma de España? Castilla en las interpretaciones del pasado español,* Madrid, Marcial Pons, pp. 221-270.
ULLMAN, Pierre L. (1971), *Mariano de Larra and Spanish Rhetoric,* Madison, Wisconsin University Press.
UNAMUNO, Miguel de (1968), *Obras completas,* III y IV, Madrid, Escelicer.
URRUTIA, Jorge (2009), «Ideología y sociedad en Larra», *Boletín de la Academia Argentina de Letras,* t. LXXIV, 303-304, mayo-agosto, pp. 521-536.
VARELA, José Luis, *Larra y España,* Madrid, Espasa Calpe, 1983.

VARGAS PONCE, José (1785), *Apología de la Literatura Española en las Ciencias y Bellas Artes. Presentada a la Real Academia,* Madrid, RAH, 9-4224 (4). Manuscrito.

Variedades o Mensagero de Londres: Periódico Trimestre. Por el Revdo. Joseph Blanco White, 2 tomos, Londres, Ackermann, 1823-1825.

VAYO, Estanislao de Kostka (1834), *Los espatriados o Zulema y Gazul,* Madrid, Imprenta de Repullés.

— (1842), *Historia de la vida y reinado de Fernando VII de España,* 3 tomos, Madrid, Imprenta de Repullés.

VILLANUEVA, Joaquín Lorenzo (1996), *Vida literaria de D. Joaquín Lorenzo Villanueva,* edición de Germán RAMÍREZ ALEDÓN, Alicante, Instituto de Cultura Juan Gil-Albert.

VINCENT, Bernard (2006), *El río morisco,* Valencia, Publicacions de la Universitat de València.

WARTON, Joseph (1782), *An Essay on the Genius and Writings of Pope,* vol. I, Londres, Dodsley.

WHITE, Hayden (1987), *Metahistory: the Historical Imagination in Nineteenth-Century Europe,* Baltimore-Londres, The Johns Hopkins University Press.

ZAVALA, Iris M. (ed.) (1982), *Historia y crítica de la literatura española,* V, *Romanticismo y realismo,* Barcelona, Crítica.

— (1989), «La literatura: romanticismo y costumbrismo», en Ramón MENÉNDEZ PIDAL, *Historia de España,* XXXV, *La época del romanticismo (1808-1874),* II, Madrid, Espasa-Calpe.

ZORRILLA, José (1842), *Sancho García,* Madrid, Imprenta de Repullés.

— (1943), «Granada. Poema Oriental», en José ZORRILLA, *Obras completas,* I, Valladolid, Santarén, pp. 1131-1387.

— (1857), *El puñal del godo,* Madrid, Cipriano López.

El Zurriago (1821-1823), Madrid.

ÍNDICE ONOMÁSTICO

Abarca, Pedro, 121
Abellán, José Luis, 215n, 269
Ackermann, Rudolph, 229, 272, 286, 294
Aguado, Alejandro, 16, 269
Alarcón, Pedro Antonio de, 73n
Alcalá Galiano, Antonio, 30-32, 58, 58n, 59, 72n, 75-76, 78, 85, 89, 102, 106n, 145, 149-150, 176, 269; «Prólogo» a *El moro expósito,* 176; *Memorias,* 58, 78n, 109, 269
Alemán, Mateo, 158
Alengry, Franck, 117n, 269
Alesón, Francisco de, 121
Alguna cosa sobre comuneros, 182n, 269
Almeida, Joselyn M., 292
Almodóvar, Francisco María Silva, duque de, 14n, 269
Alonso-Castrillo, Álvaro, 279
Alonso García, Gregorio, 275, 283, 290
Altamira, Rafael, 163n
Alvarado, Fr., Francisco, 64n, 269
Álvarez Barrientos, Joaquín, 240n, 269, 281, 286

Álvarez de Cienfuegos, Nicasio, *véase* Cienfuegos, Nicasio Álvarez de
Álvarez Junco, José, 13n, 72n, 74n, 102, 108n, 270, 274
Amador, Salvador, 176n
Amor de Soria, Juan, 23-24, 109-110, 11n, 138-139, 270, 284
Anderson, Benedict, 12, 270
Andioc, René, 15n, 16, 59n, 109n, 270
Andrés, Juan, 36, 161, 238
Anes, Gonzalo, 12n, 78n, 120n, 270
Antillón, Isidoro de, 272, 291
Argensola, Lupercio Leonardo de, 121
Argüelles, Agustín de, 22, 32, 89, 127n, 130, 270
Arjona, Manuel María de, 127n, 270
Arroyal, León de, 110-112, 117, 117n, 121, 160
Artola, Miguel, 10n, 65n-66n, 105n, 117n, 120n, 270-271, 286
Asquerino, Eusebio, 152n-153n, 270
Asso del Río, Ignacio, 36, 161

Atalaya de la Mancha en Madrid, 64n, 128, 270
Ayerbe, marqués de, 58, 60, 270
Aymes, Jean-René, 62n-63n, 104n, 106n, 271, 276
Azanza, Miguel José de, 58, 271
Azaña, Manuel, 108n
Azara, José Nicolás de, 49n, 187, 187n, 188-190, 244, 271

Baker, Edward, 271
Balaguer, Víctor, 24-25, 138n, 143-145, 145n, 148n, 152n-153n, 194, 262, 266, 271, 278, 280, 286; *Juan de Padilla,* 24, 102n, 143, 271; *La libertad constitucional,* 145, 271; *Los Pirineos,* 194, 271; *Vox in deserto?,* 145, 145n, 271
Balakrishnan, Gopal, 12n, 271, 292
Balfour, Sebastian, 13n, 138n, 271
Banqueri, José Antonio, 36, 161, 164
Barbero, Abilio, 43
Barrantes, Vicente, 153n, 271
Bécquer, Gustavo Adolfo, 291
Benavides, Antonio, 160n
Benítez, Rubén, 231n, 271
Berlin, Isaiah, 135n, 272
Bernabé Pons, Luis F., 37n, 166, 272
Bernal, Martin, 20n, 272
Berzal de la Rosa, Enrique, 137n, 272
Blackwood, William, 196n, 272
Blanco White, José María, 14n, 19, 22, 22n, 28n, 30-31, 33, 38-39, 41-42, 52-53, 58, 62, 66-67, 79, 83, 83n, 103, 105n, 125-127, 136n, 140-141, 141n, 166-167, 170n, 182n, 191n, 195, 196n, 197, 197n, 198-200, 200n-201n, 202, 202n-203n, 206-207, 210-211, 211n, 212, 212n, 214-215, 215n, 216, 216n, 217, 217n, 218-220, 220n, 221, 221n, 222, 222n, 223-226, 226n, 227, 227n, 228, 228n, 231, 231n-232n, 233-234, 234n, 235, 236n, 250-251, 258, 264-265, 267-269, 271-273, 275-278, 280-281, 283-284, 286-288, 291-294; *A Sketch of His Life in England,* 273; *Cartas sobre Inglaterra,* 228, 228n, 229; «El alcázar de Sevilla», 14n, 198, 265, 267, 273, 280; *El Español,* véase *El Español; Letters from Spain,* 210n, 225-226, 232, 273; *Luisa de Bustamante,* 41, 198, 230-231, 235, 273; *Opresión del entendimiento en España,* 38, 195, 272; *Semanario patriótico,* 56n, 129n, 272n, 291; *Sobre el placer de imaginaciones inverosímiles,* 201n, 229, 272; *The Examination of Blanco by White,* 220n, 273; *The Life of the Rev, Joseph Blanco White, Written by Himself,* 273; *Variedades o Mensagero de Londres,* 272, 294
Blanning, Tim, 238n, 273
Böhl de Faber, Nicolás, 72n, 149-151
Boix, Vicente, 52n, 192-194, 266, 273; *Historia de la ciudad y reino de Valencia,* 273; *Omm-al-Kiram o La expulsión de los moriscos,* 192, 273
Bonaparte, José, 35, 66, 133, 105n, 125-126, 127n, 160, 290
Bonaparte, Napoléon, 9, 19, 19n, 28-29, 31, 34, 52, 56, 61-62, 64n, 66, 69-71, 74-76, 78-79,

91, 99, 104-105, 105n, 106, 124n, 126, 126n, 127, 129-130, 134-135, 145, 151-152, 156, 160, 209, 235, 255-257, 260, 263
Bond, George Clement, 20n, 272-273
Bowles, Guillermo, 271
Bravo, Juan, 101, 153n, 270
Bunes Ibarra, Miguel Ángel de, 166n, 273

Cabarrús, Francisco, 104n
Cadalso, José, 12, 14n, 15, 57, 189n, 273
Calderón de la Barca, Pedro, 173n, 273
Caldicott, Eric, 275
Calvelo, Óscar, 201n, 232n, 273
Carlos V, 17, 19, 26, 56, 101, 108, 108n, 110, 112n, 113, 115, 119-120, 124, 126, 126n, 127, 130, 134, 137, 139, 142, 148, 193n, 260, 270, 276
Campos, Jorge, 146, 269, 273, 277, 280, 289-290
Canal, Jordi, 278, 290
Canavaggio, Jean, 111-113, 273
Canga Argüelles, José, 19, 126, 137, 141, 274, 280
Canterla, Cinta, 274, 281, 290
Cañete, Manuel, 204n, 274
Capmany, Antonio de, 12, 57, 68, 68n, 69-72, 72n-73n, 74, 74n, 91, 98, 112n, 127, 127n, 142, 244n, 267, 270-271, 274, 278, 291; *Centinela contra franceses*, 68-69, 72-73, 267, 274; *Comentario sobre el Doctor Festivo y Maestro de los Eruditos a la Violeta*, 274; *Informe presentado a la Comisión de Cortes por don Antonio de Capmany*, 274; *Práctica y estilo de celebrar Cortes en el Reino de Aragón*, 274; *Teatro Histórico-crítico de la Eloquencia Española*, 68, 68n, 274
Carbonell, José, 36, 161
Cardaillac, Louis, 166n, 191n, 274
Carnero, Guillermo, 126n, 131, 274, 291-292
Caro Baroja, Julio, 13n, 37n, 80, 186n, 274
Carrasco Urgoiti, María Soledad, 46n, 165n, 173n, 182n, 204, 204n, 274, 280
Cartas Críticas, que escribió el Rmo. Padre Maestro Fr. Francisco Alvarado, 64n, 269
Cartas de un Español residente en París á su hermano residente en Madrid, 274
Caso González, José, 276
Castro, Américo, 28, 28n, 191n, 197n, 275, 292
Castro y Orozco, José de, 176n
Cervantes, Miguel de, 165-166, 201n, 202
Chateaubriand, François-René de, 45n-46n, 184n, 204n, 250, 275
Checa Beltrán, José, 280
Cienfuegos, Nicasio Álvarez de, 165
Ciscar Pallarés, Eugenio, 166n, 275
Coello, Francisco, 280
Coll, Gaspar Fernando, 130n, 204n, 269, 275, 278
Comín, Tomás de, 171n, 275
Conde, José Antonio, 35-38, 40-42, 160-161, 161n, 162-164, 164n, 165-167, 170n, 171, 177n, 192, 192n, 195-197, 197n, 198, 205n, 233, 263-264, 272, 275, 280, 288

Condorcet, Marie Jean Antoine Nicolas de Caritat, marqués de, 18, 117, 117n, 118-120, 120n, 121-122, 124, 126, 260, 269, 275
Cooke, Peter, 170n, 275
Cortada, Juan, 149n, 275
Crónica científica y literaria, 149, 275
Cross, Anthony J., 221n, 226n, 275

Dalrymple, Alexander, 188
De la Cruz, Ramón, 12, 14n
De Menezes, Alison Ribeiro, 211n, 275
Del Río, Angel, 33n-34n, 201n, 204n, 252n, 275
Delgado, Sabino, 19n, 157n, 275
Dérozier, Albert, 113, 121, 126, 124n, 245n, 275, 289
Diario Crítico General de Sevilla, 64n, 275
Díaz-Andreu, Margarita, 13n, 20n, 275
Díaz-Plaja, Fernando, 204n
Diccionario razonado, manual, para inteligencia de ciertos escritores, 61n, 275, 279
Dillon, John T., 188n
Discurso Preliminar de la Constitución política de la monarquía española, 270, 276
Domergue, Lucienne, 62n, 121n, 216n, 220n, 276, 282
Donézar, Javier María, 154n, 276
Dowling, John D., 177, 276
Dufour, Gérard, 58n, 234, 276
Durán, Agustín, 73n, 243, 244n, 254, 254n, 276
Durán López, Fernando, 212n, 218n, 276

El Abencerraje y la hermosa Jarifa, 158
El Apologista Universal, 189n, 276
El Censor, Obra periódica, 189, 276
El Censor, periódico político y literario, 76n, 189, 277
El Cincinato, o el verdadero moderado liberal, 77, 129n, 277
El Constitucional: o sea, Crónica Científica, Literaria y Política, 39n, 102n, 277
El Defensor del Rey, 31n, 277
El Eco de Padilla, 101, 129n, 277
El emigrado observador, 128n, 277
El Empecinado, Juan Martín Díez, 101, 102n
El Español, por D. J. M. Blanco White, 22n, 28n, 52, 67, 83, 103, 123, 126-127, 140, 214, 214n, 215, 216-218, 218n, 219, 221n, 222, 22n, 224, 224n, 227, 229, 272, 281, 285
El Español Constitucional, 125n, 277
El Espectador, 78, 81, 129n, 182n, 210, 277
El Filósofo Rancio, véase Alvarado, Fr. Francisco
El Indicador de las novedades, de los espectáculos y de las artes, 277
El Patriota, 63, 277
El Procurador General de la Nación y del Rey, 277
El Redactor General de España, 63, 82, 129n, 277
El Zurriago, 129n, 182n, 294
Elorza, Antonio, 113n, 277
Erauso y Zavaleta, Tomás, 12, 15, 269, 289

Escobar, José, 73n, 240n, 252n, 277, 286
Escoiquiz, Juan, 70n
Esdaile, Charles J., 66n, 277
Espín y Guillén, Joaquín, 290
Espíritu de los mejores diarios literarios que se publican en Europa, 49n, 112n, 188, 277
Espronceda, José de, 28, 47, 60n, 204n, 247, 277
Esteban de Vega, Mariano, 153n-154n, 277, 287, 292-293
Estébanez Calderón, Serafín, 171n, 183n, 204n, 277, 293
Estruch Tobella, Joan, 244n, 278
État *politique, historique & moral du Royaume d'Espagne,* 186, 278
Étienvre, Françoise, 68n, 127n, 278

Fanjul, Serafín, 191n, 278
Farrés, Pere, 153n, 278
Feijoo, Benito Jerónimo, 12, 55, 61, 72, 208, 278
Felipe II, 21, 25, 41n, 46, 111, 120, 137, 137n, 139, 147, 152n, 160, 178-179, 192, 261, 270, 276, 282, 287
Felipe V, 21, 24, 137, 142
Fernández, James D., 217n, 278
Fernández, Paz, 159n, 278
Fernández Cifuentes, Luis, 212, 226n, 278-279
Fernández González, Manuel, 173n, 204n, 278
Fernández-Guerra Orbe, Aureliano, 173n, 176n-177n, 278
Fernández de Moratín, *véase* Moratín, Fernández de
Fernández Sebastián, Javier, 77n, 278

Fernando VII, 9, 19, 26-29, 31, 34, 44-45, 49, 52n, 65, 64n, 70n, 74-75, 79-80, 82-83, 93-96, 99, 105, 105n, 125n, 127, 129n, 134, 146, 155-156, 160, 168, 172, 173n, 178, 180, 195, 197, 205-206, 209, 218n, 223-224, 227-228, 231, 235, 256, 264, 270-271, 284, 286, 294
Ferrer del Río, Antonio, 110n, 278
Ferri Coll, José María, 130n, 269, 278
Ferro, Marc, 20n, 278
Flitter, Derek, 244n, 279
Florán, Juan, 167n, 170n, 176n, 264
Forner, Juan Pablo, 12, 36, 57, 110-112, 117, 117n, 121, 161, 187, 274, 279
Fox, Inman, 13n, 254n, 279
Francés, María Elena, 271
Froldi, Rinaldo, 115n, 279
Fuchs, Anne, 275
Fuchs, Barbara, 159n, 279
Fuentes, Juan Francisco, 120n, 279
Fusi, Juan Pablo, 13n, 279

Gallardo, Bartolomé J., 19-20, 22, 27, 30, 32, 61, 61n, 63n, 75, 89, 129
Gálvez de Cabrera, María Rosa, 15
Gándara, Miguel Antonio de la, 238, 244n, 279
Ganivet, Ángel, 73n
García-Baamonde, Salvador, 204, 279
García Cárcel, Ricardo, 13n, 66n, 105n, 124n, 166n, 169n, 279, 284

García Escobar, Ventura, 153n, 279
García Gutiérrez, Antonio, 47, 204, 279
García de la Huerta, Vicente, 12, 16, 165
García de León y Pizarro, José, 58, 58n, 279
García Malo, Ignacio, 15, 21, 131-133, 279
García Mercadal, José, 292
García Monerris, Carmen, 136n, 280
García Sanjuán, Alejandro, 43n, 280
García Tassara, Gabriel, 49n, 280
Garcilaso de la Vega, 271
Garelli, Patrizia, 163n, 280
Garnica, Antonio, 232n, 280
Gaviria y León, Diego, 36, 161
Geary, Patrick J., 20n, 280
Gellner, Ernest, 12n, 20n, 280
Gies, David T., 275, 277, 288
Gil y Carrasco, Enrique, 204, 280
Gil Novales, Alberto, 276, 280, 287
Gil Sanjuán, Joaquín, 186n, 280
Gil y Zárate, Antonio, 47, 204, 280
Gilliam, Angela, 20n, 272-273
Ginard de la Rosa, Rafael, 138n, 271, 280
Giner de los Ríos, Francisco, 163n
Godoy, Manuel, 50, 120, 280
Gómez de Arteche, José, 171n, 280
Góngora y Argote, Luis de, 149, 165
González Alcantud, José Antonio, 191n, 206n, 280
González Antón, Luis, 156n, 280
González de Garay, María Teresa, 134n, 280

González Troyano, Alberto, 78n, 212n-213n, 222n, 281
Goya, Francisco de, 73-74, 267, 287
Goytisolo, Juan, 159n, 197n, 211, 211n, 222n, 273, 275, 281
Greenfeld, Liah, 281
Gutiérrez Nieto, Juan Ignacio, 108n, 109-110, 281
Guzman el Bueno, Alonso Pérez de Guzmán, 15n, 47, 156n, 157-158, 204, 280, 293

Haidt, Rebecca, 252n, 281
Hamel, Victor, 153n, 281
Hartzenbusch, Juan Eugenio, 28, 47, 204, 281
Hazard, Paul, 135n, 281
Herr, Richard, 114n, 117, 117n, 119, 281
Herrero, Javier, 10, 202n
Hevia, José, 114
Hobsbawm, Eric, 12n, 20n, 197, 281
Hoffman, Léon-François, 177n, 281
Hoffsmeister, Gerhart, 184n, 282
Holland, lord, 62, 76, 76n, 82, 214n, 215, 220-221, 228, 287, 289
Humboldt, Wilhelm von, 14n, 282
Hurtado de Mendoza, Diego, 165, 192n, 282

Iarocci, Michael P., 240n, 244n, 252n, 282
Ibáñez de la Rentería, José Agustín, 111n
Iglesias de la Casa, José, 165
Ilie, Paul, 180n, 243n, 282
Irving, Washington, 184n, 202n, 282

Iza Zamácola, Juan Antonio de, 12

Jerez, José Joaquín, 282
Jiménez, Dolores, 115n, 282
Jovellanos, Gaspar Melchor de, 12, 14n, 15, 104n, 106n, 117n, 127, 241-242, 282; *Elogio de Carlos III,* 106n, 282; *La muerte de Munuza,* 15; *Memoria dirigida por don Gaspar Melchor de Jovellanos, a sus compatriotas,* 282; *Oración pronunciada en el Instituto Asturiano,* 282; *Sátira segunda a Arnesto,* 282
Juretschke, Hans, 105n, 282

Kamen, Henry, 11n, 13n, 282
King, Bruce, 13n, 282
King, Edmund L., 282
Kirkpatrick, Susan, 232n, 240n-241n, 282
Kloss, Benjamin, 241n, 283

La abeja madrileña, 19, 128, 283
La Alhambra, 176n, 283
La Colmena, 77, 129n, 146n, 283
Labanyi, Jo, 165n, 209n, 283
Lafuente Alcántara, Miguel, 192n, 283
Lafuente y Zamalloa, Modesto, 75n, 154n, 176n-177n, 277
Laínz, Jesús 274
Lantier, M., de, 48, 186, 283
Lanuza, Juan de, 24-26, 137n, 139, 145-151, 153, 261, 285, 290
Larra, Mariano José de, 32-33, 80n, 83-86, 86n, 87-89, 91, 95n, 96, 98, 100, 108n, 206, 227n, 235-236, 236n, 237, 237n, 238, 238n, 239-240, 240n, 241, 241n, 242-243, 243n, 244, 244n, 245, 245n, 246-248, 248n, 249, 249n, 250-252, 252n, 253, 253n, 254, 254n, 258, 268-271, 275, 277-278, 281-283, 288, 291-293; *Antony: drama nuevo en cinco actos, de Alejandro Dumas,* 239-240, 241n; *Carta a Andrés escrita desde las Batuecas,* 238; *De la sátira y de los satíricos,* 238; *El duelo,* 242; *El castellano viejo,* 87, 247; *El casarse pronto y mal,* 87, 242; *Espagne poetique,* 244; *Horas de invierno,* 244, 249; *La nochebuena de 1836,* 32, 88, 96, 247, 288; *¿Qué cosa es por acá el autor de una comedia?,* 86, 237; *Reflexiones acerca del modo de hacer resucitar el teatro español,* 84, 237n; *Una comedia nueva,* 235; *Vidas de españoles célebres,* 237; *Vuelva usted mañana,* 33, 87, 247
Larraz, Emmanuel, 63n, 69n, 128n, 140n, 157n, 283
Larrea, Frasquita, 218n
Lawless, Geraldine, 200n, 228n, 231n, 283
Lebrun, Charles François, 16, 66, 109n, 114, 116, 116n, 120, 136
Leerssen, J. Th., 51n, 283, 287
Lilla, Mark, 89n, 283
Lincoln, Bruce, 12n, 200n, 283
Llofriú y Sagrera, Eleuterio, 153n, 283
Lloréns, Vicente, 130n, 167n, 170n, 200n-201n, 211, 215n, 231n, 273, 283
Llorente, Alejandro, 160n
Llorente, Juan Antonio, 22, 120n, 141, 284
Lluch, Ernest, 24, 110, 139, 270, 284
Lockhart, John Gibson, 272

Lomba y Pedraja, José R., 91n, 284, 292
López, François, 284
López de Ayala, Abelardo, 15, 153, 284
López Baralt, Luce, 37n, 161, 284
López y Espila, León, 89, 91, 93, 171n, 173n, 284
López Estrada, Francisco, 158, 284
López-Vela, Roberto, 75n, 108n, 204n, 284
Los comuneros de hogaño no son como los de antaño, 182n, 284
Loureiro, Ángel, 211n, 273, 284
Lucindo al Rey nuestro señor D. Fernando VII, 34, 284
Luna, Miguel de, 36-37, 37n, 158, 164-165, 284
Luxán, Pedro de, *véase* Almodóvar, duque de

Maldonado, Francisco, 101, 144
Manifiesto y otros documentos de la sociedad de Comuneros, 182n, 284
Mansour, George P., 177n, 284
Manzanares de Cirre, Manuela, 197n, 284
Manzano Moreno, Eduardo, 163n, 285
Maravall, José Antonio, 13n, 107n-108n, 109-110, 111n, 115n-117n, 156n, 274, 285
Marchena, José, 16-18, 65, 65n, 66-67, 75, 79, 109n, 114n, 114n, 115, 115n, 116-120, 120n, 121-122, 123n, 124-125, 136, 260, 279, 281-282, 285-287
Mariana, Juan de, 117n, 121, 141n
Márquez Villanueva, Francisco, 35, 37n, 157-158, 165, 191n, 285

Martí, Francisco de Paula, 63n
Martín de la Guardia, Ricardo, 290
Martínez, Fray Antonio, de la Orden de Predicadores, 58, 64n, 285
Martínez Marina, Francisco, 19, 23-24, 82, 105n, 110, 127, 138-139
Martínez Millán, José, 270, 276
Martínez de la Rosa, Francisco, 21, 25, 32, 46, 58, 58n, 60-61, 67, 79, 89, 105n, 113, 129-130, 130n, 131-133, 134n, 135, 143-144, 147, 149, 176-178, 182, 182n, 183, 183n, 260, 265, 276, 278, 280, 285-289, 291; *Abén Humeya, o La rebelión de los moriscos,* 46, 133n, 173n, 177-182, 182n, 183, 265, 276, 284-285; *Bosquejo histórico de la guerra de las comunidades,* 130, 285; *La actual revolucion de España, bosquexada en Febrero del año 1810,* 60, 285; *La viuda de Padilla,* 21, 25, 58n, 79, 129, 130n, 134-135, 144, 147-148, 153n, 260, 271, 285; *Morayma,* 178, 285
Marx, Carlos, 115n
Masson de Morvilliers, Nicolas, 187, 289
Materna, Linda, 151n, 285
Meléndez Valdés, Juan, 104n, 159
Méndez Bejarano, Mario, 64n, 103, 105, 182n, 227, 231n, 286
Mendíbil, Pablo de, 39-41, 41n, 42, 167-169, 171, 183, 184n, 192, 192n, 193, 195, 197, 197n, 200, 202n, 264-265, 286
Menéndez Pelayo, Marcelino, 53n, 116n-117n, 210, 210n, 285-286

Índice onomástico

Menéndez Pidal, Ramón, 174n, 286, 294
Mesonero Romanos, Ramón, 30, 70n, 76, 79, 182n, 286
Micoleta, Rafael de, 170
Minerva nacional, 76, 129n, 284, 286
Miralles, Enrique, 195n, 286
Molas, Joaquim, 289
Molina Romero, M. Carmen, 178n, 286
Moliner Prada, Antonio, 275
Molloy, Silvia, 279
Monroe, James T., 159n, 205n, 286
Montoliu, Manuel de, 143, 286
Mor de Fuentes, José, 58, 60, 204, 286
Mora, José Joaquín de, 30, 42-44, 76, 149-150, 167, 170, 170n, 171-173, 177n, 195, 197, 201-202, 264-265, 286, 290; *Historia de los árabes,* 42, 170, 265, 286; *Don Opas,* 43-44, 171-173, 286
Morales Moya, Antonio, 153n, 277, 287n, 293
Morange, Claude, 64n, 287
Moratín, Nicolás Fernández de, 15, 15n, 57, 159, 165
Moratín, Leandro Fernández de, 103, 104n
Morel-Fatio, Alfred, 109n, 114, 117-118, 137, 287
Moreno Alonso, Manuel, 218n, 276, 287, 289
Moreno de Villalba, Félix, 171n, 287
Moret y Mendi, José, 121
Muñoz Maldonado, José, 152n, 287
Muñoz Sempere, Daniel, 275, 283, 290
Muratori, Luis Antonio, 292

Murphy, Martin, 200n, 211, 222n, 227n, 231n, 287

Navarro, Luis, 273
Navas Ruiz, Ricardo, 276
Netton, Ian Richard, 160n, 287
Núñez Seixas, Xosé Manoel, 23n, 287

O'Farrill, Gonzalo, 271
Ocios de españoles emigrados, Londres, 40, 265, 275, 286-287
Ojeda Escudero, Pedro, 133n, 287
Ortega y Gasset, José, 12, 210, 287
Osuna, Rafael, 117n, 287

Pacheco, María, viuda de Padilla, 15, 21, 116, 131-134, 143, 147, 279
Padilla, Juan de, 15, 17-19, 24, 56, 61, 101, 102n, 107-108, 118-119, 122-124, 124n-125n, 126, 126n, 127, 127n, 128, 131-132, 137, 139, 143-144, 147-148, 152, 152n, 153n, 193n, 260-261, 270-271, 290, 293
Pageaux, Daniel-Henri, 160n, 287
Palacios Fernández, Emilio, 78n, 281
Pardo de la Casta, Joaquín, 193n, 288
Pastor Díaz, Nicomedes, 174n, 288
Paz, Octavio, 254n, 288
Pelayo 15, 15n, 18-19, 22n, 16-27, 47, 53n, 70n, 116n-117n, 118-120, 122-123, 124n-125n, 128, 128n, 133, 140, 140n-141n, 152, 156n, 157, 173n, 204, 210, 210n, 277, 281, 285-286, 289

Perceval, José María, 158n, 191, 195n, 288
Pérez, Antonio, 121, 152n, 287
Pérez, Joseph, 108n, 288
Pérez de la Blanca, Pedro, 182n, 288
Pérez Garzón, Juan Sinisio, 13n, 64n, 105n, 285, 288, 290
Pérez de Hita, Ginés, 37n, 42, 158, 165, 173n, 177n, 178, 280, 288
Perry, Leonard, 249n, 288
Peyron, Jean-François, 48, 48n, 186, 288
Pezuela y Ceballos, Juan de la, 204n
Pi i Margall, Francisco, 148n, 288
Picoche, Jean-Louis, 254n, 288
Piferrer, Pablo, 204, 288
Pizzi, Mariano, 36, 161
Pons, André, 203n, 221n, 288
Ponz, Antonio, 49n, 187-188, 188n, 288
Porter, Roy, 287
Prescott, William H., 233
Príncipe, Miguel Agustín, 28, 47, 171n, 204, 288
Puigblanch, Antonio, 24-25, 30, 32, 75, 89, 141-143, 145, 145n, 262, 288; *Les Comunitats de Castella,* 24, 142, 289; *Opúsculos gramático-satíricos,* 288

Quin, Michael J., 272
Quintana, Eusebio, 15-16, 289
Quintana, Manuel José, 15, 18, 28, 30-32, 56, 56n, 60n, 62, 75, 76, 76n, 82, 89, 104n, 111n, 113, 121-123, 123n, 124, 124n, 125, 125n, 132-133, 137, 193n, 214n, 228, 237, 260, 275, 289; *Cartas a Lord Holland,* 62, 76, 76n, 82, 289; *El panteón del Escorial,* 137; *Pelayo,* 124n-125n, 133, 289; *La Suprema Junta Gubernativa del Reyno a la Nación Española,* 289
Quiroga, Alejandro, 13n, 138n, 271

Raillard, Matthieu, 68n, 289
Ranger, Terence, 281
Redactor general de España, 63-64, 82, 129n, 277, 289
Reinoso, Félix José, 58, 58n, 289
Revista de Madrid, 160n, 289
Reyero, Carlos, 94n, 270, 276, 289
Ribao Pereira, Montserrat, 183n, 289
Ridao, José María, 197n, 289
Riego, Rafael del, 76-77, 90, 146n, 227-228
Ríos Saloma, Martín F., 156n, 289
Rivas, Ángel Saavedra, duque de, 25, 28, 30, 43-45, 72n, 145, 147, 148n, 149-151, 172-174, 174n, 175-175, 204n, 261-262, 265, 269, 273, 285, 288-290, 292; *Florinda,* 43-44, 172-173, 265, 289; *El moro expósito,* 44-45, 150, 174-176, 269, 290; *La morisca de Alajuar,* 204n, 290; *Lanuza,* 25, 145-146, 149-151, 153, 261, 285, 290
Rivière Gómez, Aurora, 20n, 290
Robertson, William, 111-112, 112n, 113, 113n, 117, 117n, 121, 273, 290
Rodríguez Gutiérrez, Borja, 200n, 278, 290
Rodríguez Mediano, Fernando, 37n, 159n, 290
Romancero General, 196n, 290
Romeo Mateo, María Cruz, 56n, 290
Romero Alpuente, Juan, 136n, 290

Índice onomástico

Romero Ferrer, Alberto, 146n, 172n, 290
Romero Larrañaga, Gregorio, 152n-153n, 270, 290
Romero Tobar, Leonardo, 254n, 291
Rosenberg, John R., 238n, 277, 283, 291
Rousseau, G. S., 287
Rovira i Virgili, Antoni, 153n
Rubio Cremades, Enrique, 269-270
Ruiz del Cerro, Juan, 204, 291
Ruiz Lagos, Manuel, 106n, 291
Ruiz Ramón, Francisco, 73n, 133n, 291
Rújula, Pedro, 278, 290
Rumeu de Armas, Antonio, 76n, 291

Said, Edward, 205n, 291
Sánchez del Arco, Francisco, 204n, 291
Sánchez-Llama, Íñigo, 83n, 291
Santos, José E., 68n, 291
Sarmiento, Martín, 36, 161
Saval, José V., 86n, 291
Schurlknight, Donald E., 244n, 291
Sebold, Russell, 201n, 205n, 252n, 291
Seco Serrano, Carlos, 78n, 132n, 250, 283, 291
Semanario patriótico, 56n, 129n, 222n, 272, 291
Semanario pintoresco español, 49, 291
Sempere y Guarinos, Juan, 244n, 291
Serrano Alonso, Javier, 173n, 292
Seton-Watson, Hugh, 12n, 292
Shaw, Donald L., 73n, 254n, 292
Silhouette, Esteban de, 48, 48n, 292
Smith, Anthony D., 12n, 20n, 292

Somoza, José, 6, 91, 91n, 92, 92n, 93-95, 95n, 96-97, 97n, 98, 100, 258, 284, 291-292; *El capón, Novela histórica y nacional,* 97n, 292; *El Risco de la Pesqueruela,* 91, 96-97, 292; *Una mirada en redondo a los sesenta y dos años,* 95n, 292
Subirats, Eduardo, 191n, 278, 281, 283, 292
Suny, Ronald Grigor, 10n, 20n, 292
Sutherland, Madeline, 249n, 292
Sweet, Nanora, 211
Swinburne, Henry, 48, 186-188, 188n, 292

Tarr, F. Courtney, 254n, 293
Teichmann, Reinhard, 248n, 293
Thiesse, Anne-Marie, 13n, 293
Thom, John Hamilton, 273
Toreno, José María Queipo de Llano, conde de, 30, 58, 75, 141n, 293
Torre, Patricio de la, 36, 161-162, 164, 293
Townsend, Joseph, 48, 48n, 186, 293
Trueba, Telesforo, 28, 47, 152n, 173n, 204, 204n, 293; *Guzman the Good,* 204, 293; *Padilla and the Comuneros,* 152n, 293; *The Mountain King,* 204n, 293
Tully, Carol Lisa, 227n, 293
Twiss, Richard, 188n, 293

Ucelay da Cal, Enrique, 153n, 293
Ullman, Pierre L., 154n, 293
Unamuno, Miguel de, 73, 73n, 150, 293
Urrutia, Jorge, 238n
Usoz del Río, Luis, 183n

Valladares de Sotomayor, Antonio, 15

Vallès i Ribot, Josep Maria, 137n
van Montfrans, Manet, 283, 287
Varela, José Luis, 240n, 293
Vargas Ponce, José, 48n, 147-148, 148n, 231n, 244n, 271, 294
Variedades o Mensagero de Londres, 272, 294
Vayo, Estanislao de Kotska, 30-32, 45, 75, 81, 89, 137n, 182n, 183-185, 191, 195, 265, 294; *Historia de la vida y reinado de Fernando VII de España,* 31, 294; *Los espatriados o Zulema y Gazul,* 294
Vega, Lope de, 165
Vega, Miguel Ángel, 282
Vigil, Marcelo, 43n
Villanueva, Jaime, 22, 140, 169-170, 195, 264

Villanueva, Joaquín Lorenzo, 30, 32, 89, 288, 294
Vincent, Bernard, 159n-160n, 166n, 294
Voyage de Figaro, 188

Warton, Joseph, 48, 48n, 186
White, Hayden, 11, 294

Zavala, Iris M., 73n, 254n, 294
Zavala y Zamora, Gaspar, 28n, 140n
Zorrilla, José, 28, 47, 173n, 176n, 202n, 204, 294; *Granada, Poema Oriental,* 294; *El puñal del godo,* 204, 294; *Sancho García,* 15n, 47, 157, 204, 294
Zurita, Jerónimo de, 121, 141n

Esta segunda edición del libro
de Jesús Torrecilla, *España al revés,*
se terminó de imprimir
en Madrid en noviembre de MMXVI

«Los hombres tienen más cariño a su tierra
a medida que son más incultos o ignorantes»
(Antonio de Capmany)